本书系2016年度国家社会科学基金一般项目（批准号：16BGJ001）的成果

"一带一路"倡议下中国（新疆）与中亚国家农业互联互通合作研究

周亚军○著

西南财经大学出版社
Southwestern University of Finance & Economics Press
中国·成都

图书在版编目（CIP）数据

"一带一路"倡议下中国（新疆）与中亚国家农业互联互通合作研究/周亚军著.—成都:西南财经大学出版社,2023.5
ISBN 978-7-5504-5747-8

Ⅰ.①一…　Ⅱ.①周…　Ⅲ.①农业合作—国际合作—研究—新疆、中亚
　Ⅳ.①F327.45②F336

中国国家版本馆 CIP 数据核字（2023）第 088154 号

"一带一路"倡议下中国（新疆）与中亚国家农业互联互通合作研究

"YIDAIYILU" CHANGYI XIA ZHONGGUO(XINJIANG) YU ZHONGYA GUOJIA NONGYE
HULIANHUTONG HEZUO YANJIU

周亚军　著

策划编辑:孙婧
责任编辑:李思嘉
责任校对:李琼
封面设计:何东琳设计工作室
责任印制:朱曼丽

出版发行	西南财经大学出版社（四川省成都市光华村街55号）
网　　址	http://cbs.swufe.edu.cn
电子邮件	bookcj@swufe.edu.cn
邮政编码	610074
电　　话	028-87353785
照　　排	四川胜翔数码印务设计有限公司
印　　刷	郫县犀浦印刷厂
成品尺寸	185mm×260mm
印　　张	19.5
字　　数	455 千字
版　　次	2023 年 5 月第 1 版
印　　次	2023 年 5 月第 1 次印刷
书　　号	ISBN 978-7-5504-5747-8
定　　价	88.00 元

前言

习近平主席在 2013 年 9 月和 10 月先后提出了共建"丝绸之路经济带"和"21 世纪海上丝绸之路"（"一带一路"）的重大倡议，成为构建人类命运共同体、中国新时代发展与对外开放的重要方略。2015 年 3 月，中国国家发展和改革委员会、外交部、商务部联合发布《推动共建丝绸之路经济带和 21 世纪海上丝绸之路的愿景与行动》，提出要在政策沟通、设施联通、贸易畅通、资金融通、民心相通五方面加强合作，为"一带一路"建设的区域定位与发展路径指明了方向。截至 2020 年年末，中国已经与 138 个国家、31 个国际组织签署 201 份共建"一带一路"合作文件。截至 2021 年 4 月 14 日，经新疆出境的中欧班列累计突破 20 000 列大关。

党的十九大报告指出，要以"一带一路"建设为重点，形成陆海内外联动、东西双向互济的开放格局。2017 年 5 月，中国农业部、国家发展和改革委员会、商务部、外交部联合发布了《共同推进"一带一路"建设农业合作的愿景与行动》，为"一带一路"的农业合作做出了顶层设计。农业领域是中国（新疆）与中亚国家合作的重点领域之一。党的二十大报告指出，要推进高水平对外开放，加快建设贸易强国，推动共建"一带一路"高质量发展，维护多元稳定的国际经济格局和经贸关系。

中亚地区拥有较为丰富的农业自然资源、悠久的农业文化传统，各国拥有特色鲜明的农业类型和优势产品。中国（新疆）农业资源亦非常丰富，在农业类和农产品方面既有很高的相似性又具有很强的互补性。中国（新疆）与中亚五国开展了务实的农业合作，已取得了积极的成果。当前，中国与中亚五国的农业合作也存在着制约因素，"一带一路"倡议的提出，对农业互联互通合作提出了更高要求。研究中国（新疆）与中亚国家农业互联互通合作，不但为"一带一路"的建设和农业互联互通合作奠定科学研究的基础，而且有利于中国（新疆）更好开展与中亚国家的农业合作，以及有利于建立和完善中国（新疆）与中亚国家在宏观、中观和微观层面上的合作机制，有力地推动中国（新疆）与中亚国家的农业合作向深层次、宽领域发展，为我国与中亚国家农业的互联互通合作提供具有科学实践意义的决策参考，具有十分重要的现实意义。

本书所属的国家社科基金项目自 2017 年启动以来，项目组成员赴新疆重点口岸——阿拉山口口岸、霍尔果斯口岸，中哈霍尔果斯国际边境合作中心，乌鲁木齐综合保税区，伊犁哈萨克自治州农业农村局，巴音郭楞蒙古自治州农业农村局，新疆维吾尔自治区农业农村厅，新疆维吾尔自治区商务厅，新疆生产建设兵团商务局，新疆生产建设兵团农业农村局，中华人民共和国乌鲁木齐海关，以及对重点外贸企业进行调研，通过调研掌握了大量新疆生产建设项目的第一手资料和信息。项目组成员还广泛查阅了各数据库的数据资料，包括联合国粮食及农业组织数据库、联合国贸易和发展会议数据库、世界贸易组织数据库、世界银行的世界发展指标数据库、亚洲开发银行数据库，《全球竞争力报告》《全球贸易促进报告》《营商环境报告》，以及哈萨克斯坦国民经济部统计委员会、哈萨克斯坦国家银行、吉尔吉斯斯坦国家统计委员会、吉尔吉斯斯坦国家银行、塔吉克斯坦总统直属统计局、乌兹别克斯坦国家统计委员会、乌兹别克斯坦国家银行、中国驻中亚国家大使馆经济商务参赞处、中国驻哈萨克斯坦大使馆经济商务参赞处、中国驻吉尔吉斯斯坦大使馆经济商务参赞处、中国驻塔吉克斯坦大使馆经济商务参赞处、中国驻乌兹别克斯坦大使馆经济商务参赞处、中国驻土库曼斯坦大使馆经济商务参赞处、中华人民共和国商务部、中华人民共和国海关总署、中华人民共和国国家统计局、中华人民共和国农业农村部、中华人民共和国乌鲁木齐海关、新疆维吾尔自治区商务厅、新疆生产建设兵团商务局、新疆维吾尔自治区农业农村厅、新疆生产建设兵团农业农村局等的资料和数据，为本书的顺利研究奠定了基础。

本书以"一带一路"倡议的主要内容为起点，梳理了与本书研究相关的理论，总结了农业互联互通国际合作的经验，较为详细地分析了中亚五国的农业发展水平与结构、农业生产要素投入、主要农业产业布局、农产品进出口贸易的发展状况。本书从政府间农业交流与合作、农产品贸易合作、农业投资合作、农业技术交流与合作等方面分析了中国（新疆）与中亚五国的农业合作现状。本书剖析了中国（新疆）与中亚国家农业互联互通合作的现实基础，中国（新疆）与中亚国家农业互联互通合作的动因，分析了中亚五国与中国农产品贸易的竞争性和互补性。

本书分析了中国（新疆）与中亚国家农产品贸易发展现状，揭示了农产品贸易发展存在的问题。本书建立贸易便利化测评的指标体系，测算了中国与中亚国家的贸易便利化水平。本书通过构建贸易引力模型、恒定市场份额模型实证分析了中国与中亚五国农产品贸易的影响因素，借助于贸易结合度指数和贸易引力模型测算了中国与中亚五国双边农产品的贸易潜力，测算了中国与中亚国家的投资便利化水平。

本书提出了加快中国（新疆）与中亚五国农业互联互通合作的战略思路、合作原则和战略目标，从农业政策沟通、基础设施联通、农产品贸易畅通、农业合作的资金融通、农业技术互通等方面提出了中国（新疆）与中亚国家农业互联互通合作的总体构想，指出了农业合作的重点领域，提出了构建中国（新疆）与中亚五国农业互联互通合作的创新模式，以及构建农业互联互通合作的机制与平台。最后，本书从国家层面、地方政府层面和企业层面提出了加强中国（新疆）与中亚国家农业互联互通合作的对策建议。

本书是2016年度国家社科基金一般项目（项目批准号：16BGJ001）的研究成果。项目完成后，经新疆社会科学规划办组织跨省双匿名通信鉴定，全国哲学社会科学工作办公室验收审核，项目鉴定结果为优秀。在此基础上笔者进行了修改和完善并交付西南财经大学出版社出版发行。

中国（新疆）与中亚国家在农业领域的互联互通合作的研究还较为薄弱，本书的研究仅仅是冰山一角。同时，由于笔者的学识水平的局限，许多问题还需要进一步深入研究，书中难免有纰漏和不足之处，敬请读者指正。

周亚军

2023 年 5 月

目录

第一章　绪论

第一节　研究背景与研究意义

一、研究背景

2013 年 9 月，习近平主席在出访哈萨克斯坦期间，正式提出了建设"丝绸之路经济带"的倡议；2013 年 10 月，习近平主席出访印度尼西亚时，正式提出了打造"21 世纪海上丝绸之路"的倡议。2013 年 11 月 12 日，十八届三中全会通过的《中共中央关于全面深化改革若干重大问题的决定》明确提出"推进丝绸之路经济带，海上丝绸之路建设"。"丝绸之路经济带""21 世纪海上丝绸之路"两个倡议合称为"一带一路"倡议。"一带一路"被定义为"新的经济发展区域"，涵盖亚太经济圈以及西亚、中亚、东欧、西欧、中东经济圈。2015 年 3 月，中国国家发展和改革委员会、外交部、商务部联合发布《推动共建丝绸之路经济带和 21 世纪海上丝绸之路的愿景与行动》，提出要在政策沟通、设施联通、贸易畅通、资金融通、民心相通五方面加强合作，为"一带一路"建设的区域定位与发展路径指明了方向。2016 年 3 月的《政府工作报告》和"十三五"规划纲要也进一步明确了"一带一路"建设的具体内容。2017 年 5 月，农业部、国家发展和改革委员会、商务部、外交部联合发布了《共同推进"一带一路"建设农业合作的愿景与行动》，为"一带一路"的农业合作做出了顶层设计。党的十九大报告也指出，要以"一带一路"建设为重点，坚持引进来和走出去并重，遵循共商共建共享原则，加强创新能力开放合作，形成陆海内外联动、东西双向互济的开放格局。"一带一路"的倡议，从愿景到行动，稳步走过了 8 年时间。经过夯基垒台、立柱架梁的 8 年，共建"一带一路"的倡议正在迈向高质量发展阶段。

中亚位于亚欧大陆的结合部，是建设丝绸之路的重要通道，是"一带一路"倡议的重要沿线地区。中亚地广人稀，拥有较为丰富的农业自然资源禀赋，具有悠久的农业文化传统，各国拥有特色鲜明的农业类型和相对优势农产品。中亚五国（哈萨克斯坦、吉尔吉斯斯坦、塔吉克斯坦、乌兹别克斯坦、土库曼斯坦）近 10 年来的农产品进出口总体呈现上升趋势。2018 年，中亚五国农产品进口总额为 73.10 亿美元，较 2010 年增长了 48.46%，中亚五国农产品出口总额 66.12 亿美元，较 2010 年下降了 23.22%。中亚五国进口的农产品主要是橡胶原料、动植物油脂、精油、食用水果及坚果和谷物,出口农产品主要包括棉花、谷物、粉产品、食用水果及坚果、蔬菜等。

中国农业资源非常丰富,在农产品方面与中亚国家既有很高的相似性又具有很强的互补性,在农业科技、农产品加工等方面,中国具有相对较强的科技力量,双方互利共赢的合作潜力巨大。2018 年,中国从中亚进口农产品达 6.32 亿美元,向中亚出口农产品达 5.63 亿美元。"一带一路"倡议为中国(新疆)和中亚国家的农业合作提供了新的机遇,中国(新疆)与中亚的农业合作不仅能够推动中亚农业和中国农业的进一步发展,而且对建设丝绸之路经济带,促进区域经济一体化发展,具有极为重要的意义,中国(新疆)与中亚国家开展农业互联互通合作,正是"一带一路"建设的现实要求。

中国与中亚五国的农业合作也存在着制约因素。中亚有着独特的地缘政治地位、富足的自然资源,俄罗斯、欧美、日本、土耳其等国家都力图在中亚加强合作、强化影响。这些国家对中亚的政策及其政治经济博弈,造成了激烈竞争的国际环境,直接或间接地影响了中国与中亚五国的农业合作。中亚各国的政策不稳定不连续,规章制度层面不完善,投资环境不够稳定,某种程度上制约了中国与中亚的农业合作。中国与中亚的农业合作也面临着外部环境的挑战,2008 年国际金融危机后,"逆全球化"趋势开始显现和抬头,特别是 2016 年以来,美国特朗普政府提出的"美国优先"政策、英国"脱欧"、德国民粹主义浪潮等,更是加剧了全球范围内的"逆全球化"思潮,世界范围内出现贸易保护升级,区域经济一体化进程受阻。2020 年年初暴发的新冠病毒感染疫情对中亚国家造成了较为严重的影响。

随着"一带一路"建设的不断推进,中国(新疆)与中亚国家基础设施互联互通的程度不断提高,政策沟通不断加强,人文交流不断深入,为农业合作提供了新的契机,中国(新疆)与中亚五国农业的相似性和互补性,使得各国农业在发展中面临着共同的问题和挑战,也具备了农业合作的资源基础、农业经济基础和农业技术基础。"一带一路"倡议的提出,对农业互联互通合作提出了更高要求,如何在"一带一路"倡议下更好地实施中国(新疆)与中亚的农业互联互通合作,是本书要解决的问题。

在《推动共建丝绸之路经济带和 21 世纪海上丝绸之路的愿景与行动》文件中,中国(新疆)被定位为"丝绸之路经济带"核心区,须发挥独特的区位优势和向西开放重要窗口作用,深化与中亚、南亚、西亚等国家交流合作。中国(新疆)地处亚欧大陆腹地,与周边八个国家接壤,其中与哈萨克斯坦、吉尔吉斯斯坦、塔吉克斯坦三个中亚国家接壤,与中亚地理条件相近,具有与中亚国家开展农业合作的地缘优势。新疆是中国向西开放的重要门户,具有口岸优势,拥有国家批准的对外开放口岸 18 个。第三次中央新疆工作座谈会再次为新疆工作谋篇布局,为新时代新疆工作指明了前进方向。如何发挥新疆的区位优势、资源优势、技术优势和口岸优势,进一步深化中国(新疆)与中亚国家的农业互联互通合作,不仅符合"丝绸之路经济带"核心区的建设要求,更是新疆经济发展的现实需要。

二、研究意义

（一）理论意义

第一，研究中国（新疆）与中亚国家农业互联互通合作，通过构建相对完善的农业互联互通合作的分析框架，形成系统的研究成果，力图在农业互联互通的思维视野、制度设计和实践措施等诸方面给予新的诠释，拓展了农业互联互通合作的研究视野，为丰富"一带一路"、互联互通等理论框架做出了尝试和努力，为"一带一路"的建设和农业互联互通合作奠定科学研究的基础。

第二，为其他研究中国（新疆）与中亚国家农业互联互通合作的学者提供研究参考。已有的对于中国（新疆）与中亚国家的农业合作方面的研究主要集中在农业合作的现状与潜力、农业合作的模式、农业区域合作机制等方面，对农业互联互通合作方面的研究尚无完整的分析框架。本书通过研究中国（新疆）与中亚国家农业的互联互通合作，搭建农业互联互通合作的研究框架，为其他学者研究互联互通合作具有较大的理论借鉴意义。

（二）实践意义

第一，研究中国（新疆）与中亚国家农业互联互通合作，不但有利于为中国实施"一带一路"建设、与中亚国家开展农业互联互通合作，有利于中国更好地融入与中亚国家的区域经济合作，而且有利于建立和完善中国（新疆）与中亚国家在宏观、中观和微观层面上的合作机制，有力地推动中国（新疆）与中亚国家的农业合作向深层次、宽领域发展，为实施"一带一路"建设，为大力推动中国（新疆）与中亚五国在农业、经贸、人文等领域的合作提供科学的实践参考。

第二，研究中国（新疆）与中亚国家的农业互联互通合作，为政府部门推动"一带一路"建设，推进农业互联互通合作提供决策参考。本书通过提出具有前瞻性、指导性和可操作性的战略目标、合作原则、制度设计以及政策建议，力图为政府在与中亚国家农业的互联互通合作提供具有科学实践意义的决策参考，为合作企业提供具有科学性和可操作性的措施指导，具有十分重要的现实意义。

第二节　研究动态与文献述评

一、研究动态

（一）关于"一带一路"的研究

关于"一带一路"的研究文献较为丰富，已有文献从不同的视角对"一带一路"倡议的内涵、"一带一路"建设的主要内容、"一带一路"的农业合作、"一带一路"的经贸合作、"一带一路"建设的金融支持等展开了研究。

1. 关于"一带一路"倡议内涵的研究

学者们从不同的角度进行了解读。吴素霞（2016）分析了国外政要及学界对"一带一路"倡议内涵的认识，包括经贸发展说、区域合作说、和平稳定说、文化交流说等，认为"一带一路"倡议的内涵非常丰富，包括经济、文化、安全、外交等诸多方面，是一个全方位的倡议。林文勋（2016）梳理了"丝绸之路"的历史内涵，认为当前的"丝绸之路"，应当从其具有的经济之路、文化之路、友谊之路的丰富内涵来界定。胡洪彬（2016）梳理了学界对"一带一路"倡议内涵的界定，归纳为"二维论""三维论""四维论""六维论""十维论"，从宏观层面和微观层面分析了"一带一路"倡议的意义。

2. 关于"一带一路"建设主要内容的研究

大多数学者都认为，"一带一路"建设的主要内容要围绕"五通"建设来展开。潘志平（2016）认为基础设施互联互通是"一带一路"建设的优先领域。潘志平分析了联通中亚国家与中国的基础设施发展状况，提出了要抓住交通基础设施的关键节点，实现经济走廊的道路通达。孙力（2016）认为政策沟通就是不同国家政府之间，为达到某些目标而进行的磋商、协调、达成共识，提出了深入政策沟通的路径。王志远（2016）从新的视角分析了"一带一路"的贸易畅通。徐坡岭、刘来会（2016）提出了"一带一路"愿景下资金融通的内涵，分析了"丝绸之路经济带"中亚区域资金融通的条件、基础及其面临的挑战。李自国（2016）阐述了民心相通的内涵，认为民心相通至少包括相互了解、信任和友谊、命运共同体三个层次，提出了民心相通的最低目标和最高目标。Cheng（2016）分析了"一带一路"倡议的问题。首先，倡议背后的真正目标可能是什么。其次，被中国视为该倡议主要任务的投资和贸易是由基于市场的交易驱动，还是将成为一种对外援助形式。

3. 关于"一带一路"农业合作的研究

已有文献主要从中国与境外国家农业合作的现状、问题、前景、对策、合作特点等方面展开研究，部分学者借助于实证模型分析农业合作的互补性、贸易影响因素等问题。刘志颐等（2016）分析了中国对"一带一路"沿线国家农业投资的特点，并提出了进一步加强在"一带一路"沿线国家农业投资的对策建议。洪联英（2018）分析了中国农业"走出去"的现状，但中国农业对接"一带一路"倡议也存在一定的问题，并提出了相关对策建议。魏蕾（2018）测度了中国与中亚五国农产品产业内贸易水平，并通过面板数据模型实证分析了影响农产品产业内贸易的因素。王健栋（2018）评价了"一带一路"部分沿线国家农业支持政策的状况，其研究表明中国对农业的总支持量较高，印度尼西亚、菲律宾的支持比重较高，乌克兰对农业的总支持量较低。郝瑞锋（2020）计算了中国与中亚五国农产品贸易的显示性比较优势指数、贸易互补性指数，并构建引力模型实证分析了农产品贸易的影响因素，提出了改善农产品贸易的对策建议。

4. 关于"一带一路"经贸合作的研究

已有文献围绕国际科技合作、国际贸易合作、国际投资合作等多方面展开研究。谷合强（2018）认为"一带一路"为中国—东盟注入了新理念，成为中国—东盟经贸关系发展的新平台。中国—东盟经贸合作中存在着若干问题，并据此提出了加强双边经贸合作的对策建议。田原、张滔（2019）认为，有较大不确定性等因素影响了中国与中亚五国的经贸合作，并提出了相关对策建议。汪瑾、黄燕（2021）分析了中国（新疆）对中亚地区的直接投资发展情况，认为中国（新疆）对中亚地区直接投资面临着一些问题，并提出了相关对策建议。

5. 关于"一带一路"建设金融支持的研究

乔鹤鸣（2016）认为在"一带一路"建设中，亚洲基础设施投资银行与"丝路基金"应该起到金融支持的支柱作用。贾儒楠、韦娜（2016）论述了金融在"一带一路"建设中的重要作用，分析了金融支持"一带一路"建设的现状与问题，并提出了金融支持"一带一路"建设的对策。

（二）关于互联互通的研究

互联互通的研究，包括互联互通的作用、互联互通的实现路径、基础设施的互联互通、农业互联互通等方面，大多文献集中于对基础设施互联互通的研究。

1. 关于"一带一路"视域下互联互通的研究

高志刚（2014）回顾了中国（新疆）与中亚国家能源与贸易互联互通合作的研究文献，指出了已有文献中存在的问题。其对进一步开展中国（新疆）与中亚国家能源与贸易互联互通研究，提出了研究思路和研究框架。苏子煜（2015）阐述了中国—东盟互联互通的建设现状，分析了互联互通的贸易效应、投资效应和金融效应，并提出了提升互联互通经济效应的对策建议。李兴（2017）认为互联互通是建设"一带一路"的核心领域和优先方向，中国实力的不断增强为互联互通的建设提供了强有力的支撑，互联互通是实现亚欧发展共同体的关键。陈健、龚晓莺（2018）认为互联互通的内涵即习近平主席提出的"五通"。

2. 关于互联互通实现路径的研究

已有的文献大多立足于互联互通的现状，提出了具有参考意义的对策建议。赵树梅（2015）分析了"丝绸之路经济带"的互联互通现状，认为当前应分阶段、分领域地推进互联互通战略，并提出了交通基础设施、能源合作、贸易、标准规则等的互联互通战略构想。陈健、龚晓莺（2018）认为应深化东、中、西部区域合作，推进区域间政策沟通，加大东、中、西部互联互通的投入机制，推进区域间资金融通，构建东、中、西部多层次的交流合作平台，推进区域间民心相通。

3. 关于基础设施互联互通的研究

李楠（2015）描述了"一带一路"沿线国家基础设施互联互通现状，认为当前要加强互联互通建设，必须要积极建立互信沟通机制、合理协调各方利益、努力克服制度与法律障碍等来实现。范祚军、何欢（2016）分析了"一带一路"沿线国家交通基础设施、能源基础设施、通信基础设施互联互通的现状，分析了所存在的问题与挑战，提出了对策建议。车探来（2017）分析了六大经济走廊铁路互联互通的现状，提出了相关方面的对策建议。张晓东（2018）分析了中哈铁路通道的现状，认为存在着一系列的问题，作者测算了中哈铁路通道的运输需求，并提出了中哈铁路通道互联互通的政策建议。

4. 关于农业互联互通的研究

关于农业互联互通研究的文献并不多见，曹云华、胡爱清（2015）剖析了中国—东盟农业互联互通的区域公共产品属性，互联互通合作动力主要体现在中国外交战略和经济利益的需要、东盟经济共同体建设的需要。他们认为中国—东盟农业互联互通合作内容包括基础设施联通、农业政策沟通、农产品贸易畅通、农业投资融通、农业技术互通等内容，作者提出了中国—东盟农业互联互通的共建方式。胡爱清（2015）分析了中国—东盟农业互联互通合作的内容，并剖析了农业互联互通合作进程中高职院校的社会功能。

（三）关于中国及中国（新疆）与中亚国家农业合作的研究

现有的文献对于中国及中国（新疆）与中亚国家农业合作的研究，主要是从中国（新疆）与中亚国家农业合作的现状展开，分析农业经贸合作的背景、现实基础、意义、前景、存在的问题、对策等方面。

1. 关于中国与中亚国家农业合作研究

夏咏（2010）分析了中哈农业经贸合作的背景、中哈农业生产供给现状及其发展前景、中哈农业经贸合作现状与前景，提出了中哈农业合作发展的重点领域和对策建议。张芸等（2015）认为中国和中亚国家在农业资源、资金、技术、市场等方面都具有明显的互补性，农业合作具有广阔的空间。沈琼（2016）分析了中国与中亚五国农产品贸易现状，剖析了中国与中亚农业合作的机遇和挑战，提出了中国与中亚农业合作的重点领域。王慧敏、翟雪玲（2017）分析了中国与中亚五国农业合作现状，提出了未来农业合作的重点领域。于敏等（2018）分析了哈萨克斯坦农业发展的特点，对种植业、畜牧业和渔业的发展分别进行了分析，发现哈萨克斯坦农业发展也存在一定的问题，认为中哈农业未来合作前景良好。Chi 等（2020）考察了 1990—2014 年吉尔吉斯斯坦的农业生产和气候变化的关系。结果表明，降水量和温度测量值与作物和牲畜生产具有统计显著性和强相关性。Liu 等（2021）评估了中国和中亚地区国家的与 16 种主要作物产品、4 种主要动物产品有关的虚拟水和土地交易，发现在不进一步干预水和土地资源的情况下提高水和土地的利用效率，将促进更多的农业产出。

2. 关于中国（新疆）与中亚国家农业合作研究

李豫新、朱新鑫（2010）分析了中亚五国农产品生产、对外贸易、农产品消费现状，认为中国（新疆）具有开拓中亚市场的独特优势。李芳芳等（2011）分析了中国（新疆）与中亚国家农业合作的现状，认为加强中国（新疆）与中亚国家的农业合作，应营造农业合作的良好环境、建立和完善自愿互利的农业合作机制、完善和强化对农业企业"走出去"的政策支持体系等措施。宋耀辉、严海玲（2015）认为中国（新疆）与中亚国家开展农业经济合作具有一系列有利条件，与中亚五国在农产品贸易合作、农业投资合作、农业技术合作等领域具有广阔前景。石岚、王富忠（2018）梳理了中国（新疆）与中亚国家农业区域合作的基础和实践，按国别分析了中亚各国农业发展的优势与不足，以及中国（新疆）与中亚国家农业合作现状，提出了加强农业合作的对策建议。石岚、刘磊（2020）从农业生产领域合作、农业投资领域合作、农产品贸易领域合作等方面描述了中国（新疆）与中亚国家农业合作现状，分析了双方农业合作中存在的突出问题，提出了加强农业合作的路径。

（四）关于中国及中国（新疆）与中亚国家农产品贸易的研究

关于中国及中国（新疆）与中亚国家的农产品贸易的研究，学者们主要从双边农业合作的现状、问题、互补性与竞争性、影响因素等来进行研究。朱新鑫、李豫新（2011）借助于贸易结合度指数、贸易互补性指数等测算了中国和中亚五国农产品贸易的竞争性和互补性。彭文进（2011）分析了中亚国家农业发展存在的问题及其与中国农业发展的互补性，剖析了中国与中亚国家农产品贸易合作现状，以及中国与中亚国家农产品贸易潜力。夏咏等（2012）分析了哈萨克斯坦对中国农产品通关的便利化现状，并剖析了农产品通关便利化存在的问题，提出了推进农产品通关便利化的对策建议。龚新蜀（2014）分析了中国与哈萨克斯坦农产品贸易的变化趋势以及农产品比较优势和互补性变化趋势。侯丽芳、布娲鹣·阿布拉（2015）研究了中国与中亚五国农产品贸易成本，并分析了中国与中亚五国农产品贸易成本的影响因素。齐晓辉、刘亿（2016）分析了中国与中亚五国农产品贸易现状，并实证分析了影响中国与中亚五国农产品产业内贸易的因素。

另一部分学者借助实证分析模型，主要考察了中国及中国（新疆）与中亚国家的农产品贸易的影响因素，使用的实证分析模型主要包括贸易引力模型、恒定市场份额模型等。关于利用恒定市场份额模型，曹守峰等（2011）通过运用恒定市场份额模型分析了中国与哈萨克斯坦农产品出口的效应。龚新蜀等（2014）分析了中国对哈萨克斯坦农产品贸易现状，并运用恒定市场份额模型分析了中国农产品出口波动的影响因素。阳军（2015）运用恒定市场份额模型对中国与中亚五国农产品出口增长的因素进行了实证分析，研究发现增长效应、市场结构效应、产品结构效应和综合竞争效应对出口具有促进作用。

在利用引力模型方面，王淑漪等（2014）运用扩展的引力模型实证分析了中国与中亚国家农产品贸易的影响因素，研究发现，经济发展水平、国民购买力、运输距离、技术援助等因素对农产品贸易的影响显著。王彦芳（2015）实证分析了中国与哈萨克斯坦农产品贸易的影响因素。洪秋妹（2019）描述了中国与中亚五国农产品贸易发展现状，并利用贸易引力模型实证分析了双边贸易流量的决定因素，实证研究发现国内生产总值、人口数量等因素对双边农产品贸易流量有显著影响。

（五）关于农业合作模式与机制的研究

1. 关于农业合作模式的研究

已有的研究大多是从不同的视角对农业合作中的实践模式进行归纳与总结，并根据农业合作面临的新形势，提出了农业合作模式创新的对策。温斌（2009）总结了闽台农业合作已有的成功模式，提出了闽台农业合作模式创新的对策建议。施勇杰（2009）分析了中非农业合作的互补性，提出了中非农业合作的战略框架，并主张构建中非农业合作的新模式。陈俭（2012）梳理了中国与中亚五国现有农业经贸合作模式，提出了中国与中亚五国未来农业经贸合作模式构建。肖霞（2013）分析了中国与乌兹别克斯坦农业经贸合作的模式，并对未来合作模式进行了探讨。陈俭（2014）梳理了中国与中亚五国当前区域经贸合作模式和农业经贸合作模式，并提出了中国与中亚区域经贸合作的模式选择建议。朱月季等（2015）评析了中非农业的合作现状，分析了万宝模式的特点，为进一步推进中非农业合作提出了相关建议。高庆咏等（2020）提出了中国和乌兹别克斯坦农业经济合作的模式选择，主要有农业园区合作模式、技术联盟模式、会展模式等等。

2. 关于农业合作机制的研究

学者们大多从目前的农业合作机制出发，分析存在的问题，并提出了构建新机制或健全已有合作机制的对策建议。吴凤娇、李非（2010）评析了海峡两岸农业合作的模式与机制，提出了在经济一体化架构下海峡两岸农业合作的创新机制。朱新鑫（2011）对现有的农业区域合作机制进行了分析，指出了现有机制存在的缺陷，提出了构建中国（新疆）与中亚国家农业区域合作机制的建议。李豫新、朱新鑫（2011）认为中国（新疆）与中亚五国农业区域合作机制的构建尚不完善，提出了构建中国（新疆）与中亚五国农业区域合作新机制。卢凌霄、林惠虹（2016）分析了福建自由贸易区建设对漳台农业合作的影响，剖析了漳台农业合作中的问题，提出了漳台农业合作机制创新的对策。刘慧灵等（2021）回顾了中国与中亚五国经贸合作的历程和现状，以及前景和挑战，并从优化合作机制的角度提出了对策建议。

（六）关于贸易便利化与投资便利化的研究

1. 关于贸易便利化的研究

现有文献主要从定性和定量两个角度展开研究。定性的研究围绕目前对外贸易的便利化发展状况，分析影响贸易便利化水平的因素，并提出相应的对策建议。定量研究是通过建立贸易便利化指数的指标体系，计算出贸易便利化指数值，进行分析和比较，提出改善贸易便利化的措施。胡颖（2011）分析了中国（新疆）与中亚国家贸易便利化的发展，并分析了贸易便利化发展存在的问题。李豫新、郭颖慧（2014）测算了中国（新疆）与周边国家的边境贸易便利化水平。孔庆峰、董虹蔚（2015）测算了"一带一路"沿线69个国家的贸易便利化水平，实证分析的结果表明贸易便利化对沿线国家之间的贸易的促进作用大于其他解释变量。丁巨涛、郝新军（2016）运用SWOT方法分析了中国与中亚国家贸易便利化的现状。高志刚、宋亚东（2018）构建贸易便利化测评指标测算了"一带一路"沿线及周边国家贸易便利化水平，建立空间计量经济学的实证研究表明，中国与贸易伙伴国的距离、人均国内生产总值、人口、经济发展水平、贸易便利化水平等因素对出口贸易都有显著的影响。Shepherd（2016）考察了贸易便利化和基础设施与价值链之间的联系，运用网络分析方法对189个国家的价值链连通性进行了汇总衡量，发现这一指标与基础设施发展和贸易便利化绩效的汇总指标之间存在着统计上的显著关联。Hendy和Zaki（2021）利用埃及企业层面的海关数据和世界银行数据，研究了行政性贸易壁垒对企业出口的影响。

2. 关于投资便利化的研究

已有的文献主要是通过构建评价投资便利化水平的指标体系，测算投资便利化指数值。另有学者利用投资便利化指数值实证分析投资便利化对直接投资的影响。彭羽、陈争辉（2014）设计了一套适合上海自由贸易区的投资贸易便利化评价指标体系，并运用层次分析法进行了测算，最后提出了相关的政策建议。崔日明、黄英婉（2016）构建了贸易投资便利化测评的综合评价指标体系，并据此测算了"一带一路"沿线国家的贸易投资便利化水平。才凌惠、朱延福（2019）测算了"一带一路"沿线53个国家的贸易投资便利化水平，建立面板数据模型的实证分析表明，各国的贸易投资便利化水平呈现上升趋势，国土规模、居民收入等变量对贸易投资便利化的影响存在较大的差异，并从改善贸易投资便利化的角度提出了相关对策。乔敏健（2019）测算了"一带一路"沿线40个国家的投资便利化水平，作者的实证研究结果表明，投资便利化水平对中国对外直接投资的影响呈"U"形效应。Chena等（2020）测量了2007—2018年"一带一路"沿线66个国家的投资便利化水平，并建立模型实证分析了东道国投资便利化对中国对外直接投资的影响。

（七）关于逆全球化和新冠病毒感染疫情对国际经贸合作影响的研究

1. 关于逆全球化对国际经贸合作影响的研究

现有文献主要分析了逆全球化的成因、逆全球化对区域经济一体化的影响、对国际经贸合作的影响，以及中国的战略选择和相关对策。于潇、孙悦（2017）分析了逆全球化思潮的演进，以及中国对待逆全球化的态度，剖析了逆全球化对亚太区域经济一体化的冲击，并提出了中国的战略选择。刘乃郗等（2018）阐述了中国农业海外投资的发展现状，分析了全球化波动背景下中国农业海外投资的风险，提出了促进中国农业海外投资的对策建议。樊胜根等（2019）分析了逆全球化思潮的演进，认为逆全球化给全球粮食安全带来了不确定性，提出了在逆全球化背景下应对粮食安全的对策建议。罗建兵、杨丽华（2020）分析了当前逆全球化的成因，并从经济层面、政治层面、文化和社会层面分析了逆全球化对"一带一路"倡议的冲击，提出了"一带一路"的合作范式。吴雪（2020）分析了逆全球化对国际经贸治理体系的不利影响，提出了中国推动国际经贸治理体系改革的策略。

2. 关于新冠病毒感染疫情对国际经贸合作影响的研究

已有的文献主要从新冠病毒感染疫情暴发后全球农产品贸易的变化，来分析疫情对农产品贸易的不利影响、农产品贸易面临的风险、疫情对中亚国家的冲击以及对"一带一路"的冲击等，并提出应对策略。李先德等（2020）分析了新冠病毒感染疫情下全球农产品市场，剖析了谷物、大豆、肉类产品、奶类产品等农产品的贸易形势，提出了中国的应对建议。欧阳向英（2020）描述了新冠病毒感染疫情在中亚国家的情况，分析了中亚各国的对外贸易发展情况，研判了中亚各国在疫情后的各种可能的经济走向。王素云、张宁（2021）分析了中亚各国的新冠病毒感染疫情情况，剖析了新冠病毒感染疫情影响下"一带一路"在中亚的推进中遇到的困难，提出了未来与中亚各国建设"一带一路"的重点方向和领域。顾善松等（2021）描述了新冠病毒感染疫情暴发前的全球农产品贸易，以及新冠病毒感染疫情暴发后全球农产品市场和贸易变化情况，分析了新冠病毒感染疫情对农产品贸易的不利影响，提出了相应的对策建议。

二、文献述评

中国（新疆）与中亚五国的农业合作取得了积极的成果，农产品贸易量不断增加，农业直接投资稳步发展，农业科技合作与交流富有成效。"一带一路"倡议的提出，为中国（新疆）与中亚五国的农业互联合作带来了难得的机遇，同时也提出了更高要求。通过梳理现有的相关文献，发现已有的文献存在以下不足：

第一，现有研究大多从农产品贸易合作、农业投资合作、农业技术合作等角度研究中国（新疆）与中亚国家的农业合作问题，对于中国（新疆）与中亚国家农业互联互通合作的研究尚未系统化，相对于"一带一路"建设和"丝绸之路经济带"核心区建设的实践要求来说，理论研究比较滞后。

第二，关于中国（新疆）与中亚国家的农业经贸合作问题，现有研究很少将中亚其他区域合作机制纳入研究的范围，也未将"一带一路"倡议、"丝绸之路经济带"核心区的建设框架纳入研究范围，不利于中国政府在推动与中亚国家的农业互联互通合作方面做出正确的政策选择。

第三，现有的研究对于如何设计与中亚国家农业互联互通的合作模式、合作机制，如何构建互联互通的合作平台，尚无系统的研究成果，对如何开展农业互联互通合作所提出的对策建议可操作性也不强。因此，如何设计互联互通的模式、机制和平台，从国家层面、地方政府层面、企业层面提出具有指导性、可操作性、系统性、切合实际的对策建议，有待于进一步研究。

通过梳理现有文献，笔者还发现，中国（新疆）与中亚国家在农产品贸易合作方面，制约贸易发展的主要因素还是交通基础设施互联互通、跨境物流、海关通关、海关监管合作、信息共享等方面存在问题，从而导致了贸易便利化水平不高。因此，贸易便利化是促进中国（新疆）与中亚国家农业互联互通合作的关键因素，本书后续设置了独立的章节对贸易投资便利化问题加以研究。

第三节　研究内容与研究方法

一、研究的主要内容

第一章，绪论。本章介绍了本书的研究背景与研究意义，对国内外研究的相关文献进行回顾，评述现有文献的优点和不足。本章阐述本书的主要内容和方法，以及本书的主要目标、创新点、特色。

第二章，理论基础与经验借鉴。本章对"一带一路"倡议的内涵进行界定，介绍"一带一路"倡议的主要内容，并对互联互通的内涵、农业互联互通的内涵进行界定，论述了互联互通与"一带一路"的关系，分析了贸易便利化、投资便利化与互联互通的关系。本章梳理了本书研究的相关理论基础，包括区域经济一体化理论、国际（区域）

分工与协作理论、国际直接投资理论、地缘政治学理论、地缘经济学理论等；分析了中国—东盟自由贸易区、欧盟、北美自由贸易区、亚太经合组织的农业合作概况和经验借鉴，总结了对中国（新疆）与中亚国家农业互联互通合作的启示。

第三章，中亚五国的农业发展现状。本章分析中亚五国的农业发展水平与结构，较为详细地描述中亚五国种植业、畜牧业、林业、渔业的发展状况，并分析中亚五国的农业生产要素投入、主要农业产业布局、农产品进出口贸易的发展状况，形成较为完整的农业发展状况的分析框架。

第四章，中国（新疆）与中亚五国的农业合作现状①。本章从政府间农业交流与合作、农产品贸易合作、农业投资合作、农业技术交流与合作等方面分析了中国（新疆）与中亚五国的农业合作现状。本章较为详细地分析了中亚五国的对外农产品贸易、与中国的农产品贸易、吸引外国直接投资及农业投资现状。

第五章，中国（新疆）与中亚国家农业互联互通合作的现实基础与互补性分析。本章分析了中国与中亚五国农业互联互通合作的现实基础，包括基础设施互联互通的进展、地缘政治经济基础、农业资源基础（土地资源、水资源、农业资金投入、农业人口、农业肥料施用、农业机械）、农业经济基础（农业总体经济发展、种植业生产、畜牧业生产）、农业技术基础等。本章剖析了中国（新疆）与中亚国家农业互联互通合作的动因，分析了中亚五国与中国农产品贸易的竞争性和互补性。

第六章，中国（新疆）与中亚国家农产品贸易发展与贸易便利化分析。本章回顾了中国（新疆）与中亚国家农产品贸易发展现状，分析农产品贸易发展存在的问题，建立贸易便利化测评的指标体系，运用主成分分析法测算了中国与中亚国家的贸易便利化水平，并剖析了贸易便利化发展存在的问题。本章通过构建的贸易引力模型、恒定市场份额模型实证分析中国与中亚五国农产品贸易的影响因素，借助贸易结合度指数和贸易引力模型测算中国与中亚五国双边农产品的贸易潜力，提出了促进农产品贸易发展以及促进贸易便利化的对策建议。

第七章，中国（新疆）与中亚国家投资合作与投资便利化水平测评。本章分析了中国（新疆）对中亚国家直接投资发展状况，构建了投资便利化测评的指标体系，采用层次分析法来确定各评价指标的权重，测算出中国与中亚国家的投资便利化水平的评价指数，分别按基础设施、营商环境、市场开放和规制环境计算各一级指标的评价值并进行分析，最后提出了促进中国与中亚国家投资便利化的对策建议。

第八章，"一带一路"倡议下中国（新疆）与中亚五国农业互联互通合作的战略构想。本章提出了加快中国（新疆）与中亚五国农业互联互通合作的战略思路，以及合作的原则；提出了农业互联互通合作的近期目标和远期目标。本章从农业政策沟通、基础设施联通、农产品贸易畅通、农业合作的资金融通、农业技术互通等方面提出中国（新疆）与中亚国家农业互联互通合作的总体构想，指出了农业合作的重点领域。

第九章，中国（新疆）与中亚国家农业互联互通合作的制度设计与政策建议。本章

---

① 本书第四章至第九章的研究内容既包括中国又包括中国新疆。

回顾了农业互联互通合作的宏观层面、中观层面的已有模式，提出了构建中国（新疆）与中亚五国农业互联互通合作的创新模式，以及构建农业互联互通合作的机制，包括功能性合作机制、领域性合作机制和构建农业互联互通合作的平台。本章从国家层面、地方政府层面、企业层面分别提出农业互联互通合作的政策建议。

二、研究方法

在研究方法上，本书采用历史分析与现实分析相结合，归纳与演绎相结合，案例分析法、定性分析与定量分析相结合的研究方法。本书主要的分析方法如下。

（一）案例分析法

本书通过调研，搜集中国（新疆）与中亚国家农业合作的案例，分析其成功的经验和不足，归纳中国（新疆）与中亚五国农业合作中所面临的问题和障碍，并探讨适用于中国与中亚五国农业合作的机制与模式。

（二）定量分析法

本书采用的定量分析法主要包括：

第一，对于中亚五国的农业发展状况、中国（新疆）与中亚国家农业合作的现状、中国（新疆）与中亚五国农业合作的现实基础，本书通过搜集大量的数据、资料进行定量描述与分析。

第二，对于分析中国（新疆）与中亚五国农产品贸易的竞争性与互补性，本书采用显性比较优势指数、相对显性比较优势指数的方法进行分析，以及采用贸易互补性指数对中国与中亚五国的农产品贸易互补性进行分析。

第三，对于中国（新疆）与中亚国家农产品贸易便利化水平进行分析，本书建立贸易便利化测评的指标体系，运用主成分分析法测算贸易便利化水平。本书通过构建贸易引力模型、恒定市场份额模型分析中国与中亚五国农产品贸易的影响因素，利用贸易结合度指数测算中国与中亚五国双边农产品的贸易潜力。

第四，对于中国（新疆）与中亚国家投资便利化水平的测评，本书通过构建投资便利化测评的指标体系，采用层次分析法来确定各评价指标的权重，测算出中国与中亚国家的投资便利化水平的评价指数。

第四节　研究目标和创新点、特色

一、研究的主要目标

第一，本书对中亚五国的农业发展状况，以及中国（新疆）与中亚五国农业合作的现状进行系统的描述和分析，形成完整的分析框架。

第二，本书分析"一带一路"倡议下中国（新疆）与中亚五国农业互联互通合作的基础、动因，农业合作的潜力。

第三，本书分析与总结中国与东盟农业互联互通合作，以及欧盟、北美自由贸易区、亚太经济合作组织在农业互联互通方面的经验，为中国（新疆）与中亚农业互联互通合作提供借鉴和参考。

第四，本书分析中国（新疆）与中亚国家农产品贸易发展及贸易便利化水平、贸易合作的影响因素和贸易潜力，以及投资便利化水平，分析贸易投资便利化存在的问题，提出对策建议。

第五，本书提出中国（新疆）与中亚国家农业互联互通合作的战略构想，包括农业互联互通合作的总体思路与原则、目标，合作的总体构想和合作重点。

第六，本书提出中国（新疆）与中亚国家农业互联互通合作的制度设计，包括合作模式的选择、合作机制的设计、合作平台的构建。本书提出农业互联互通的政策建议，分别从国家层面、地方政府层面、企业层面提出实施农业互联互通合作的具有前瞻性、指导性和可操作性的对策建议。

二、研究的创新点与特色

第一，本书的思维视野和研究框架具有创新与特色。现有的对于中国和中亚国家的农业合作的研究，主要集中在中国和中亚国家的农业合作现状、农业合作的机制、农业合作的模式的研究，往往是对农业合作的某一领域或某一方面，或者集中于某一中亚国家的农业合作研究，已有文献尚未出现中国与中亚国家农业互联互通合作的研究成果。本书在"一带一路"倡议的框架下，界定了农业互联互通的内涵，并以此作为本书研究的逻辑基础，就农业互联互通合作的研究形成完整的研究框架和系统的研究成果。

第二，本书对于中亚五国的农业发展现状以及中国（新疆）与中亚五国的农业合作现状、农业互联互通合作基础的分析具有创新与特色。现有的对于中亚五国的农业发展、中国（新疆）与中亚五国的农业合作、农业合作现实基础的研究，或者分析框架不完整，或者研究不够深入。本书详细地分析了中亚五国的农业发展现状、中国（新疆）与中亚五国的农业合作现状、农业合作的现实基础，做出了相对完整的描述与分析。

第三，本书对于中国（新疆）和中亚国家农业互联互通合作的制度设计具有创新与特色。现有的对于中国（新疆）和中亚国家的农业合作的研究视野不够广阔，本书在总结已有的农业合作的模式、机制的基础上，借鉴农业合作的国际经验，提出中国（新疆）与中亚国家农业互联互通合作的总体战略构想，设计具有前瞻性的农业互联互通合作模式、合作机制与合作平台。

第四，本书对于中国（新疆）和中亚国家农业互联互通合作的对策建议具有创新与特色。现有的研究对于中国（新疆）与中亚国家农业合作，仅针对某一方面或某一领域提出了对策建议，但可操作性不强，尚未提出系统性的农业互联互通合作的对策建议。本书分别从国家层面、地方政府层面、企业层面提出具有指导性、系统性、可操作性、切合实际的对策建议，以期更加有效地为推动中国（新疆）与中亚国家农业互联互通合作提供参考。

第二章　理论基础与经验借鉴

第一节　基本内涵界定

一、"一带一路"倡议的内涵与主要内容

（一）"一带一路"倡议的起源

2013 年 9 月，习近平主席在出访哈萨克斯坦期间，正式提出了建设"丝绸之路经济带"的倡议，2013 年 10 月，习近平主席出访印度尼西亚时，正式提出了打造"21 世纪海上丝绸之路"的倡议。"丝绸之路经济带""21 世纪海上丝绸之路"两个倡议合称为"一带一路"倡议。"一带一路"倡议是中国与亚太以至东北非及欧洲的广大范围内推进互联互通、互利合作、共同发展的倡议。

2015 年 3 月，中国国家发展和改革委员会、外交部和商务部联合发布了《推动共建丝绸之路经济带和 21 世纪海上丝绸之路的愿景与行动》，为"一带一路"建设的区域定位与发展路径指明了方向，"十三五"规划纲要也进一步明确了"一带一路"建设的具体内容。

（二）"一带一路"倡议内涵的界定

自习近平主席提出"一带一路"倡议以来，国内学者展开了丰富的研究，力求对这一倡议的内涵做出科学的界定，综合学界的研究，对"一带一路"的内涵界定可以归纳为以下五种观点：

一是"二维论"。这类观点主要从区域关联性的视角对"一带一路"的内涵进行界定，认为习近平主席提出的"一带一路"倡议是在历史继承的基础上，发扬区域之间的互信、合作共赢的丝路精神，而非是对古丝绸之路的简单复制。这种精神被认为其强化了经贸合作、推进贸易投资便利化，以及加强人文交流，将古丝绸之路的商贸功能与文化交流进行了提升和拓展。二是"三维论"。这类观点将"一带一路"的内涵界定为"经济先行、境外核心合作区和战略目标"三大维度，就是要在"一带一路"框架下推进与周边国家的互联互通，建立境外核心合作区，而目标在于推进全方位的对外开放，以实现"一带一路"沿线国家的共同繁荣。三是"四维论"。这类观点认为"一带一路"倡议的核心内涵即是开放、包容、互利和共赢。这种观点回应了中央提出"一带一

路"倡议以来，国际社会部分国家对"一带一路"倡议的疑虑甚至曲解。"开放、包容、互利和共赢"分别回答了"一带一路"倡议的核心理念、参与方的多元化、发展动力和可持续发展基础。四是"六维论"。这类观点强调从实践运作的角度来理解"一带一路"的内涵，主要从古今传承、内外开放、海陆统筹、东西互济、虚实结合、中外共赢六个方面对"一带一路"的内涵进行把握。五是"十维论"。这类观点是"六维论"的延伸，除了强调"六维论"的观点之外，还强调了"经贸先行、设施联通、大国责任、市场作用"。这类观点认为，推进"一带一路"倡议，贸易和投资合作是关键，市场机制是核心，基础设施是基本条件。

由此可见，目前学界对于"一带一路"倡议的内涵还存在一定的分歧。"一带一路"倡议涵盖了国内和国际政治经济文化发展的各个方面，其内涵是极其丰富的。"一带一路"倡议作为中国提出的与世界互利共赢的构想，"一带一路"的建设将推动沿线国家加强协调，实现优势互补和互利共赢，强调打造共同发展、共同繁荣、互利共赢的"命运共同体"以及"利益共同体"。

（三）"一带一路"倡议的主要内容

"一带一路"倡议，作为一种新型的区域合作安排，它不是设想把沿线国家的区域合作组织和合作机制都涵盖进来，更不是一种排他性的合作机制。"一带一路"倡议重点强调了合作领域中的务实性领域，主要包括五个部分：

第一，沟通于政策。"一带一路"沿线的各国对未来经贸发展的政策和措施进行充分的沟通，充分地交换意见，各国的经贸发展政策与决策在求同存异的基础上进行沟通、协调和对接，并通过沟通来制定区域经贸发展机制和具体的合作策略，各国也在政策和法律层面予以充分的沟通和支持。

第二，联通于设施。为了实现"一带一路"沿线国家之间的经贸往来的便利，需要解决沿线国家之间的交通问题。通过完善各国的交通基础设施，完善交通线路，逐步建成贯通于沿线国家之间的交通运输网络，实现道路交通基础设施的联通。

第三，畅通于贸易。"一带一路"沿线国家通过为双边和多边的贸易投资提供快捷有效的途径，对经贸往来过程中出现的贸易和投资壁垒及时解决，提出有效方案，使得沿线国家之间的贸易投资往来的速度更快，效率更高，从而充分释放区域内各个国家的贸易和投资潜力，优化贸易和投资合作效率。

第四，融通于资金。"一带一路"沿线国家要实现交易的便利化，在贸易结算方面应推行双边本币结算，创新结算方式，并在金融领域展开广泛的双边和多边合作。力争在区域内创建开发性金融机构，降低区域内国家之间经贸往来的交易成本，通过区域内的磋商和安排，合理地降低面临的金融风险。

第五，相通于人心。"一带一路"沿线国家通过加强彼此之间的文化交流，加强各国人民之间的友好往来。通过国家之间的文化交流与传播，增进民众之间的友谊，巩固民众基础，从而提升两国之间的友好合作关系。

"一带一路"建设是一个循序渐进的长期过程。在这一倡议的开始阶段，建设重点是基础设施的互联互通和贸易投资的便利化合作，该倡议把能源、交通和城市一体化作为初级阶段，而把文化、生态、贸易、金融作为高级阶段。"一带一路"要实现"五通"，在此基础上，推进"一带一路"沿线国家的经贸、政治、社会、文化、教育和安全领域的合作，打造建设命运共同体的坚实基础。

二、农业互联互通的内涵

（一）互联互通的含义

互联互通最初用于电信网络领域，是指电信设备之间的相互连接以及通信网络之间的连接，是指运营商的设备和网络之间的物理链路。此后，作为一个独立的概念，互联互通被逐步用于社会和经济领域。

在社会和经济领域，"互联互通"（connectivity）这个概念最早于 2000 年由亚洲开发银行提出，用于基础设施建设领域。随着东盟各国合作的不断推进，东盟也开始使用这一概念，此概念出现在《东盟互联互通总体规划》等文件之中。随着东盟互联互通合作的发展，这一概念也具有了广义和狭义之分。其广义的含义是指政府、民间、企业之间的互联互通；其狭义的含义是指道路交通、能源基础设施、信息通信等方面的互联互通。中国国家发展和改革委员会也对互联互通的内涵进行了解读，认为互联互通是指基础设施、规章制度、人员交流三方面的有机结合。

2013 年 9 月习近平主席提出的"丝绸之路经济带"倡议，丰富了互联互通的内涵。习近平主席提出的互联互通包括政策沟通、设施联通、贸易畅通、资金融通、人心相通，这是广义的互联互通。2013 年 10 月 3 日，习近平主席在印度尼西亚国会发表演讲时，再度提及了互联互通的概念。目前，互联互通广泛应用于"一带一路"建设，成为"一带一路"建设的重要内容。"一带一路"倡议构想内涵丰富，其中重要内容就是打造现代版的互联互通。

2014 年 11 月 8 日，习近平主席在"加强互联互通伙伴关系"东道主伙伴对话会上提出，"今天，我们要建设的互联互通，不仅是修路架桥，不光是平面化和单线条的联通，而更应该是基础设施、制度规章、人员交流三位一体，应该是政策沟通、设施联通、贸易畅通、资金融通、民心相通五大领域齐头并进。这是全方位、立体化、网络状的大联通，是生机勃勃、群策群力的开放系统"[①]，本书认为，这可以看作对互联互通内涵最完整、最准确的阐述。

（二）农业互联互通的内涵

随着"一带一路"互联互通建设的推进，学界也逐步将互联互通的内涵运用于农业合作，部分学者提出了农业互联互通合作的问题。本书认为，农业互联互通的内涵可以从"农业政策沟通、农业基础设施联通、农产品贸易畅通、农业资金融通、农业技术互通"五个方面来界定。

1. 农业政策沟通

在互联互通的内涵界定中，政策沟通为"五通"之首，这说明在实施互联互通时，

---

① 孙兴杰，鲁宸."一带一路"，互联互通与国际秩序的演进 [J]. 科学决策，2019 (4)：74-88.

政策上的沟通是居于首要地位的。农业政策沟通，是指"一带一路"沿线国家，加强政府之间的沟通与协调，构建完善政府之间多层次农业合作的宏观政策沟通交流机制，深化双边或多边农业发展利益的融合。政策沟通的基础是政治互信，在政治互信的基础上，沿线国家达成农业合作的新共识。沿线国家在农业发展战略规划与政策方面进行充分的对接，协商制定推进农业合作的规划和措施，并为农业合作领域中的大项目和重点细分领域提供专项政策支持。

2. 农业基础设施联通

基础设施互联互通是"五通"建设的优先领域。农产品贸易具有很强的时效性，尤其是部分生鲜农产品的保质期较短，对运输物流体系的要求较高，必须确保运输通道和贸易通道的畅通。农业基础设施的互联互通，即是要求重点建设交通基础设施的关键通道和重要节点，优先打通缺失路段，满足农产品贸易较强的时效性，并满足农产品由于重量较重和体积庞大而对大宗货物运输的需求，完善沿线国家之间的物理联通，完善跨境交通基础设施，配套完善道路安全防护设施，逐步形成畅通便利的交通运输网络，为农产品贸易往来、农业投资和农业从业人员往来提供便利。

3. 农产品贸易畅通

农产品贸易合作是农业合作领域的重要内容。农产品贸易畅通，是指"一带一路"沿线国家对农产品贸易便利化和农业投资便利化问题，进行沟通协调并做出恰当安排。为实现农产品贸易便利化和农业投资便利化，沿线国家逐步消除贸易壁垒，降低贸易和投资成本，具体通过逐步分层次、分阶段降低农产品关税，减少通关时间和成本，提高农产品的贸易和农业投资效率。农产品贸易畅通的核心内容是贸易和投资便利化，为此沿线国家之间在海关领域展开信息交换、监管互认和执法互助，依托具体的交通基础设施，拓展农业贸易和投资往来，提高农业合作的质量和效率。

4. 农业资金融通

资金融通是互联互通建设的重要支撑。农业资金融通，是指"一带一路"沿线各国建立一个有效的区域金融合作机制，形成一个有效的区域金融市场，扩大金融合作，扩大各国的货币互换、农产品贸易双边本币结算的范围和规模，并实现在经常项目和资本项目下的本币结算和兑换。沿线国家建立合作、沟通的农业投融资体系，完善区域资金融通的机制安排，建立和完善区域性金融机构，完善区域资金融通的组织载体。建立自由、便捷、透明、竞争的农业投资机制，提高农业投资相关法律法规的透明度，促进双边和多边的农业投资融通，并加强区域内资金融通的合规监管和风险防范，并妥善解决农业投资争端，提供投资保护。

5. 农业技术互通

农业技术互通是民心相通的重要构成部分。民心相通是"一带一路"建设的社会基础，民心相通是要增进彼此了解，建立友谊，最终目标是形成合作共赢理念，建立人类命运共同体。民心相通中的"民"包括了所有人，既包括各级官员和专家学者，也包括企业家和普通民众，民心相通对人流、物流、资金流等都产生着现实的影响。农业技术互通是民心相通的重要内容，通过"一带一路"沿线国家之间的农业技术合作，为合作国家提供包括粮食种植、水产养殖、畜禽养殖、农业生物技术、农业机械等技术培训，增进农业技术人员的友好往来，提高农业技术水平。建立农业技术示范园区，带动农业高科技交流以及农业从业人员的技术往来和劳务合作，并通过共同研发农业技术项目等，以多种方式促进农业技术交流与合作。

三、互联互通与"一带一路"的关系

（一）互联互通是"一带一路"建设的基础、优先和核心领域

亚欧大陆面积广阔，"一带一路"沿线区域的国家数量众多，交通建设滞后，制约了各国之间的经贸往来。亚欧地区的交通状况整体来说就是"隔而不通，通而不畅，畅而不大，包而不容，紧而不密"，"一带一路"沿线国家之间的互联互通压力较大，不仅影响经贸往来，也制约了人员交流。因此，"一带一路"建设的基础和核心就是互联互通，提倡在相互尊重国家主权的基础上，沿线国家加强基础设施的规划和建设，共同推进国际骨干通道建设，形成区域之间的基础设施网络。

"一带一路"倡议的提出增强了亚洲和欧洲之间的联系，而基础设施建设是"一带一路"建设的优先和核心领域。以基础设施的互联互通推动"一带一路"沿线国家形成一个自我循环的经济圈，"一带一路"建设的目标就是要建立一个沿线国家在经济上融合、在政治上互信、在文化上包容的命运共同体。互联互通的建设，改变了沿线区域国家之间基础设施制约各国进一步合作的局面，实现"一带一路"的建设目标。

（二）互联互通是实现"一带一路"沿线区域"三网相通"的条件和前提

所谓"三网"就是指互联互通网络、贸易自由化便利化网络和战略伙伴关系网络，互联互通既包括交通基础设施的硬联通，也包括制度与政策等方面的软联通。互联互通建设，使得"一带一路"沿线国家的发展战略与"一带一路"倡议进行对接，从而实现沿线国家的共同发展，并实现沿线各国的政策沟通与民心相通，增强各国之间的战略互信，从而深化沿线国家的合作，推动建立战略伙伴关系网络。新亚欧大陆桥、中巴经济走廊、孟中印缅经济走廊、中俄蒙经济走廊、中国—中亚—西亚经济走廊、中国—中南半岛经济走廊六大经济走廊的建设，提升了互联互通的建设水平，实现了"一带一路"沿线国家的贸易和投资便利化自由化网络，从而达到贸易畅通、资金融通的目标。

互联互通的建设不仅可以使得各国之间的经贸往来更加便利，简化了经贸往来的手续和交易成本，而且提高了经贸往来的安全性。沿线区域各国之间的战略对接、通信网络的互联、人员交流等，都必须加快互联互通建设步伐。

（三）互联互通是"一带一路"倡议与沿线国家区域合作机制对接合作的切入点

相关国家在国际合作中已缔结了诸多区域合作机制，这些区域合作机制的性质各异，合作水平也有所不同。其中地位比较重要的是位于"丝绸之路经济带"沿线区域的欧亚经济联盟（Eurasian Economic Union，EEU），它以俄罗斯为主导，成员还包括哈萨克斯坦、白俄罗斯、吉尔吉斯斯坦、亚美尼亚等，以及位于海上丝绸之路沿线区域的区域全面经济伙伴关系（Regional Comprehensive Economic Partnership，RCEP），它由东盟十国发起，中国、日本、韩国、澳大利亚、新西兰、印度共同参加（"10+6"）。就欧

亚经济联盟而言，俄罗斯的基础设施建设力量有限，中亚国家的基础设施建设滞后，互联互通正是"一带一路"倡议与欧亚经济联盟对接合作的切入点，RCEP 也是亚太国家重要的区域合作机制之一。通过"一带一路"沿线区域互联互通建设合作，使得沿线区域各国的边界由隔离带变为贸易和投资的合作带，使得"一带一路"倡议与 EEU、RCEP 相互对接，相互配合，实现彼此的战略目标。

四、贸易和投资便利化与互联互通的关系

（一）贸易便利化的内涵

目前还没有关于贸易便利化国际通行的标准定义。世界贸易组织和联合国贸易和发展会议等组织认为，贸易便利化是指国际贸易流动所需要的收集、提供、沟通及处理数据的活动、做法和手续等程序的简化和协调；OECD 对贸易便利化的表述是，国际货物从卖方流动到买方并向另一方支付所需要的程序及相关信息流动的简化和标准化；尽管各组织的表述都不尽相同，但本质是一样的。贸易便利化的宗旨就是简化和协调国际贸易中的货物所涉及的贸易程序，加速要素的跨境流通。狭义的贸易便利化是指国际贸易货物的进出口程序、交通运输、检测、支付等方面的协调和便捷；广义的贸易便利化还包括与国际贸易有关的法律法规的协调和信息的收集与使用等，涵盖贸易过程的所有环节①。

（二）投资便利化的内涵

对投资便利化内涵的理解尚未统一，OECD（2006）和王海燕（2012）等认为，投资便利化是指协调跨国投资活动中的各种程序，创造一种透明和预见性强的投资环境；UNCTAD（2009）更强调企业投资环境的开放度和便利度②；亚太经济合作组织（APEC）则将投资便利化定义为：为了吸引外国投资，在投资周期的全部阶段上政府采取的一系列使其效率和管理有效性达到最大化的做法或行动③。综上所述，本书认为，投资便利化是对国际贸易投资制度、程序和规范的简化与协调；通过提高程序管理和手续办理的透明度，为国际投资活动创造良好环境。

（三）贸易便利化、投资便利化与互联互通的关系分析

1. 贸易便利化、投资便利化是互联互通的题中应有之义

中国国家发展和改革委员会认为互联互通包括基础设施、制度规章、人员交流的三位一体，习近平主席丰富了互联互通的内涵，提出了"五通"。

在互联互通所包含的"五通"当中，政策沟通是指各国对经济发展战略和政策进行充分的沟通，推进制定区域合作的规划和措施。政策沟通，其中包括了贸易和投资等政

① 刘宏曼，王梦醒. 贸易便利化对农产品贸易成本的影响：基于中国与"一带一路"沿线国家的经验证据 [J]. 经济问题探索，2018（7）：105-112.

② 崔日明，黄英婉. "一带一路"沿线国家贸易投资便利化评价指标体系研究 [J]. 国际贸易问题，2016（9）：153-164.

③ 马文秀，乔敏健，"一带一路"国家投资便利化水平测度与评价 [J]. 河北大学学报（哲学社会科学版），2016（9）：85-94.

策的沟通。设施联通处于互联互通的基础地位，贸易畅通是各国就贸易和投资便利化问题进行探讨和安排，通过贸易和投资的政策沟通，消除贸易壁垒和投资障碍，简化通关手续，优化通关流程，开展信息互换、监管互认，减少贸易成本，加强投资政策沟通与协调，最终实现区域贸易和投资便利化，是保持贸易畅通的主要途径①。

资金融通是指各国深化金融合作，对基础设施联通、贸易和投资合作等提供融资支持，扩大本币互换、开展跨境贸易和投资结算合作，推动金融机构之间的业务合作，为互联互通建设提供资金支持，增强抵御金融风险的能力；而民心相通是互联互通建设的社会根基，通过民心相通增进了解和友谊，为互联互通建设夯实民意基础和社会基础。因此，从互联互通的"五通"涵义来看，贸易和投资便利化，是实现贸易和投资畅通、实现互利共赢的核心要义。

2. 互联互通是实现贸易投资便利化的重要途径

首先，互联互通有助于贸易便利化。互联互通是推动贸易便利化的重要途径，也是实现贸易便利化的客观需要。互联互通使得国与国之间扩大了贸易规模，在发挥贸易创造效应的同时，扩大了一国产品的需求群体；互联互通使得国际贸易产品的运输和流转成本下降，扩大了贸易规模，使得更多的产品成本下降，成为可贸易商品，从而扩大了商品的贸易范围；互联互通，尤其是基础设施的互联互通，形成了新的交通运输方式和路线，降低了贸易往来的成本和时间，改变了产品的可贸易性和贸易规模②。

其次，互联互通有助于投资便利化。跨国公司的国际直接投资可以避开产品进入东道国的关税等贸易壁垒，但如果直接投资的进程缓慢则会加大投资成本，带来投资过程中的诸多管理问题。互联互通则协调和简化了国家之间投资管理的制度和程序，加强投资、财税、环保等政策沟通，便利跨境投资活动的开展，优化了与贸易有关的服务水平，促进了贸易便利化，使跨国公司的投资收益增加，互联互通产生的贸易拉动效应使得跨国公司投资的产品成本下降③，进一步促进跨国公司的投资。

3. 贸易投资便利化是实现互联互通的建设方向和重要手段

贸易和投资合作是"一带一路"建设的重点内容，也是推动"一带一路"沿线国家贸易和投资互联互通的重要任务之一。通过简化国家之间的通关手续和检验检疫手续、优化通关流程、加强投资政策的协调和沟通，推进贸易投资便利化，有助于消除国家之间的贸易和投资壁垒，扩大贸易和投资合作，有利于建立良好的营商环境，提升区域经济一体化水平，促进互联互通的进程。

目前，全球地缘政治日趋复杂，贸易保护主义抬头，全球经济预势难有改观。在"一带一路"建设中，推进互联互通建设的难度与风险也在加大。因此，在当前各国之间贸易和投资壁垒仍然较多、互联互通难度加大的背景下，推动贸易与投资便利化是促

---

① 杜晓英. 推进丝绸之路经济带国家贸易便利化合作的措施研究 [J]. 青海社会科学，2016（3）：49-53.

② 王玉主. 区域一体化视野中的互联互通经济学 [J]. 人民论坛，2015（3）：17-29.

③ 陈健，龚晓莺. 新时代区域协调发展战略下"一带一路"沿线互联互通研究 [J]. 西南民族大学学报（人文社会科学版），2018（1）：114-118.

进互联互通进程的重要方向。在推动互联互通建设中，关注贸易投资便利化，重点沟通贸易与投资制度，把优化作业流程、简化通关手续、便利跨境运输、降低运输成本、加强投资政策沟通等，作为互联互通的重点领域。在实践过程中，贸易投资便利化可作为中国与中亚国家互联互通的重要方向和手段。中国的基础设施建设水平普遍高于中亚国家，因而加强与中亚国家的贸易投资便利化合作，应成为中国与中亚国家互联互通合作的首要方向。

第二节　理论基础

一、区域经济一体化理论

区域经济一体化是国际经济合作的重要组成部分，它是指地理位置上相邻近的两个或两个以上的国家，通过政府之间的合作协定，在对内和对外都形成一致的经济政策，区域内国家之间的贸易和投资合作的障碍得以消除，以实现区域内国家之间的协调发展和互利共赢，最终形成一个经济高度协调统一的有机体。

（一）关税同盟理论

关税同盟理论是由美国经济学家维纳（J. Viner）和李普西（R. G. Lipsey）于 20 世纪 50 年代首先提出的。关税同盟的特点是成员国相互之间的进口免除关税，而对从关税同盟以外的进口征收统一的关税，关税同盟理论的核心在于揭示了其经济效应。其代表人物维纳认为，关税同盟具有两个典型的贸易效应。其一是贸易创造效应，指成员国之间由于关税的取消，可以进口低成本的产品来取代高成本产品，成员国之间的贸易额则相应扩大。其二是贸易转移效应，是指某一成员国从原先进口其他国家的低成本产品转移到进口成员国的高成本产品，这导致了福利的损失。

在维纳提出关税同盟的效应之后，库泊等经济学家研究了关税同盟的动态效应，认为关税同盟的动态效应包括规模经济效应、竞争效应和投资效应，这对关税同盟内的成员国而言，降低了产品的生产成本，获得生产规模效应；加剧了内部成员国之间的竞争，改善着生产效率、提高了竞争力；增加了成员国之间的资本投资，也增加了源自其他非成员国的资本流入。

（二）自由贸易区理论

自由贸易区是指成员国之间取消了所有的贸易关税，并取消了商品贸易的数量限制等壁垒，使得成员国之间的商品可以自由流动，但各成员国在对非成员国进行贸易往来时，仍然可以实施各自的关税和贸易政策。自由贸易区理论的代表性学者是米德（J. E. Meade），他认为自由贸易区会产生贸易偏转现象，即由于自由贸易区各成员国的对外关税有所不同，自由贸易区外的生产厂商可以从低关税的成员国进口商品，而在其他成员国销售。为了限制这种贸易偏转，自由贸易区必须实施原产地规则，以防止区域外的生产厂商享受到了免征关税的待遇。罗伯逊（Robson，1984）研究了自由贸易区的经济效应，认为自由贸易区的经济效应既影响贸易领域，也影响投资领域，它不仅有静态效应，而且具有动态效应。

（三）经济同盟理论

经济同盟理论是指国家之间签订经济同盟协议，成员国继续维持自由贸易区，实行共同的对外关税，实现资本和生产要素的自由流动，在贸易和市场一体化的基础上，建立一个超国家的管理机构，各成员国在经济决策中采取相同的立场，并最终实现政府政策和货币政策、关税和贸易政策等方面的统一，欧盟是其典型代表。

二、国际（区域）分工与协作理论

国际分工是指生产分工、技术分工和社会分工在地域空间的表现形式，它是一国国内的社会分工，延伸到国外的结果，是国际经济合作的基础。

农业区域分工的产生源于自然条件的不同、各国农业科技发展水平的差异和政府对农业的支持政策不同，这些因素造成了各国的农业发展具有不同的绝对优势和相对优势，即产生了不同的农业区域分工。在劳动生产力较高的国家和地区，其采取自由贸易政策的意愿往往比劳动生产力较低的国家和地区更高，因此农业的区域分工导致了各国的农业产业结构和农业贸易政策有所不同。

随着国际（区域）分工的演变和发展，相关的国际（区域）分工与协作理论也在不断发展，主要代表性理论有如下几种。

（一）绝对优势理论

亚当·斯密（1776）在《国富论》中提出了绝对优势理论。该理论认为，每个国家和地区都有对自己有利的自然资源和气候条件，如果各国在各自的有利条件下组织生产，根据自身具有的优势集中生产该产品，然后将产品进行交换，则会使各国的生产资源得到最有效的组织和利用，可以使得每个国家用最少的资源获得最多的产品，在总体上将大大提高各国的劳动生产率，加速资本积累，增加财富总量。但是，如果国与国之间不能实现自由贸易，则达不到预期的收益。

（二）比较优势理论

大卫·李嘉图首次提出了比较优势理论。该理论认为，国家之间生产成本的差异是相对的，决定国际分工和国际贸易的基础是比较利益，而不是绝对利益。一个国家即使在多个产品的生产上都处于劣势，但仍然具有劣势相对较小的产品生产，即具有比较优势的产品，则该国仍然具有与他国进行生产分工的可能性。具有生产优势的国家选择最具有优势的产品进行生产，而具有劣势的国家选择劣势较小的产品生产，各国都生产与其自然条件或气候等条件相适应的产品，这样就可以通过国际分工从中获益，实现国家之间的分工与互利，促进国际分工与协作的发展。

（三）要素禀赋理论

要素禀赋理论由瑞典经济学家赫克歇尔和俄林于20世纪上半叶首次提出。要素禀赋理论在比较优势理论的基础上进行了发展，该理论认为资本充裕的国家在资本密集型商品上具有相对优势，而劳动力充裕的国家在劳动力密集商品上具有相对优势。他们认为国家之间生产布局的差异源于生产成本的差异，各国应该根据各自的要素禀赋条件选择生产产品，在进行国际贸易时选择出口其具有要素禀赋优势的商品，进口本国资源拥有量较少的产品，从而使得国际之间的生产资源得到合理的配置，各国均能获得最大的福利。

（四）产品生命周期理论

该理论代表人物波斯纳认为，国际分工可以从技术进步、创新和技术传播的角度来解释。工业发达国家往往率先推出新产品，进入国际市场后，创新产品的国家获得了期初的比较利益。在之后的一个时间段里，其他国家进行了模仿，模仿国家生产的产品在技术上逐步缩小差距，创新国家即开始失去之前的比较利益，直至最后丧失了比较优势，而从他国进口廉价的这种新产品。当这种产品技术成熟并大量出现以后，又开始激励企业继续新一轮的创新。产品生命周期理论阐释的是产品从诞生、发展、衰亡的生命周期，在不同的阶段，使得资源与要素不同的国家产生了分工与合作的动力。

三、国际直接投资理论

国际直接投资理论中影响最大的理论是约翰·哈里·邓宁（John Harry Dunning）的国际生产折中理论。邓宁选择了最关键的三个解释变量形成了国际生产折中理论的主要内容，该理论认为厂商拥有特定优势，可以确定直接投资的类型。20 世纪 80 年代初，邓宁以人均国民生产总值将东道国的经济发展水平划分为四个阶段，分别是资本流入量很少、外资流入明显增加、对外投资大幅上升、对外投资超过外资流入，研究了不同阶段经济发展水平与资本流动之间的关系。

国际直接投资理论中，比较有影响力的理论还包括垄断优势理论、内部化理论、产品生命周期理论、比较优势理论，以及适用于发展中国家的直接投资理论，如小规模技术理论、技术地方化理论、技术积累理论等。海默的垄断优势理论认为，跨国公司进行国际直接投资的根本原因在于市场的不完全竞争。跨国公司的独占性生产要素优势主要在于雄厚的资金实力，必须利用自身的优势补偿在陌生环境中的附加成本，以便在投资中获得高额利润。比较优势理论又称为边际产业扩张理论，该理论认为投资国应该从其具有比较劣势的产业开始对外直接投资，国内则发展自己的比较优势产业，从而实现本国的产业结构升级。

四、地缘政治学理论

19 世纪末，德国学者拉采尔将地理学、人类学、政治学概念进行了融合，提出了政治地理学这一概念。20 世纪初，鲁道夫谢伦首次提出了地缘政治概念，地缘政治是指国家拥有的权利在其地理领域的基础之上。鲁道夫谢伦把空间因素看成国际关系影响因素中的关键，并以此来分析世界地理政治的秩序。

海权论的创始人马汉认为制海权在国际政治等方面具有无可取代的作用。他认为控制了海洋便可以取得世界强国的地位，而取得制海权的关键在于国家所拥有的地理条件、领域结构以及疆域范围等因素。马汉的这一理论影响到了美国在 20 世纪初制定的对外政策，倾向于通过取得制海权来称霸世界。此后随着陆上交通的发展，20世纪初麦金德提出了陆权理论，重视大陆地理在国际政治斗争中的重要作用，陆权理论成为美国在二战后推行霸权主义的理论渊源。随着地缘政治理论的不断发展，该理论对相关国家制定对策的指导作用也更强。

地缘政治理论认为地理因素是国际关系影响因素的重中之重，而且是不可改变的常量。中国与中亚五国的经贸合作关系密切，而经贸合作的发展正是建立在良好的地缘关系的基础之上的。中亚国家处于各大战略力量的竞争当中，其外交政策也倾向于一种全方位平衡的外交。如果各种战略力量之间达不到平衡状态，则会出现地缘政治方面的危机。尤其是"9·11"事件发生之后，这种地缘政治竞争在中亚地区的国家之间表现得尤为明显。在美俄占据主导地位的中亚地区地缘政治中，中亚各国既与美俄达成平衡，又积极开展和其他国家之间的经贸合作。中国与中亚国家开展的经贸合作和农业合作，也必然受到中亚国家平衡外交政策的基本取向的影响。

五、地缘经济学理论

20世纪90年代卢特沃克（Edward N. luttwak）首次提出了"地缘经济"一词，此后学者们对地缘经济学的内涵进行了界定。巴莱克威尔（Blackwill）认为地缘经济学是地缘政治学的组成部分；卢特沃克则从战略的角度来定义地缘经济学，他认为国家之间的竞争实质上是国家通过竞争手段占领世界经济版图，国家之间的竞争模式就是"地缘经济学"。

地缘经济理论以地缘政治为基础，综合考虑了经济、金融和全球政治、安全等方面，主要理论观点：一是运用地缘政治冲突逻辑解释地缘经济，认为地缘经济是政治冲突和斗争的延续。二是在当前经济全球化的背景下，国家之间的竞争逐渐转向了经济领域，从以政治手段为主逐渐转换到以经济手段为主。当前各个国家都更加重视资本、货物等的跨国流动，致使国家具有的经济实力成为地缘经济的有力手段。三是地缘经济理论中的两种主要形式是竞争与合作，但倾向于竞争。国家之间的竞争逻辑是地缘经济学的逻辑基础，取得比其他国家更大优势的依旧是地缘经济。四是地缘经济的发展得好或不好对一个国家的崛起或者衰败有重要的影响。因此，地缘经济学是以地缘要素为基础，研究参与国际竞争与合作、实现国家利益的经济体系的理论。

中国与中亚五国的经贸合作和农业合作，对中国的地缘经济安全产生影响，并进而影响中国经济的整体安全。中国与中亚五国的经贸合作，不仅有利于中国多项战略目标的实现，也体现了地缘经济层面的需要，能够有利于中国的能源安全与农业安全，分散经贸合作的风险。中国与中亚五国的经贸合作和农业合作的格局已经形成，但地缘经济安全还存在一定的隐患。因此，重视地缘经济的安全，提高对地缘经济的重视程度，在扩大与中亚五国的经贸合作和农业合作的基础上，要从地缘经济安全的高度，采取措施趋利避害，构筑完善的国家经济安全体系。

第三节　农业互联互通合作的国际经验借鉴与启示

一、中国—东盟农业互联互通的经验借鉴

随着东盟的成立，中国—东盟的农业合作不断加深，其合作经验也值得参考和借鉴。

（一）中国—东盟自由贸易区简介

东南亚国家联盟（简称"东盟"）于 1967 年的 8 月 8 日在泰国首都曼谷成立，截至 2022 年年底有 11 个成员①。2002 年 11 月，中国与东盟正式签署了《中国—东盟全面经济合作框架协议》，标志着中国—东盟自由贸易区的正式启动。2020 年 11 月 15 日，东盟 10 国和中国、日本、韩国、澳大利亚、新西兰正式签署了《区域全面经济伙伴关系协定》（RCEP），标志着世界上人口最多、经贸规模最大的自由贸易区正式启动。

（二）中国—东盟农业互联互通合作概况

从农业合作的内容来看，中国与东盟农业的合作包括以下几个方面：①农产品贸易合作。东盟国家由于独特的地理气候和文化环境，农产品特产丰饶，如热带水果、蔬菜、鱼类、橡胶制品一直是中国主要进口货物。中国与东盟的农产品有较强的互补性。"早期收获"计划的实施②，极大地促进中国与东盟的农产品贸易发展。截至 2018 年年底，东盟是中国最大的农产品贸易伙伴，是中国农产品第一大出口市场和第二大进口来源地（仅次于巴西）。中国与东盟的农产品贸易额，从 2001 年的 22.7 亿美元增长至 2018 年的 354.1 亿美元。2001—2018 年，中国与东盟的农产品贸易总额年均增长 16%，高于对全球农产品贸易 11.9% 的增速。②农业投资合作。中国与东盟国家地理位置接近，东盟国家也存在着农业资金投入不足等问题，因此双方的农业投资合作也取得了丰硕成果。中国对东盟国家进行农业投资，并派遣农业技术人员，以及进行农业劳务输出，带动了农业技术合作劳务合作。③农业技术交流与合作。中国与东盟国家在农业技术方面开展了富有成效的合作，中国的很多农业技术和设备受到了东盟国家的欢迎。在水稻生产、蔬菜水果种植、畜牧业和动物健康、水土保持、鱼类病虫害防治等技术方面，中国与东盟国家及时协调并解决了双边农业合作中的重大问题。

从农业互联互通合作的维度来看，中国与东盟农业互联互通合作主要由基础设施的

---

① 这 10 个成员国分别是文莱、柬埔寨、印度尼西亚、老挝、马来西亚、缅甸、菲律宾、新加坡、泰国、越南、东帝汶。

② 2002 年 11 月 4 日，中国政府与东盟 10 国共同签署了《中华人民共和国与东南亚国家联盟全面经济合作框架协议》（以下简称《框架协议》），目标是要在 2010 年与东盟较为发达的 6 国（文莱、印尼、马来西亚、菲律宾、新加坡、泰国）建立起自由贸易区，与其他 4 国在 2015 年实现这个目标。"早期收获"计划是《框架协议》中的主要内容之一，目的是为了加速实施该协议，规定自 2004 年 1 月 1 日起，中国及东盟六国对近 600 种《海关税则》中的产品进行减税，2004 年关税降到 10% 的平均水平，2005 年降到 5%，到 2006 年，这些产品的关税降到零。

联通、机制的对接与人文的连接三个方面组成。在基础设施连接方面，我国积极参与连接东盟的基础设施建设。在机制对接方面，中国东盟自由贸易区建设经历了关税大幅下调、自由贸易区建成、投资和服务贸易市场进一步开放的三个阶段。在人文交流方面，中国与东盟民间交流的部分主要包括教育、旅游、文化和人力资源开发等内容，取得了一系列成果。

（三）中国—东盟农业互联互通合作的经验借鉴

1. 政策合作方面

中国和东盟主要国家都是发展中国家，合作双方政府间形成了多层次的合作框架：一是领导人会议。自1997年起，中国和各国领导人定期举行非正式会议。二是外长会议。自1991年起，中国与东盟各国外长每年举行会议，就自由贸易区中存在的一些问题进行探讨，并解决存在的问题。三是职能部门的互访与交流。自20世纪90年代以来，中国与东盟其他成员国的农业部门互派专家、技术人员和管理干部相互进行考察、访问和交流。中国和东盟的合作采取政府主导的形式，这有利于提高合作效率。中国东盟自由贸易区协定关税的削减促进了贸易的增长，中国与东盟也更加重视非关税政策的衔接，削减非关税壁垒，致力于减少繁琐的通关手续、低效率的物流和缺乏具操作性的技术标准，加快东盟的贸易便利化进程。

2. 市场协调方面

中国—东盟在市场方面的协调主要集中在商务部针对双边农产品关税的调整。中国与东盟的一些国家对于一些特定的农产品进行了关税的减免，尤其在中国需求比较旺盛的一些农产品，比如泰国榴莲、越南大米等。合作双方及时的协调和沟通，极大地促进了农产品贸易发展。

3. 物流畅通方面

中国对东盟农产品贸易增长拉动了中国—东盟农产品物流的发展。中国—东盟物流完善主要有以下方面：一是完善运输制度。中国和东盟各国协调物流运输制度。中国—东盟建立物流组织办事处，专门协调物流运输制度，在高透明度和统一标准的制度以及在有关安全、环境、交通规则、交通工具的载重和体积所做的规定等都是保障物流有效、便捷、顺利进行的前提条件。二是物流基础设施建设的管理更加完善，为农产品物流奠定了必要的物质基础。中国现已建成了联通东盟成员国和中国西南地区的开放的现代化内陆与出海大通道。三是国家边境的管理。中国与东盟增强了跨境便利性，这样有效地降低整个进口和出口的交易成本，大大促进了贸易便利化。

4. 合作机制方面

从20世纪90年代中国和东盟全面恢复政治和经济合作以来，在加强合作的过程中逐渐形成了特定的合作机制。一是常务协商机制。每年召开的东盟首脑会议是东盟顶尖决策机构，已成为次区域合作的重要参考机制。东盟的基本政策由东盟外长会议负责，合作项目的具体落实则由常务委员会负责决定。二是设立中国—东盟交流机制。中国—东盟中心于2011年建成，具体落实双方在贸易、投资、争端解决和其他合作协议。三是次区域合作机制。中国积极参与建设大湄公河次区域经济走廊建设，各方通过了《大湄公河次区域经济走廊论坛职权范围》等文件，次区域合作机制逐步完善。四是双边机制。中国与东盟国家开展高层互访，推动政府部门的交流，与东盟国家签署了大量的双边农业合作协议和备忘录，并成立了农业合作联合工作组或联合工作委员会，充分协调和磋商农业合作事宜。五是多边机制。多边机制主要有这样几个合作渠道，或者是由东盟"10+1"农业合作，推动多边的农业交流与合作，或者是东盟"10+3"农业合作，扩展了农业合作的参与主体，或者是亚行主导的大湄公河次区域农业合作。在多边合作机制下，成立了各国农林部长会议或者农业工作组，在多边机制下确定农业合作项目。

二、欧盟内部农业互联互通合作的经验借鉴

欧洲联盟简称"欧盟"，前身是"欧洲共同体"。欧盟是根据 1992 年签署的《欧洲联盟条约》所成立的国际联盟，现有 28 个成员国，在贸易、农业、金融方面趋近于一个统一的联邦国家，而在内政、国防、外交方面则类似于一个独立国家所组成的同盟。欧盟在农业合作方面，逐步完成了从低级形式向高级形式的发展过程。

（一）欧盟内部的农业合作

欧盟各国具有不尽相同的农业自然资源禀赋，欧盟各国在发展农业过程中，大力扶持农业合作经济的发展，绝大多数农户加入了各种类型的农业合作社。欧盟农业合作经济的发展离不开各国政府的强有力支持，合作经济在农业经济中的比重较高，为农户带来了可观的经济利益。

欧盟对农业的扶持与内部合作主要蕴含在共同农业政策（Common Agricultural Policy，CAP）之中。欧盟共同农业政策由一系列规则和机制组成，是欧盟最重要的共同政策之一[①]。欧盟的共同农业政策于 1962 年开始实施，对内实行统一的农产品价格，对外实行关税壁垒。欧盟的共同农业政策促进了欧洲内部农业的快速发展，实现了农产品的自给自足。共同农业政策也经历了若干次改革和调整。1962 年 CAP 的改革目标是促进农业生产，提高农产品自给率水平，1968 年曼斯霍尔特计划目标是提高农业产量和生产效率，1972 年农业现代化改革是为了加快实现欧洲农业一体化，1985 年共同农业展望目标是限制产量和解决农业财政预算，1992 年麦克萨里改革是为了解决农产品过剩问题，此次改革将补贴工具由价格支持转为直接补贴，是 CAP 最为激进的一次改革，欧盟 2000 年议程的目标是减轻预算负担，2003 年改革是促进农业贸易自由化，2008 年改革农业补贴结构以及应对农产品安全危机，2011 年 CAP 改革草案目标是实现各成员国直接的支付平等，2013 年过渡措施的目标是调整农业补贴的直接支付水平。欧盟共同农业政策从关注农业发展转移到农业和农村发展并重，更加强调农村经济的可持续发展[②]。

欧盟共同农业政策的启示，一是欧盟财政对农业的支持力度较大，且资金的使用效率较高。欧盟的共同农业政策经历了多达十几次的调整，每一阶段都有其重点和阶段性的方向，财政支持从早期的价格支持转向注重农村的发展。二是欧盟的共同农业政策提

---

① 付岩岩. 欧盟共同农业政策的演变及启示 [J]. 世界农业，2013 (9)：54-57.
② 陶群山. 欧盟共同农业政策的演变及启示 [J]. 重庆社会科学，2010 (4)：26-30.

供综合性的农业支持补贴，以及农产品价格调控体系。补贴范围不仅包括了农业生产，还包括农村可持续发展。欧盟逐步加大了绿色补贴投入①，充分利用黄箱补贴政策，逐步增加农业生产环节的补贴。

（二）欧盟农业互联互通合作的经验借鉴

1. 政策合作方面

1962 年在欧共体委员曼斯霍尔特的主持下，欧盟制定了共同农业政策（CPA）。共同农业政策的原则主要包括：一是单一市场。取消了欧共体成员国之间的关税和非关税壁垒，对外建立统一关税。单一市场由专门设立的机构统一管理，促进农产品在成员国之间自由流动。对于农产品的检验检疫、防疫、兽医等，协调成员国之间的管理。二是共同体优先。其原则是保障共同体的农产品进出口优势，当进口农产品价格低于内部统一价格时，征收差价税。当农产品出口价格低于内部价格时，给予价格补贴。目的在于遏制外部低价农产品对共同体内部农产品的影响，奉行内部市场优先发展。三是财政统一。共同体农业政策对农业的补贴支出，由成员国共同承担。欧盟的共同农业政策对促进欧洲农业发展、稳定农产品市场和欧洲经济一体化建设做出了重要贡献。

2. 市场协调方面

欧盟对农产品市场的协调主要是农产品价格制度、农业指导和保证基金以及共同市场组织等方面。一是欧盟农产品价格制度。欧盟对农产品实行共同的价格制度，各成员国的农产品价格可以在一定的范围内浮动。如果超出了浮动范围，则 CAP 通过价格干预等机制使其恢复到限定范围之内。二是欧洲农业指导和保证基金（EAGGF），EAGGF 形成了共同农业政策的资金支持来源。EAGGF 的资金来源按规定的比例向各成员国征收，其支出主要用于农产品出口补贴、农产品的市场干预费用等。三是共同市场组织。共同市场组织是支持农产品生产和销售的各种机制，包括按生产要素对生产者提供资助，根据生产水平提供资助，根据成本提供资助等。

3. 农业互联互通合作机制方面

一是法律保障机制。欧盟为了实现商品和要素的自由流动，统一市场，建立了完善的法律体系，用法律保障竞争在欧盟内的有序进行。二是内部贸易机制。欧盟形成了比较完善的贸易政策，成员国没有一票否决权，也无权制定单独的贸易政策。欧盟坚持内部自由化优先的原则，构建内部单一服务市场，统一市场规则，消除成员国之间的贸易障碍，降低交易成本，加速资本自由流动。三是利益平衡机制。为平衡各成员国的利益，欧盟提供了一个可以操作的制度框架，实现利益的整合。各成员国可以利用该机制进行讨价还价，维护自己认为重要的国家利益。四是区域政策协调机制。在欧盟的最高层级的三个重要机构中，即欧盟委员会、欧盟理事会和欧洲议会中，都为欧盟整个区域

---

① 世界贸易组织把农业补贴政策划分为三种类型：绿色补贴政策、蓝色补贴政策和黄色补贴政策。绿色补贴政策是指农业补贴对农产品贸易价格不产生扭曲作用，包括对农业科技、农业基础设施和农业生态环境的补贴。蓝色补贴政策是指对农业生产经营者给予的不与其生产经营相挂钩的直接补贴，这种补贴对农产品贸易价格产生的扭曲作用不大。黄色补贴政策是指农业补贴对农产品贸易价格产生较大的扭曲作用，它包括价格支持和农产品出口补贴。

的协调发展设置了专门的职能机构。这三个层次形成了欧盟区域政策的协调机制框架，对区域发展、农业合作等绵连的问题进行协调、干预等，确保区域合作的和谐发展。

欧盟的共同农业政策对欧盟的农业发展做出了卓越贡献，也决定了欧盟各成员国在农业合作方面实施的是一种独特的合作模式。但目前中国与中亚五国在社会制度、经济发展、政治体制、人文风俗等方面存在很大的不同，以欧盟的模式来实现中国与中亚的农业合作不现实，但欧盟农业合作中的很多有益经验还是值得借鉴的。

三、北美自由贸易区农业互联互通合作的经验借鉴

美国、加拿大和墨西哥三个国家于 1992 年签署了《北美自由贸易协定》，1994 年 1 月 1 日，北美自由贸易区正式成立①。自由贸易区内的货物实现自由流通并免除关税，而对自由贸易区以外的国家则维持原关税及非关税壁垒。

（一）北美自由贸易区农业合作概况

北美自由贸易区成立之后，三个成员国的农产品贸易得到了快速发展。由于成员国之间关税的减免和贸易壁垒的消除，三个成员国的农产品贸易均有所增加。三个成员国中，美国具有资金、市场和技术优势，加拿大自然资源丰富，墨西哥的劳动力具有优势。墨西哥作为经济相对落后的发展中国家，在 20 世纪 80 年代后推行经济改革，加入北美自由贸易区之后，墨西哥的农业得到了快速的发展，墨西哥严重依赖美国作为其出口市场，近年来依赖性稍有减弱。

北美自由贸易区自建立之后，在农业合作方面就一直在加强，北美自由贸易区强化了成员国在农业贸易、农业技术等方面的合作。其农业合作的特点是在农业技术合作方面，表现为美国和加拿大对墨西哥进行技术输出，而从墨西哥进口低价农产品。在农业政策方面，各国均出台了大量的农业政策，主要涉及农产品补贴，但补贴力度和范围有所不同。美国、墨西哥、加拿大三国农业资源禀赋不同，墨西哥处于热带和亚热带，而美国和加拿大处于温带和寒带，农业成本较高，这为墨西哥利用季节差异向北美出口农产品创造了条件。在自由贸易区正式运转之后，墨西哥农产品受到了来自美国低价产品的竞争，农业受到了较为严重的冲击，墨西哥加快了农业生产结构调整，并借助于季节差扩大出口，以此减轻了对墨西哥农业的冲击。

（二）北美自由贸易区农业合作的经验借鉴

1. 政策合作方面

农产品贸易政策的主要内容包括：自由贸易区三个成员国关于农产品贸易的双边承诺、农产品出口补贴，贸易争端解决机制等内容。一是在关税方面，由于成员国在农牧业结构上存在差异，设定了关税保护的过渡机制。美国与加拿大的农产品自由贸易早在 1989 年就开始实施了，在美国和墨西哥之间，从自由贸易协定生效之日起，取消所有农产品贸易的非关税壁垒。二是特别保护。自由贸易协定规定，在协定生效后的 10 年内，当某一成员国从另一成员国进口的某种产品达到了事先确定的水平时，就可以使用特别

---

① 林欣. 北美自由贸易区二十年发展的回顾与展望 [J]. 理论月刊，2015（9）：182-188.

保护的手段。三是农业的国内支持。对于各成员国对农牧业部门实行的国内扶持计划，自由贸易协定予以承认。四是农产品商品化的标准。当成员国对国内某些农产品实施标准化措施时，对于进口用于加工的类似产品也给予同等待遇。

2. 市场协调方面

在市场协调方面主要是解决贸易争端，北美自由贸易区建立了跨境贸易的争端解决机构，即农牧业产品贸易委员会。在这个委员会下设了墨美工作小组和墨加工作小组，这些机构的建立完善了对三边市场的协调。有数据表明，这些机构建立之后，墨西哥与美国的农产品贸易量出现了大幅增长。同时，农牧业产品贸易委员会还负有监督和管理职能，确保自由贸易协定中的相关规定得到落实。

3. 合作机制方面

一是贸易畅通。北美自由贸易区建立之后，美国、加拿大、墨西哥三国的合作更加紧密。区内贸易自由化的特点是先实现工业品的贸易自由化，后实现农产品的贸易自由化。自由贸易区的建立，在关税减免、非关税壁垒的消除方面，为三国的贸易畅通创造了前提条件。围绕通关便利化，在动植物检疫、口岸通过能力方面加强合作[1]，使贸易便利化程度大幅提高。二是投资便利化。北美自由贸易区规定了成员国之间取消投资的若干限制，保证成员国投资者利润、销售所得、借贷支付的自由转移，各成员国不能征用成员国企业的投资。在金融业直接投资方面，成员国互设金融机构，不能对成员国在本国的投资实行歧视性待遇[2]。三是机制衔接。北美自由贸易区设有自由贸易委员会、工作委员会和工作小组、秘书处、劳工合作委员会等，是北美自由贸易区的常设组织机构[3]。《北美自由贸易协定》用严格的制度性规范约束了各成员国的行为。四是争端解决机制。北美自由贸易区在协定框架下引起的任何争端，争议方可自由选择北美自由贸易区或者 WTO 来解决。当成员国在贸易和投资等方面产生矛盾和争端时，北美自由贸易区设立了措施机制和仲裁机制，确保成员国能够有效解决经贸和投资合作中的分歧和争端。同时北美自由贸易区还规定了反倾销反补贴事项审查和争端解决程序[4]。

北美自由贸易区是由美国、加拿大、墨西哥三国通过签订《北美自由贸易协定》实现的。从国家组成方面来看，美国与加拿大是发达国家，而墨西哥是发展中国家，属于典型的南北合作，从自由贸易区运转的特点来看，没有设立超国家的机构，只设立了建议与协调机构，不牵涉主权的让渡。从农业经贸合作来看，没有类似欧盟的共同农业政策，而是通过关税减免协定、实施优惠贸易安排来实现。在组织模式方面，北美自由贸易区根据各成员国的差异，设计了一套适合的组织机构和法律制度，解决了成员国发展水平差异所带来的问题，开创了南北合作的新路径。北美自由贸易区在推动农业合作方

---

① 施永. 北美自由贸易区通关制度的经验及启示 [J]. 商业经济研究，2009 (6)：30-31.

② 崔同宜. 欧盟、北美自由贸易区的发展对中国：东盟自由贸易区的启示 [J]. 经济问题探索，2008 (7)：47-49.

③ 周文贵. 北美自由贸易区：特点、运行机制、借鉴与启示 [J]. 国际经贸探索，2004 (1)：16-21.

④ 韦丽红. 欧盟、北美自由贸易区的发展及其对中国—东盟自由贸易区的启示 [J]. 东南亚纵横，2004 (1)：14-17.

面取得了明显成就，也产生了一些问题。其在农业合作方面的有益经验也值得借鉴。

四、亚太经济合作组织农业互联互通合作的经验借鉴

亚太经济合作组织（APEC）是继欧盟之后成立的又一个具有代表性的区域性经济一体化组织，该组织于1989年成立，已成为亚太地区层级最高、所辖经济体最多的地区性经济合作组织。中国于1991年加入APEC，在APEC的框架下广泛与各成员经济体展开经贸合作。在APEC的区域经济合作中，农业是各经济体优先合作的领域，APEC共有21个经济体，中国与主要成员展开了广泛的农业合作。

（一）中国与APEC主要经济体农业互联互通合作概况

在北美洲，中国与美国、加拿大开展了大量的农产品经贸往来，中国主要从美国进口大豆、棉花、玉米、猪肉等，主要向美国出口水产品、水果和蔬菜等。中国从加拿大主要进口小麦、畜产品、油菜籽，主要出口水果、蔬菜等。美国成为中国第一大农产品进口来源国，而中国也是加拿大第二大农产品出口市场。在大洋洲，中国主要从澳大利亚、新西兰进口畜产品、乳制品、水产品，向澳大利亚、新西兰出口水产品、水果、蔬菜等[①]。中国与澳大利亚、新西兰分别建成了中澳自由贸易区和中新自由贸易区，中国对大洋洲的经济体以农产品的进口为主。在亚洲，中国与韩国、日本、东盟广泛开展农产品贸易合作，中国成为日本、韩国农产品第二大进口来源地，中国对日本、韩国的农产品贸易以出口为主。东盟成为APEC区域中的"次区域经济圈"，中国与东盟也建立了自由贸易区。在欧洲，中国与俄罗斯开展了广泛的农产品贸易合作。此外，中国与APEC主要经济体也开展了大量的农业直接投资合作和农业技术交流与合作，在农业生物技术、农业金融、可持续农业方面也展开了富有成效的合作[②]。

在基础设施互联互通合作方面，2013年是APEC互联互通合作正式启动的标志性元年。APEC的互联互通也是围绕着基础设施联通、机制衔接和人文交流三个重点领域展开。APEC成员协作制定了《APEC互联互通框架》[③]，并设定了互联互通的愿景和目标，目前互联互通合作已经取得了较为明显的合作成果。

（二）APEC框架下农业互联互通合作的经验借鉴

1. 互联互通合作方面

APEC致力于采取一系列行动方案与合作项目，推进基础设施互联互通合作。采取系统性措施提高供应链绩效，积极协助各经济体加强供应链管理。APEC注重互联互通的机制建设，APEC通过财政透明度和公众问责机制，以提高透明度、加强竞争，创造良好的市场运行为目标。部分主要经济体制定了互联互通的合作规划，并定期对规划的实施情况进行评估。在已经开展的基础设施互联互通领域，APEC致力于在供应链和互

[①] 于浩森. 中国与APEC主要经济体农业合作情况研究 [J]. 世界农业, 2015 (4)：9-12.

[②] 张红宇, 王锋. APEC领域农业经济技术合作与中国的行动 (上) [J]. 世界农业, 1999 (11)：22-25.

[③] 李文韬. 中国参与APEC互联互通合作应对战略研究 [J]. 南开学报 (哲学社会科学版), 2014 (6)：105-115.

联互通的基础上，促进亚太区域内全球价值链的合作。APEC 于 2014 年出台了《APEC 互联互通蓝图 2015—2025》，对于贸易便利化、供应链等方面的合作做出了安排。

2. 农业政策合作方面

在 APEC 框架下出台了一系列加强农业合作的政策，目的在于扩大农产品贸易和农业投资，实现农产品贸易投资便利化和自由化。中国与 APEC 主要经济体加强了在农产品贸易和投资领域的沟通与协调，加强在农业生产、农产品贸易、畜禽养殖、农产品质量等方面的合作。通过政策沟通推动建立农业投资开发促进平台与机制，加强农业产业对接与合作。中国与 APEC 主要经济体在农产品贸易投资便利化方面也展开了积极合作，加快推动与亚洲经济体如日本韩国等国家的自由贸易区谈判，实现贸易投资自由化便利化；加强与主要经济体的海关合作，简化通关流程，提高通关效率。

3. 合作机制方面

在农业合作机制方面，APEC 形成了两年召开一次的 APEC 农业与粮食部长会议、粮食安全政策伙伴关系等机制，在 APEC 框架下还有农业技术合作工作组、粮食安全政策伙伴关系等常设机制[①]。APEC 在国际农业领域的重大问题上构建了政府间的政策沟通与协调机制，并形成了一套企业界、学术界共同参与的官、产、学三方合作机制。在 APEC 框架下，农业合作机制不断完善，合作层次不断提高，也充分发挥了 APEC 农业合作分委会的作用。中国与 APEC 主要经济体的农业互联互通合作，已经建立了大量的合作机制。中国与美国建立了中美农业科技合作联合工作组、中美战略经济对话、中美、中加农业合作联合委员会等，与大洋洲的澳大利亚、新西兰建立了中澳农业合作联合委员会、中新农业合作联合委员会等，与日本建立了农业副部级对话机制，与韩国建立了农业合作委员会等机制，与东盟等国家建立了相关的政策交流与立场协调机制等。在互联互通机制方面，APEC 致力于各经济体在规则制定和执行方面加强协调与合作，致力于区域内各经济体的海关合作，提高通关便利化。

4. 贸易投资便利化方面

APEC 致力于提高贸易投资便利化水平，协调各成员实施《APEC 投资便利化行动计划》等行动方案[②]。在 APEC 成员的贸易往来方面，APEC 积极推进《APEC 商业便利化行动计划》，鼓励各成员实施机制改革，实现贸易投资便利化。在海关程序领域，APEC 持续推进"原产地规则亲商倡议"的实施，促进海关"单一"窗口的建设与完善。在标准与一致化领域，在 APEC 标准与一致化分委会（SCSC）的倡议下，各成员经济体一致同意确保标准、技术规则等不应成为国际贸易的障碍。在营商便利化领域，APEC 简化了原产地规则通关文件与通关程序，推出了"APEC 关税和原产地规则透明度倡议"等方案，出台了"营商便利化倡议"，使得本地区的商业运营更加快捷、更加便利。

① 李宁，刘标. 参加 APEC 农业生物技术高级政策对话第五次会议报告 [J]. 世界农业，2006（11）：62-63.

② 李文韬. APEC 贸易投资便利化合作进展评估与中国的策略选择 [J]. 亚太经济，2011（4）：13-17.

APEC 成员经济总量占到了世界的一半以上，但各成员在政治体制、经济发展水平、文化等方面都存在很大的不同，APEC 的经贸合作，避开了各成员在经济、政治等方面的问题，以平台和框架的形式，实施自主自愿的区域经济合作的新模式。而且 APEC 的会议文件并不具有法律约束力，各成员在道义上尽力承担自己的责任，是一种比较松散的合作模式，却也受到了成员的欢迎。中国与 APEC 主要经济体开展了广泛的经贸与农业合作，也探索了一些宝贵的实践经验，可以为中国与中亚国家开展农业互联互通合作提供有益借鉴。

五、对中国（新疆）与中亚国家农业互联互通合作的启示

（一）加强政治互信

只有政治互信，中国与中亚国家的农业互联互通合作才能长足发展。而互联互通合作的深入推进又会增进双方的政治互信。综观中国—东盟自由贸易区的农业合作、欧盟内部的农业合作等，无一不是在政治互信的基础上深入推动农业合作。中国与中亚国家的农业互联互通合作，特别是在农业投资、跨境基础设施建设等方面，推进的关键就在于各国之间的政治互信。尽管中国与中亚国家建立了良好的政治外交关系，高层互访频繁，政治互信达到了新高度。但相对于农业互联互通的深入合作，政治互信有待进一步提高。中国与中亚各国需要在高层互访机制的基础上，建立完善定期的沟通机制和平台，不断增强官方和民间的沟通和协调。中国与中亚国家应增强双边战略互信，认识到通过农业合作来实现共同保障粮食安全，并通过中国与中亚国家在"一带一路"的合作项目的成功推进提升双方的政治互信，树立合作共赢的理念，增进在"一带一路"倡议下的协同行动。

（二）制度与机制先行

中国（新疆）与中亚国家开展农业互联互通合作，需要发挥合作机制的作用。中国—东盟自由贸易区的农业合作，已经建立了双边、多边、次区域、常务协商等合作交流机制，为农业合作提供了制度保障。中国与中亚需要建立多层次的合作机制：一是高层领导人定期会晤机制，并充分发挥海关、交通等分委会的协调作用，对农业合作的优先领域和重点项目给予支持。建立多层次的政府间交流机制，确保双方信息沟通，由高层推动签署农业合作协定，并建立农产品贸易和农业投资的高层对话机制。二是建立民间协调机制，指导企业有序开展与中亚国家的农业合作，如建立对中亚农业合作企业的协会或者专业委员会等。三是搭建合作平台，推动中国与中亚国家的农产品贸易发展。通过亚欧博览会、中国国际农产品交易会、农业技术展示会、中国农产品在中亚国家的展览会等方式，推介中国出口农产品。

（三）争取建立上海合作组织自由贸易区

中国—东盟自由贸易区的建立，其早期收获计划的实施降低了农产品关税，推动了中国与其他成员国的农业合作。中国与东盟的互联互通合作在基础设施的联通、机制的对接与人文的交流等方面也取得了丰硕成果。北美自由贸易区的建立，开创了南北合作的典范，实行了统一的农产品贸易政策，有效地进行了市场协调，并且根据各成员国的

差异设计和实施了一套适合的组织机构、制度和机制，APEC 成为自主、自愿的区域经济合作的新模式。

上海合作组织（以下简称"上合组织"）成立以来，促进了中国和中亚国家的经贸合作的发展，但截至目前尚未签订区域性优惠贸易安排，中国与中亚国家尚未签订任何关税减免协定，中国部分农产品也遭受了绿色壁垒、检验检疫等非关税壁垒的限制。因此，在上合组织的框架下，协调各成员国的关系，积极推进上合组织自由贸易区建立，消除贸易和投资壁垒，大力推进贸易投资便利化，将对中国与中亚国家的农业互联互通合作起到极大的推动作用。

（四）促进贸易投资便利化建设

中国—东盟自由贸易区、北美自由贸易区、APEC 等农业互联互通合作的经验表明，贸易投资便利化是互联互通合作的核心领域之一，各区域经济合作机制都致力于推进贸易投资便利化建设。中国（新疆）与中亚的农业互联互通合作，双方加强贸易投资便利化建设，对深化合作意义重大。通过中国（新疆）与中亚国家加强海关合作，加强在税收、通关、检验检疫等方面合作，降低农产品贸易的关税和贸易成本。双方充分利用现有的双边、多边合作机制，助推农产品贸易便利化。中国与中亚国家努力完善基础设施互联互通，形成便捷的跨境运输网络。加强口岸基础设施建设，提高口岸信息化水平，并且实施口岸的"单一窗口"建设，推进电子口岸建设，还建立跨境电子商务合作平台，拓展农产品贸易的新领域。双方深化边境监管合作，加强跨境监管协调，建立多层次的海关和监管部门的合作机制，提升贸易便利化水平。

（五）明确互联互通合作的优先领域和项目

在"一带一路"倡议的框架下，新疆被定位为"丝绸之路经济带"核心区。中国应充分发挥新疆的地缘优势，交通互联将使得中国（新疆）与中亚的农业合作更加便捷。中国（新疆）与中亚国家农业互联互通合作的优先领域是基础设施的互联互通，不仅包括铁路、公路、航空网络一体化的交通运输体系，还包括通信、信息网络建设、公共电网建设等。为保证农产品的贸易畅通、农业从业人员往来的便利，中国要抓住交通基础设施的关键通道、关键节点和重点工程。

在农业合作方面，合理选择合作的重点领域和合作方式。根据中亚各国农业资源禀赋、农业生产等不同的特点，选择不同的合作领域展开合作。中国是哈萨克斯坦的主要贸易伙伴，两国农产品互补性较强，应大力发展双边农产品贸易。中国与吉尔吉斯斯坦相比在劳动密集型农产品方面具有比较优势，而吉尔吉斯斯坦的畜牧业相对发达，可强化两国农产品贸易合作。中国与塔吉克斯坦未来应将合作重点放在农产品加工领域。中国与乌兹别克斯坦的农产品贸易的规模逐步扩大，双方应根据各自的比较优势，进一步扩大农产品进出口合作。中国与土库曼斯坦的农业互补性较强，应继续深化双方的合作关系，推动两国农产品贸易持续发展。此外，在农业直接投资合作、农业科技合作领域，中国应针对各国农业投资和农业科技的特点，针对重点项目有选择地展开合作。

（六）构筑中国（新疆）与中亚国家农业互联互通的投融资保障体系

中国（新疆）与中亚国家的农业互联互通合作，在基础设施联通，以及农业投融资领域，都需要资金的支持，资金来源问题甚至成为核心问题。中国—东盟自由贸易区的基础设施融资，部分项目受到了资金来源的制约。因此，推进互联互通合作，需要构筑投融资的保障体系。中国要利用好国际性的多边开发金融机构，如世界银行、亚洲开发银行、亚洲基础设施投资银行等，深化上合组织银联体的务实合作，为中国与中亚国家基础设施的互联互通提供资金支持，并鼓励私营资本参与投资基础设施，激发社会资本活力，发挥好丝路基金的作用，并积极推动中亚各国政策性银行等机构广泛参与合作融资，撬动更多资金投入，投资于基础设施、农业合作项目等。加大援外资金对中国与中亚农业合作项目的投入，加强中国农业援外资金的管理，推动金融产品创新，开发农业合作所需要的新的融资模式，促进跨境地区银企平台建设，加大对农业合作企业的资金支持。

第三章　中亚五国农业发展现状

中亚地处亚欧大陆腹地，属于典型的内陆地区。由于中亚地区远离海洋和深居内陆的地理位置，从古至今都是东西方文化交流、商品贸易和科技传播的必经之地。中亚地区包括哈萨克斯坦、吉尔吉斯斯坦、塔吉克斯坦、乌兹别克斯坦、土库曼斯坦五个国家。中亚地区拥有较为丰富的自然资源禀赋，农业是中亚的传统优势产业和主导产业，农业生产以种植业和畜牧业为主。种植业主要生产粮食作物和经济作物，畜牧业主要生产肉类、奶类、蛋类和皮毛类等畜产品。中亚国家独立之后，农业发展面临投入滞后、基础设施落后等不利条件，至21世纪初以来，中亚农业生产开始恢复，进入了快速发展时期。

第一节　哈萨克斯坦农业发展现状

哈萨克斯坦共和国（以下简称"哈萨克斯坦"）位于欧亚大陆的中心，面积为27 249万公顷①。哈萨克斯坦的农业以种植业和畜牧业为主，农业占GDP的比例在2000年为8.60%，至2018年下降到4.60%。2018年，哈萨克斯坦的耕地面积为2 348万公顷，占可耕地面积的11%。2018年农业总产值为71.25亿美元，农业劳动力占就业总人数的15.01%。哈萨克斯坦土地资源丰富，拥有广阔的草场和牧场，小麦是其最主要的粮食作物，畜产品产量处于稳步增长之中。林业相对薄弱，木材产量不足以满足国内需求。哈萨克斯坦的水产养殖近年来也持续萎缩，哈萨克斯坦政府制定了鼓励渔业发展的政策措施。

一、农业发展水平与结构

农业部门在哈萨克斯坦经济中起着非常重要的作用，主要粮食产品实现了自给自足，粮食和油籽出口显著增长。

（一）农业产值规模及构成

哈萨克斯坦2000年的农业总产值为14.84亿美元，至2018年已增长到71.25亿美元，2018年农业增长率为3.4%，近几年来农业总产值增速保持在低速增长的水平。农

---

① 1公顷=0.01平方千米。

作物产出中，种植业主要是小麦、大麦、玉米、水稻和燕麦，蔬菜作物主要有卷心菜、胡萝卜和白萝卜、花菜和西兰花、辣椒、黄瓜、茄子、洋葱，油料作物主要有亚麻、油籽、油菜、红花、大豆、向日葵、棉花。近年来，哈萨克斯坦的粮食和油料作物产量不断增长。与此同时，畜牧业也处于稳步增长之中。

哈萨克斯坦的农业以种植业和畜牧业为主，其他子行业则相对落后。表 3-1 显示的是哈萨克斯坦农业各子行业的产值，畜牧业和种植业占到了农业产值的绝大部分比重。

表 3-1　2011—2019 年哈萨克斯坦农业各部门总产值　　单位：亿坚戈

年份	农业总产值	种植业	畜牧业	种植业和畜牧业有关的服务	狩猎和捕鱼业，包括服务	林业和伐木业	渔业和水产养殖业
2011	27 334.75	16 544.29	10 595.61	64.64	12.10	77.87	40.25
2012	24 079.39	12 415.17	11 454.37	66.65	10.91	89.32	42.98
2013	29 639.38	16 838.51	12 568.72	87.62	11.30	88.93	44.31
2014	31 587.59	17 394.36	13 937.62	104.80	10.95	87.51	52.34
2015	33 217.18	18 252.37	14 699.23	118.50	10.10	75.35	61.64
2016	37 014.15	20 475.81	16 215.41	152.71	10.46	92.37	67.38
2017	40 923.33	22 491.67	18 109.14	108.36	9.04	127.32	77.81
2018	44 975.85	24 114.87	20 504.56	121.46	9.87	132.34	92.76
2019	51 778.94	28 176.61	23 194.97	140.06	10.76	150.80	105.75

数据来源：哈萨克斯坦国民经济部统计委员会，http://www.stat.gov.kz。

（二）主要农产品产量

1. 种植业

哈萨克斯坦土地面积广大而且劳动力相对稀少，气候干旱缺水并且可持续利用的水资源缺乏，农作物种植面积虽然很大，但是单位面积产量较低。自从 20 世纪 50 年代苏联在哈萨克斯坦进行大开荒运动之后，这里就成了苏联著名的"粮仓"之一。2018 年哈萨克斯坦的收获面积为 1 485.68 万公顷，粮食产量达到 2 019.60 万吨。其中小麦产量 1 394.41 万吨，它是最主要的粮食作物，占比为 69.04%。其他粮食作物主要包括大麦（产量为 397.13 万吨）、玉米（产量为 86.21 万吨）、水稻（产量为 48.29 万吨）、燕麦（产量为 33.61 万吨），如图 3-1 所示。在粮食作物中，2018 年小麦的产量较 2017 年略有下降，而其他主要粮食作物产量有所增加。五种主要粮食作物的单产分别为小麦 1.23 吨/公顷、大麦 1.58 吨/公顷、玉米 5.74 吨/公顷、水稻 4.76 吨/公顷、燕麦 1.43 吨/公顷。

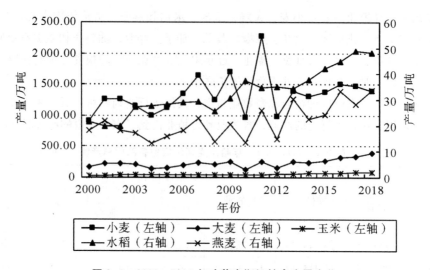

图 3-1　2000—2018 年哈萨克斯坦粮食产量变化

（数据来源：联合国粮食及农业组织，http://www.fao.org）

哈萨克斯坦发展种植业的优势是广阔的土地面积、多样的自然气候区。但也面临诸多问题，如技术落后、农产品和生产资料价格长期差距大、乡村的社会基础设施欠发达。哈萨克斯坦发展谷物种植，政府也对谷物生产进行补贴，目标之一是要确保国内畜牧业的饲料需求，并通过管理饲用谷物市场来管理国内肉类市场①。

哈萨克斯坦蔬菜产量 2000—2018 年持续增加，2000 年蔬菜产量为 317.08 万吨，2018 年已达 776.68 万吨（见图 3-2）。2018 年蔬菜收获面积为 89.18 万公顷（见图 3-2）。在蔬菜作物中，按总产量排序分别是马铃薯（380.70 万吨）、洋葱（81.35 万吨）、番茄（76.54 万吨）、胡萝卜和白萝卜（54.64 万吨）、卷心菜（54.61 万吨）、黄瓜（46.01 万吨）、辣椒（22.60 万吨），以上各蔬菜的单产分别为 19.79 吨/公顷、28.27 吨/公顷、25.25 吨/公顷、27.80 吨/公顷、27.36 吨/公顷、22.87 吨/公顷、22.12 吨/公顷。近年来，哈萨克斯坦不断扩大扁豆的收获面积，发展目标是使哈萨克斯坦扁豆收获面积排名世界第 5 位。

①　SIGAREV M I, KIZATOVA M Z, ESAIDAR U S. Aigul estemesovna beimbetova, grain production economy in Kazakhstan ［J］. World Applied Sciences Journal, 2013 （3）：322-327.

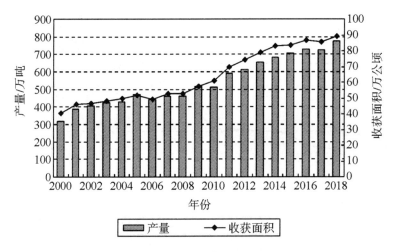

图 3-2　2000—2018 年哈萨克斯坦蔬菜产量与收获面积

（数据来源：联合国粮食及农业组织，http://www.fao.org）

哈萨克斯坦主导蔬菜和水果生产的主要地区是南部地区，超过 65% 的蔬菜和水果生产位于阿拉木图、扎姆贝利和哈萨克斯坦南部地区，而马铃薯几乎在全国所有地区都有生产①。

哈萨克斯坦的油料作物产量快速增加，2000 年油料作物产量为 45.46 万吨，2018 年产量已经达到 299.57 万吨，收获面积为 283.75 万公顷（见图 3-3）。油料作物中，按产量排序分别是亚麻籽（93.35 万吨）、向日葵（84.77 万吨）、油菜（39.43 万吨）、大豆（25.54 万吨）、红花籽（21.41 万吨），以上油料作物对应的单产分别为 0.867 吨/公顷、0.998 吨/公顷、1.079 吨/公顷、2.066 吨/公顷、0.766 吨/公顷。2009—2018 年，哈萨克斯坦的油料作物种植规模了大幅扩大，2009 年收获面积为 123.43 万公顷，2018 年增加至 283.75 万公顷。2018 年的油料作物产量 299.57 万吨，较 2009 年增长了 2.04 倍。2015—2016 年，国内外油菜籽市场出现饱和，引发了价格波动、销售困难，导致油料作物的收获面积有所减少。2015 年其减少到了 199.04 万公顷，2016 年有所回升，至 2018 年收获面积增加到了创纪录的 283.75 万公顷。

2000—2018 年，哈萨克斯坦的蔬菜作物收获面积、油料作物收获面积不断扩大，导致粮食作物收获面积有所减少。表 3-2 报告了各类作物的单产，从中可以看出，粮食作物、油料作物和蔬菜作物的单产都有所提高，虽然各类作物单产的提高程度存在差异，但总体上作物的单产呈现了不断增加的趋势。

---

① SYZDYKOV R，AITMAMBET K，DAUTOV A. Country report kazakhstan［R］. Astana：analytical centre of economic policy in agricultural sector, Kazakhstan, 2015（6）：1-62.

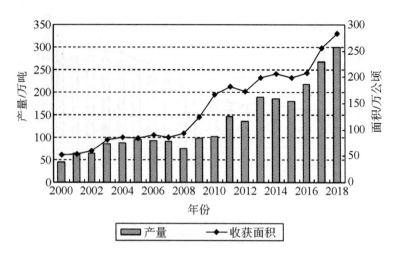

图 3-3 2000—2018 年哈萨克斯坦油料作物产量与收获面积

（数据来源：联合国粮食及农业组织，http://www.fao.org）

表 3-2 2000—2018 年部分年份哈萨克斯坦主要作物品种单产变化

单位：吨/公顷

作物		年份									
		2000	2002	2004	2006	2008	2010	2012	2014	2016	2018
粮食作物	大麦	1.02	1.27	0.85	1.17	1.05	0.99	0.91	1.26	1.71	1.58
	荞麦	0.60	0.71	0.98	0.67	0.31	0.42	0.63	0.72	0.91	0.86
	玉米	3.34	4.14	4.46	4.63	4.40	4.83	5.19	5.28	5.64	5.74
	燕麦	0.96	1.27	0.77	1.18	0.94	0.82	0.89	1.18	1.60	1.43
	水稻	2.97	3.03	3.42	3.30	3.37	3.97	3.77	3.96	4.75	4.76
	小麦	0.90	1.09	0.84	1.13	0.97	0.73	0.79	1.09	1.21	1.23
油料作物	亚麻	0.42	0.98	0.78	1.06	0.80	0.42	0.43	0.76	0.89	0.87
	油菜	0.39	0.71	0.62	0.57	0.54	0.36	0.58	0.99	1.05	1.08
	红花籽	0.34	0.61	0.54	0.65	0.57	0.63	0.52	0.54	0.75	0.77
	大豆	1.13	1.50	1.46	1.66	1.73	1.85	2.01	1.87	2.18	2.07
	向日葵	0.40	0.59	0.59	0.59	0.41	0.44	0.59	0.67	0.93	1.00
蔬菜作物	卷心菜	18.12	20.75	22.33	24.02	23.60	23.81	25.00	25.29	26.38	27.36
	萝卜	14.61	16.61	18.46	20.19	20.54	21.80	24.15	25.91	27.47	27.80
	花菜	10.00	8.00	10.00	10.00	13.33	13.33	18.00	23.05	21.41	18.54
	黄瓜	14.35	15.71	17.69	19.38	19.42	19.41	21.65	22.39	22.75	22.87
	洋葱	14.02	16.22	18.49	18.27	20.37	21.59	25.24	26.53	27.83	28.27
	马铃薯	10.64	13.93	13.45	15.39	14.44	14.32	16.59	18.43	19.04	19.79
	番茄	17.20	18.09	19.56	22.02	21.80	23.09	23.67	24.03	24.34	25.25

数据来源：联合国粮食及农业组织数据库，经笔者计算整理。

　　哈萨克斯坦的种植业主要集中在阿拉木图州、北哈萨克斯坦州、阿克莫拉州等区域。大多数谷物种植在北部草原区进行，这是一个降雨量低的地区，灌溉范围有限。作物多样化程度低增加了干旱的风险，尽管休耕和保护性农业的开展在一定程度上规避了这种风险①。

2. 畜牧业

哈萨克斯坦土地资源丰富，拥有广阔的草场和牧场，具备得天独厚的自然条件。凭借草场资源优势，畜牧业成为哈萨克斯坦农业重点发展领域，在农业中的比重超过了40%。哈萨克斯坦独立后，私有化使大型农场解体，大规模的畜牧业几乎消失了，因为牲畜养殖集中在了小的家庭土地上，肉类、牛奶和鸡蛋基本上成为非贸易商品②。取消大规模政府补贴以及国有农场崩溃之后，畜产品的产量出现了大幅下降，1992年哈萨克斯坦的牛存栏量为950万头，到1999年，这一数字一路下降到不足400万头。此后逐渐恢复，2011年年初其回升至620万头③。

2000—2018年部分年份哈萨克斯坦各类牲畜以及家禽养殖情况见表3-3。2018年哈萨克斯坦的牛存栏量为715.09万头、绵羊存栏量为1 641.62万只、山羊存栏量为228.29万只、马存栏量为264.65万匹，较2000年都有较大幅度的增长。禽类养殖包括鸡4 278.20万只，火鸡168.90万只，较2000年的存栏量也有较大的增幅。

表3-3 2000—2018年部分年份哈萨克斯坦牲畜及家禽养殖情况

种类	年份									
	2000	2002	2004	2006	2008	2010	2012	2014	2016	2018
骆驼/万匹	9.61	10.38	11.49	13.05	14.32	15.55	17.32	16.09	18.01	20.76
牛/万头	399.82	429.35	487.10	545.74	584.09	609.52	570.24	585.12	641.32	715.09
山羊/万只	93.13	127.11	182.70	232.90	260.99	270.89	265.25	236.28	229.94	228.29
绵羊/万只	872.54	920.75	1 042.01	1 200.55	1 347.01	1 466.08	1 543.94	1 519.78	1 588.48	1 641.62
马/万匹	96.96	98.95	106.43	116.35	129.11	143.87	160.74	178.45	225.92	264.65
猪/万只	98.42	112.38	136.88	128.19	135.27	132.63	120.42	92.23	83.42	79.87
鸡/万只	1 788.00	2 096.00	2 477.00	2 610.00	2 940.00	3 096.00	3 156.70	3 313.80	3 534.00	4 278.20
火鸡/万只	14.20	16.90	5.00	10.00	10.60	18.60	100.00	130.00	189.00	168.90

数据来源：联合国粮食及农业组织数据库。

哈萨克斯坦畜牧业产品产量也保持着稳定增长的态势。2000年肉类产量为57.44万吨，2018年增长至105.06万吨（见图3-4）。从增长率来看，除了2000年增长率为负值以外，其他年份都保持了正的增速，肉类产量也一直呈上升趋势。

牛肉和小牛肉的主要生产者是家庭农场。家庭农场、个人农场和农业企业的份额分别为80%、15%和5%。按区域分类，产出最高的地区是阿拉木图、哈萨克斯坦东部和哈萨克斯坦南部地区。它们的总产量占全国牛肉和小牛肉总产量的43.1%④。

———————————

① BROKA S, GIERTZ A, CHRISTENSEN G, et al. Kazakhstan agricultural sector risk assessment [R]. Washington D. C.: The World Bank, 2016 (2): 1-201.

② MARTIN P, RICHARD P. Agricultural policies in Kazakhstan [R]. Halle: Leibniz Institute of Agricultural Development in Transition Economies, 2016: 1-29.

③ TAZHIBAEVAS, MUSABEKOVBK, YESBOLOVA A, et al. Issues in the development of the livestock sector in Kazakhstan [J]. Procedia-Social and Behavioral Sciences, 2014 (143): 610-614.

④ SYZDYKOV R, AITMAMBET K, DAUTOV A. Country report Kazakhstan [R]. Astana: Analytical Centre of Economic Policy in Agricultural Sector, Kazakhstan, 2015 (6): 1-62.

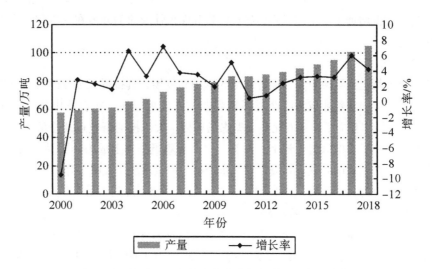

图 3-4 2000—2018 年哈萨克斯坦肉类产量及增长率

（数据来源：联合国粮食及农业组织，http://www.fao.org）

从奶类产品产量来看，2000 年奶类产量为 373.72 万吨，2018 年增长至 567.83 万吨（见图 3-5）。从奶类产量增长率来看，2011 年和 2012 年奶类产量出现了负增长，导致产量从 2010 年的 538.13 万吨下降到 2012 年的 485.16 万吨。其间其他年份均保持了奶类产量的正增长，并于 2018 年创出了历史高点 567.83 万吨。

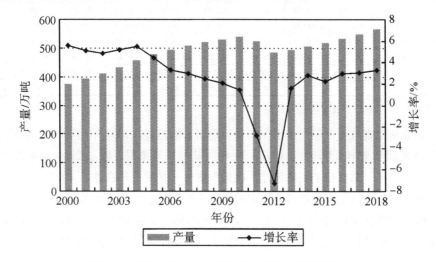

图 3-5 2000—2018 年哈萨克斯坦奶类产量及增长率

（数据来源：联合国粮食及农业组织，http://www.fao.org）

哈萨克斯坦乳制品产量，较大的区域有东哈萨克斯坦州、阿拉木图州、北哈萨克斯坦州等。牛奶生产主要集中在家庭农场，大约占总体的 84%，只有 16% 的牛奶生产由农业企业和个人农场贡献①。

从禽蛋产量来看，2000 年哈萨克斯坦的禽蛋产量为 9.38 万吨，2018 年增加至 27.88 万吨（见图 3-6）。从禽蛋产量增速来看，除了 2006 年、2011 年、2012 年、2018 年出现了负增长，其他年份均保持了禽蛋产量的正增长，2018 年的禽蛋产量是 2000 年的 2.97 倍。

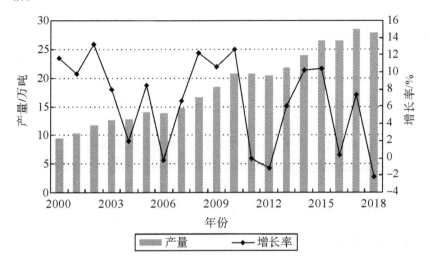

图 3-6 2000—2018 年哈萨克斯坦禽蛋产量及增长率
（数据来源：联合国粮食及农业组织，http://www.fao.org）

哈萨克斯坦的大多数畜牧业生产集中在南部和东南部地区，畜牧业产出较多的地区为阿拉木图州、东哈萨克斯坦州等。集约化生猪和家禽生产因高市场风险和对人工饲料的依赖，容易受到价格风险的影响②。

哈萨克斯坦的畜牧业虽然经过了连续增长，但存在一些问题：一是畜牧业技术装备落后，二是集约化程度较低，三是国家对农牧业的补贴较低，四是农牧民难以获取信贷资金，五是规模化程度不足，导致畜牧业养殖的成本较高。从哈萨克斯坦畜牧业发展情况来看，提高畜牧业的劳动生产率主要有以下途径：一是更新畜牧业的技术装备；二是加大政府对畜牧业的补贴力度；三是提高畜牧业的规模化程度，培育规模化养殖企业。

3. 林业

哈萨克斯坦虽然地域广阔，但森林面积相对较小，2016 年哈萨克斯坦的森林面积为 330.9 万公顷，占土地面积的 12.3%。哈萨克斯坦的林业相对薄弱，从具体的林业品种来看，梭梭林所占的面积最大，大约占到了林地面积的一半；其次是灌木林和高大的乔木，大约占林地面积的 24%；再次是针叶林占 13%，阔叶林占 12%。由林业品种结构可

① SYZDYKOV R, AITMAMBET K, DAUTOV A. Country report Kazakhstan ［R］. Astana：Analytical Centre of Economic Policy in Agricultural Sector, Kazakhstan, 2015 (6)：1-62.

② BROKA S, GIERTZ A, CHRISTENSEN G. Kazakhstan agricultural sector risk assessment ［R］. Uashington D. C.：The World Bank, 2016 (2)：1-201.

知，哈萨克斯坦大约有三分之二的林木不具有工业价值，哈萨克斯坦 2018 年的锯木生产（松类）为 21.1 万立方米。哈萨克斯坦的木材产量不能满足国内需求，需要从俄罗斯进口大量的原木。

哈萨克斯坦各区域的林业生产并不均衡。林业生产主要集中在阿克莫拉州、阿拉木图市和阿拉木图州等区域，而西哈萨克斯坦州、阿特劳州等地区基本没有林业生产。

4. 渔业

哈萨克斯坦水域面积广阔，仅次于俄罗斯，里海、咸海和巴尔喀什湖等中亚几大主要湖泊均主要分布在哈萨克斯坦境内，珍贵鱼种资源丰富，渔业生产以捕捞渔业为主，是世界最大的鲟鱼籽酱出口国之一，发展渔业养殖和捕捞渔业市场的潜力每年约 10 亿美元左右[①]。哈萨克斯坦的水产养殖近年来持续萎缩，近年来已经降低至 0.1 万吨以下的水平，作为产业部门的作用近乎消失。

哈萨克斯坦的渔业生产主要集中在阿特劳州、东哈萨克斯坦州、克孜勒奥尔达州等区域。随着渔业资源的国际需求逐年增加，目前发展渔业已经成为哈萨克斯坦政府工作的重要任务，哈萨克斯坦也因此制定了鼓励长期渔业投资政策，将水域租赁期限延长至 49 年，调动了渔民的积极性。

二、农业生产要素投入

（一）农业劳动力投入

在哈萨克斯坦农业生产中，投入的劳动力总人数在 2018 年为 138.88 万人，占哈萨克斯坦劳动力总数的 15.01%。农业劳动力总人数与农业劳动力占比，相较 2000 年均出现了较大幅度下降（见图 3-7），这是因为随着哈萨克斯坦工业化进程的加快以及经济社会的发展，越来越多的农业劳动力转移到城市中，男性劳动力主要从事种植业生产，而女性劳动力主要从事畜牧业生产。随着农业劳动力占就业总人数比例的下降，农业劳动力供给不足已经成为制约哈萨克斯坦农业发展的因素之一。

---

① 聂凤英，张莉. "一带一路"国家农业发展与合作：中亚五国 ［M］. 北京：中国农业科学技术出版社，2018.

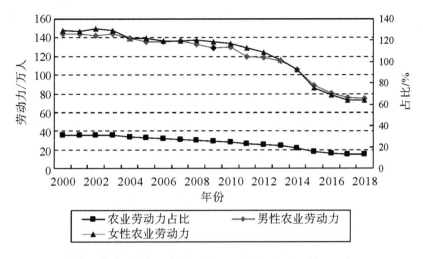

图 3-7　2000—2018 年哈萨克斯坦农业劳动力比重与结构

（数据来源：世界银行，http://www.worldbank.org.cn）

（二）农业装备投入

哈萨克斯坦使用的农用机械以拖拉机和播种机、联合收割机为主。哈萨克斯坦独立以后，国内农业机械的更新速度缓慢，2000—2007 年农业机械数量出现了持续的下降，见表 3-4，这是因为哈萨克斯坦的农业机械的进口关税较高、农业生产资金不足等。

表 3-4　2000—2007 年哈萨克斯坦农业机械使用情况

农业机械	年份							
	2000	2001	2002	2003	2004	2005	2006	2007
拖拉机/辆	52 084	50 811	50 154	46 669	45 791	44 116	43 715	40 228
打包机/台	1 288	2 110	1 955	1 724	1 656	1 567	2 151	1 790
联合收割机/台	20 670	21 428	22 072	20 231	19 890	19 389	20 199	18 802
挤奶机/台	979	743	812	684	629	536	316	559
机引犁/台	10 310	11 482	12 517	11 040	10 470	10 523	11 298	8 830
根茎收割机/台	150	106	122	84	63	63	11	57
播种机/台	43 797	42 674	44 644	42 511	42 745	41 889	42 535	41 096

数据来源：联合国粮食及农业组织数据库。

注：联合国粮食及农业组织没有提供 2007 年之后的数据。

从表 3-4 中可见，从 2000 年到 2007 年，农用机械除了打包机的数量有所增长以外，其他的农业机械数量都出现了程度不同的下降，2007 年农业拖拉机的数量为 40 228 辆，比 2000 年的 52 084 台下降了 22.76%，联合收割机、播种机的数量也出现了下降。为提升农业机械化的水平，保障粮食生产安全，哈萨克斯坦不仅从俄罗斯、美国等国进口农业机械，同时还采取了取消部分农机进口的关税，降低农机租赁公司的贷款利息等措施，旨在多方面提升农机供给。哈萨克斯坦对农业机械存在严重的依赖性，因此对农业机械的潜在需求很高①。

三、主要农业产业布局

哈萨克斯坦的北部、南部和东部地区是农业发展较好的区域，见表3-5。这些区域由于气候条件优越，农业基础良好，具备较好的农业发展的基础，也是哈萨克斯坦粮食生产和出口的基地。粮食主产区（90%）在北部的科斯塔奈州、北哈萨克斯坦州和阿克莫拉州，小麦是哈萨克斯坦最主要的农作物，其主要种植地区是科斯塔奈、阿克莫拉和北哈州，占哈萨克斯坦小麦收获面积的80%；冬小麦种植主要集中在哈南部地区的阿拉木图、江布尔和南哈州，占冬小麦收获面积的90%。南方部分地区可以种植水稻、棉花、烟草、甜菜和水果等。

表3-5 2011—2019年哈萨克斯坦各地区基本作物收获面积 单位：万公顷

地区	年份								
	2011	2012	2013	2014	2015	2016	2017	2018	2019
阿克莫拉州	465.97	475.85	472.44	483.22	468.75	484.42	488.42	488.88	499.33
阿克纠宾州	73.10	71.95	65.06	62.38	50.14	56.39	65.00	73.81	78.09
阿拉木图州	90.90	88.97	91.09	92.11	92.62	93.22	94.79	95.43	96.16
阿特劳州	0.63	0.52	0.60	0.65	0.68	0.74	0.85	0.80	0.76
西哈萨克斯坦州	61.76	59.20	54.26	50.95	48.82	45.72	49.14	51.71	52.26
江布尔州	51.38	52.73	54.34	58.05	58.77	58.96	62.93	66.22	68.66
卡拉干达州	95.89	95.91	99.69	103.03	99.47	107.08	112.30	114.85	115.72
科斯塔奈州	505.95	514.82	522.28	508.62	508.80	514.33	519.80	514.33	505.38
克孜勒奥尔达州	16.40	15.98	15.75	15.84	16.78	16.81	18.07	17.89	18.31
曼格斯套州	0.08	0.08	0.04	0.16	0.16	0.09	0.10	0.09	0.09
南哈萨克斯坦州	73.31	74.22	77.43	78.24	77.58	78.88	82.63	—	—
图尔克斯坦州	—	—	—	—	—	—	—	81.35	82.91
巴甫洛达尔州	106.31	97.08	108.23	104.26	114.50	123.16	126.01	127.03	132.72
北哈萨克斯坦州	448.70	449.75	436.24	434.62	437.24	437.14	432.20	423.06	424.31
东哈萨克斯坦州	117.71	121.77	129.43	132.17	127.80	130.16	131.64	131.82	136.05
努尔苏丹市	0.11	0.21	0.20	0.13	0.14	0.16	0.05	0.05	0.17
阿拉木图市	0.10	0.06	0.02	0.03	0.04	0.10	0.06	0.05	0.05
奇姆肯特市	—	—	—	—	—	—	—	2.57	2.62
总计	2 108.30	2 119.07	2 127.10	2 124.46	2 102.29	2 147.36	2 183.99	2 189.94	2 213.58

数据来源：哈萨克斯坦国民经济部统计委员会，http://www.stat.gov.kz。

注：2018年，由于奇姆肯特升格为直辖市，原南哈萨克斯坦州驻地由奇姆肯特迁移至图尔克斯坦，并更名为图尔克斯坦州。

---

① SYZDYKOV R, AITMAMBET K, DAUTOV A. Country report Kazakhstan ［R］. Astana：analytical centre of economic policy in Agricultural Sector, Kazakhstan, 2015（6）：1-62.

哈萨克斯坦的棉花作物种植主要集中在南部区域[1]，油籽作物的种植主要集中在东部的巴甫洛达尔州，而阿克托别州、卡拉干达州和克孜勒奥尔达州的农业份额相对较小。

四、农产品贸易情况

哈萨克斯坦以矿产品、贱金属和化工产品为主要出口商品，农产品并不是哈萨克斯坦的主要出口商品。2018 年，哈萨克斯坦的商品出口总值为 609.56 亿美元，见表 3-6。农产品出口总值为 32.36 亿美元，仅占商品出口比重的 5.31%；其中以小麦为主的谷物出口额最多，为 9.72 亿美元，占农产品出口额的 30.04%；其他主要农产品的出口额还有面粉 4.50 亿美元、大麦 2.94 亿美元、蔬菜 1.38 亿美元、油籽 1.87 亿美元；其他农产品出口额相对较小。

表 3-6　2013—2018 年哈萨克斯坦主要出口农产品构成　单位：亿美元

商品类别	年份					
	2013	2014	2015	2016	2017	2018
小麦	12.54	9.60	6.89	6.85	6.60	9.72
大麦	0.60	1.43	1.04	1.09	1.37	2.94
面粉	5.81	5.62	4.95	5.05	4.70	4.50
蔬菜	0.118	0.155	0.193	0.573	1.190	1.378
油籽	0.807	1.239	0.939	0.953	1.576	1.865
棉花	0.139	0.082	0.055	0.075	0.097	0.079
水稻	0.208	0.213	0.310	0.159	0.220	0.262
水果和坚果	0.169	0.139	0.175	0.092	0.493	0.500
农产品出口总值	28.84	27.26	22.00	22.14	25.50	32.36
商品出口总值	847	794.6	459.56	366.85	483.04	609.56

数据来源：农产品出口总值数据来源于世界贸易组织，其他数据来源于联合国贸易和发展会议数据库。

哈萨克斯坦的主要进口商品是机电产品、贱金属及制品、化工产品和运输设备四类产品，农产品并不是其主要进口商品。2018 年，哈萨克斯坦的商品进口总值为 325.34 亿美元，见表 3-7，其中农产品的进口额为 37.57 亿美元，占商品进口的比重为 11.55%。进口的农产品以水果和坚果为主，2018 年进口额达 4.92 亿美元，其他主要的进口农产品还有蔬菜、牛奶和乳制品、奶酪和凝乳、鱼、牛肉等。从农产品进出口差额

---

① MARTIN P，RICHARD P. Agricultural policies in Kazakhstan ［R］. Halle：Leibniz Institute of Agricultural Development in Transition Economies，2016（155）：1-29.

来看，哈萨克斯坦是农产品净进口国，2013—2018年的农产品进出口差额为逆差，其间有逐渐缩小的趋势，但仍未达到进出口平衡的状况。

表3-7　2013—2018年哈萨克斯坦主要进口农产品构成　单位：亿美元

商品类别	年份					
	2013	2014	2015	2016	2017	2018
水果和坚果	5.61	5.40	4.11	4.75	5.06	4.92
蔬菜	2.01	1.94	1.70	1.18	1.46	1.69
牛奶和乳制品	2.60	2.76	1.56	1.37	1.66	1.77
牛肉	0.74	1.16	0.41	0.22	0.44	0.46
奶酪和凝乳	1.01	0.84	0.60	0.55	0.72	0.75
鱼	0.49	0.48	0.46	0.45	0.50	0.64
水稻	0.16	0.21	0.19	0.12	0.28	0.38
农产品进口总值	47.76	44.5	34.83	31.07	35.68	37.57
商品进口总值	488.06	412.96	305.68	249.95	292.66	325.34
农产品进出口差额	-18.92	-17.24	-12.83	-8.93	-10.18	-5.21

数据来源：农产品进口总值数据来源于世界贸易组织，其他数据来源于联合国贸易和发展会议数据库。

　　农产品进出口总值从2000年的12.31亿美元，增长到2018年的69.93亿美元。占对外贸易总值的比例基本维持在10%以内的水平，占比相对较低。哈萨克斯坦农产品对外贸易的差额基本保持在逆差状态，2011年达到22.65亿美元的峰值水平，2018年逆差额为5.21亿美元（见图3-8）。

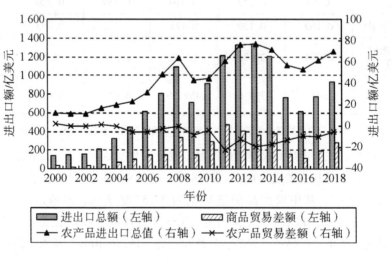

图3-8　2000—2018年哈萨克斯坦商品贸易及农产品贸易情况

（数据来源：世界贸易组织，http://www.wto.org）

第二节　吉尔吉斯斯坦农业发展现状

吉尔吉斯斯坦于 1991 年 8 月从苏联独立出来，是中亚内陆国家，总面积为 199 949 平方千米，全国分为七个省（州），分别是巴特肯州、楚河州、贾拉拉巴德州、伊塞克湖州、纳伦州、奥什州和塔拉斯州。农业是该国国民经济的支柱产业，农业产值占国内生产总值（GDP）的比重近年来有所下降，2000 年农业增加值占 GDP 的比重为 36.6%，2018 年下降至 13.1%。

一、农业发展水平与结构

（一）农业产值规模及构成

在独立初期，吉尔吉斯斯坦的农业生产经历过了大幅滑坡，1995 年农业总产值比 1992 年下降了 21.45%。吉尔吉斯斯坦 2000 年的农业总产值为 4.68 亿美元，2018 年已增长到 9.43 亿美元，2018 年农业增长率为 2.71%，2018 年前几年农业总产值增速保持在低速增长的水平。吉尔吉斯斯坦的农业以种植业和畜牧业为主，这两个子行业占据了农业产值的绝大部分份额，其他子行业的产值占比非常小，见表 3-8。

表 3-8　2006—2019 年吉尔吉斯斯坦农业产值及部门构成

年份	农业总产值/亿索姆	种植业		畜牧业		农业服务		狩猎和林业		渔业	
		产值/亿索姆	占比/%	产值/亿索姆	占比/%	产值/亿索姆	占比/%	产值/亿索姆	占比/%	产值/亿索姆	占比/%
2006	722.77	407.39	56.37	303.59	42.00	10.04	1.39	1.74	0.24	0	0
2007	898.85	504.36	56.11	377.22	41.97	15.78	1.76	1.50	0.17	0	0
2008	1 121.00	631.37	56.32	471.57	42.07	17.23	1.54	0.83	0.07	0	0
2009	1 112.84	595.48	53.51	492.37	44.24	22.89	2.06	2.11	0.19	0	0
2010	1 151.12	596.20	51.79	528.75	45.93	25.28	2.20	0.45	0.04	0.44	0.04
2011	1 492.76	753.00	50.44	710.82	47.62	26.22	1.76	2.18	0.15	0.55	0.04
2012	1 673.93	803.49	48.00	831.67	49.68	35.76	2.14	2.37	0.14	0.64	0.04
2013	1 716.95	862.21	50.22	816.76	47.57	34.68	2.02	2.65	0.15	0.65	0.04
2014	1 956.52	981.66	50.17	930.24	47.55	41.16	2.10	2.85	0.15	0.61	0.03
2015	1 969.36	975.32	49.52	947.10	48.09	43.06	2.19	3.42	0.17	0.46	0.02
2016	1 974.14	978.03	49.54	948.17	48.03	43.28	2.19	3.74	0.19	0.92	0.05
2017	2 085.30	1 081.87	51.88	950.48	45.58	48.74	2.34	3.35	0.16	0.87	0.04
2018	2 049.70	1 005.15	49.04	990.19	48.31	49.27	2.40	3.48	0.17	1.61	0.08
2019	2 199.67	1 104.85	50.23	1 039.45	47.25	47.87	2.18	3.48	0.16	4.02	0.18

数据来源：吉尔吉斯斯坦国家统计委员会，http://www.stat.kg，经笔者计算整理。

（二）主要农产品产量

1. 种植业

吉尔吉斯斯坦的种植业以土地密集型为主，农业生产主要集中在楚河州、奥什州和贾拉拉巴德州，其余四个州的农业生产相对落后。吉尔吉斯斯坦 2010 年粮食收获面积为 51.04 万公顷，产量为 155.01 万吨，2018 年增长到 178.29 万吨。

吉尔吉斯斯坦主要的粮食作物有小麦、大麦和玉米，其他粮食作物有水稻、燕麦、黑麦和高粱等。2018 年的粮食作物产量，分别是小麦 61.59 万吨、玉米 69.29 万吨、大麦 42.93 万吨，三种作物占粮食总产量的 97.49%，其他的粮食作物产量占比较低，水稻、燕麦、黑麦、高粱的产量分别为 4.08 万吨、0.26 万吨、0.11 万吨、0.005 万吨。在粮食作物中，小麦产量呈现出较为明显的下降趋势，从 2000 年的 103.91 万吨下降至 2018 年的 61.59 万吨，而大麦和玉米产量出现了大幅增长，2010 年大麦和玉米的产量分别为 15.02 万吨、33.83 万吨，2018 年已分别增长至 42.93 万吨、69.29 万吨（见图 3-9）。

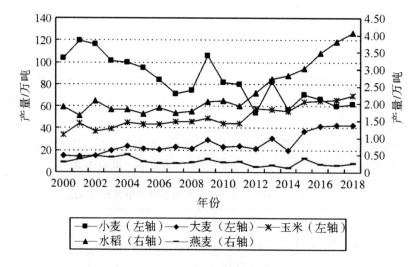

图 3-9　2000—2018 年吉尔吉斯斯坦粮食产量变化

（数据来源：联合国粮食及农业组织，http://www.fao.org）

吉尔吉斯斯坦蔬菜的收获面积受国内的粮食政策和国际贸易的双重影响。2000—2018 年，蔬菜的收获面积有稳步扩大的趋势，2000 年收获面积为 11.28 万公顷，2018 年增长至 13.27 万公顷。蔬菜产量也持续增加，2000 年蔬菜产量为 175.55 万吨，2018 年已达 245.85 万吨（见图 3-10）。2018 年蔬菜作物按总产量排序分别是马铃薯 144.66 万吨、西红柿 22.47 万吨、洋葱 20.98 万吨、萝卜 17.65 万吨、卷心菜 14.70 万吨、黄瓜 11.96 万吨，其他品类的蔬菜产量较少。

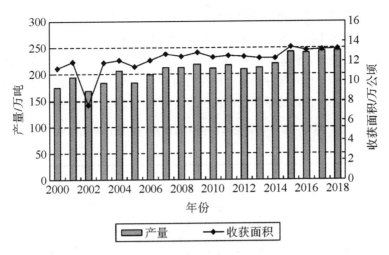

图 3-10　2000—2018 年吉尔吉斯斯坦蔬菜产量与收获面积

（数据来源：联合国粮食及农业组织，http://www.fao.org）

吉尔吉斯斯坦的油料作物产量波动较大，有下降的趋势。2000 年油料作物产量为 13.95 万吨，2018 年产量下降到 10.99 万吨（见图 3-11）。其中棉花产量降幅较大，导致棉籽产量大幅下降，棉花产量从 2011 年的 10.13 万吨下降到 2018 年的 4.93 万吨。2018 年主要油料作物的产量分别为向日葵 1.99 万吨、红花籽 1.23 万吨、大豆 0.29 万吨，相应单产分别为 1.28 吨/公顷、0.98 吨/公顷、1.77 吨/公顷，其他的油料作物如亚麻籽和油籽、油菜籽等，产量较小，也出现了下降。产量下降的主要原因是受粮食政策的调整和国际价格下降的影响。油料作物的收获面积也从 9.14 万公顷下降到 5.28 万公顷（见图 3-11）。总的来看，吉尔吉斯斯坦的油料作物产量和收获面积出现了不同程度的下降。

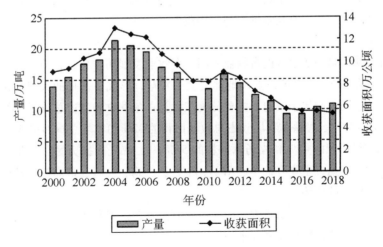

图 3-11　2000—2018 年吉尔吉斯斯坦油料作物产量与收获面积

（数据来源：联合国粮食及农业组织，http://www.fao.org）

从吉尔吉斯斯坦各类作物的单产变化来看，粮食作物单产保持稳定，油料作物和蔬菜作物的单产呈现出小幅上升的趋势，见表 3-9。吉尔吉斯斯坦政府出台了一系列鼓励种植业发展的政策措施，例如补贴农用机械燃油和润滑剂费用、建立农业生产者补偿机制、成立支持更新专业化农场种子和育种材料的基金会等，这些措施在实践中取得了一定的成效，蔬菜和油料作物的单产也出现了一定程度的提高。

表 3-9　2000—2018 年部分年份吉尔吉斯斯坦主要作物品种单产变化

单位：吨/公顷

作物		年份									
		2000	2002	2004	2006	2008	2010	2012	2014	2016	2018
粮食作物	大麦	2.14	2.35	2.28	1.97	1.58	1.89	1.45	1.27	2.25	2.24
	玉米	5.75	5.78	6.19	6.07	5.86	6.06	6.10	6.05	6.38	6.59
	燕麦	2.19	3.39	2.69	2.22	1.69	2.49	1.76	1.43	2.18	2.31
	水稻	3.05	3.13	3.01	2.96	2.85	3.29	3.22	3.50	3.52	3.59
	小麦	2.34	2.30	2.43	2.07	1.94	2.17	1.68	1.69	2.45	2.43
油料作物	油籽	0.40	0.74	0.11	0.22	0.55	0.70	0.46	0.50	1.00	0.73
	红花籽	0.64	0.80	0.89	0.82	0.82	0.96	0.91	0.82	0.78	0.98
	大豆	0.20	0.66	1.04	0.82	0.91	0.94	1.73	1.18	1.20	1.77
	向日葵	1.03	1.16	1.20	1.09	1.09	1.14	1.13	1.14	1.26	1.28
蔬菜作物	卷心菜	17.33	21.50	23.02	27.57	22.07	22.58	19.34	22.15	21.94	23.74
	萝卜	16.81	20.60	21.53	22.29	21.12	21.64	17.67	22.73	22.91	22.81
	花菜	8.00	5.00	3.33	5.00	5.83	4.00	5.00	3.00	4.64	5.47
	黄瓜	12.45	15.36	15.64	16.09	17.41	17.83	17.51	19.40	19.92	20.11
	洋葱	17.88	18.26	19.80	18.76	38.32	20.15	20.51	21.37	21.62	22.99
	马铃薯	15.15	23.79	15.99	15.47	15.70	15.96	16.10	16.74	16.90	17.13
	番茄	16.39	18.67	18.41	18.30	18.80	19.15	19.31	19.94	20.14	19.41

数据来源：联合国粮食及农业组织数据库，经笔者计算整理。

相比于吉尔吉斯斯坦独立初期，种植业已经取得了较大的发展，但是农作物单产水平仍然不高，与世界平均水平还存在较大差距，种植业处于广种薄收的状态，而且土壤肥力较低，新型实用的农业技术推广和应用较少。

2. 畜牧业

吉尔吉斯斯坦是中亚地区的畜牧业大国，畜牧业发展历史悠久，境内牧场和永久性草场达 900 多万公顷，87% 的农业用地都覆盖了牧草，形成了优良的天然高山牧场。吉尔吉斯斯坦的牧场都归属于政府，主要分为三大类：冬季牧场（占总牧场面积的 23% 和牧场总饲料的 12%）、春秋季牧场（占总牧场面积的 32% 和牧场总饲料的 31%）和夏季牧场（占总牧场面积的 45% 和牧场总饲料的 57%）[①]。依托国家力量，吉尔吉斯斯坦的畜牧养殖业发展迅速，主要有绵羊、山羊、牛、驴、鸡、火鸡、蜜蜂等，其中活的动物产品出口具有较大的优势。

吉尔吉斯斯坦畜牧业产值较大的地区主要有楚河州、奥什市、贾拉拉巴德州、伊塞克湖州等，各地区的畜牧业发展并不均衡。

---

① MOGILEVSKII, ROMAN, et al. The outcomes of 25 years of agricultural reforms in Kyrgyzstan [R]. Halle: Leibniz Institute of Agricultural Development in Transition Economies, 2016: 1-47.

1992 年吉尔吉斯斯坦的牲畜总存栏量为 2 542.82 万头（只、匹），1992 年以后出现了大幅下降，牲畜总存栏量截至 2018 年未恢复到 1992 年的水平。2018 年存栏量绵羊为536.10 万只，牛为 162.73 万头，山羊为 80.69 万只，驴为 2.89 万头，见表 3-10。

表 3-10　2000—2018 年部分年份吉尔吉斯斯坦牲畜及家禽养殖情况

种类	年份									
	2000	2002	2004	2006	2008	2010	2012	2014	2016	2018
驴/万头	6.50	6.60	7.00	7.00	7.00	7.26	7.32	6.35	4.30	2.89
牛/万头	93.23	96.95	100.44	107.48	116.80	129.88	136.75	145.84	152.78	162.73
山羊/万只	54.27	63.98	76.95	81.69	87.27	94.25	93.38	91.02	85.69	80.69
绵羊/万只	326.38	310.45	288.39	305.91	337.91	409.52	449.01	491.88	516.57	536.10
马/万匹	34.98	35.44	34.05	34.52	35.55	37.84	39.88	43.30	46.72	49.87
猪/万头	10.48	8.66	8.28	7.78	7.49	5.98	5.54	5.08	5.11	5.13
鸡/万只	266.00	292.10	394.90	391.10	419.40	442.20	366.50	382.80	425.20	456.70
火鸡/万只	12.00	12.30	14.90	15.00	21.30	15.60	17.50	17.40	18.30	18.30

数据来源：联合国粮食及农业组织数据库。

禽类养殖包括鸡 456.70 万只，火鸡 18.30 万只。此外，吉尔吉斯斯坦 2018 年的蜜蜂养殖量为 11.90 万箱，较 2017 年的 11.17 万箱有所增长。

畜牧业是吉尔吉斯斯坦的传统产业，也曾经是国民经济的支柱产业，但独立之后，国内肉类、奶类、蛋类和毛皮类畜产品的产量一直处于较低水平，尚不能满足国内需求，需要依靠大量进口肉类等产品。2000—2018 年吉尔吉斯斯坦畜牧业的肉类产品产量保持稳定并小幅增长，2000 年肉类产品产量为 19.62 万吨，2018 年肉类产品产量为22.98 万吨，较 2000 年增长 17.13%（见图 3-12）。

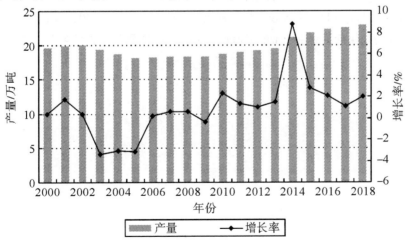

图 3-12　2000—2018 年吉尔吉斯斯坦肉类产品产量及增长率

（数据来源：联合国粮食及农业组织，http://www.fao.org）

吉尔吉斯斯坦的畜牧业在兽医护理方面也面临严峻挑战。政府更加关注兽医系统，以提高该部门的出口能力①。

从奶类产品的产量来看，2000 年的奶类产品产量为 110.52 万吨，2018 年达到160.80 万吨（见图 3-13），较 2000 年增长了 45.49%，其中 2004 年与 2011 年奶类产品产量出现了负增长。其间吉尔吉斯斯坦奶类产品产量的恢复和增长较快，主要是因为国际市场对吉尔吉斯斯坦的乳制品需求不断增长，有力拉动了国内奶类产品的生产，乳制品成为吉尔吉斯斯坦国内第二大出口农产品，但其余畜产品的产量仍低于 1992 年的水平。

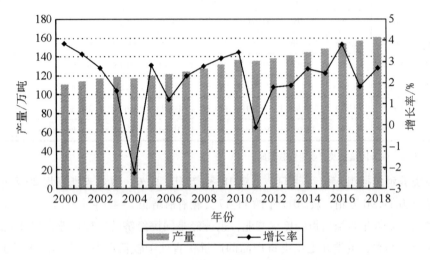

图 3-13　2000—2018 年吉尔吉斯斯坦奶类产品产量及增长率

（数据来源：联合国粮食及农业组织，http://www.fao.org）

从禽蛋产量来看，2000 年吉尔吉斯斯坦的禽蛋产量为 1.14 万吨，2018 年增加至2.93 万吨（见图 3-14）。从禽蛋产量增速来看，除了 2008 年、2015 年出现了负增长以外，其他年份均保持了禽蛋产量的正增长，2018 年的禽蛋产量是 2000 年的 2.57 倍。

——————————

①　TILEKEYEV K, MOGILEVSKII R, BOLOTBEKOVA A, et al., Sheep meat production value chains in the kyrgyz republic and export capacity to the EAEU Member States［R］. Bishkek：University of Central Asia, Institute of Public Policy and Administration, 2016.

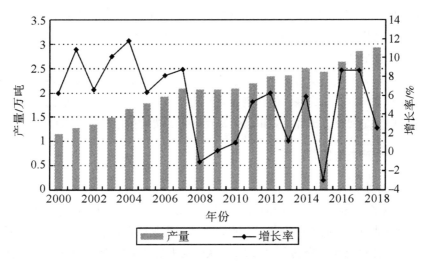

图 3-14 2000—2018 年吉尔吉斯坦禽蛋产量及增长率

（数据来源：联合国粮食及农业组织，http://www.fao.org）

3. 林业

吉尔吉斯斯坦的森林面积较小，仅占国土总面积的 4% 左右。2018 年生产的燃料用木材（松类）1.098 万立方米，锯木生产 0.14 万立方米。吉尔吉斯斯坦各地区林业发展不均衡，林业生产主要集中在贾拉拉巴德州、伊塞克湖州、纳伦州等区域，见表 3-11。

表 3-11 2011—2019 年吉尔吉斯斯坦各地区林业产值 单位：万索姆

地区	年份								
	2011	2012	2013	2014	2015	2016	2017	2018	2019
巴特肯州	2 220	2 360	2 750	1 690	2 350	2 420	2 330	2 370	2 630
贾拉拉巴德州	6 670	7 440	8 330	8 010	10 350	11 940	10 380	11 230	10 860
伊塞克湖州	4 220	4 060	5 070	5 830	7 100	7 220	5 540	5 190	5 690
纳伦州	2 250	2 490	2 670	3 190	4 350	4 900	5 230	5 660	5 380
奥什州	2 210	2 730	3 210	2 730	3 910	4 150	3 260	3 580	3 290
塔拉斯州	980	1 030	1 120	1 140	1 500	1 470	1 820	1 650	2 030
楚河州	1 520	2 230	1 960	1 660	2 170	2 480	2 470	2 470	2 630
比什凯克市	1 500	1 100	1 090	3 910	1 990	2 260	2 080	2 220	1 980
奥什市	240	280	310	360	470	550	360	440	330
合计	21 810	23 720	26 510	28 520	34 190	37 390	33 470	34 810	34 820

数据来源：吉尔吉斯斯坦国家统计委员会，http://www.stat.kg。

4. 渔业

吉尔吉斯斯坦的主要水体是伊塞克湖，该湖位于海拔 1 600 米处，是世界上第二大山湖（仅次于的的喀喀湖）和世界第五深湖，根据拉姆萨尔公约，其被指定为具有国际重要性的湿地①。吉尔吉斯斯坦 1989 年的捕捞量达到历史最高点（1 447 吨）。伊塞克湖引入捕食性外来物种（鳟鱼、白鱼、鲷鱼、鲈鱼）之后，使得渔业捕捞量急剧减少，这种急剧的下降被池塘养殖业的急剧增长所掩盖。

吉尔吉斯斯坦的湖泊和水库捕捞渔业的恢复较为困难，水产养殖的情况相对而言较为乐观。伊塞克湖以鳟鱼为基础的网箱养殖业还处于起步阶段。各地区的渔业生产不均衡，主要集中在楚河州、比什凯克市、伊塞克湖州、贾拉拉巴德州等区域。

二、农业生产要素投入

（一）农业劳动力投入

21 世纪以来，由于吉尔吉斯斯坦的国内经济复苏，工业和服务业对劳动力的需求增多，农村的劳动力开始向城市流动，农业劳动力占就业总人数的比例开始逐年下降，至 2018 年，这一比例已经下降到了 26.52%。从劳动力的数量来看，2000 年男性农业劳动力、女性农业劳动力的人数分别为 59.27 万人、45.78 万人，至 2018 年，就业人数已经分别下降到了 40.73 万人、26.98 万人（见图 3-15）。

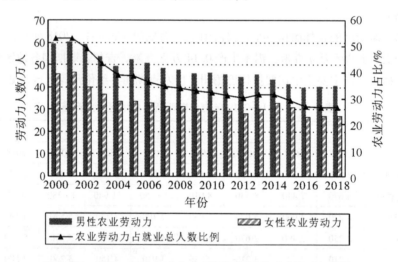

图 3-15　2000—2018 年吉尔吉斯斯坦农业劳动力比重与结构

（数据来源：世界银行，http://www.worldbank.org.cn）

据世界银行的统计，吉尔吉斯斯坦在 2015 年是世界跨境劳工输出占比第二位的国家，跨境劳工主要流向的国家是俄罗斯，其次是哈萨克斯坦。吉尔吉斯斯坦农业劳动力的流转减少了农业劳动力人口，降低了从事农业的劳动力质量，对吉尔吉斯斯坦的农业发展、农产品加工和技术推广带来不利的影响。

（二）农业装备投入

吉尔吉斯斯坦独立后，由于缺乏资金和技术，农机装备严重不足，农业生产逐渐减

---

① IMANACKUNOV B, KLERKX J. Lake Issyk Kul：its natural environment ［M］. Dordrecht：Kluwer Publishers，2002.

少使用农机设备和配件。其国内的农用机械数量在 2000—2008 年出现了持续下降。在农业机械方面民间投资特别低，每公顷拖拉机数量比任何可比的中亚国家都要少①。农机总数量从 2000 年的 46 815 辆下降到了 2008 年的 43 066 辆，相比于 2000 年减少了 8.01%。

从各类农机的数量变动来看，除了机引犁的数量出现了一定的增加，其他的农机数量都出现了下降，如表 3-12 所示。拖拉机是吉尔吉斯斯坦最主要的农用机械，2000—2008 年，拖拉机（含履带式拖拉机）数量从 30 762 辆下降到 27 870 辆，下降了 9.4%。截至 2008 年，拖拉机的数量占农业机械数量的 64.71%。除了拖拉机的数量下降之外，播种机、脱粒机和挤奶机的数量也出现了明显的下降，下降幅度分别为 17.57%、74.74%、70.25%。吉尔吉斯斯坦的农业机械化水平低、农用机械的更新率低、农业机械数量的增长缓慢，很大程度上制约了农作物生产的发展，对整个农业的发展带来了不利影响。

表 3-12　2000—2008 年部分年份吉尔吉斯斯坦农业机械使用情况

农机	年份				
	2000	2001	2002	2006	2008
拖拉机/辆	25 512	25 307	21 921	24 531	24 445
履带式拖拉机/辆	5 250	5 087	3 339	3 637	3 425
打包机/台	1 228	1 170	706	886	931
联合收割机/台	3 423	3 402	2 690	3 091	2 998
机引犁/台	6 119	6 050	6 428	6 816	7 517
播种机/台	3 461	3 373	2 482	2 960	2 853
撒肥机/台	424	387	271	272	242
脱粒机/台	879	804	370	326	222
挤奶机/台	242	201	93	98	72
根茎收购机/台	277	261	375	369	361

数据来源：联合国粮食及农业组织数据库。

注：2008 年后数据暂不可得。

三、主要农业产业布局

吉尔吉斯斯坦的大部分地区的海拔超过了 1 000 米，平均海拔为 2 750 米，境内的天山山脉从西到东，形成了一系列的山脉，将吉尔吉斯斯坦分为三个主要的农业区。

吉尔吉斯斯坦的农业生产主要集中在楚河州、伊塞克湖州、奥什州和贾拉拉巴德州，见表 3-13。两个以畜牧业生产为主的纳伦州和塔拉斯州，受区域地理条件的限制，

---

① GUADAGNI M，FILECCIA T. The Kyrgyz Republic Farm mechanization and agricultural productivity ［R］. Rome：FAO，2009：1-74.

农业发展比较落后。

表 3-13 2013—2019 年吉尔吉斯斯坦各地区耕地面积 单位: 公顷

地区	年份						
	2013	2014	2015	2016	2017	2018	2019
巴特肯州	60 697	61 783	61 740	61 310	62 500	62 872	62 886
贾拉拉巴德州	146 388	147 878	149 844	152 166	154 085	155 847	155 765
伊塞克湖州	176 253	176 973	179 747	180 412	182 463	183 345	182 965
纳伦州	102 398	102 626	104 109	105 645	106 377	107 087	108 033
奥什州	173 150	175 065	173 424	175 668	176 293	178 015	178 429
塔拉斯州	103 415	104 270	104 319	104 790	105 180	106 147	106 158
楚河州	405 920	410 183	410 011	409 859	417 576	418 847	419 100
比什凯克市	252	262	220	244	244	244	244
奥什市	1 926	2 149	2 507	2 261	2 383	2 526	3 118
合计	1 170 399	1 181 189	1 185 921	1 192 355	1 207 101	1 214 929	1 216 698

数据来源: 吉尔吉斯斯坦国家统计委员会, http://www.stat.kg。

四、农产品贸易情况

进入 21 世纪初以来, 吉尔吉斯斯坦对外贸易增长较快。2000—2018 年, 对外贸易总额从 10.69 亿美元增长至 68.68 亿美元, 增长了 542.47%。进口额从 2000 年的 5.58 亿美元增长至 2018 年的 50.89 亿美元, 出口额从 2000 年的 5.11 亿美元增长至 2018 年的 17.79 亿美元。从商品贸易差额来看, 吉尔吉斯斯坦的商品贸易在 2000—2018 年始终保持在逆差状态, 且有不断扩大的趋势。2000—2018 年, 贸易差额从 0.47 亿美元增长至 33.1 亿美元。吉尔吉斯斯坦的大多数出口收入来自库姆托尔金矿的黄金, 仅金矿产值就占 GDP 的 9%~11%[①]。

2000—2018 年, 农产品进出口贸易占商品进出口贸易的比重始终在 20% 以下, 2014—2018 年还在逐步降低。主要原因是全球贸易的持续低迷, 另外吉尔吉斯斯坦在非农产品领域的国际贸易增长更为迅速, 尤其是天然气和大型机械, 导致农产品贸易比重不断降低。2018 年, 吉尔吉斯斯坦的农产品进出口总值为 8.53 亿美元, 占商品进出口的比重为 12.42%。农产品并不是吉尔吉斯斯坦主要的进出口商品。

从吉尔吉斯斯坦农产品贸易差额来看, 2000—2018 年, 农产品贸易始终是逆差, 且 2014—2018 年逆差有不断扩大的趋势。2010 年农产品贸易差额为 3.57 亿美元, 2018 年这一数值为 3.75 亿美元 (见图 3-16)。造成这一趋势的主要原因是吉尔吉斯斯坦农产品加工能力较弱, 难以满足国内农产品的需求, 对部分农产品尤其是加工食品进口需求较大。

---

① IHS Markit. Country reports: Kyrgyzstan [R]. London: IHS Markit, 2018: 1-46.

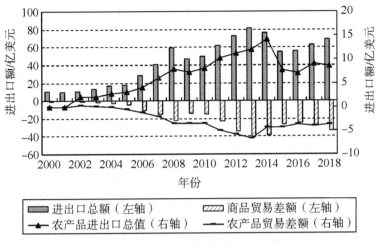

图 3-16　2000—2018 年吉尔吉斯斯坦农产品对外贸易情况

（数据来源：世界贸易组织，http://www.wto.org）

从农产品的出口来看，吉尔吉斯在 2014 年之后的农产品出口额下降幅度较大，从 2014 年的 4.86 亿美元下降到 2015 年的 1.67 亿美元，这是因为受到了土耳其、哈萨克斯坦、俄罗斯等主要贸易伙伴国经济不景气的影响。2016 年开始，国际市场环境有所好转，农产品出口额也开始回升。截至 2018 年，农产品出口为 2.39 亿美元，占吉尔吉斯斯坦当年商品出口总值的 13.43%。主要的出口品种为蔬菜、水果和坚果、棉花、乳制品等等，出口额分别为 0.78 亿美元、0.33 亿美元、0.31 亿美元、0.19 亿美元，占农产品出口的比重分别为 32.82%、13.68%、13.10%、7.79%。其他农产品的出口金额较少，见表 3-14。总体来说，吉尔吉斯斯坦的农产品出口缺乏竞争力，农产品尚不足以满足国内需求。

表 3-14　2013—2018 年吉尔吉斯斯坦主要出口农产品构成 单位：万美元

商品类别	年份					
	2013	2014	2015	2016	2017	2018
蔬菜	9 610.48	10 375.28	5 481.72	6 004.49	7 591.08	7 844.79
水果和坚果	6 063.37	3 574.85	2 085.92	2 319.36	3 348.54	3 270.44
棉花	2 139.17	2 783.75	1 806.87	2 636.57	2 792.77	3 132.79
牛奶与乳制品	1 269.05	3 325.68	1 524.52	1 497.74	1 731.05	1 863.05
黄油和奶脂	376.21	207.79	179.27	839.45	1 425.38	1 306.83
加工的烟草	445.18	1 995.60	1 737.95	1 028.03	1 103.73	1 230.05
活的动物	720.03	406.97	298.23	219.24	882.09	635.48
兽皮	1 338.38	1 091.08	1 144.66	992.52	112.08	637.37
水果粉和蔬菜粉	248.19	161.46	159.86	520.78	731.31	722.47

表3-14(续)

商品类别	年份					
	2013	2014	2015	2016	2017	2018
未加工的烟草	1 667.53	2 456.31	1 316.46	272.54	297.00	328.63
农产品出口总值	27 000	48 600	16 700	16 900	24 600	23 900
商品出口总值	205 800	189 700	144 100	157 300	176 400	177 900

数据来源：农产品出口总值数据来源于世界贸易组织，其他数据来源于联合国贸易与发展会议数据库。

吉尔吉斯斯坦进口的农产品主要有加工的烟草、巧克力、水果和坚果、小麦、糖和蜂蜜、牛奶和乳制品、面粉、蔬菜、茶叶等。农产品不是吉尔吉斯斯坦的主要进口商品，2018年，吉尔吉斯斯坦的商品进口总值为50.89亿美元，见表3-15。其中农产品的进口额为6.14亿美元，占商品进口的比重为12.07%。从农产品进出口差额来看，吉尔吉斯斯坦常年维持在逆差状态。

表3-15 2013—2018年吉尔吉斯斯坦主要进口农产品构成 单位：亿美元

商品类别	年份					
	2013	2014	2015	2016	2017	2018
加工的烟草	0.652	0.787	0.541	0.437	0.751	0.755
巧克力	0.702	0.639	0.451	0.419	0.442	0.547
水果和坚果	0.353	0.304	0.249	0.307	0.452	0.482
小麦	0.898	1.004	0.613	0.316	0.389	0.448
糖和蜂蜜	0.583	0.587	0.406	0.403	0.238	0.407
非酒精饮料	0.389	0.394	0.256	0.150	0.275	0.270
牛奶和乳制品	0.158	0.140	0.082	0.049	0.296	0.219
面粉	0.441	0.173	0.132	0.086	0.173	0.164
蔬菜	0.033	0.061	0.066	0.108	0.141	0.158
茶叶	0.098	0.094	0.104	0.102	0.123	0.143
农产品进口总值	9.350	9.260	6.040	5.310	6.540	6.140
商品进口总值	60.70	57.32	40.70	40.00	44.95	50.89
农产品进出口差额	-6.65	-4.4	-4.37	-3.62	-4.08	-3.75

数据来源：农产品出口总值数据来源于世界贸易组织，其他数据来源于联合国贸易和发展会议数据库。

第三节　塔吉克斯坦农业发展现状

塔吉克斯坦是中亚东南部的山区内陆国家，以"高山之国"闻名世界。它的总面积约为142 550平方千米，它的西部和西北部与乌兹别克斯坦接壤（接壤国境线长度为910千米），东北与吉尔吉斯斯坦（接壤国境线长度为630千米），东部与中国（接壤国境线长度为430千米）以及南部与阿富汗（接壤国境线长度为1 030千米）交界。山区覆盖了该国93%的土地。在行政划分上，该国分为3州1区1直辖市：戈尔诺—巴达赫尚自治州（64 200平方千米），哈特隆州（24 800平方千米），索格特州（25 400平方千米）、中央直属区（28 154平方千米）和杜尚别市。

一、农业发展水平与结构

（一）农业产值规模及构成

塔吉克斯坦自独立之后，农业生产同样经历了大幅的衰退，1992年农业总产值为5.64亿美元，截至2006年，塔吉克斯坦农业恢复到了1992年的水平。2018年前几年，塔吉克斯坦的农业发展保持着较为平稳的中低速增长，农业是塔吉克斯坦的第二大生产部门，在国民经济中占有重要的地位。2000年农业总产值为2.16亿美元，2018年增长至14.44亿美元。农业总产值占GDP的比重，从2000年的27.3%下降到2018年的20.9%。塔吉克斯坦农业以种植业和畜牧业为主，种植业占农业总产值的70%以上，种植作物以棉花为主。棉花产量仅次于乌兹别克斯坦和土库曼斯坦，棉花单产较高，尤以出产优质细纤维棉闻名于世。

21世纪以来，塔吉克斯坦采取了一系列刺激农业发展的措施，例如恢复农业基础设施、进行土壤改良、改善水资源利用、大型农业企业改组成农场、农场实行简化和统一的新税制等，随着政府对种植业支持政策的力度不断增强，种植业增长迅速。

（二）主要农产品产量

1. 种植业

塔吉克斯坦种植业总体以种植粮食和棉花为主，2018年棉花的收获面积为18.58万公顷，占全国耕地总面积86.77万公顷的21.41%，粮食作物的收获面积为35.80万公顷，但粮食产量尚不能自给自足。经济作物的收获面积为：蔬菜11.17万公顷，油料作物（不包括棉籽）0.89万公顷。另外塔吉克斯坦还种植有各类水果以及其他经济作物。

塔吉克斯坦在独立以后，为了满足本国的粮食需求，出台了鼓励农民种植粮食作物的政策措施，通过给农民增拨土地，激励农民扩大粮食作物的种植面积。1992年，塔吉克斯坦的粮食作物的收获面积为27.35万公顷，1997年已增加至42.57万公顷，其中主要是小麦收获面积的大幅增加，从1992年的18.34万公顷增长至1997年的35.64万公顷。此后，塔吉克斯坦粮食作物的收获面积基本稳定在40万公顷左右。

2000年塔吉克斯坦粮食作物的收获面积为41.58万公顷，产量为54.50万吨。截至

2018 年，粮食作物的收获面积为 35.80 万公顷，粮食产量已经达到 121.88 万吨。粮食作物的单产也出现了明显增长。1992 年粮食单产为 0.99 吨/公顷，2000 年增长至 1.31 吨/公顷，2018 年进一步增长至 3.40 吨/公顷。

塔吉克斯坦的粮食作物以小麦、玉米和大麦为主，2018 年这三种粮食作物的产量分别为 77.90 万吨、23.73 万吨和 10.88 万吨（见图 3-17）。2018 年三种粮食作物占粮食总产量 121.88 万吨的 92.31%，其中小麦占粮食总产量的 63.92%。小麦、玉米和大麦的收获面积分别为 25.55 万公顷、1.59 万公顷、7.28 万公顷，三种作物合计占粮食作物总面积的 96.15%。其他的粮食作物还包括水稻（9.04 万吨）、燕麦（0.27 万吨）、黑麦（0.035 1 万吨）、小米（0.007 8 万吨）、高粱（0.011 5 万吨）等。

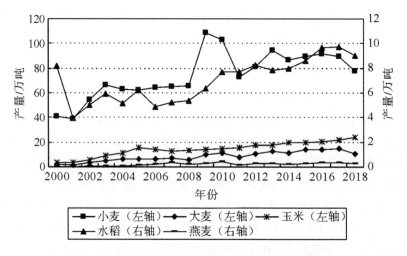

图 3-17　2000—2018 年塔吉克斯坦粮食产量变化

（数据来源：联合国粮食及农业组织，http://www.fao.org）

在塔吉克斯坦的粮食作物中，小麦产量出现了较为明显的增长，从 2000 年的 40.62 万吨增长到 2018 年的 77.90 万吨，大麦和玉米产量同样出现了大幅增长，2000 年大麦和玉米的产量分别为 1.86 万吨、3.78 万吨，2018 年已分别增长至 10.88 万吨、23.73 万吨。水稻产量的增长则不明显，从 2000 年的 8.20 万吨增长至 2018 年的 9.04 万吨。

塔吉克斯坦种植业中比较有竞争力的农业经济作物是棉花，其具有传统的优势，是塔吉克斯坦最大的出口农产品。1992—2008 年，塔吉克斯坦棉花的收获面积始终保持在 20 万公顷以上，其中 2004 年收获面积达到了 29.36 万公顷的峰值。此后世界棉花市场价格连续走低，同期蔬菜和水果价格的快速上升，导致了该国种植结构的调整。从 2009 年开始，棉花收获面积有所下降，下降到 16.89 万公顷，2018 年收获面积为 18.58 万公顷（见图 3-18），但棉花单产保持了稳定，产量并未出现同比例下降，2018 年的棉花产量为 30.03 万吨。塔吉克斯坦棉花种植地区主要分布在南部地区的瓦赫什和卡菲尔尼甘河两大流域，收获面积最大的年份为 2004 年，棉花产量达 55.70 万吨。

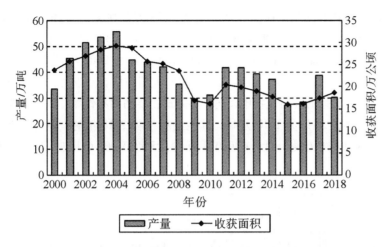

图 3-18　2000—2018 年塔吉克斯坦棉花产量和收获面积变化

（数据来源：联合国粮食及农业组织，http://www.fao.org）

　　塔吉克斯坦受国内棉花收获面积压缩的，国内蔬菜价格持续上涨的影响，2000—2018 年，蔬菜的收获面积处于稳步增加的趋势。2000 年收获面积为 5.51 万公顷，2018 年增长至 11.17 万公顷（见图 3-19）。蔬菜的单产增长较为明显，2000 年蔬菜作物单产为 12.17 吨/公顷，2018 年增长至 27.60 吨/公顷，因此，蔬菜产量也持续增加，2000 年蔬菜产量为 67.03 万吨，2018 年已达 308.29 万吨。2018 年塔吉克斯坦的蔬菜作物按总产量排序分别是马铃薯 96.46 万吨、洋葱 68.09 万吨、西红柿 44.38 万吨、胡萝卜和白萝卜 35.66 万吨、黄瓜 21.16 万吨、卷心菜 11.69 万吨。其他品类的蔬菜产量较少，占比较低。

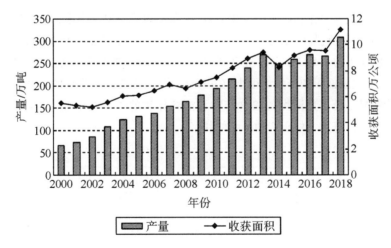

图 3-19　2000—2018 年塔吉克斯坦蔬菜产量与收获面积

（数据来源：联合国粮食及农业组织，http://www.fao.org）

　　塔吉克斯坦油料作物的收获面积呈下降的趋势，从 2000 年的 24.10 万公顷下降到 2018 年的 19.47 万公顷（见图 3-20），其中包括了棉花的收获面积。如果去除棉花的收获面积，其他油料作物的收获面积从 2000 年的 0.24 万公顷增长到 2018 年的 0.89 万公顷。从油料作物的产量来看，2000 年油料作物的产量为 33.60 万吨，2018 年产量为 31.66 万吨。如果去除棉花的产量，其他油料作物产量从 2000 年的 0.06 万吨增长至 2018 年的 1.63 万吨。由此可见，其他油料作物的种植在塔吉克斯坦的整个种植业中只占有极小的份额。其他的油料作物中，向日葵是最主要的油料作物，2018 年向日葵收获面积为 0.44 万公顷，产量为 1.10 万吨。其他油料作物 2018 年的产量分别为：红花籽 0.43 万吨、芝麻 0.066 万吨、油菜籽 0.028 万吨、大豆 0.002 6 万吨，收获面积和产量都较小。

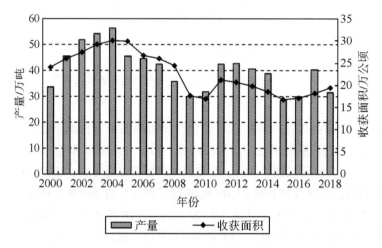

图 3-20　2000—2018 年塔吉克斯坦油料作物产量与收获面积

（数据来源：联合国粮食及农业组织，http://www.fao.org）

　　从塔吉克斯坦各类作物的单产变化来看，粮食作物单产保持稳定，其中玉米和水稻的单产相较 2000 年有所提高，见表 3-16。在油料作物中，主要的油料作物向日葵的单产有所提升，从 2000 年的 0.52 吨/公顷提升到 2018 年的 2.50 吨/公顷，其他油料作物的单产也有所提高，但收获面积和产量都很小；在蔬菜作物中，主要蔬菜作物的单产都提高了，产量增长较为明显。塔吉克斯坦的粮食作物和油料作物的单产在中亚五国中并不占有优势，整体单产较低，基本上处于广种薄收的状态。

表 3-16　2000—2018 年部分年份塔吉克斯坦主要作物品种单产变化

单位:吨/公顷

作物		年份									
		2000	2002	2004	2006	2008	2010	2012	2014	2016	2018
粮食作物	大麦	0.52	1.45	1.46	1.61	0.89	1.68	1.41	1.54	1.83	1.51
	玉米	2.70	3.51	4.68	3.77	9.40	12.05	12.57	13.28	12.36	14.89
	燕麦	0.11	0.99	0.83	1.43	0.61	1.16	1.05	0.73	1.29	1.20
	水稻	3.79	2.85	3.64	3.14	5.26	5.17	6.25	7.20	7.05	7.65
	小麦	1.18	1.79	1.99	2.00	1.99	3.02	2.68	2.97	3.08	3.05
油料作物	向日葵	0.52	0.78	0.98	1.23	1.46	1.84	1.84	2.27	2.41	2.50
	红花籽	0.14	0.71	0.65	0.30	0.20	0.43	0.55	0.81	0.95	1.39
	大豆	0.05	0.02	0.01	0.08	0.25	0.27	0.33	0.31	0.39	0.34
	油菜籽	0.02	0.10	0.08	0.08	0.05	0.07	1.11	0.53	0.63	0.54
蔬菜作物	卷心菜	13.90	20.38	26.25	27.67	32.78	26.30	30.88	37.37	39.13	38.40
	萝卜	13.86	20.44	24.69	25.20	28.43	35.92	38.23	46.50	40.12	41.05
	黄瓜	24.60	25.04	25.49	26.05	26.00	26.00	26.00	28.33	29.67	31.00
	洋葱	11.41	14.39	18.04	16.58	19.31	20.85	22.70	27.02	28.09	30.19
	马铃薯	11.90	15.80	18.30	19.85	23.71	23.93	23.74	24.02	21.60	19.43
	番茄	11.22	17.12	20.46	20.85	23.63	24.54	27.57	29.43	26.65	28.39
棉花		1.41	1.91	1.90	1.70	1.49	1.91	2.10	2.10	1.75	1.62

数据来源:联合国粮食及农业组织数据库,经笔者计算整理。

从棉花的单产来看,2000 年为 1.41 吨/公顷,2018 年已经增长至 1.62 吨/公顷。虽然其间来塔吉克斯坦的棉花收获面积有所下降,但总体产量保持稳定,棉花单产的不断上升抵消了收获面积下降带来的影响。

塔吉克斯坦的耕地面积占比较低,相较于塔吉克斯坦独立初期,种植业已取得了较大的发展。由于种植面积的限制,现代农业生产技术对种植业的增产贡献不大,农作物单产水平仍然不高,塔吉克斯坦的农业竞争力总体上较弱,与世界平均水平还存在较大差距。

2. 畜牧业

塔吉克斯坦拥有良好的天然牧场,为发展畜牧业提供了坚实的保障。畜牧业作为塔吉克斯坦农业生产的第二大部门,以养牛业和养羊业为主。塔吉克斯坦独立之初,由于饲料严重不足,加之国内战乱,大量人口逃离家乡,国内经营的牧场面积大幅度缩小,主要牲畜的存栏量出现了明显下降。牛的存栏量从 1992 年的 139.07 万头下降到 2000 年的 103.67 万头,山羊从 87.08 万只下降到 2000 年的 70.58 万只,绵羊从 248.42 万只下降到 147.22 万只。饲料产量也急剧下降,2006 年收获量仅相当于 1990 年收获量的 15%～

30%,牛、羊饲料基地急剧萎缩①。

2000年之后,牲畜存栏量出现了回升,塔吉克斯坦政府也制定了新版畜牧法和牧场法,推出了改善牲畜品种和饲养技术等措施。牛、山羊、绵羊的存栏量分别于2007年、2004年、2009年恢复到1992年的水平。截至2018年,牛、山羊、绵羊的存栏量增长到232.75万头、195.35万只、366.67万只,见表3-17,是1992年的167.36%、224.33%、147.60%。塔吉克斯坦的畜牧业结构也出现了变化,禽类的饲养量出现了下降,鸡的存栏量1992年为658.60万只,2018年为663.60万只,刚刚恢复到1992年的水平。其他牲畜的存栏量相比于1992年均有较大幅度的增长。

表3-17　2000—2018年部分年份塔吉克斯坦牲畜及家禽养殖情况

种类	年份									
	2000	2002	2004	2006	2008	2010	2012	2014	2016	2018
驴/万头	11.03	13.82	14.65	16.36	17.13	17.96	17.40	16.06	15.35	13.67
牛/万头	103.67	109.07	121.90	137.19	170.25	183.00	201.54	212.82	227.81	232.75
水牛/万头	1.32	1.63	1.44	1.46	1.50	1.50	1.50	1.50	1.54	1.54
山羊/万只	70.58	77.94	91.98	116.02	142.44	158.28	172.43	182.97	196.62	195.35
绵羊/万只	147.22	148.99	167.20	189.36	237.41	261.74	289.43	322.69	349.00	366.67
马/万匹	7.20	7.17	7.26	7.46	7.61	7.58	7.65	7.76	7.97	8.08
猪/万头	0.100	0.060	0.049	0.073	0.067	0.042	0.069	0.049	0.027	0.019
鸡/万只	77.00	132.00	188.80	245.10	328.00	393.80	485.10	524.80	505.10	663.60
蜜蜂/万箱	2.93	2.97	4.29	6.48	11.86	18.06	19.55	20.95	21.90	22.33

数据来源:联合国粮食及农业组织数据库。

1992年之后,塔吉克斯坦的牲畜存栏量出现了大幅度下降,肉类产量出现了明显的下滑。1992年的肉类产量为6.88万吨,1998年下降至最低点2.88万吨。2000年之后,塔吉克斯坦制定鼓励养殖业发展的政策,肉类产量出现了较为明显的增长,2009年肉类产量为7.03万吨,开始超过1992年的水平。截至2018年,肉类产量达10.60万吨(见图3-21),是1992年的154.07%。

从奶类产量来看,1992年的奶类产量为50.95万吨,此后奶类产量出现了快速下降,1996年下降至最低点17.60万吨,此后奶类产量开始逐步回升。随着塔吉克斯坦牲畜存栏量的回升,奶类产量1997—2018年保持着正的增速。2005年,奶类产量为53.30万吨,超过了1992年的水平。2018年,奶类产量为103.77万吨,是1992年的203.67%(见图3-22)。

---

① LERMAN Z.Tajikistan:an overview of land and farm structure reforms[R].Jerusalem:The Hebrew University of Jerusalem,2006:1-17.

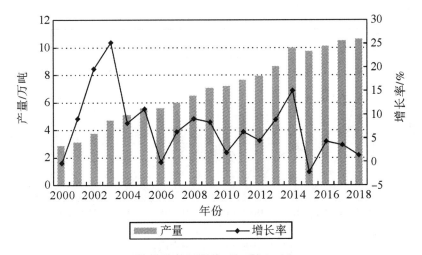

图 3-21 2000—2018 塔吉克斯坦肉类产量及增长率

（数据来源：联合国粮食及农业组织，http://www.fao.org）

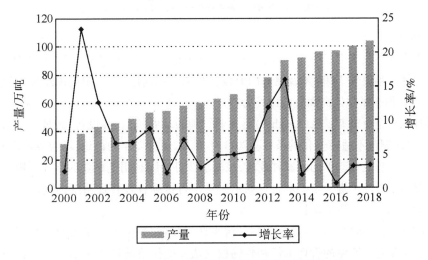

图 3-22 2000—2018 年塔吉克斯坦奶类产量及增长率

（数据来源：联合国粮食及农业组织，http://www.fao.org）

从禽蛋产量来看，塔吉克斯坦 1992 年的禽蛋产量为 1.66 万吨，但此后出现了大幅下滑，1996 年下滑至谷底的 0.03 万吨，此后禽蛋产量缓慢回升。由于禽类良种化进程缓慢，禽类饲养数量下降较多，2008 年禽类饲养数量才开始超过 1992 年的水平。至 2013 年，禽蛋产量为 1.92 万吨。2018 年，禽蛋产量为 2.48 万吨（见图 3-23）。2000—2018 年，禽蛋产量除了 2014 年和 2016 年出现负增长以外，其他年份均保持了正增长。

桑蚕养殖是塔吉克斯坦传统的农业发展项目，其产量和产值在农业生产中仅次于棉花，居于第二位。由于塔吉克斯坦经济困难，管理方式落后，这一行业多年来未能获得充分发展，时至今日，桑蚕的养殖和蚕茧销售依然面临较多的困难。

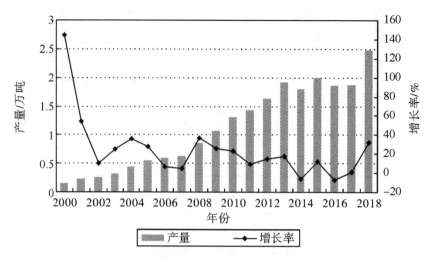

图 3-23　2000—2018 年塔吉克斯坦禽蛋产量及增长率

（数据来源：联合国粮食及农业组织，http://www.fao.org）

3. 林业

塔吉克斯坦位于中亚南部，海拔为 300~7 000 米。三座山脉占据了陆地的 93%，大约全国领土的一半位于 3 000 米及更高的海拔。东帕米尔高原干旱，由高山组成，平均海拔为 4 420 米，西帕米尔以高而陡的山谷为特征。

国有森林企业莱斯霍兹（Leskhoz）是林业管理的政府机构，其设备、人员、专长和预算不足，管理体制也不适应变化的条件。2011 年 6 月，经过多年的讨论，塔吉克斯坦共和国议会接受了一项经过改革的国家林业法，该法承认可持续利用是林业的指导原则，被认为是林业部门改革的关键一步。塔吉克斯坦引进了可持续森林管理系统，并制定了大量的森林管理计划和森林资源保护计划。

目前，塔吉克斯坦的森林资源主要是薪炭林，对薪材的需求量很大，特别是冬天的农村地区。关于森林资源的管理责任和管辖权的法律框架目前还不是很清晰，国有森林企业（莱斯霍兹）的行政和管理能力通常不足以克服这些问题。

4. 渔业

塔吉克斯坦有着历史悠久的渔业传统，由于中亚所特有的气候及水质条件适合多种鱼类的生长，目前有 60 多种鱼类，主要用池塘和湖养鱼。在苏联时期，塔吉克斯坦每年有超过 4 000 吨的产量。由于经济不景气，国家无力对渔业及其配套进行必要的投入，加之大量专业人员的转行，2005 年鱼产量仅为 167 吨，远低于 1990 年的 3 700 吨的水平，见表 3-18。

表 3-18　1990—2005 年部分年份塔吉克斯坦鱼产量　　　　单位：吨

年份	1990	1992	1993	1994	1995	1996	1997	1998	1999	2000	2005
捕鱼量	3 700	1 874	2 462	980	373	152	136	185	54	167	167

数据来源：中国驻塔吉克斯坦大使馆经济商务参赞处《塔吉克斯坦渔业现状和未来规划》（2006 年 6 月 25 日）。

塔吉克斯坦的鱼产品供不应求,据估计每年需要 2 万吨鱼。此外,随着塔吉克斯坦对外经贸合作的加强,外来务工人员增加,提升了对鱼的需求量,鱼的供应缺口将进一步加大。目前市场上尤其缺乏适合中下阶层消费水平的中、低档鱼类,如鲤鱼、虹鳟、鲶鱼等品种。

塔吉克斯坦渔业属于垄断经营行业,由农业部下属的塔渔业总公司制定统一政策,对全国渔业进行统一管理。该公司可根据市场行情对鱼及其产品自行定价销售,属于经济核算企业,在渔业总公司旗下有各种形式的鱼类养殖实体,其中最大的有 6 个养殖场,占地共 1 626 公顷①。

二、农业生产要素投入

(一)农业劳动力投入

塔吉克斯坦独立初期,国内企业的大量破产,导致大量人口向农村转移,农村人口占比有所提高。1992 年农村人口为 372.16 万人,占总人口的比例为 68.91%,2000 年,农村人口为 456.89 万人,占比为 73.50%,2000—2018 年,塔吉克斯坦的农村人口占比稳定在73% 左右的水平。随着塔吉克斯坦工业化进程的加快,越来越多的劳动力投入到非农业领域,使得农业劳动力占就业人数比例下降,从 2000 年的 57.94% 下降到 2018 年的51.06%(见图 3-24)。但塔吉克斯坦的总人口增加较快,从 2000 年的 621.63 万人增长到2018 年的 910.08 万人,使得农村人口也从 2000 年的 456.89 万人增长到 2018 年的 663.14万人(见图 3-24)。

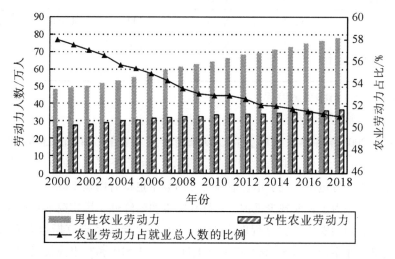

图 3-24 2000—2018 年塔吉克斯坦农业劳动力的比重与结构

(数据来源:世界银行,http://www.worldbank.org.cn)

随着农村人口的增加,农业劳动力数量也在增加。2000 年塔吉克斯坦农业劳动力总

---

① 资料来源:中国驻塔吉克斯坦大使馆经济商务参赞处《塔吉克渔业现状和未来规划》(2006 年 6 月 25日)。

数为 74.79 万人，2018 年增长到 114.17 万人。其中男性农业劳动力的数量从 2000 年的 48.03 万人增长到 2018 年的 77.70 万人，女性农业劳动力的人数从 26.77 万人增长到 36.47 万人。

据世界银行统计，2015 年塔吉克斯坦是世界跨境劳工输出占比第一位的国家。据塔吉克斯坦官方统计，仅 2010 年就有 100 多万人去俄罗斯打工，其中农村劳动力占到了 70%。塔吉克斯坦外出的大量劳动力都是受过一定教育的年轻农业劳动者，使得在国内从事农业生产的劳动力的平均素质下降，以及田间管理粗放，农业科技推广也面临一定的困难，给农业发展带来不利影响。

（二）农业装备投入

塔吉克斯坦的农用机械装备的数量长期趋于下降。由于缺乏资金和技术，农业机械的更新和维修出现了停滞和倒退。2000—2008 年，多数农用机械的使用数量下降，见表 3-19。

表 3-19　2000—2008 年部分年份塔吉克斯坦农业机械使用情况

农机	年份				
	2000	2001	2002	2006	2008
拖拉机/辆	24 319	22 893	20 035	18 839	15 951
履带式拖拉机/辆	N. A.	N. A.	4 275	3 665	3 206
打包机/台	N. A.	N. A.	724	444	320
联合收割机/台	1 196	1 180	1 137	907	757
机引犁/台	N. A.	N. A.	5 343	4 350	3 923
播种机/台	N. A.	N. A.	4 110	3 593	3 204
挤奶机/台	500	500	500	N. A.	N. A.

数据来源：联合国粮食及农业组织数据库。

注：N. A. 表示数据暂不可得。

从 2000—2008 年各类农机的数量变动来看，最主要的农用机械拖拉机的数量从 24 319 辆下降到 15 951 辆，联合收割机的数量从 1 196 台下降到 757 台，其他农用机械如履带式拖拉机、打包机、机引犁、播种机等的数量也都有明显下降。不仅如此，塔吉克斯坦的农业机械由于长期缺少维护，完好程度也明显降低，塔吉克斯坦国家统计委员会的数据显示，国内农机的完好程度为 45%～75%。这导致塔吉克斯坦农机设备短缺，长期影响着其农业生产，截至 2005 年 1 月 1 日，在 21 510 辆农用拖拉机中，仅 11 899 台（占 56%）修好可用。在其他如载重卡车、农用拖车、机引犁等农机设备中，50% 左右的设备无法使用①，致使很多地区的小麦、棉花、马铃薯等作物的种植还是主要靠人工。塔吉克斯坦国内农业机械化水平较低，很大程度上影响了农业的发展。

---

① 资料来源：中国驻塔吉克斯坦大使馆经济商务参赞处《2004 年塔吉克斯坦社会经济形势概述》（2005 年 1 月 31 日）。

三、主要农业产业布局

塔吉克斯坦的主要农业区被划分为四个，分别是：炎热、干燥且较肥沃的南部山谷农业区，是塔吉克斯坦的种植业及加工中心；炎热、干燥但较贫瘠的北部山谷农业区，是塔吉克斯坦的农业产供销产业链中心；湿润清凉的山麓农牧区和干燥贫瘠的西部高山畜牧区。高山畜牧区之外的三个农业区，在塔吉克斯坦作物和牲畜生产中均占有重要地位。塔吉克斯坦北部和南部的灌溉河谷拥有非常适宜棉花、谷物和园艺作物生产的气候、土壤类型等自然条件和良好的灌溉系统，集中了全国大约 80% 的农作物和牲畜生产。

（一）南部山谷农业区

此农业区是塔吉克斯坦的种植业和加工中心，区内主要种植棉花、水稻、狩猎、小麦、蔬菜、玉米以及亚热带果树。此农业区覆盖了哈特隆州的大部分地区，包括东部和南部的大型棉花农场，约有 32 万公顷的可灌溉用地。南部地区也建成了农产品加工中心，主要建设地点位于以库尔千秋别、图尔松扎德、努列克和库洛布为节点的瓦赫什平原。

（二）北部山谷农业区

此农业区大部分在索格特州，种植的作物有棉花、小麦、水稻、蔬菜、玉米和高粱等，区内还种植大量出口到中亚其他国家和俄罗斯的水果。锡尔河流域还建成了塔吉克斯坦的农业产供销加工产业链中心，建设地点主要在以苦盏、乌拉秋别为节点的锡尔河流域。

（三）山麓农牧区

此农业区覆盖了哈特隆州和索格特州的山麓地带、中央直属区和一部分戈尔诺—巴达赫尚州，主要种植谷物、土豆、水果、蔬菜和葫芦。同时，区内畜牧生产也非常重要[①]。

（四）高山畜牧区

此农业区的农业产出非常低。区域内短暂的种植季节和少量的耕地资源限制了作物种植，畜牧生产为区内主导产业。在西帕米尔山脉有一些河谷较适合耕作，种植的作物主要有小麦、大麦、燕麦、土豆和苜蓿。高山畜牧区建成了塔吉克斯坦的畜牧业及加工中心，建设地点在以霍罗格为节点的潘赤河流域的帕米尔高原地带。

四、农产品贸易情况

塔吉克斯坦独立以后，对外贸易逐步开放，对外贸易的数量提高，范围得到了扩展。2000—2018 年，塔吉克斯坦的进出口贸易额从 14.60 亿美元增长至 43.10 亿美元，增长了 195.21%。进口额从 6.75 亿美元增长至 31.50 亿美元，增长了 368.30%。出口额从 7.85 亿美元增长至 11.60 亿美元，增长了 47.77%。出口额的增幅远小于进口额的增幅，表明塔吉克斯坦的商品出口竞争力不强。在塔吉克斯坦出口产品中，出口额居于第一位的是铝，2018 年出口额达 2.22 亿美元，占出口总额的 19.14%，其余出口商品依次

---

① 赵敏娟. 中亚五国农业发展：资源、区划与合作 [M]. 北京：中国农业出版社，2018.

是棉花 1.82 亿美元、黄金 1.37 亿美元。

在塔吉克斯坦的进口产品种，进口额居于第一位的是石油，2018 年进口 2.16 亿美元，占进口总额的 6.86%，其余依次是小麦 1.16 亿美元，石油制品 1.01 亿美元。

从进出口贸易差额来看，塔吉克斯坦的进出口大多数年份处于逆差的状态，2000 年贸易差额为 1.10 亿美元，自 2001 年开始转入逆差 0.38 亿美元，此后逆差额不断扩大，至 2014 年扩大到峰值水平-33.20 亿美元，2018 年逐步收窄至-19.90 亿美元。从中期来看，塔吉克斯坦铝出口的潜在收益被进口货物的强劲增长抵消，因为开发和建设能源生产和分销网络所需的商品进口推高了经常账户赤字[①]。

从塔吉克斯坦的农产品贸易来看，农产品贸易占商品进出口贸易的比重在 13.42%~23.66% 中波动。农产品并不是塔吉克斯坦的主要贸易商品。2014—2018 年，农产品贸易比重保持在 19% 左右的水平。2000—2018 年，农产品出口额从 1.58 亿美元增长至 3.00 亿美元，增长了 89.87%。同期，农产品进口额从 0.60 亿美元增长至 5.17 亿美元，增长了 761.56%，农产品贸易总值从 2.18 亿美元增长至 8.17 亿美元，增长了 275.23%。

从塔吉克斯坦农产品贸易差额来看，农产品贸易差额从 2000 年的 0.98 亿美元转为 2005 年的逆差 0.21 亿美元，此后逆差额不断扩大，增长至 2018 年的-2.17 亿美元（见图 3-25）。塔吉克斯坦农产品贸易出现逆差的主要原因是塔吉克斯坦国内农产品生产水平较低、人口增长较快以及社会发展等，对农产品的数量和种类的需求增长速度快于国内供给的增长速度，从而导致从国际市场进口来满足国内需求。

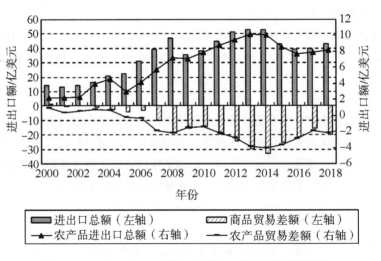

图 3-25 2000—2018 年塔吉克斯坦农产品对外贸易情况

（数据来源：世界贸易组织，http://www.wto.org）

从农产品的出口来看，塔吉克斯坦的在 2014 年的农产品出口额下降幅度较大，从 2003 年的 2.63 亿美元下降到 2004 年的 1.40 亿美元，这是因为受到了土耳其、哈萨克斯坦、俄罗斯等主要贸易伙伴国经济不景气的影响。2006 年开始，塔吉克斯坦的农产品出

---

① IHS MARKIT. Country reports：Tajikistan［R］. London：IHS Markit，2017：1-33.

口额也开始回升。2010—2018 年农产品出口额维持在 3 亿美元左右。2018 年的农产品出口额为 3 亿美元，占塔吉克斯坦当年商品出口总值的 25.86%，其中主要出口的农产品包括：棉花 1.82 亿美元、鱼 0.34 亿美元、水果和坚果 0.33 亿美元、蔬菜 0.13 亿美元，四类商品合计占农产品出口的 88.33%。塔吉克斯坦的棉花具有相对较强的竞争力，棉花出口占农产品出口的 60.67%，见表 3-20。

表 3-20　2013—2018 年塔吉克斯坦主要出口农产品构成　单位：万美元

商品类别	年份					
	2013	2014	2015	2016	2017	2018
棉花	22 874.76	19 155.23	16 336.73	15 943.39	17 742.97	18 218.09
鱼	599.64	975.45	0.14	1 419.77	3 425.50	3 398.64
水果和坚果	2 877.96	3 679.91	3 646.88	2 591.20	3 928.89	3 332.97
果汁和蔬菜汁	288.27	612.17	625.50	690.08	755.45	628.62
水稻	196.46	458.33	49.47	291.96	539.01	562.47
丝绸	787.59	424.94	599.99	519.21	544.15	377.44
油籽	215.96	529.45	260.25	337.89	221.07	353.53
蔬菜（非根茎类）	1 423.93	1 560.14	1 641.96	975.42	1 118.69	1 264.41
蔬菜（根茎类）	131.08	217.37	216.29	164.34	224.70	339.45
烟草（未加工）	199.07	184.39	216.89	105.74	187.76	260.78
烟草（加工）	1.04	1.77	7.28	2.19	146.38	176.07
兽皮	1 541.60	911.17	760.80	422.91	647.23	255.35
动物饲料	1.07	1.91	3.70	2.18	1.23	202.68
农产品出口总值	31 500	30 100	24 700	24 100	30 000	30 000
商品出口总值	116 200	97 700	89 100	89 900	119 800	116 000

数据来源：农产品出口总值数据来源于世界贸易组织，其他数据来源于联合国贸易和发展会议数据库。

　　塔吉克斯坦农产出口目的国主要是土耳其、哈萨克斯坦、俄罗斯、巴勒斯坦和中国。其中，土耳其是塔吉克斯坦棉花和生皮及皮革的第一大出口目的国，哈萨克斯坦是水果和坚果、蔬菜的第一大出口目的国。向哈萨克斯坦、吉尔吉斯斯坦、俄罗斯等国的蔬菜出口占比达 99% 以上。在中亚四国中，哈萨克斯坦一直是塔吉克斯坦农产品的第一大出口目的国。近些年，塔吉克斯坦对农产品出口的目的国进行了调整，减少了向哈萨克斯坦出口食用水果以及坚果，增加了向吉尔吉斯斯坦出口水果和坚果、乳制品、禽蛋及天然蜂蜜。

塔吉克斯坦在农产品进口方面，波动较大，但总体呈现出不断增加的趋势。2000年农产品进口额为0.60亿美元，2014年增加至峰值7.03亿美元，是2000年的11.72倍。2018年塔吉克斯坦的农产品的进口额为5.17亿美元，占商品进口的比重为16.41%，这说明农产品不构成塔吉克斯坦的主要进口商品。塔吉克斯坦2018年进口的农产品主要包括小麦（约1.12亿美元）、糖和蜂蜜（约0.57亿美元）、木材（约0.47亿美元）、面粉（约0.41亿美元），四项产品合计占农产品进口总额的49.71%，见表3-21。

塔吉克斯坦农产品的主要进口国是哈萨克斯坦、俄罗斯和中国。塔吉克斯坦主要从哈萨克斯坦、俄罗斯、巴基斯坦、印度和土耳其五个国家进口谷物；从俄罗斯、哈萨克斯坦、土耳其、马来西亚和罗马尼亚五个国家进口动植物油脂；从中国、俄罗斯等国进口橡胶原料。在中亚四国中，哈萨克斯坦是塔吉克斯坦农产品第一大进口国。自2007年以来，塔吉克斯坦从哈萨克斯坦和吉尔吉斯斯坦进口农产品的总额呈现出稳定增长的趋势。

表3-21　2013—2018年塔吉克斯坦主要进口农产品构成　单位：万美元

商品类别	年份					
	2013	2014	2015	2016	2017	2018
小麦	11 768.59	12 007.59	11 836.40	11 246.13	11 072.20	11 229.65
糖和蜂蜜	8 660.65	7 805.23	6 404.67	7 868.29	7 076.16	5 676.50
工业木材和枕木	8 387.98	8 032.05	6 166.35	4 933.87	4 799.85	4 665.55
面粉	8 682.80	7 154.81	5 894.97	4 529.24	3 654.29	4 062.50
巧克力	5 581.00	6 052.76	5 643.32	4 772.02	3 360.01	3 748.60
烟草（加工）	1 288.16	1 399.69	1 246.71	1 212.06	1 957.10	2 749.21
茶叶	1 795.46	1 789.36	1 846.74	1 497.17	1 671.45	1 471.42
糖果	2 153.55	2 160.31	1 836.94	1 242.95	1 151.16	1 338.29
人造黄油	1 096.65	917.63	790.05	838.57	1 055.35	1 166.37
非酒精饮料	1 333.90	1 364.80	1 107.56	794.64	745.24	836.07
水果和坚果	767.73	1 051.15	1 648.51	656.30	249.53	809.18
蔬菜	527.12	865.31	1 775.19	621.57	449.94	624.03
牛奶和乳制品	853.93	1 329.07	735.37	812.87	559.17	613.93
农产品进口总值	69 500	70 300	61 200	52 700	49 400	51 700
商品进口总值	415 100	429 700	343 600	303 100	277 500	315 000
农产品进出口差额	-38 000	-40 200	-36 500	-28 600	-19 400	-21 700

数据来源：农产品出口总值数据来源于世界贸易组织，其他数据来源于联合国贸易和发展会议数据库。

第四节 乌兹别克斯坦农业发展现状

乌兹别克斯坦位于中亚腹地，是"双内陆国"，总面积为447 400平方千米。它西临哈萨克斯坦，东北与咸海接壤，北部与哈萨克斯坦接壤，东部与吉尔吉斯斯坦和塔吉克斯坦接壤，南部与阿富汗和土库曼斯坦接壤。乌兹别克斯坦从行政区划上分为12个省（维利亚特），包括安集延省、布哈拉省、费尔干纳省、吉扎赫省、卡什卡达里亚省、霍雷兹姆省、纳曼甘省、纳沃伊省、撒马尔罕省、苏尔达约省、苏尔坎达里亚省和塔什干省（包括首都塔什干市），此外还有一个自治共和国——卡拉卡尔帕克斯坦，位于咸海附近的最西边。

农业在乌兹别克斯坦的国民经济中具有十分重要的地位。2000年农业增加值占GDP的比重为34.36%，2018年为32.41%，农业总产值占GDP的比例多年稳定在30%左右。乌兹别克斯坦的种植作物主要有小麦、棉花、水稻和玉米。棉花是乌兹别克斯坦的支柱产业，乌兹别克斯坦是世界第五大棉花生产国、第二大棉花出口国。乌兹别克斯坦还是中亚地区重要的水果和蔬菜基地，以及世界第三大丝绸生产国。

一、农业发展水平与结构

（一）农业产值规模及构成

乌兹别克斯坦是一个传统的农业国家，农业在国民经济中占有重要地位。乌兹别克斯坦自独立之后，农业生产同样经历了衰退，但与其他中亚国家不同的是，乌兹别克斯坦的经济改革走的是渐进式转轨的道路，在改革初期，对国民经济的负面冲击小于其他中亚国家。农业从1992年开始出现了小幅衰退，但其后一段时间衰退始终处于个位数的幅度。从1997年开始，农业恢复了正增长，1999年农业总产值为49.57亿美元，已超过了1992年的水平，此后农业的发展有所反复，但维持了正增长。2000年，乌兹别克斯坦的农业总产值为41.36亿美元，占GDP的比例为30.06%。2018年，农业总产值增长至145.38亿美元，占GDP的比例为32.41%。乌兹别克斯坦的粮食生产可以自给自足，棉花产值约占农业产值的35%。全国80%的农田用于生产棉花和谷物，谷物中小麦的比重超过了90%。

乌兹别克斯坦的农业以种植业和畜牧业为主，2019年两个产业产出占农业总产出的比重在分别为48.26%和47.90%。林业和渔业不发达，产出占比仅为3.84%，见表3-22。

表3-22　2010—2019年乌兹别克斯坦农业生产的部门结构

年份	农业总产值 /亿苏姆	种植业		畜牧业		林业和渔业
		产值 /亿苏姆	占比/%	产值 /亿苏姆	占比/%	占比/%
2010	327 465	181 190	55.33	127 377.0	38.90	5.77

表3-22（续）

年份	农业总产值/亿苏姆	种植业		畜牧业		林业和渔业
		产值/亿苏姆	占比/%	产值/亿苏姆	占比/%	占比/%
2011	480 683	258 746	53.83	194 113.0	40.38	5.79
2012	585 493	305 923	52.25	251 577.0	42.97	4.78
2013	693 913	362 374	52.22	301 979.0	43.52	4.26
2014	851 017	431 943	50.76	386 000.0	45.36	3.89
2015	1 033 020	554 292	53.66	441 754.0	42.76	3.58
2016	1 197 267	617 551	51.58	538 441.0	44.97	3.45
2017	1 543 694	833 034	53.96	648 959.0	42.04	4.00
2018	1 950 956	984 064	50.44	890 192.0	45.63	3.93
2019	2 242 888	1 082 401	48.26	1 074 325.0	47.90	3.84

数据来源：乌兹别克斯坦国家统计委员会，http://www.stat.uz。

（二）主要农产品产量

1. 种植业

棉花是乌兹别克斯坦的支柱产业，除此以外，种植作物主要还有小麦、玉米、稻米等粮食作物和水果、蔬菜等经济作物。棉花、水果和蔬菜是乌兹别克斯坦的重要创汇产品。在种植业中，2018年棉花的收获面积为110.82万公顷，占作物总面积441.8万公顷的25.08%。粮食作物收获面积为288.93万公顷，蔬菜收获面积为27.77万公顷，油料作物（不包括棉籽）收获面积为4.60万公顷。

为了满足国内不断增长的粮食需求，保证国内的粮食安全，乌兹别克斯坦政府出台了减少棉花种植、支持粮食作物种植的政策。因此，乌兹别克斯坦的棉花收获面积逐渐减少，而粮食收获面积逐渐增加。1992年粮食作物收获面积为120.10万公顷，2000年收获面积增加至152.45万公顷，2018年的粮食作物收获面积为288.93万公顷，是1992年的240.57%。在粮食作物中，小麦是最主要的粮食作物。2018年小麦的收获面积为131.14万公顷，占粮食作物面积的45.39%。

随着乌兹别克斯坦政府对粮食作物种植的支持政策的陆续出台，粮食作物的产量出现大幅增长。1992年粮食作物产量为240.79万吨，2000年增长至410.79万吨，2018年已达1 171.87万吨，是1992年的486.68%。从粮食作物的单产来看，1992年的粮食作物单产为2.00吨/公顷，2018年大幅增长至4.06吨/公顷。粮食作物单产的提高得益于乌兹别克斯坦对粮食作物种植实施激励措施和提高农业科技投入。乌兹别克斯坦的粮食生产尚不能满足国内需求，因此乌兹别克斯坦在农业科技发展的国际合作方面，还有很大的发展空间。

乌兹别克斯坦的粮食作物以小麦、水稻和玉米为主。2018年这三类粮食作物的收获面积分别为小麦131.14万公顷、水稻4.21万公顷、玉米3.98万公顷，产量分别为小麦

541.08 万吨、水稻 22.11 万吨、玉米 41.32 万吨，三种粮食作物产量占 2018 年粮食作物总产量的 51.59%（见图 3-26）。其他的粮食作物的收获面积包括大麦 9.02 万公顷、高粱 0.080 万公顷、小米 0.093 万公顷、黑麦 0.092 万公顷，产量分别为大麦 11.18 万吨、高粱 0.70 万吨、小米 0.63 万吨、黑麦 0.71 万吨。

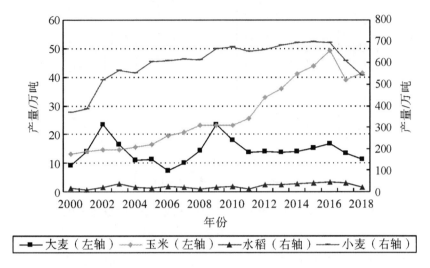

图 3-26　2000—2018 年乌兹别克斯坦粮食产量变化

（数据来源：联合国粮食及农业组织，http://www.fao.org）

棉花是乌兹别克斯坦种植业最具竞争力的作物，该国盛产棉花，具有传统的优势，也是乌兹别克斯坦第一大出口农产品。乌兹别克斯坦是世界第六大皮棉生产国和第三大皮棉出口国，素有"白金之国"的美称，其棉花种植已有 2000 年的历史。乌兹别克斯坦的气候环境比较适宜棉花种植，为棉花提供了充足的日照以及适宜的水土条件，使得棉花品质优良。

乌兹别克斯坦独立之后，由于需要扩大粮食作物的种植面积，逐步减少了棉花的种植面积。2008 年 10 月 21 日，为应对灌溉用水持续短缺和世界粮食价格上涨的问题，政府通过了《关于优化粮食播种面积，增加粮食作物生产的措施》的法令，目标是增加粮食作物的产量和品种，以满足国内需求。根据此项法令，乌兹别克斯坦棉田面积逐渐减少，释放的土地将被用来生产粮食和蔬菜[1]。目前乌兹别克斯坦的棉花行业仍然很重要，然而中亚各国的用水纷争是一个严重的问题，可能无法满足继续扩大棉花生产的用水需求[2]，同时棉花产业也需要大量的资本投入。

1992 年棉花收获面积为 166.67 万公顷，2000 年减少到 144.45 万公顷，2018 年的棉花收获面积下降到 110.82 万公顷（见图 3-27）。棉花单产多年来基本保持稳定，1992 年的单产为 2.48 吨/公顷，2018 年为 2.07 吨/公顷，由于收获面积的减少，棉花产量也出现了下降，1992 年棉花产量为 412.87 万吨，2018 年下降到 229.30 万吨。乌兹别克斯

---

① 中国驻乌兹别克斯坦大使馆经济商务参赞处.乌棉花生产、消费及出口［EB/OL］.(2011-04-13).http://uz.mofcom.gov.cn/article/ztdy/200812/20081205956729.shtml.

② IHS MARKIT. Country reports：Uzbekistan［R］. London：IHS Markrt，2018：1-64.

坦的多数纺织企业是合资企业，政府是主要股东，乌兹别克斯坦纺织部已改组为国有股份公司 Uzbekengilsanoat[①]。

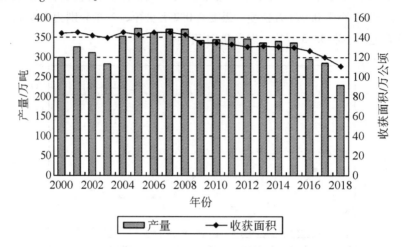

图 3-27　2000—2018 年乌兹别克斯坦棉花产量和收获面积变化

（数据来源：联合国粮食及农业组织，http://www.fao.org）

乌兹别克斯坦在压缩棉花种植面积增加粮食种植面积的同时，蔬菜的收获面积并未明显扩大，1992—2000 年呈现出波动下降的趋势，从 22.14 万公顷下降到 19.10 万公顷。此后，随着国内需求的增加，乌兹别克斯坦政府也开始采取措施激励农业的多样化生产，蔬菜的收获面积有所扩大，2018 年增长至 27.77 万公顷，蔬菜产量也出现较大幅度的增长，1992 年蔬菜产量 385.35 万吨，2000 年为 337.18 万吨，2018 年增长到 1 176.53 万吨（见图 3-28），是 1992 年的 3.05 倍。

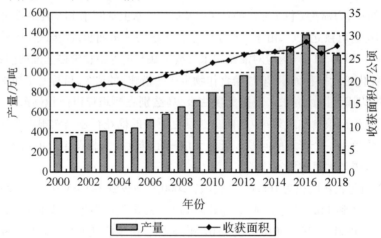

图 3-28　2000—2018 年乌兹别克斯坦蔬菜产量与收获面积

（数据来源：联合国粮食及农业组织，http://www.fao.org）

①　MACDONALD S. Economic policy and cotton in Uzbekistan [R]. Uashington D. C.：United States Department of Agriculture，2012（12）：1-26.

乌兹别克斯坦的蔬菜作物按 2018 年总产量排序分别是马铃薯 291.10 万吨、番茄 228.42 万吨、萝卜 218.51 万吨、洋葱 146.45 万吨、卷心菜 74.34 万吨、黄瓜 85.71 万吨、辣椒 7.84 万吨、茄子 1.09 万吨、莴苣 0.52 万吨、韭葱 0.037 万吨。各种蔬菜收获面积分别为：马铃薯 8.64 万公顷、番茄 6.04 万公顷、萝卜 3.31 万公顷、洋葱 3.67 万公顷、卷心菜 1.40 万公顷、黄瓜 2.31 万公顷、辣椒 0.059 万公顷、茄子 0.049 万公顷、莴苣 0.031 万公顷、韭葱 0.027 万公顷。其他品类的蔬菜产量较少,占比较小。

乌兹别克斯坦油料作物的收获面积呈现出下降的趋势,从 2000 年的 158.50 万公顷下降到 2018 年的 113.64 万公顷(见图 3-29)。这里的收获面积包括了棉花的收获面积。如果去除棉花的收获面积,其他油料作物的收获面积从 2000 年的 4.05 万公顷下降到 2018 年的 2.81 万公顷。

从油料作物的产量来看,2000 年油料作物的产量为 301.66 万吨,2018 年产量为 233.91 万吨(见图 3-29)。如果去除棉花的产量,其他油料作物产量从 2000 年的 1.48 万吨增长至 2018 年的 4.60 万吨。其他的油料作物按 2018 年产量排序为:向日葵 2.67 万吨、芝麻 0.96 万吨、红花籽 0.42 万吨、油菜籽 0.13 万吨、亚麻籽 0.10 万吨。各油料作物收获面积分别为:向日葵 0.76 万公顷、芝麻 0.59 万公顷、红花籽 0.80 万公顷、油菜籽 0.20 万公顷、亚麻籽 0.30 万公顷。除此之外,其他油料作物的收获面积都较小。

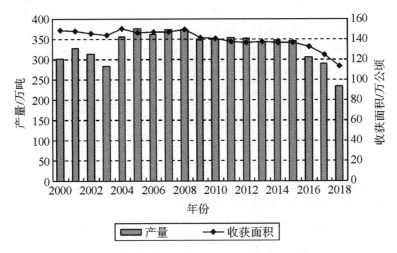

图 3-29　2000—2018 年乌兹别克斯坦油料作物的产量与收获面积

(数据来源:联合国粮食及农业组织,http://www.fao.org)

表 3-23 显示,2000—2018 年,在乌兹别克斯坦各类作物中,粮食作物、油料作物和蔬菜作物的单产大多数都有了明显的提高,但棉花的单产仅小幅提高。粮食作物中,最主要的粮食作物小麦的单产从 2000 年的 2.72 万吨提高到了 2018 年的 4.13 万吨,对粮食增产起到了重要作用。其他粮食作物的单产也有明显提高。油料作物中,油菜籽的单产有所下降,亚麻籽的单产保持稳定,向日葵和红花籽的单产明显提高。蔬菜作物中,韭葱的单产保持稳定,其他蔬菜作物的单产均明显提高,尤其是卷心菜、萝卜、黄瓜、马铃薯、番茄等的单产提高幅度较大。

表 3-23　2000—2018 年部分年份乌兹别克斯坦主要作物品种单产变化

单位:吨/公顷

作物		年份									
		2000	2002	2004	2006	2008	2010	2012	2014	2016	2018
粮食作物	大麦	1.51	1.82	1.42	1.31	1.44	1.91	1.66	1.51	1.62	1.24
	玉米	2.65	4.19	4.49	5.92	7.15	8.18	8.04	11.56	12.36	10.38
	小米	2.89	1.00	1.00	2.50	3.50	4.05	7.39	6.89	7.10	6.76
	水稻	3.52	5.29	2.85	3.69	3.36	3.61	4.27	7.30	6.30	5.25
	小麦	2.72	4.04	3.75	4.21	4.48	4.60	4.71	4.78	4.80	4.13
	黑麦	2.00	3.31	2.78	3.53	5.50	5.95	8.57	8.11	8.36	7.73
	高粱	2.73	1.00	2.50	3.26	4.29	4.86	10.00	10.00	8.75	8.75
油料作物	向日葵	0.71	0.73	0.84	1.36	1.80	1.58	2.69	2.41	4.66	3.51
	红花籽	0.05	0.27	0.56	0.56	0.20	0.51	0.45	0.62	0.82	0.52
	亚麻籽	0.33	0.33	0.33	0.33	0.33	0.33	0.33	0.33	0.33	0.33
	油菜籽	1.25	1.06	1.02	1.06	0.98	0.91	0.80	0.75	0.73	0.66
蔬菜作物	卷心菜	23.17	29.56	34.19	36.09	42.56	49.60	59.08	74.35	74.05	52.99
	萝卜	25.49	31.91	36.12	38.49	43.87	53.28	55.51	59.32	64.54	65.96
	黄瓜	16.02	17.98	18.11	23.05	22.85	25.92	36.29	38.22	43.64	37.14
	洋葱	17.39	18.96	20.47	22.71	25.85	27.51	32.06	35.61	40.60	39.91
	马铃薯	14.01	15.89	17.18	19.41	23.35	23.97	27.03	30.54	32.99	33.69
	番茄	20.26	21.74	22.09	26.19	29.02	32.36	35.24	36.23	43.59	37.85
	茄子	18.00	20.00	12.50	12.00	12.33	24.00	25.51	36.67	21.50	22.20
	韭葱	10.00	10.00	6.47	6.45	8.50	15.00	15.00	8.00	15.87	13.90
	莴苣	9.00	9.00	7.33	9.09	11.00	20.00	16.33	14.67	14.12	16.86
棉花		2.08	2.20	2.43	2.49	2.61	2.56	2.64	2.61	2.34	2.07

数据来源:联合国粮食及农业组织数据库,经笔者计算整理。

种植业的单产提高明显,与乌兹别克斯坦政府提高农业科技投入紧密相关,乌兹别克斯坦政府激励引进农业先进技术与设备。但从目前来看,距离美国、澳大利亚、中国等农业大国的单产水平仍有差距。

2. 畜牧业

乌兹别克斯坦的畜牧业有着悠久的历史,畜牧业以养殖羊和牛为主,尤其是负有盛名的卡拉库尔羊。高质量的卡拉库尔羊羔皮年产 70 万张左右,居于世界第二位。乌兹别克斯坦独立之后,主要牲畜的存栏量呈现出先下降后恢复的态势。由于独立时乌兹别克斯坦推进"渐进式"改革和发展模式,相比于其他中亚国家,国内牲畜存栏量下降幅度较小。2006 年以后,乌兹别克斯坦政府采取了一系列激励牲畜生产的措施,对牲畜存栏量的增长起到了较大的推动作用。绵羊的存栏量从 1992 年的 912.2 万只下降到 2000 年的 776.05 万只,随后又恢复增长到 2018 年的 1 777.50 万只。牛的存栏量从 1992 年的 511.26 万头增长到 2018 年的 1 281.40 万头。乌兹别克斯坦的养殖业结构也出现了些许变化,猪的饲养量有所下降,从 2000 年的 8.30 万头下降到 2018 年的 5.89 万头,其他大多数牲畜 2018 年存栏量均较 2000 年有所增长,见表 3-24。

表 3-24 2000—2018 年部分年份乌兹别克斯坦牲畜及家禽养殖情况

种类	年份									
	2000	2002	2004	2006	2008	2010	2012	2014	2016	2018
驴/万头	22.48	23.93	26.24	28.87	30.35	31.83	34.21	31.45	31.39	22.30
牛/万头	528.18	541.61	587.88	657.15	745.79	851.08	964.27	1 060.73	1 218.10	1 281.40
骆驼/万头	1.62	1.51	1.58	1.66	1.73	1.76	1.85	1.84	1.74	1.94
山羊/万只	110.31	119.11	142.12	179.72	207.91	235.07	278.31	316.13	374.10	380.60
绵羊/万只	776.05	783.15	850.74	955.47	1 055.65	1 208.19	1 340.59	1 455.63	1 595.70	1 777.50
马/万匹	14.84	14.47	14.75	15.81	16.83	18.06	19.52	20.76	22.14	24.25
猪/万头	8.30	8.16	8.99	8.69	9.62	9.65	9.68	9.27	8.55	5.89
兔子/万只	6.10	8.60	9.30	9.20	11.40	13.50	15.70	19.50	23.30	50.70
鸡/万只	1 410	1 440	1 720	2 010	2 565	3 260	4 220	5 170	6 070	5 329
火鸡/万只	42.10	42.90	47.60	44.00	46.90	45.30	61.80	66.30	64.90	66.60
蜜蜂/万箱	14.50	13.49	10.70	11.81	14.00	18.00	23.86	33.50	42.89	57.42

数据来源:联合国粮食及农业组织数据库。

1992—2018 年,乌兹别克斯坦的肉类产量随着牲畜存栏量的下滑也出现了先下降后恢复的态势。1992 年的肉类产量为 47.11 万吨,1996 年下降至低点 46.39 万吨。2000 年后,乌兹别克斯坦肉类产量出现了较为明显的增长,从 2000 年的 50.44 万吨增长至 2018 年的 120.58 万吨(见图 3-30),是 1992 年的 2.56 倍。

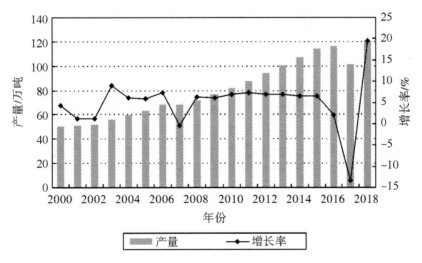

图 3-30 2000—2018 年乌兹别克斯坦肉类产量及增长率

(数据来源:联合国粮食及农业组织,http://www.fao.org)

从奶类产量来看,1992 年的奶类产量为 365.56 万吨,此后奶类产量出现了快速下降,

1996 年下降至最低点 333.27 万吨,此后奶类产量开始逐步回升。随着乌兹别克斯坦牲畜存栏量的回升,奶类产量在 1997—2018 年保持着正的增速。至 2003 年,奶类产量为 408.99 万吨,开始超过 1992 年的水平,2018 年奶类产量为 1 053.50 万吨(见图 3-31),是 1992 年的 2.88 倍。

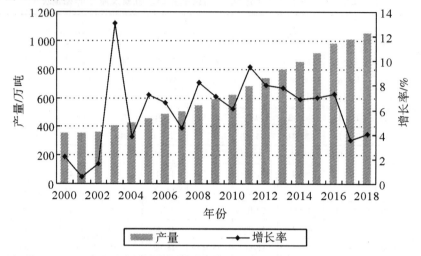

图 3-31 2000—2018 年乌兹别克斯坦奶类产量及增长率
(数据来源:联合国粮食及农业组织,http://www.fao.org)

从禽蛋产量来看,乌兹别克斯坦 1992 年的禽蛋产量为 10.42 万吨,但此后出现了大幅下滑,1996 年下滑至谷底的 5.84 万吨,此后禽蛋产量缓慢回升。2018 年,禽蛋产量为 41.80 万吨(见图 3-32),是 1992 年的 4.01 倍。

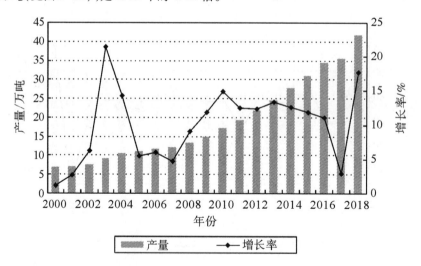

图 3-32 2000—2018 年乌兹别克斯坦禽蛋产量及增长率
(数据来源:联合国粮食及农业组织,http://www.fao.org)

乌兹别克斯坦是一个桑蚕养殖大国,人均桑蚕养殖量世界第一,其蚕茧产量居世界第三(中国第一,印度第二),占独联体国家蚕茧产量的80%。在乌兹别克斯坦,全国有14个地区的7个州在经营桑蚕业,有3个桑蚕和丝绸研究机构。乌兹别克斯坦独立前,蚕茧年产量曾达到过3.5万吨。乌兹别克斯坦独立后,由于与苏联各共和国传统的经济联系中断,其经济形势急剧恶化,蚕农收入不断下降,严重影响了桑蚕养殖的进一步发展。1992年蚕茧产量为1.50万吨。2000年蚕茧产量仅1.65万吨,与独立前1985年的产量相比,下降了50%左右。截至2018年,蚕茧产量为1.79万吨(见图3-33)。

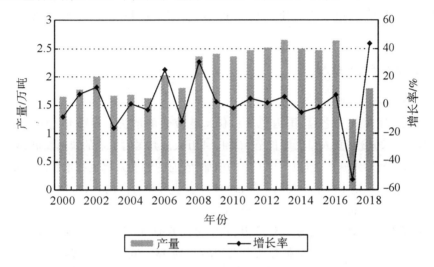

图3-33 2000—2018年乌兹别克斯坦蚕茧产量及增长率

(数据来源:联合国粮食及农业组织,http://www.fao.org)

近年来,乌兹别克斯坦政府根据国际市场的需求和变化,针对上述出现的问题和困难,采取了一系列有力措施。1998年乌兹别克斯坦政府首先对其管理机构进行了调整和改制,专门组建了乌兹别克斯坦丝绸协会,加强了该领域的统一管理和协调发展①。

3. 林业

乌兹别克斯坦的林业在农业总产值中所占的比重较小,2019年林业产值仅占农业总产值的2.5%。乌兹别克斯坦的林业公司制定森林保育、持续更新、防止虫害、疾病和非法砍伐森林、维护卫生条件和遵守消防安全规则的方案。林产品主要包括杨树、栎树、桦树、松树、黑檀等树苗。2018年乌兹别克斯坦生产燃料用木材(非松类)2.4万立方米,生产颗粒板14.23万立方米。

4. 渔业

乌兹别克斯坦由于水资源相对缺乏,渔业养殖发展不足,渔业在乌兹别克斯坦农业总产值中所占份额较小,2019年仅占0.6%。渔业主要包括捕捞鱼类的产品(服务)、水生生物资源和水产养殖。乌兹别克斯坦有8个州在发展渔业养殖,包括卡拉卡尔帕克斯、布哈拉州和撒马尔罕州等,渔业股份公司是其国内最大的渔业生产商和供应商。由于乌兹别

---

① 资料来源:中国驻乌兹别克斯坦大使馆经济商务参赞处《乌兹别克斯坦桑蚕和丝织业情况》(2002年9月3日)。

克斯坦当地的生态环境破坏和水体污染,渔业捕捞量相比于 20 世纪末已有很大幅度的减少。

按区域来看,2019 年渔业产量为最大的区域是霍雷兹姆州,产量为 1.61 万吨,占比为 14.0%,其次是纳沃伊州的 1.30 万吨,占比为 11.3%,安集延州 1.26 万吨,占比为 10.9%,卡拉卡尔帕克斯坦共和国 1.22 万吨,占比为 10.6%。其他地区包括塔什干州 1.10 万吨,费尔干纳 0.84 万吨,吉扎克州 0.79 万吨,锡尔达拉州 0.72 万吨,撒马尔罕州 0.70 万吨,纳曼干州 0.69 万吨,喀什卡达里亚州 0.48 万吨,布哈拉州 0.45 万吨,苏尔汉州 0.36 万吨。

二、农业生产要素投入

(一)农业劳动力投入

乌兹别克斯坦独立之后,国内总人口保持着较快的增长。1992 年,国内总人口为 2 144.90 万人,2018 年总人口已增长至 3 294.54 万人。其国内工业的快速发展,吸引了大量的农村人口转移到城市,但由于总人口的增加,农业的劳动人口也在增长。农业劳动力占劳动力总数的比重出现了小幅的下降,1992 年农业劳动力占比为 38.58%,2000 年下降到 36.71%,2018 年农业劳动力占比为 33.36%。

2000 年农业劳动力人数为 313.93 万,其中男性劳动力人数为 168.44 万,女性劳动力人数为 145.48 万。2018 年,农业劳动力人数增长到 487.86 万,其中男性劳动力人数为 261.74 万,女性劳动力人数为 226.12 万(见图 3-34)。

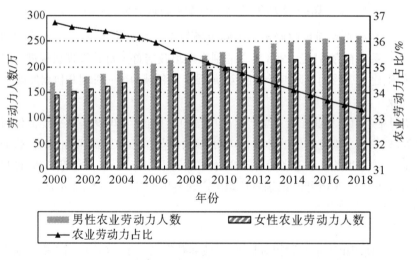

图 3-34　2000—2018 年乌兹别克斯坦农业劳动力比重与结构

(数据来源:世界银行,http://www.worldbank.org.cn)

(二) 农业装备投入

长期以来,乌兹别克斯坦的农用机械装备的数量,呈现出下降的趋势。1992 年其国内有农用拖拉机 18 万辆,1994 年下降到 17 万辆,2003 年仍然维持在 17 万辆的水平而没有增长。联合收割机的数量也出现了下降，从 1992 年的 8 000 台下降到了 2003 年的 7 000 台，见表 3-25。

表 3-25　1992—2003 年部分年份乌兹别克斯坦农业机械使用情况

年份	1992	1994	1996	1998	2000	2001	2002	2003
农用拖拉机/辆	180 000	170 000	170 000	170 000	170 000	170 000	170 000	170 000
联合收割机/台	8 000	7 000	7 000	7 000	7 000	7 000	7 000	7 000

数据来源：联合国粮食及农业组织数据库。

注：联合国粮食及农业组织未提供 2003 年以后的数据。

在中亚国家中，乌兹别克斯坦是生产用于开垦种植土地的各种农业机械（播种机到拖拉机）的领先国家。1997—2001 年，随着新技术的使用，乌兹别克斯坦开始组建合资企业生产农业机械，与美国"凯斯"（CASE）公司合作，成立了一家联合生产棉花收获机的企业，即"UzKeysmash"公司，其产品为棉花收获机、棉花种子播种机和农业用挖掘机。乌兹别克斯坦还与"凯斯"公司合资成立了若干家农机生产公司[1]。为有效利用技术，在实施机械化作业的基础上，乌兹别克斯坦在区域性维修制造企业的基础上建立机耕园区，为农民提供机械化服务[2]。

乌兹别克斯坦国内目前的农业机械的生产和维修的能力较低，同时购买能力也较低，农业生产机械长期得不到更新和较好的维护，造成农业装备水平远远低于世界平均水平，在农业机械未能满足需求的情况下，乌兹别克斯坦政府则需进口国外的农业机械装备。

三、主要农业产业布局

乌兹别克斯坦的耕地面积有限，耕地仅占土地总面积的 10.34%。农业集约化程度较高，而且棉花种植和牛羊养殖等几乎遍及整个乌兹别克斯坦，从农产品种类来看，没有明显的区域划分界线。根据农业结构以及区域的地形、气候特点，乌兹别克斯坦的农业可以被划分为三个农业区：沙漠草原农业区、山麓农业区和高原畜牧区。

从行政区划来看，乌兹别克斯坦的农业主要集中在水资源较好的中部、东部和南部地区，如塔什干市、撒马尔罕州、费尔干纳州、安集延州和布哈拉州等地区。棉花基本在各地区都均匀分布，其中卡拉库尔羊在卡拉卡尔帕克斯坦共和国、安集延州、纳沃伊州、布哈拉州、撒马尔罕州的棉花产量最高。养蚕业主要集中在费尔干纳州，其次为安集延州、纳曼干州和撒马尔罕州。畜牧业主要集中在费尔干纳州、喀什卡达里亚州和纳曼干州等地区。家禽养殖业主要分布在塔什干市、撒马尔罕州和安集延州。2019 年，农产总产值位居前列的区域包括撒马尔罕州、安集延州、喀什卡达里亚州等，见表 3-26。

① ABDULLAEVA N, KONGRATBAY, SHARIPOV. Excerpts on the history of development of agricultural machinery in uzbekistan [J]. Global Journal of Human-Social Science, 2018 (4)：1-5.

② IBRAGIMOV G, YAKUBOV U. Agricultural development in Uzbekistan [R]. Humanities and Social Sciences，2015.

表 3-26 2014—2019 年乌兹别克斯坦各地区农林牧渔业总产值

单位：亿苏姆

地区	年份					
	2014	2015	2016	2017	2018	2019
卡拉卡尔帕克斯坦共和国	25 587	33 322	39 298	48 013	65 629	75 716
安集延州	79 924	97 966	118 734	152 909	196 063	237 845
布哈拉州	68 566	82 905	98 122	129 688	170 646	192 229
吉扎克州	47 720	56 853	68 271	88 350	114 482	137 166
喀什卡达里亚州	76 891	90 890	108 636	143 606	172 065	199 086
纳沃伊州	35 567	42 061	50 347	64 703	82 998	97 334
纳曼干州	54 705	69 736	79 737	102 157	126 396	153 976
撒马尔罕州	117 476	143 000	170 886	215 068	256 580	292 307
苏尔汉州	67 619	82 180	87 372	116 081	150 462	179 802
锡尔达拉州	28 680	35 812	40 884	50 740	56 543	66 965
塔什干州	90 692	107 355	120 342	155 948	183 591	191 199
费尔干纳州	72 743	91 809	98 246	123 880	174 571	188 972
霍雷兹姆州	51 773	62 157	75 117	90 850	124 230	144 129
合计	817 943	996 046	1 155 992	1 481 993	1 874 256	2 156 726

数据来源：乌兹别克斯坦国家统计委员会。

从乌兹别克斯坦各州的农业发展部门结构来看，安集延州的种植业占比最高，达66.9%，纳沃伊州的占比最低，为34.0%，而且畜牧业占比达到了66.0%（见图3-35）。

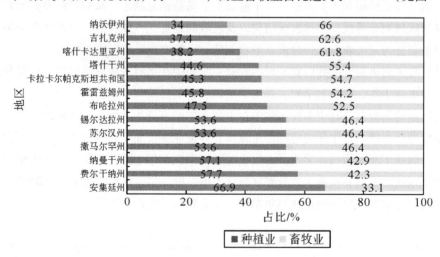

图 3-35 乌兹别克斯坦各地区种植业与畜牧业产值占比

（数据来源：乌兹别克斯坦国家统计委员会，http:// www.stat.uz en）

四、农产品贸易情况

乌兹别克斯坦独立之后，积极与世界各国发展对外贸易。截至 2018 年，乌兹别克斯坦已经同世界上 70 多个国家建立了经贸关系，农产品贸易额在中亚居于第二位，仅次于哈萨克斯坦。2000—2018 年，乌兹别克斯坦的商品进出口总额从 55.14 亿美元增长到 285.24 亿美元，增长了 417.30%。其进口额从 26.97 亿美元增长到 173.06 亿美元，增长了 514.68%。其出口额从 28.17 亿美元增长到 112.18 亿美元，增长了 298.23%。其出口额的增幅小于进口额的增幅，导致了其间乌兹别克斯坦的商品进出口出现逆差。

乌兹别克斯坦的出口商品中，出口额居于第一位的是非货币黄金，2018 年出口 39.60 亿美元，占商品出口总额的 35.30%。乌兹别克斯坦的黄金储量估计超过 5 000 吨。乌兹别克斯坦是世界十大黄金生产国之一，穆伦陶金矿是世界上最大的露天金矿之一[①]。出口额居于第二、第三、第四位的分别是水果和坚果 8.46 亿美元、纺织纱线 7.05 亿美元、天然气 7.02 亿美元。

在进口商品中，进口额居于第一位的是车辆零配件，2018 年进口额达 13.12 亿美元，其他商品依次是药物（包括兽药）6.92 亿美元、机动车 5.55 亿美元、石油 5.23 亿美元。

从进出口贸易差额来看，2000—2018 年乌兹别克斯坦的商品进出口大多数年份处于顺差的状态，2000 年贸易差额为 1.20 亿美元，2001 出现逆差 1.06 亿美元，此后保持顺差状态，但在 2012 年转为逆差 8.24 亿美元，此后逆差有不断扩大的趋势，2018 年逆差额已经达到峰值 60.88 亿美元。

从农产品进出口占商品进出口总额的比重来看，2000 年农产品进出口占比为 27.04%，此后呈现出波动下降的走势，2018 年农产品进出口占比为 13.73%（见图 3-36）。农产品进出口并不构成乌兹别克斯坦对外贸易的主要部分。

乌兹别克斯坦农产品的出口呈现先上升后下降的趋势。2000 年农产品出口 12.70 亿美元，2011 年增长至峰值 39.38 亿美元，此后农产品出口波动下降，降至 2018 年的 18.06 亿美元。农产品占商品出口总额的比重，从 2000 年的 45.08%，下降到 2018 年的 16.10%。农产品出口金额的下降，主要和乌兹别克斯坦的棉花的出口下降有关。棉花曾经是乌兹别克斯坦最重要的出口农产品，根据国际棉花咨询委员会的数据（廉政公署世界统计数据库），在 1990 年，乌兹别克斯坦是世界第二大棉花出口国（39.7 万吨）[②]。2002 年，乌兹别克斯坦仍是世界第二大棉花出口国（位于美国 71.7 万吨之后）。2011 年棉花出口 23.75 亿美元，占当年农产品出口的 60.31%。2018 年，棉花出口已下降至 4.13 亿美元，占农产品出口的 22.87%。棉花出口的下降主要是因为乌兹别克斯坦为了确保国内的粮食安全，提出小麦和棉花并重的农业发展战略。

---

① IHS MARKIT. Country reports：Uzbekistan ［R］. London：IHS Markit，2018：1-64.

② ANDERSON K，SWINNEN J. Distortions to agricultural incentives in Europe's transition economies ［R］. Washington D. C.：The World Bank，2008：1-402.

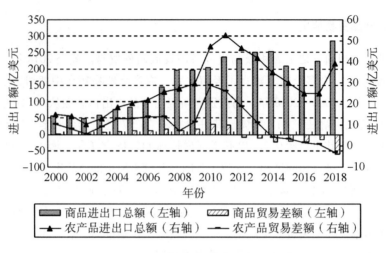

图 3-36　2000—2018 年乌兹别克斯坦农产品对外贸易情况

（数据来源：世界贸易组织，http://www.wto.org）

在乌兹别克斯坦的其他农产品出口中，2018 年乌兹别克斯坦出口的主要农产品为水果和坚果（约 8.46 亿美元）、蔬菜（非根茎类，约 3.74 亿美元）、小麦粉（约 1.94 亿美元）、小麦（约 0.74 亿美元），见表 3-27。从乌兹别克斯坦出口的农产品类型来看，这些农产品主要是初级农产品。为了提升国内农产品加工业水平，乌兹别克斯坦近些年开始实施农产品深加工投资项目。

表 3-27　2013—2018 年乌兹别克斯坦主要出口农产品构成　单位：万美元

商品类别	年份					
	2013	2014	2015	2016	2017	2018
水果和坚果	43 461.99	48 674.87	34 298.00	48 642.20	56 408.84	84 604.98
小麦粉	58.78	—	3 672.81	3 609.36	—	19 356.43
小麦	6 381.60	5 138.55	15.19	1 294.22	106.91	7 392.50
棉花	171 187.70	90 461.48	93 226.08	37 743.38	31 919.78	4 131.19
油籽	1 508.50	1 411.07	1 460.44	827.45	621.25	3 602.87
水果汁和蔬菜汁	2 791.02	2 246.01	1 561.67	1 644.47	2 339.99	2 443.57
蔬菜（根茎类）	1 054.30	1 432.69	1 346.56	1 100.71	1 211.75	2 422.27
蔬菜（非根茎类）	25 667.01	26 841.63	22 363.12	24 273.84	19 422.96	37 430.14
酒精饮料	1 312.82	1 844.16	1 759.00	1 280.37	1 991.52	2 314.77
香料	940.41	1 099.75	881.64	1 011.54	1 160.46	1 957.50
禽蛋	7.13	—	425.26	885.93	27.88	1 585.55
巧克力	13.76	124.82	337.95	1 018.34	642.08	1 000.15
糖果	154.55	124.40	135.70	205.23	422.45	642.84
加工的烟草	0.60	7.92	25.05	377.89	1.23	611.20

表3-27(续)

商品类别	年份					
	2013	2014	2015	2016	2017	2018
动物饲料	16.77	633.02	348.37	257.08	260.34	502.72
丝绸	2 959.00	5 962.20	631.07	2 046.45	2 613.14	489.75
农产品出口总值	265 700	196 600	169 000	133 100	128 800	180 600
商品出口总值	1 200 000	1 150 000	944 300	897 400	1 039 000	1 121 800

数据来源：农产品出口总值数据来源于世界贸易组织，其他数据来源于联合国贸易和发展会议数据库。

注："—"表示数据暂不可得。

2000—2018年，乌兹别克斯坦的农产品进口额呈现出不断增加的趋势，从2000年的2.21亿美元增长到2018年的21.11亿美元，农产品进口占商品进口总额的比重从8.19%增长至21.11%。农产品进口额不断上涨的原因在于，2000—2018年乌兹别克斯坦的面粉加工业发展很快，即使国内小麦产量不断增加，仍然不能满足国内需求，对国际市场的小麦和面粉的进口需求不断增加。小麦和小麦粉的进口额，2000年为0.20亿美元，2018年增长至5.39亿美元，占农产品进口的25.53%。乌兹别克斯坦2018年其他进口的农产品主要包括工业木材和枕木（约3.87亿美元）、糖和蜂蜜（约3.05亿美元）、活的动物（约1.06亿美元），包括进口的小麦和小麦粉（约5.39亿美元）在内，以上农产品占2018年全部农产品进口的63.33%，见表3-28。

表3-28　2013—2018年乌兹别克斯坦主要进口农产品构成 单位：万美元

商品类别	年份					
	2013	2014	2015	2016	2017	2018
小麦	11·846.57	15 058.68	21 293.36	24 150.41	20 227.76	38 843.59
工业木材和枕木	42 537.79	40 817.87	22 052.37	19 651.97	23 284.61	38 667.08
糖和蜂蜜	8 072.00	2 409.20	626.87	1 675.40	7 394.28	30 459.96
小麦粉	26 613.68	22 774.35	20 209.62	14 816.26	11 272.56	15 105.43
活的动物	3 246.56	4 219.30	4 290.18	3 569.88	4 252.13	10 571.54
动物饲料	3 587.55	5 698.70	11 227.07	6 595.72	3 857.56	8 829.24
油籽	2 998.46	3 126.94	3 100.18	3 883.00	4 614.88	7 892.04
蔬菜	1 481.62	2 699.19	1 956.13	1 413.02	5 411.89	5 001.34
巧克力	2 414.99	2 770.39	2 113.01	2 556.46	3 073.41	4 549.42
人造奶油和酥油	4 872.41	4 263.43	3 559.16	3 285.14	3 468.62	3 816.71
果粉和蔬菜粉	2 869.05	3 041.44	2 754.48	2 283.81	2 356.46	3 697.14

表3-28(续)

商品类别	年份					
	2013	2014	2015	2016	2017	2018
咖啡	945. 38	1 180. 91	881. 22	1 282. 74	1 535. 63	2 667. 77
酒精饮料	1 296. 24	1 735. 67	1 377. 62	1 682. 70	1 427. 06	2 560. 22
加工的烟草	2 286. 53	1 014. 84	1 223. 77	1 063. 30	1 078. 58	2 556. 33
大麦	650. 29	760. 93	849. 79	711. 86	681. 76	2 107. 40
农产品进口总值	153 800	155 100	132 800	116 400	122 400	211 100
商品进口总值	1 313 800	1 392 500	1 146 100	1 132 400	1 203 700	1 730 600
农产品进出口差额	111 900	41 500	36 200	16 700	6 400	-30 500

数据来源：农产品出口总值数据来源于世界贸易组织，其他数据来源于联合国贸易和发展会议数据库。

第五节 土库曼斯坦农业发展现状

土库曼斯坦位于中亚西南部，科佩特山以北，东接阿姆河，北和东北部与哈萨克斯坦、乌兹别克斯坦接壤，西濒里海与阿塞拜疆和俄罗斯隔海相望，南邻伊朗，东南与阿富汗交界，是中亚的第二大内陆国。土库曼斯坦于1991年10月27日获得独立，划分为五个省（维拉耶）和一个独立的城市（首都阿什哈巴德）。

农业是土库曼斯坦的传统经济部门。独立以后，粮食安全问题成为土库曼斯坦要考虑的重要问题，土库曼斯坦政府确立了实现粮食安全的目标，在政府政策的鼓励之下，国内粮食作物的种植面积迅速增加，逐步形成了以小麦和棉花为主的种植业结构，国内的畜牧业则以养羊为主。

一、农业发展水平与结构

（一）农业产值规模及构成

土库曼斯坦的农业是以种植业为主，畜牧业居于第二位，其中棉花、养羊和蚕茧是农业的三大支柱。土库曼斯坦独立之后，农业生产同样经历了大幅的衰退，1997年之前，土库曼斯坦的国民经济和农业持续大幅下降，1992年土库曼斯坦农业总产值10. 33亿美元，1996年降至3亿美元。自1997年起，土库曼斯坦的农业止住下滑的势头并开始回升，2003年土库曼斯坦的农业总产值首次超过1992年的水平。1997—2018年，土库曼斯坦农业始终保持了正的增速，2015年土库曼斯坦的农业总产值为33. 29亿美元。

2016年土库曼斯坦的种植业产值占农业总产值的56.29%，畜牧业产值占农业总产值的43.71%。国内畜牧业增长速度大于同期种植业增长速度，这主要是因为土库曼斯坦的农产品加工较为落后，几乎没有从事初级生产的大型农业企业，农产品生产和加工主要依靠由生产者个体组成的农民协会，而农民协会尚不足以满足现代农业发展的需要。此外，土库曼斯坦的种植业改革相对滞后，国家对种植业的生产和销售控制较多，而畜牧业大部分由私人农户经营，刺激了畜牧业生产的积极性。

（二）主要农产品产量

1. 种植业

土库曼斯坦境内的80%的土地被沙漠覆盖，种植业主要分布在沙漠边缘的小绿洲地区，农业全部依靠灌溉。种植业主要的作物是棉花、小麦和蔬菜等，其余还种植有各类水果以及其他经济作物。2018年土库曼斯坦的粮食作物的收获面积为111.25万公顷，蔬菜收获面积为3.95万公顷。

土库曼斯坦在独立以后，为了满足本国的粮食需求，出台了鼓励农民种植粮食作物的政策措施，颁布了一些大幅度提高小麦播种面积和适度减少棉花播种面积的激励性措施。土库曼斯坦是中亚地区改革最少的经济体，它致力于民族自治和最低限度的改变。尽管土库曼斯坦在天然气和棉花方面的比较优势使该国成为出口经济体，土库曼斯坦采用了进口替代，利用政策引导农民种植更多小麦，从而减少对进口的依赖[1]。在20世纪90年代，阿哈尔州、达绍古兹州和马雷州的小麦产量增长较高[2]。国内的小麦的播种面积也在不断扩大，蔬菜、部分水果的种植面积在2000年之前有所减少。2000年以后，在国内需求的刺激之下，国内的蔬菜、水果的种植面积开始有所回升。

1992年，土库曼斯坦的粮食作物收获面积为32.85万公顷，2000年已增加至82.50万公顷，其中主要是小麦收获面积的增加，从1992年的19.7万公顷增加至2000年的70.0万公顷，2018年小麦收获面积进一步增加至93.65万公顷，粮食作物收获面积增加至111.25万公顷。1992年小麦产量37.70万吨，2000年增长至169.0万吨，2018年小麦产量下降到了100万吨。2018年，粮食作物总产量118.90万吨，粮食作物单产1.07吨/公顷。

土库曼斯坦的粮食作物主要包括小麦、大麦、玉米和水稻，其中小麦为最主要的粮食作物。2018年，小麦、大麦、玉米和水稻的收获面积分别为93.65万公顷、1.58万公顷、3.08万公顷、12.95万公顷，产量分别为100万吨、1.90万吨、4.00万吨、13.0万吨（见图3-37）。四种粮食作物占粮食总产量的比例分别为84.10%、1.60%、3.36%、10.89%。由此可见，土库曼斯坦的粮食作物主要是小麦，其次是水稻，还有少量的玉米和大麦。小麦的产量在1992年为37.7万吨，根据土库曼斯坦官方的数据，2006年达到最高的326万吨。此后2007年出现了大幅下降，降低至108.28万吨，2018年小麦产量在100多万吨的区间波动。

① ANDERSON K，SWINNEN J. Distortions to agricultural incentives in Europe's transition economies ［R］. Washington D.C.：The World Bank，2008：1-402.

② AHMAD M. Variations in productivity levels of cereal crops in Turkmenistan ［R］. Srinagar：Centre of Central Asian Studies（Geography），University of Kashmir，2016：1-14.

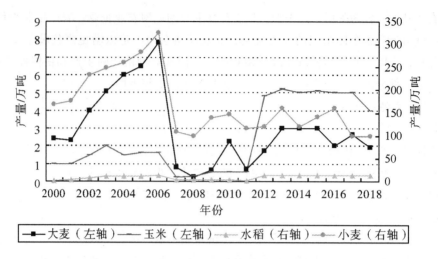

图 3-37　2000—2018 年土库曼斯坦粮食产量变化

（数据来源：联合国粮食及农业组织，http://www.fao.org）

棉花是土库曼斯坦种植业中比较有竞争力的作物,棉花是土库曼斯坦的传统经济作物,也是世界棉花的主要出口国之一。1992 年该国的棉花收获面积为 56.7 万公顷,产量为 129 万吨,此后棉花产量出现了下滑。在 20 世纪 90 年代,土库曼斯坦一直奉行双轨经济发展战略:一方面,土库曼斯坦广泛向西方经济体借款,为能源部门的升级和发展提供资金;另一方面,农业也从外国贷款中获益匪浅。当然,这也导致了不断增长的财政赤字,迅速恶化的外部经常账户赤字,截至 1999 年年底,外债约为 8 亿美元,相当于 GDP的 22%①。

在双轨战略下,土库曼斯坦的小麦产量出现大幅增长,而棉花产量则保持稳定并小幅增加,截至 1999 年,棉花产量达到 130 万吨,2018 年棉花收获面积下降到 53.50 万公顷,产量为 61.82 万吨(见图 3-38)。1992 年的棉花单产为每公顷 2.28 吨,此后棉花单产经历了几次较大幅度的波动,2018 年降至每公顷 1.16 吨。土库曼斯坦的棉花和小麦的单产低于世界上大多数主要农业国家。这与土库曼斯坦国内的农业生产技术偏低、耕地质量低、施肥不当等因素有关。

达肖古兹州是土库曼斯坦棉花、大米、小麦的主要生产地区之一,也是在阿穆达里亚河三角洲地区人口最多的地区,人口达 120 万人,人口密度为每平方千米 100 人(比全国的平均值大十倍)②。

① PASTOR G,ROODEN R V.Turkmenistan:the burden of current agricultural policies[R].Washington D.C.:IMF,2004:1-26.

② KAPLAN S,BLUMBERG D G,MAMEDOV E,et al. Land-use change and land degradation in Turkmenistan in the post-Soviet era[J]. Journal of Arid Environments, 2014(103):96-106.

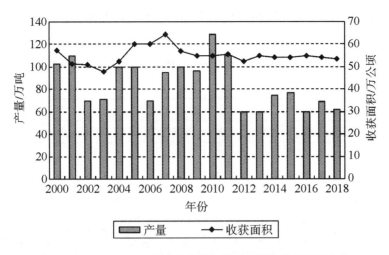

图 3-38　2000—2018 年土库曼斯坦棉花产量和收获面积变化

（数据来源：联合国粮食及农业组织，http://www.fao.org）

土库曼斯坦独立后，蔬菜种植面积受到国内小麦种植面积的压缩，收获面积从 1992 年的 3.45 万公顷下降到 1999 年的低点 1.52 万公顷。此后，在政府的支持鼓励政策之下，土库曼斯坦的蔬菜收获面积从 2000 年开始扩大，截至 2018 年，扩大到了 3.95 万公顷（见图 3-39）。从蔬菜产量来看，1992 年蔬菜产量为 34.8 万吨，2000 年增长至 43.56 万吨，2018 年增长至 97.32 万吨。从蔬菜的单产来看，1992 年的单产为 10.09 吨/公顷，土库曼斯坦允许农民个人自由种植蔬菜之后，单产从 1998 年的 15.79 万吨/公顷增长至 2000 年的 22.25 吨/公顷，截至 2018 年，蔬菜单产增长至 24.64 吨/公顷（见图 3-39）。

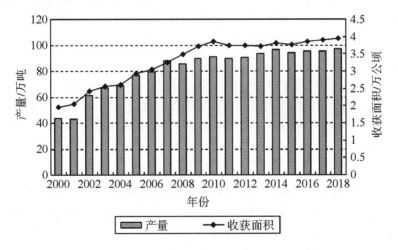

图 3-39　2000—2018 年土库曼斯坦蔬菜产量与收获面积

（数据来源：联合国粮食及农业组织，http://www.fao.org）

土库曼斯坦的蔬菜作物按 2018 年总产量排序分别是：番茄 35.04 万吨、马铃薯 29.35 万吨、洋葱 8.37 万吨、卷心菜 7.18 万吨、萝卜 7.09 万吨、黄瓜 3.93 万吨，收获面积分别为

10 122 公顷、16 697 公顷、3 003 公顷、4 504 公顷、2 125 公顷、1 506 公顷。除了上述蔬菜之外,其他蔬菜的收获面积和产量都很小。

表 3-29　2000—2018 年部分年份土库曼斯坦主要作物品种单产变化

单位:吨/公顷

作物		年份									
		2000	2002	2004	2006	2008	2010	2012	2014	2016	2018
粮食作物	大麦	0.53	0.73	0.92	1.20	1.10	1.70	1.45	1.41	1.13	1.20
	玉米	0.97	0.97	1.00	1.07	1.10	1.70	1.52	1.17	1.30	1.30
	水稻	0.39	1.90	2.20	2.41	1.10	1.70	1.33	1.12	1.06	1.00
	小麦	2.41	3.19	3.17	3.52	1.10	1.70	1.26	1.25	1.17	1.07
蔬菜作物	卷心菜	16.64	17.31	17.86	18.13	18.29	14.82	16.28	16.41	16.05	15.94
	萝卜	36.10	32.00	33.13	33.33	33.00	33.33	33.33	33.33	33.38	33.34
	黄瓜	12.00	18.00	20.00	20.64	17.33	21.87	23.40	24.03	25.24	26.09
	洋葱	17.40	22.57	21.80	24.00	23.56	24.32	25.38	26.10	27.09	27.87
	马铃薯	17.62	21.93	22.21	21.39	18.77	17.21	17.36	20.09	17.99	17.58
	番茄	31.45	33.09	36.76	34.81	34.07	34.02	34.02	34.00	34.00	34.62
棉花		1.79	1.37	1.90	1.17	1.76	2.34	1.14	1.38	1.09	1.16

数据来源:联合国粮食及农业组织数据库,经笔者计算整理。

土库曼斯坦的粮食作物的单产见表 3-29。2000—2018 年,大麦、玉米、水稻的单产虽然有所波动,但总体处于上升的趋势。小麦的单产出现了较大幅度的下降,从 2000 年的 2.41 吨/公顷下降到 2018 年的 1.07 吨/公顷。土库曼斯坦的粮食作物总体处于广种薄收的状态,整体单产较低。蔬菜作物中,卷心菜、马铃薯和萝卜的单产保持稳定,黄瓜、洋葱、番茄单产的增长较为明显。

棉花的单产从 2000 年的 1.79 吨/公顷下降至 2018 年的 1.16 吨/公顷,降幅达 35.20%。虽然其间土库曼斯坦的棉花收获面积保持稳定,但由于单产的下降,总体产量也出现了下降。土库曼斯坦的棉花单产明显低于中亚其他国家,与世界平均水平更存在着较大的差距。

2. 畜牧业

畜牧业在土库曼斯坦农业中占有重要地位,以养羊为主。土库曼斯坦的卡拉库尔绵羊闻名于世,其驰名世界的地毯就是用卡拉库尔羊的优质细羊毛绒织成的。此外,土库曼斯坦的养殖业还包括养牛、马和骆驼等牲畜。

2000—2018 年土库曼斯坦的牲畜存栏量,总体处于上升的趋势。土库曼斯坦独立之后,私人部门的牲畜存量的增长远快于国家部门牲畜存栏量的下降,使得全国的牲畜存栏量保持了稳定的上升。其牲畜养殖以绵羊、山羊和牛为主,其中绵羊的存栏量从 1992 年的 538 万只增长到 2000 年的 750 万只,再到 2018 年的 1 407.40 万只,是 1992 年的 2.62 倍。山羊的存栏量从 1992 年的 22 万只增长到 2018 年的 237.15 万只,牛的存栏量从 1992

年的 77.70 万头增长到 2018 年的 221.74 万头。其他牲畜如驴、骆驼和马的存栏量,2000—2018 年没有太大的变化,而猪的存栏量则明显下降,从 2000 年的 3.50 万头下降到 2018 年的 0.92 万头,见表 3-30。

表 3-30 2000—2018 年部分年份土库曼斯坦牲畜及家禽养殖情况

种类	年份									
	2000	2002	2004	2006	2008	2010	2012	2014	2016	2018
驴/万头	2.40	2.50	2.50	2.50	2.50	2.50	2.50	2.50	2.49	2.49
牛/万头	140.00	175.00	200.00	206.50	215.77	217.46	221.65	220.30	220.10	221.74
骆驼/万头	10.00	10.00	10.00	10.00	12.57	12.24	12.40	12.00	12.38	12.37
山羊/万只	50.00	65.00	150.00	269.80	294.41	280.00	229.27	230.00	239.44	237.15
绵羊/万只	750.00	1 035.00	1 240.00	1 390.00	1 533.08	1 360.00	1 400.00	1 400.00	1 413.03	1 407.40
马/万匹	2.50	2.50	2.50	2.50	2.64	2.46	2.55	2.60	2.60	2.59
猪/万头	3.50	3.00	3.00	2.90	2.46	1.39	0.96	0.85	0.92	0.92
鸡/万只	550	650	800	1 200	1 559.6	1 588.8	1 687.5	1 600	1 663.2	1 687.7
火鸡/万只	25.00	20.00	20.00	20.00	60.00	50.00	50.00	50.00	51.40	55.20

数据来源:联合国粮食及农业组织数据库。

由于土库曼斯坦政府废除了对家庭拥有牲畜数量的限制,并且国家订单中取消了肉类和奶类畜产品,允许畜产品以市场价格自由买卖,牲畜的存栏量和肉类产量持续增长。1992 年肉类产量为 9.80 万吨,2018 年肉类产量为 30.89 万吨,比 1992 年增长 215.20%(见图 3-40)。在 2018 年的肉类产量中,牛肉产量为 14.42 万吨,绵羊产量为 13.24 万吨,山羊产量为 1.05 万吨,猪肉产量为 0.026 万吨,鸡肉产量为 2.16 万吨,其他肉类产量为 0.12 万吨。

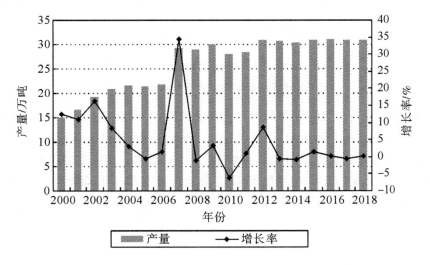

图 3-40 2000—2018 土库曼斯坦肉类产量及增长率

(数据来源:联合国粮食及农业组织,http://www.fao.org)

土库曼斯坦的畜牧业相对比较发达,除了享有盛名的卡拉库尔绵羊。该国还出产著名的阿哈尔捷金马,即中国史书上记载的"汗血宝马",是土库曼斯坦的国宝。土库曼斯坦的其他养殖业主要有养蚕养殖、家禽饲养、水产养殖等,其中尤以养蚕业比较发达。

在土库曼斯坦,80%以上的国土被卡拉库姆沙漠覆盖,多数土地的用途是游牧牲畜。考虑到卡拉库姆沙漠牧场的有限承载能力和90%的牲畜饲料来自自然资源,水资源供应是该地区的可持续牲畜育种发展的关键限制因素。人为活动导致土库曼斯坦北部的植被覆盖减少和土壤水土流失。造成植被覆盖减少的主要人类活动是过度放牧,以及人们砍伐梭梭灌木以供燃烧和作为建筑材料使用①。

从奶类产量来看,土库曼斯坦1992年的奶类产量为47.57万吨,此后在整个20世纪90年代,奶类产量稳定增长,1998年奶类产量增长到77.35万吨。1999年之后,奶类产量出现了快速增长,2018年奶类产量增长到174.07万吨(见图3-41),较1992年增长了265.92%。

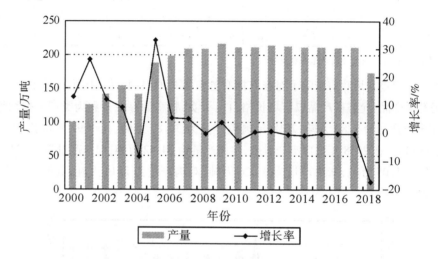

图3-41　2000—2018年土库曼斯坦奶类产量及增长率

(数据来源:联合国粮食及农业组织,http://www.fao.org)

从禽蛋产量来看,土库曼斯坦1992年的禽蛋产量为1.62万吨,此后在整个20世纪90年代,禽蛋产量稳定在1.50万吨以上的水平。1999年土库曼斯坦政府鼓励牲畜和家禽养殖之后,禽蛋产量快速增长,2012年达到峰值水平5.05万吨。2017年之后禽蛋产量有所下降,2018年产量为4.69万吨(见图3-42)。禽蛋产量于2006年、2008年、2010年、2018年出现了负增长,其间其他年份皆为正增长。

---

① KAPLAN S,BLUMBERG D G,MAMEDOV E,et al. Land-use change and land degradation in Turkmenistan in the post-Soviet era[J]. Journal of Arid Environments,2014(103):96-106.

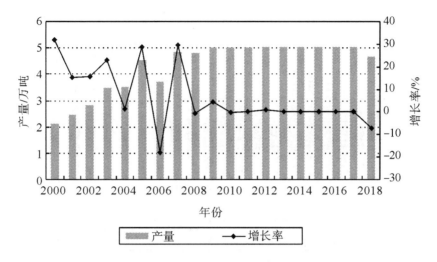

图 3-42　2000—2018 年土库曼斯坦禽蛋产量及增长率

（数据来源：联合国粮食及农业组织，http://www.fao.org）

3. 渔业

土库曼斯坦渔业以捕捞为主，渔业基础比较雄厚。独立前，土库曼斯坦渔业的年捕捞量维持在 4 万吨以上，近十年来，土库曼斯坦水产捕捞量维持在 1.5 万吨/年左右。土库曼斯坦独立后，里海由沿岸 5 个国家（俄罗斯、阿塞拜疆、哈萨克斯坦、土库曼斯坦以及伊朗）共治，对渔业资源的分配及管理存在不同意见。目前这些国家正在就里海生物资源协议草案和里海地区渔业多边合作国际法律框架进行磋商。

土库曼斯坦的淡水资源不够丰富，淡水养殖并不是渔业的重点发展方向。由于粮食种植面积的扩大增加了对淡水的需求，挤压了养殖业的发展空间。随着居民收入的增加，未来对水产品的需求会进一步增加。

二、农业生产要素投入

（一）农业劳动力投入

据世界银行的统计数据，土库曼斯坦的农业劳动力占劳动力的比重始终在 20% 以上。1992 年，农业劳动力的占比为 27.18%，2000 年占比为 25.89%，2000—2018 年，农业劳动力的占比逐步下降，2018 年为 22.61%。独立之后，为满足国内粮食需求，土库曼斯坦的农业领域吸纳了较多的劳动力。1992 年，土库曼斯坦从事农业的劳动力人数为 38.51 万，2000 年农业劳动力人数增长至 41.52 万。2018 年，农业劳动力人数进一步增长至 57.78 万。在农业劳动力中，男性农业劳动力人数占比稳定在 58%~59%，女性劳动力人数占比稳定在 41%~42%。男性农业劳动力人数，1992 年为 23.31 万，2018 年增加至 34.85 万。女性农业劳动力人数，1992 年为 15.22 万，2018 年增加至 23.34 万（见图 3-43）。

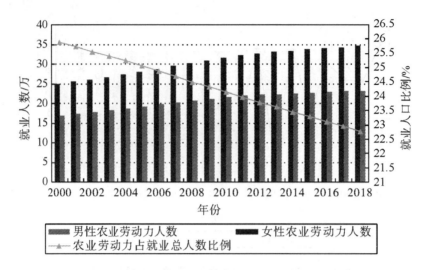

图 3-43　2000—2018 年土库曼斯坦农业劳动力比重与结构

（数据来源：世界银行，http://www.worldbank.org.cn）

（二）农业装备投入

土库曼斯坦农业以传统农业经营模式为主，由于投入农业的资金有限，农业科技相对落后，对农业生产领域的机械装备投入较少，农业机械整体水平较为落后。根据联合国粮食及农业组织公布的数据，1992 年土库曼斯坦只有 62 740 辆拖拉机，2003 年下降至 50 000 辆。收割机的数量变化不大，从 14 294 台变化为 2003 年的 15 000 台。挤奶机的数量从 501 台变化为 2003 年的 520 台，见表 3-31。

表 3-31　1992—2003 年部分年份土库曼斯坦农业机械使用情况

农机	年份							
	1992	1994	1996	1998	2000	2001	2002	2003
农用拖拉机/辆	62 740	50 000	50 000	50 000	50 000	50 000	50 000	50 000
收割机/台	14 294	15 000	15 000	15 000	15 000	15 000	15 000	15 000
挤奶机/台	501	520	520	520	520	520	520	520

数据来源：联合国粮食及农业组织数据库。

注：联合国粮食及农业组织未提供 2003 年之后的数据。

1996—1997 年，土库曼斯坦建立了国家协会——农业生产技术协会，为生产者提供农用机械及相关修理更新服务。农业生产技术协会的主要任务是每年按照总统令规定的价格，向农民协会提供四种战略性作物（棉花、小麦、水稻和甜菜）的农机服务。其中，为农民协会提供新型机械的资金来自国家预算和国家协会。2002—2009 年，土库曼斯坦政府出台了 33 项农机采购法令，对于提升国内农业现代化水平发挥了重要作用。

三、主要农业产业布局

由于土库曼斯坦 80% 的国土面积被卡拉库姆沙漠覆盖，农业生产活动大多在沙漠边缘的绿洲进行。土库曼斯坦最大的农业区主要分布在阿姆河、穆尔加布河、捷詹河和阿特拉克河等绿洲地带。同时在绿洲的边缘也从事畜牧业生产活动。土库曼斯坦的农业用地中，牧场占土地面积的 67.75%，耕地仅占土地面积的 4.13%。根据地形、气候及农业类型，土库曼斯坦的农业区可以被划分为三个部分——山地畜牧区、沙漠畜牧区和绿洲农业区，其中，沙漠畜牧区和绿洲农业区是土库曼斯坦农业体系中相对重要的部分。

（一）山地畜牧区

山地畜牧区位于土库曼斯坦西部和科佩特山脉的西南部，区内降水量少，虽然有较为丰富的径流量，但是近几十年大量砍伐导致山坡地水土保持功能退化，促使区内农业生产逐渐由种植业和园艺向畜牧业（主要养殖卡拉库尔羊）转移。同时，区内牧场普遍存在过度使用的问题，区内畜牧业可持续发展受到巨大挑战和限制。

（二）沙漠畜牧区

沙漠畜牧区位于土库曼斯坦中部，由不同的沙漠地带组成，区内土地已被游牧者大面积用来放牧羊和马。在沙漠的东南部，存在小面积小麦和果蔬种植。近年，随着人们在村庄定居，传统的牧场管理方式被舍弃，转向以村庄和牲畜水源附近为核心的土地集中利用。

（三）绿洲农业区

绿洲农业区位于土库曼斯坦东南部，是土库曼斯坦棉花、粮食和蔬菜的种植中心区。由于水资源短缺，这里种植了小面积小麦、大麦和甜瓜。卡拉库姆运河和穆尔加布河穿越绿洲，不仅可以提供灌溉用水，而且阿穆尔加布河水域淤泥是极好的天然肥料，为大面积种植长绒棉和建设棉花加工厂提供了良好的农业自然资源基础。绿洲农业区还借助毗邻沙漠拥有较为丰富的饲料饲养卡拉库尔羊[1]。

四、农产品贸易情况

土库曼斯坦独立之后，积极发展对外贸易，并逐步建立了新的对外贸易体制。2000—2018 年，土库曼斯坦的对外贸易总额从 42.92 亿美元增长至 125.0 亿美元，增长了 191.24%。对外贸易总额于 2014 年达到 275.0 亿美元的峰值水平，此后由于受到全球贸易持续低迷的影响，土库曼斯坦对外贸易额有所下降。出口收入的减少导致国内的外汇短缺，土库曼斯坦当局甚至对货币兑换业务实行了严格的限制[2]。

土库曼斯坦的进口额从 2000 年的 17.86 亿美元增长至 2014 年的 100 亿美元，此后下降至 2018 年的 25.0 亿美元。出口额从 2000 年的 25.06 亿美元增长到 2018 年的 100 亿美元，增长了 299.04%。在土库曼斯坦 2018 年的出口产品中，出口额居于第一位的是天然气，2018 年出口额达 65.85 亿美元，占当年出口总额的 65.85%。出口额居于第二、三位的出口商品分别是棉花 8.90 亿美元、石油 5.28 亿美元，三项产品的出口额占出口总额的 80.04%。在土库曼斯坦 2018 年的进口产品中，进口额居于第一位的是管道，进

① 赵敏娟. 中亚五国农业发展：资源、区划与合作 [M]. 北京：中国农业出版社，2018.
② IHS MARKIT. Country reports：Turkmenistan [R]. London：IHS Markit，2018：1-53.

口额为 1.49 亿美元，居于第二、三位的分别是工程装备 1.42 亿美元、船 0.84 亿美元，三项进口商品的进口额占进口总额的 14.99%。

从土库曼斯坦的商品进出口贸易差额来看，在大多数年份中对外贸易保持着顺差的状态，2000—2018 年，仅有 2009 年出现了 18 亿美元的逆差，其余年份皆保持了顺差。土库曼斯坦的对外贸易差额波动较大，贸易差额最高的年份为 2014 年的顺差 75 亿美元，最低为 2009 年的逆差 18 亿美元。由于近年来天然气在土库曼斯坦的对外贸易中所占的比重较大，因此主要是天然气出口额的波动影响了对外贸易的差额，国际天然气市场需求和价格的波动决定了土库曼斯坦对外贸易总额和差额的波动。

从土库曼斯坦的农产品对外贸易来看，2000—2018 年，农产品占对外贸易额的比重从在 20% 以下波动到保持在 10% 左右，2018 年农产品贸易占比为 10.74%。2000—2018 年，农产品对外贸易总额从 4.52 亿美元增长至 13.42 亿美元（见图 3-44），增长了 196.90%。农产品出口额从 2.38 亿美元增长至 10.31 亿美元，农产品进口额从 2.14 亿美元增长至 3.11 亿美元。农产品贸易差额从 2000 年的 0.24 亿美元增长至 2018 年的 7.20 亿美元。其中，2001—2006 年、2008—2009 年农产品对外贸易为逆差，2010—2018 年保持着顺差的状态。

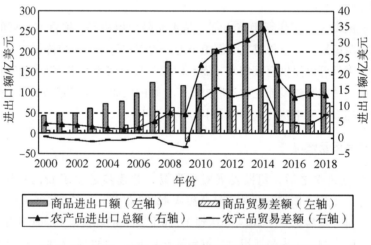

图 3-44　2000—2018 年土库曼斯坦农产品对外贸易情况

（数据来源：世界贸易组织，http://www.wto.org）

2018 年，土库曼斯坦出口的农产品居于第一位的是棉花，出口额为 8.90 亿美元，占农产品出口额的 86.32%，是土库曼斯坦最主要的出口农产品，棉花决定了农产品出口的整体走势。2000 年，土库曼斯坦出口棉花 2.23 亿美元，占当年农产品出口的 93.70%。此后，棉花出口逐步增加，推动了农产品出口的逐年增长。除了棉花的出口之外，2018 年出口的农产品还包括羊毛（约 0.53 亿美元）、兽皮（约 0.33 亿美元）、丝绸（约 0.32 亿美元），而其他种类的农产品出口额都小于 0.1 亿美元，占比极小，见表 3-32。

土库曼斯坦农产品出口的主要目的国是土耳其、中国和俄罗斯。其中棉花主要出口到了土耳其、俄罗斯、巴基斯坦、印度和中国，向这五个国家的棉花出口一般占到棉花出口额的 90% 以上。除此以外，土库曼斯坦的棉花还出口到乌克兰、英国、韩国、伊朗、印度尼西亚、新加坡等国家。土库曼斯坦向中国、法国、德国、美国和日本出口的植物汁液类产品占到植物汁液类产品出口的 98% 以上。

表 3-32　2013—2019 年土库曼斯坦主要出口农产品构成　单位：万美元

商品类别	年份					
	2013	2014	2015	2016	2017	2018
棉花	193 790.90	218 940.67	96 216.50	71 688.70	78 202.14	89 020.00
羊毛	8 355.26	8 320.48	3 664.42	2 946.28	3 535.58	5 337.75
兽皮	12 153.04	15 548.01	6 208.21	3 577.64	6 606.84	3 337.71
丝绸	7 277.99	7 966.04	6 106.62	4 215.71	2 536.15	3 224.43
禽蛋	—	—	264.68	575.95	—	615.18
蔬菜	277.22	170.55	104.65	131.04	242.61	323.77
油籽	314.24	592.07	255.27	176.85	179.68	218.06
小麦	1 361.86	197.33	—	399.84	—	206.66
水果和坚果	258.26	598.42	110.25	147.47	83.74	163.85
甲壳类软体动物	635.28	495.14	149.40	101.35	107.89	92.54
果粉和蔬菜粉	131.98	38.59	7.11	4.41	8.03	81.16
果汁和蔬菜汁	11.75	—	0.31	0.54	17.20	63.05
巧克力	4.92	11.43	37.48	53.07	10.22	57.81
动物饲料	245.70	84.75	40.07	18.11	20.69	44.09
糖果	46.75	24.47	13.66	3.42	9.38	39.57
其他肉类	183.10	65.66	35.69	25.61	29.47	28.70
鱼	13.33	27.53	6.74	21.45	13.88	14.69
农产品出口总值	225 700	253 300	115 700	87 300	91 900	103 100
商品出口总值	1 680 000	1 750 000	1 000 000	696 400	745 800	1 000 000

数据来源：联合国贸易和发展会议，http://www.unctad.org。

注："—"是指数据暂不可得。

2000—2018 年，土库曼斯坦的农产品进口额基本上保持了上升的趋势。2014 年达到峰值 9.06 亿美元。此后，由于土库曼斯坦国内经济低迷，内需不振，进口量出现了下降，2018 年的农产品进口额为 3.11 亿美元。农产品进口占商品进口额的比例，2000—2018 年始终在 7%~13% 中波动。

2018 年，土库曼斯坦进口的农产品主要包括小麦（约 0.30 亿美元）、其他肉类（约 0.296 亿美元）、糖和蜂蜜（约 0.23 亿美元）、加工的烟草（约 0.21 美元）、牛肉（约 0.17 亿美元）。五项产品合计进口额占农产品进口额的 4.80%。土库曼斯坦农产品的进口分布较为分散，见表 3-33。

土库曼斯坦的农产品进口国主要包括俄罗斯、土耳其、中国和哈萨克斯坦等。土库曼斯坦从中国、土耳其、俄罗斯、印度和韩国等国家进口的橡胶原料一般占进口橡胶原料总额的 80% 以上，从俄罗斯、土耳其、巴基斯坦、印度尼西亚和马来西亚进口的动植物油脂占到进口油脂的 90% 以上，从俄罗斯、哈萨克斯坦、土耳其、波兰和白俄罗斯五国进口的谷物一般占谷物进口金额的 95% 以上。

表 3-33　2013—2018 年土库曼斯坦主要进口农产品构成　单位：万美元

商品类别	年份					
	2013	2014	2015	2016	2017	2018
小麦	1 028.53	1 067.52	500.41	269.36	286.48	3 017.17
其他肉类	2 698.14	2 608.42	1 786.18	916.51	1 337.95	2 956.82
糖和蜂蜜	5 446.88	4 896.44	3 470.32	3 682.05	5 000.28	2 255.15
加工的烟草	8 389.90	8 239.88	6 964.70	3 565.94	5 847.30	2 099.74
牛肉	2 295.78	5 770.84	4 754.24	2 021.45	3 275.23	1 717.71
巧克力	7 947.38	8 805.67	6 314.87	3 737.71	2 847.61	1 548.92
人造奶油和酥油	4 507.15	4 813.04	3 229.17	2 392.88	2 733.79	1 531.79
咖啡	5 874.03	6 325.52	3 929.27	2 905.81	3 095.58	1 466.31
小麦粉	2 054.14	2 239.02	1 316.58	784.33	711.20	1 262.13
枕木	6 902.67	6 587.19	4 116.35	2 084.24	1 770.88	1 069.49
活的动物	1 594.51	1 539.37	999.65	756.14	1 364.82	1 021.47
水果和坚果	457.97	482.55	534.15	619.34	735.86	913.84
茶叶	1 980.26	1 703.34	1 910.00	1 216.29	1 376.60	850.78
酒精饮料	1 599.36	1 651.07	1 211.46	781.32	963.51	812.33
动物饲料	448.38	507.07	465.13	641.65	618.91	574.40
黄油和其他脂肪	1 454.24	1 941.59	1 346.77	1 029.94	1 159.00	552.77
水稻	3 637.78	3 711.23	3 337.68	1 563.57	1 403.29	500.13

表3-33(续)

商品类别	年份					
	2013	2014	2015	2016	2017	2018
牛奶和乳制品	2 692.79	2 354.91	1 378.28	1 045.81	1 194.32	472.19
蔬菜(根茎类)	1 055.46	1 031.42	785.98	543.18	552.27	426.40
农产品进口总值	84 900	90 600	66 000	40 800	47 100	31 100
商品进口总值	1 000 000	1 000 000	700 000	499 400	457 100	250 000
农产品进出口差额	140 800	162 700	49 700	46 500	44 800	72 000

数据来源：联合国贸易和发展会议数据库，http://www.unctad.org。

第四章　中国（新疆）与中亚五国农业合作现状

中亚地区是建设"丝绸之路经济带"的重要通道，是"一带一路"倡议的重要沿线地区和重点合作区域。中国与中亚国家的农业合作可以追溯到古代，双方通过古丝绸之路进行了大量的农产品贸易往来。在"一带一路"倡议背景下，中国与中亚国家加强农业合作，不仅能够推动中亚农业与中国农业的进一步发展，而且对"一带一路"建设以及促进区域经济一体化发展具有极为重要的意义。中国（新疆）与中亚国家毗邻，是"丝绸之路经济带"建设的核心区，中国（新疆）与中亚地区开展农业合作，也是满足经济社会发展、建立"丝绸之路经济带"核心区的现实需要。

第一节　中国（新疆）与哈萨克斯坦农业合作现状

自1992年1月哈萨克斯坦与中国建交以来，双边友好合作关系不断发展，双方近年来在多个领域展开了务实合作，建立了有效的沟通交流平台，双方的农业合作也在不断推进。

一、政府间农业交流与合作

中国与哈萨克斯坦政府已经建立了双边与多边的农业合作机制。在多边合作机制方面，中国与哈萨克斯坦在上合组织等多边合作框架下展开农业合作。2016年年底，上合组织已经明确提出农业领域为其后区域经济合作的优先方向之一，并确定了其后五年上合组织农业合作的重点领域。

在双边合作机制方面，双方交流密切，双方农业部的高层互访频繁，在农业科技、动植物检疫、病虫害防治、农业生产与贸易等多个领域建立了其他形式的双边合作机制，有效推动了双边农业合作。2017年3月，中国与哈萨克斯坦就以下几点达成了共识：一是双方农业部门于2016年签署了"共同行动计划"，完善双边合作机制，建立农业合作工作组；二是继续推进两国的农产品贸易与投资合作，不仅推动中国对哈萨克斯坦的农业投资，也希望哈萨克斯坦扩大对中国的农业投资；三是中哈两国在农业科技领域加强合作，双方决定联合建立科研实验室，增进农业科技交往；四是加强两国在畜牧业领域合作，在牲畜养殖、饲料生产等方面加大合作力度；五是两国加大对接力度，促成农业示范园区在哈萨克斯坦的建成落地①。2021年5月19日，中国建设银行阿斯塔纳分行、中国建设银行新疆维吾尔自治区分行与中国国际商会驻哈代表处、哈萨克斯坦中国总商会共同举办中国（新疆）—哈萨克斯坦贸易投资（农产品）暨金融服务云洽会。中国人民银行、中国商务部、新疆贸促会、阿斯塔纳国际金融中心（AIFC）等政府部门、商会协会及中哈农产品加工、贸易企业的近80名代表出席活动。在本次洽谈会上，AIFC北京代表处首席代表铁木尔就在AIFC建立人民币结算和清算中心提出相关建议，中哈双边就农产品贸易合作的支持措施展开了讨论与协商。

为完善合作机制，双方政府加强了政策沟通。一是加强规划建设。中国国家发展和改革委员会与哈萨克斯坦农业部签署了《中哈农业合作发展战略规划》，为双方农业合作做了顶层设计。二是提高贸易便利化水平，增强互联互通合作。双方继续完善交通互联互通基础设施建设，加大口岸合作力度，增加口岸的农产品"绿色通道"的开通数量；加强海关监管合作，进一步提高贸易便利化水平。三是两国对农产品进出口达成了多项协议，双方都增加了对方农产品的市场准入机会，哈萨克斯坦增加对中国的农产品出口，包括小麦、乳制品、肉类产品等，并加强检验、检疫合作。

二、农产品贸易合作

根据联合国贸易和发展会议数据库的数据，截至2018年年底，中国是哈萨克斯坦第二大出口市场和第一大进口来源地，与中国的双边货物进出口额为134.64亿美元。2018年哈萨克斯坦向中国出口63.07亿美元的商品，占哈萨克斯坦商品出口总值的10.35%。哈萨克斯坦从中国进口71.56亿美元的商品，占哈萨克斯坦商品进口总值的21.69%。自2015年起，哈萨克斯坦与中国的商品进出口贸易开始连续出现逆差，2018年贸易差额为8.49亿美元（见图4-1）。中国对哈萨克斯坦主要出口机电、轻纺和高新技术产品等，自哈萨克斯坦主要进口矿产品、贱金属及其制品、化工产品等。

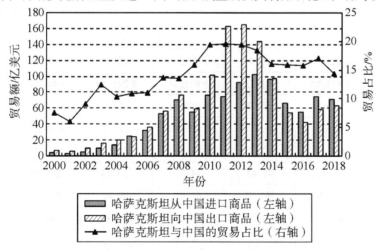

图4-1 2000—2018年哈萨克斯坦与中国的进出口贸易情况

（数据来源：联合国贸易和发展会议，http://www.unctad.org）

---

① 赵敏娟. 中亚五国农业发展：资源、区划与合作［M］. 北京：中国农业出版社，2018.

哈萨克斯坦与中国的农产品贸易总额，从2000年的0.15亿美元增长至2018年的5.44亿美元。农产品贸易额占中哈贸易总额的比重，从2000年的1.41%增长到2018年的4.04%（见图4-2），农产品贸易并不是中哈贸易的主要构成部分。

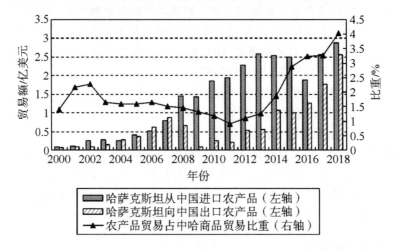

图4-2　2000—2018年哈萨克斯坦与中国农产品贸易额及占比

（数据来源：联合国贸易和发展会议，http://www.unctad.org）

哈萨克斯坦向中国出口的主要农产品是小麦和调和植物油，2018年的贸易额分别为9 896.88万美元和4 286.55万美元。其次是油籽3 822.32万美元、棉花1 696.77万美元、小麦粉836.36万美元。哈萨克斯坦向中国出口的农产品占比不断上升，从2013年的0.38%上升到2018年的4.07%，见表4-1。

表4-1　2013—2018年哈萨克斯坦向中国出口主要农产品情况

单位：万美元，%

出口农产品	年份					
	2013	2014	2015	2016	2017	2018
小麦	3 414.55	5 813.33	3 018.23	5 244.50	5 662.25	9 896.88
调和植物油	16.62	695.79	1 050.91	1 502.60	3 213.07	4 286.55
油籽	69.67	2 007.17	2 038.42	1 863.84	3 600.27	3 822.32
棉花	714.18	111.75	74.35	211.91	472.41	1 696.77
小麦粉	N. A.	42.42	74.31	334.14	282.56	836.36
动物饲料	174.01	353.75	68.45	26.46	189.29	690.00
羊毛	369.55	450.37	429.55	334.83	694.73	566.44
鱼（新鲜或冷冻）	28.56	54.61	105.19	143.07	322.75	377.90
水果粉和蔬菜粉	15.03	53.92	387.79	472.77	255.73	317.84

表4-1(续)

出口农产品	年份					
	2013	2014	2015	2016	2017	2018
水果、果脯和水果制品	N. A.	0.61	11.57	22.07	259.63	222.19
简单加工的木材	N. A.	N. A.	N. A.	9.23	72.48	139.61
巧克力、可可食品	286.64	177.72	414.74	237.26	131.52	103.67
糖果	6.37	30.23	269.59	126.88	58.03	79.63
酒精饮料	23.60	84.64	413.22	242.99	60.84	43.08
糖和蜂蜜	8.17	42.90	69.27	31.96	10.97	23.84
食用产品和制剂	0.22	2.65	77.60	27.41	23.59	23.47
非酒精饮料	13.10	4.00	78.58	112.67	21.52	21.62
牛奶和乳制品	0.72	0.10	3.89	0.98	0.12	15.21
向中国出口农产品总额	5 493.28	10 626.50	10 075.56	12 602.44	17 690.43	25 655.44
向中国出口商品总额	14 373 748.04	9 799 418.42	5 480 137.49	4 214 925.90	5 797 975.62	6 307 476.19
农产品出口占比	0.38	1.08	1.84	2.99	3.05	4.07

数据来源：联合国贸易和发展会议数据库。

注：N.A. 表示数据暂不可得。

哈萨克斯坦从中国进口的主要农产品是水果和果脯类，2018 年其进口额分别为 8 689.36 万美元和 5 286.06 万美元。哈萨克斯坦从中国进口的农产品金额占其从中国进口商品总额的比重，从 2013 年的 2.53%增长到 2018 年的 4.02%，见表4-2。

总体来看，哈萨克斯坦对中国的农产品贸易处于逆差状态，2000—2018 年，哈萨克斯坦对中国的农产品贸易逆差为 70.81 万美元，2018 年逆差增长值 3 079 万美元。如果要进一步增加双方农产品贸易额和贸易种类，需要进一步强化双方在农业领域的比较优势，增强在全球范围内的竞争力。

表 4-2　2013—2018 年哈萨克斯坦从中国进口主要农产品情况

单位：万美元,%

进口农产品	年份					
	2013	2014	2015	2016	2017	2018
水果和坚果	11 323.52	10 622.72	10 428.28	8 301.36	11 660.53	8 689.36
果脯和无果汁水果制品	2 592.58	4 026.35	4 349.82	1 824.47	3 042.76	5 286.06

表4-2(续)

进口农产品	年份					
	2013	2014	2015	2016	2017	2018
果汁和蔬菜汁	2 417.25	2 012.02	2 841.32	2 132.41	2 601.70	3 577.19
糖蜜和蜂蜜	1 030.75	988.21	427.88	994.03	1 163.46	3 179.99
糖果	3 169.31	2 812.94	2 738.25	1 877.76	2 342.30	2 626.73
咖啡和咖啡代用品	1 727.62	1 685.11	1 553.04	1 278.10	1 391.99	1 977.63
可可	1 018.76	566.68	279.87	189.58	303.55	605.97
巧克力、可可食品	484.98	270.19	164.79	231.04	281.59	414.84
茶叶	585.62	586.08	861.74	616.15	848.54	390.20
香料	83.22	338.96	38.49	103.16	121.63	329.28
动物饲料	161.29	169.58	171.05	146.64	146.75	284.64
人造黄油和酥油	23.17	56.28	37.68	68.08	363.40	171.40
食用产品制剂	164.26	120.89	58.09	32.37	40.79	122.80
非酒精饮料	55.94	75.19	110.11	115.08	198.45	116.88
酒精饮料	138.94	253.73	231.17	241.61	246.47	109.72
未加工的烟草	69.03	156.28	67.30	71.12	44.93	108.32
加工的烟草	64.15	39.39	7.90	4.23	60.51	102.44
生皮	46.90	36.17	37.32	37.19	50.97	81.50
从中国进口农产品总额	25 842.09	25 410.83	24 912.50	18 882.62	25 548.96	28 734.00
从中国进口商品总额	1 021 522.51	965 342.61	668 685.71	554 843.30	743 725.78	715 633.19
农产品进口占比	2.53	2.63	3.73	3.40	3.44	4.02

数据来源：联合国贸易和发展会议数据库。

中国（新疆）与哈萨克斯坦毗邻，与哈萨克斯坦开展贸易合作具有天然的地缘优势。中国（新疆）与哈萨克斯坦的贸易额不断增加，双向投资稳步发展，哈萨克斯坦已连续多年成为中国（新疆）第一大贸易合作伙伴，双边贸易在中哈两国的经贸合作中的地位越来越重要。早在2008年，伊犁哈萨克自治州对外贸易经济合作局与哈萨克斯坦解特苏公司就双方开展农产品贸易事宜进行商洽，签订了《农产品贸易合作协议书》[①]。2012年5月8日，第七届哈萨克斯坦东部中国新疆农产品展洽会在东哈州首府乌斯季卡

① 资料来源：中国驻哈萨克斯坦大使馆经济商务参赞处《新疆伊犁州与哈客商签订农产品贸易合作协议书》（2008年7月4日）。

缅诺戈尔斯克举行。双方农产品展洽会的定期举行，为中国（新疆）与哈萨克斯坦的农产品贸易往来搭建了良好平台。2018 年中国（新疆）与哈萨克斯坦贸易额占中国与哈萨克斯坦贸易总额的 41.57%。在"一带一路"框架下，中国（新疆）与哈萨克斯坦的贸易额还将继续提升①。

三、农业投资合作

哈萨克斯坦自独立以来，吸引的外商直接投资逐年增长，尤其在 2006 年之后，吸引外资超过百亿美元。1998 年，哈萨克斯坦吸引外国直接投资额为 11.51 亿美元，占 GDP 的比例为 5.20%。2018 年吸引外资投资额为 2.08 亿美元，占 GDP 的比例为 0.12%（见图 4-3）。

据哈萨克斯坦央行发布的统计数据，截至 2018 年 7 月 1 日，外国对哈萨克斯坦投资存量为 1 510.03 亿美元，其中投资存量排名前十的国家（地区）投资占比为 92.3%。对哈萨克斯坦直接投资存量最多的国家是荷兰，投资存量为 633.75 亿美元，占 42%，其次为美国、法国、中国、日本等国。

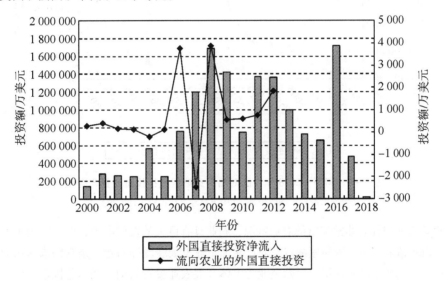

图 4-3 2000—2018 年哈萨克斯坦吸引外国直接投资及农业吸引投资情况

（数据来源：哈萨克斯坦农业吸引外资的数据来源于联合国粮食及农业组织，该项数据只更新到 2012 年。
其他数据来源于世界银行，http://www.worldbank.org.cn）

哈萨克斯坦吸引的外资主要流向了矿山采掘业，也包括科学和技术活动。外资投向这两个领域的占比超过六成，科学和技术活动的统计口径下包括地质勘探和找矿活动，投向地质勘探的外资占到了科学和技术活动领域吸引外资的主要构成部分。由此可见，哈萨克斯坦吸引外资投向的主要领域是采掘业和油气行业，而其他行业吸引外资的占比

---

① 资料来源：新疆维吾尔自治区商务厅《周边国家近期信息摘编（一）：哈萨克斯坦篇》（2014 年 4 月 22 日）。

较小，其余的外资主要流向了制造业和批发零售业。

从农业吸引外国直接投资来看，农业领域吸引外国直接投资数额始终较低，长期以来仅占该国吸引外资总额的极小比例。2012 年哈萨克斯坦农业吸引外资 1 830 万美元，占比仅 0.13%。

中国对哈萨克斯坦的直接投资流量，2005 年为 0.95 万美元，2007 年上升至 2.79 亿美元，投资流量的波动较大，2018 年的投资流量为 1.18 亿美元。从中国对哈萨克斯坦直接投资的存量来看，2005 年年末的直接投资存量为 2.45 亿美元，2018 年年末为 73.41 亿美元（见图 4-4）。

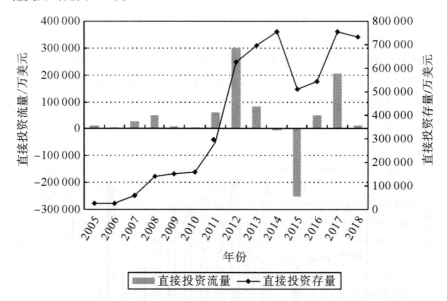

图 4-4 2005—2018 年中国对哈萨克斯坦直接投资流量与存量
（数据来源：中国商务部，《中国对外直接投资统计公报》）

哈萨克斯坦拥有非常丰富的农业资源，农业具有巨大的发展潜力，但其国内生产资金不足、设备落后、生产资料紧缺以及农产品加工业发展缓慢等问题，是制约该国农业发展的瓶颈。中国在哈萨克斯坦以民营企业为主体开展农业投资活动，经营范围涉及生产、加工、贸易多个领域。中国与哈萨克斯坦的农业投资合作主要从以下五个方面展开。

一是农产品加工的投资合作。由于严重缺乏农产品贮藏与加工设备，哈萨克斯坦的农产品加工业发展缓慢，这为中国与哈萨克斯坦的农产品加工合作提供了机会。2015年，中富投资集团拟分阶段投资 5 亿美元实施科斯塔奈州农业综合体项目，包括亚麻油籽的种植、收割、加工和育种等。2016 年 12 月 6 日，中哈爱菊农产品加工园区一期工程竣工投产。另外，哈萨克斯坦农业部已经和中国日发控股集团、爱菊公司、中粮集团签署了农产品生产加工合资项目落实联合行动计划。

二是农业节水技术和设备的投资合作。大多农业种植需要依靠灌溉，而哈萨克斯坦国内水资源相对短缺，农田水利基础设施更新缓慢，农田水利设备陈旧落后，无法满足农业发展的需求。2014 年 8 月，新疆西部节水科技股份有限公司向哈萨克斯坦阿姆肯特市的 200 公顷果园输出节水技术、设备和服务，合同价值近 200 万元。

三是农业机械的投资合作。哈萨克斯坦的农业机械相对落后，2000—2018 年，农业机械的使用量没有增加，严重制约了哈萨克斯坦的农业生产能力。哈萨克斯坦也迫切需要更新农用机械。2013 年，吉林粮食集团在哈萨克斯坦累计投入 30 000 万美元，购置了价值 2 亿元的农机设备，种植了上千公顷作物。

四是农业生产资料的投资合作。哈萨克斯坦的农业生产资料的生产发展落后，种子、化肥、农药等都依靠进口以弥补国内市场的缺口。2014 年，中国在哈萨克斯坦碳酸钾储量与钾肥生产方面投资了 38 亿美元，将每年 100 万吨的产量增至 700 万吨，这在一定程度上缓解了哈萨克斯坦化肥短缺的问题。

五是农业土地开发合作。2009 年 12 月 25 日，为了利用哈萨克斯坦南部的荒废农业用地，哈萨克斯坦开始与中国合作种植大豆作物。目前哈萨克斯坦有意吸引外资进入农作物种植和农产品加工领域，鼓励对当地企业以投资合作的方式进行土地开发，因此，中国与哈萨克斯坦的农业土地开发合作具有广阔前景。

四、农业技术交流与合作

农业技术交流与合作是中国和哈萨克斯坦农业合作的重要内容之一，目前两国已经建立了有效的科技合作平台，农业技术示范合作成为两国开展农业科技交流与合作的重要途径之一。2015 年，中国陕西省科技厅与哈萨克斯坦共和国江布尔州政府签署合作框架协议，共建"中哈国际农业科技示范园"，开展农作物替作技术、设施农业、果树栽培等农业新技术的示范推广。2015 年 9 月，中国庆阳汇丰实业有限公司与哈萨克斯坦新丝绸之路文化经济国际科学院成功签订了总投资 10 亿元的中哈国际农业科技示范园建设项目合作协议。该项目主要包括：在哈萨克斯坦阿拉木图市建万吨果蔬气调库 10~15 处。中国（新疆）与哈萨克斯坦的自然条件具有很强的相似性，在农业节水灌溉技术、农作物病虫害防治等方面相比中亚具有明显优势，双方合作潜力巨大。目前中国（新疆）已经成功将地膜覆盖技术、膜下滴灌技术以及温室等技术推广到中亚国家。

农业人才的交流与合作也是中国与哈萨克斯坦农业合作的重要内容。中国（新疆）的科研机构通过举办各类粮食作物种植技术培训班、牲畜改良技术培训班、研讨会等形式，加大了与中亚国家的农业人才交流。此外，高等院校和科研机构的良好互动和交流，也成为双方农业科技人才交流的重要内容，例如，西北农林科技大学为哈萨克斯坦举办农牧培训班。

在畜牧业科技合作方面，中哈双方于 2010 年 5 月在两国分别成立了"中国新疆—哈萨克斯坦畜牧研究中心"，2013 年 6 月，中国（新疆）与哈萨克斯坦东哈州联合成立了农业科学研究所，双方在畜产品加工领域加大合作力度。通过畜牧业的科技合作，中国（新疆）的毛绒质量控制等技术被哈萨克斯坦所采用，双方的农业科技人员往来频繁，畜牧业科技合作不断走向深入。

2013 年 5 月，中科院新疆生态与地理研究所建立了中亚生态与环境研究中心，并在除土库曼斯坦的中亚四国建立了分中心，建立了生态系统野外观测研究站，开展自然资源开发与生态环境保护的联合研究。2015 年，陕西杨凌农业科技集团在哈萨克斯坦启动建设中哈国际农业科技示范园项目，通过多种模式加大与中亚国家的农业科技合作。

第二节　中国（新疆）与吉尔吉斯斯坦农业合作现状

一、政府间农业交流与合作

近年来，中国和吉尔吉斯斯坦双方高层互访频繁，签订了多项合作协议，为两国开展农业多方面合作提供了较为坚实的政策基础。例如，中吉政府间经贸合作委员会中国新疆—吉尔吉斯斯坦工作组第六次会议于 2012 年 8 月 2 日举行，双方就开展经贸、农业、交通、科技等诸多领域合作达成了积极共识。2014 年 7 月 9—10 日，吉尔吉斯斯坦经济部长萨利耶夫率团赴乌鲁木齐参加中国—吉尔吉斯斯坦政府间经贸合作委员会框架下的中国新疆—吉尔吉斯斯坦工作组第七次会议，双方商定继续致力于发展经贸合作。2014 年 8 月，双方在比什凯克市举办了新疆商品展和经济论坛。2016 年 11 月 2 日，两国共同签署发表《中吉两国政府联合公报》，并签署了经济技术、农业、产能、交通、知识产权等领域多份合作文件。2017 年 7 月，中国质检局代表团对吉尔吉斯斯坦进行访问，签署了樱桃、种用马属动物、屠宰用马属动物检验检疫议定书及中吉动植物检疫和食品安全合作备忘录。2017 年 7 月 27—28 日，中吉政府间经贸合作委员会中国新疆—吉尔吉斯斯坦工作组第九次会议在乌鲁木齐成功举办，并签署了《中吉政府间经贸合作委员会中国新疆—吉尔吉斯共和国工作组第九次会议纪要》。

二、农产品贸易合作

2000—2018 年，吉尔吉斯斯坦与中国的双边贸易额处于快速增长的态势。2000 年中吉贸易额为 1.01 亿美元，2014 年已增长至 12.50 亿美元。2008—2014 年，连续七年中国位居吉尔吉斯斯坦第二大贸易伙伴。但在 2015 年，由于吉尔吉斯斯坦加入欧亚经济联盟，中吉贸易额降低至 10.85 亿美元[①]，此后逐步恢复，2018 年双边贸易额已增长至 19.93 亿美元（见图 4-5）。

---

① 资料来源：中国驻吉尔吉斯斯坦大使馆经济商务参赞处《受吉尔吉斯斯坦加入欧亚经济联盟影响，吉中贸易份额 8 年来首次下落》（2015 年 10 月 23 日）。

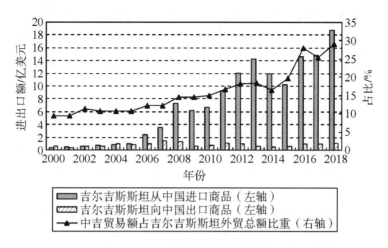

图 4-5　2000—2018 年吉尔吉斯斯坦与中国进出口贸易

（数据来源：联合国贸易和发展会议，http://www.unctad.org）

　　吉尔吉斯斯坦与中国的农产品进出口总额，从 2000 年的 0.10 亿美元增长至 2018 年的 0.71 亿美元。农产品贸易额占中吉贸易总额的比重，从 2000 年的 9.95%下降到 2018 年的 3.57%（见图 4-6），农产品贸易在两国商品贸易中所占的比重较小。

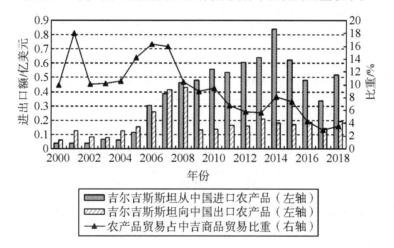

图 4-6　2000—2018 年吉尔吉斯斯坦与中国农产品贸易金额及占比

（数据来源：联合国贸易和发展会议，http://www.unctad.org）

　　从吉尔吉斯斯坦与中国的农产品贸易来看，2018 年吉尔吉斯斯坦对中国出口的主要农产品是加工的烟草、生皮（毛皮除外），出口额分别为 604.77 万美元、478.17 万美元，其次是水果和坚果 203.21 万美元、羊毛 179.06 万美元，见表 4-3。

表 4-3　2013—2018 年吉尔吉斯斯坦向中国出口主要农产品情况

单位：万美元,%

年份	2013	2014	2015	2016	2017	2018
加工的烟草	N. A.	N. A.	58.94	391.67	656.44	604.77
生皮（毛皮除外）	1 226.32	1 021.74	1 041.54	822.35	6.35	478.17
水果和坚果	601.39	489.11	279.85	179.54	172.64	203.21
羊毛	117.10	98.88	126.37	141.29	169.03	179.06
活的动物	0.09	N. A.	1.97	28.43	156.99	106.99
糖蜜和蜂蜜	5.20	33.53	60.10	69.28	79.26	85.71
粗蔬菜原料	82.21	90.42	58.96	97.70	1.49	57.23
丝绸	N. A.	8.13	10.74	33.09	35.87	39.79
机织棉织物	N. A.	N. A.	N. A.	25.16	21.35	26.84
动物饲料	N. A.	3.19	10.22	14.60	18.22	18.94
水果粉和蔬菜粉	14.11	0.57	1.93	15.46	15.71	17.99
棉花	N. A.	N. A.	1.02	24.83	5.49	17.49
食用类内脏	14.86	9.71	5.72	18.48	5.89	14.06
果脯和水果制品	0.62	0.35	1.76	N. A.	22.91	13.22
酒精饮料	4.05	15.62	15.14	12.34	4.38	9.65
生毛皮	16.01	10.31	11.18	N. A.	11.32	6.53
食用产品制剂	N. A.	0.07	1.52	3.09	8.14	6.48
混合植物油	N. A.	1.59	0.66	9.87	N. A.	5.69
向中国出口农产品总额	2 097.51	1 801.62	1 719.26	1 901.38	1 430.94	1 922.78
向中国出口商品总额	6 514.41	4 976.33	5 547.69	9 679.46	10 112.50	11 420.18
农产品出口占比	32.20	36.20	30.99	19.64	14.15	16.84

数据来源：联合国贸易和发展会议数据库。

注：N.A. 表示数据暂不可得。

　　吉尔吉斯斯坦从中国进口的主要农产品是水果和坚果、蔬菜，2018 年的进口额分别为 1 471.45 万美元、708.04 万美元，其次是其他肉类和动物内脏、食用产品制剂等、淀粉和小麦面筋、橡胶材料、茶叶等，见表 4-4。

表 4-4　2013—2018 年吉尔吉斯斯坦从中国进口主要农产品情况

单位：万美元,%

年份	2013	2014	2015	2016	2017	2018
水果和坚果	1 082.39	1 131.41	1 240.65	1 511.51	805.17	1 471.45
蔬菜	127.98	389.20	456.51	805.88	308.88	708.04
其他肉类和内脏	3 033.73	4 663.49	2 467.40	866.50	11.70	557.79
食用产品制剂	274.69	382.52	453.71	308.56	367.46	429.37
淀粉和小麦面筋	303.42	207.67	257.90	221.56	208.93	273.43
橡胶材料	114.36	208.11	185.70	95.70	157.99	161.13
茶叶	65.13	71.41	117.47	110.24	92.50	128.77
根茎类蔬菜	211.40	238.96	197.55	92.30	93.55	118.05
加工的烟草	29.76	43.32	31.03	107.37	72.12	114.00
糖蜜和蜂蜜	103.57	78.19	88.56	80.07	23.72	65.92
粗蔬菜原料	46.21	27.89	50.32	37.11	30.48	42.93
果脯和水果制品	9.37	3.39	4.33	23.84	37.35	38.87
香料	0.08	0.30	7.60	33.06	17.57	32.16
酒精饮料	5.40	0.03	0.26	2.88	38.78	26.46
鱼	31.16	50.30	24.94	10.76	28.48	24.93
加工的木材	43.12	86.62	32.75	29.21	9.24	24.42
动物饲料	9.54	10.43	8.76	14.31	13.66	17.76
从中国进口农产品总额	6 407.05	8 381.39	6 223.27	4 827.00	3 361.39	5 200.88
从中国进口商品总额	143 204.58	120 034.08	102 911.10	146 495.70	149 369.40	187 919.61
农产品进口占比	4.47	6.98	6.05	3.29	2.25	2.77

数据来源：联合国贸易和发展会议数据库。

　　总体来看，吉尔吉斯斯坦与中国的农产品贸易差额从顺差演变为逆差的状态。2000—2005 年为顺差，其中 2005 年顺差 398 万美元。2006—2018 年，吉尔吉斯斯坦对中国的农产品贸易始终处于逆差，2006 年逆差额为 402 万美元，2018 年逆差额为 3 300 万美元，其中逆差额的峰值在 2014 年，为 6 600 万美元。

三、农业投资合作

吉尔吉斯斯坦自独立以来，将吸引外资作为其发展经济的重要资金来源之一。1998—2018年，吉尔吉斯斯坦吸引的外国直接投资呈现出逐步上升的趋势，但2017年出现了较大幅度的下降。从吸引外国直接投资的流量来看，吉尔吉斯斯坦吸引的外国直接投资净流入，2001年为500.67万美元，2018年吸引外资的金额为4 659.88万美元，占GDP的比例仅为0.58%，占比依然较低。由于吉尔吉斯斯坦国内政局动荡和地方性腐败破坏了经济前景，尤其是有关库姆托尔金矿，截至2018年年底未成功地与经营库姆托尔金矿的加拿大公司Centerra处理好合同纠纷，持续的不确定性削弱了吸引外国投资的热情①。

截至2018年年底，吉尔吉斯斯坦吸收外资存量为39.17亿美元。2017年中国对吉尔吉斯斯坦投资2.7亿美元，系吉尔吉斯斯坦第一大投资来源国，加拿大、哈萨克斯坦、俄罗斯分别位居第二至第四位②。

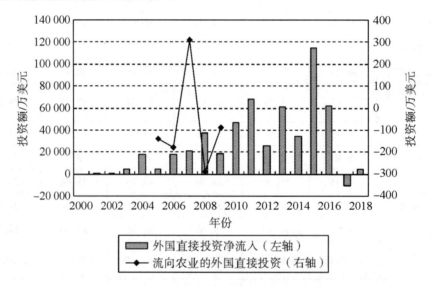

图4-7 2000—2018年吉尔吉斯斯坦吸引外国直接投资及农业吸引投资情况

（数据来源：吉尔吉斯斯坦农业吸引外资的数据来源于联合国粮食及农业组织，

该项数据只有2005—2009年的数据。

其他数据来源于世界银行，http://www.worldbank.org.cn）

吉尔吉斯斯坦吸引的外资主要流向了加工工业、科学领域、金融领域和矿产开采等领域。流向农业的外资很少，仅占吸引外资的极小比例。从农业吸引外国直接投资来看，吉尔吉斯斯坦农业吸引的外国直接投资流量在2005年为-140万美元，仅在2007年

---

① IHS MARKIT. Country reports：Kyrgyzstan ［R］. London：IHS Markit，2018：1-46.

② 中国商务部，中国驻哈萨克斯坦大使馆经济商务参赞处. 对外投资合作国别（地区）指南：哈萨克斯坦 ［R］. 北京：中国商务部，2019：1-133.

出现了正值 310 万美元，而当年吉尔吉斯吸引的外国直接投资净流入达 20 791.95 万美元，农业直接投资占比仅为 1.49%（见图 4-7）。

吉尔吉斯斯坦成立伊始，即与中国开始投资合作，但多数项目投资额较小。从中国对吉尔吉斯斯坦的直接投资流量看，2005 年的投资流量为 1 374 万美元，2018 年的投资流量为 1 亿美元（见图 4-8）。从中国对吉尔吉斯斯坦直接投资的存量来看，2005 年年末的直接投资存量为 4 506 万美元，2018 年年末为 13.93 亿美元（见图 4-8）。中国企业在吉尔吉斯投资主要集中在交通、工程承包、通信领域等，2012 年 8 月 1 日，特变电工承建了中吉两国政府迄今为止最大的能源合作项目，即"达特卡—克明"500 千伏输变电工程，项目建成后极大提升了吉尔吉斯斯坦南部电网的自主供电能力[①]。

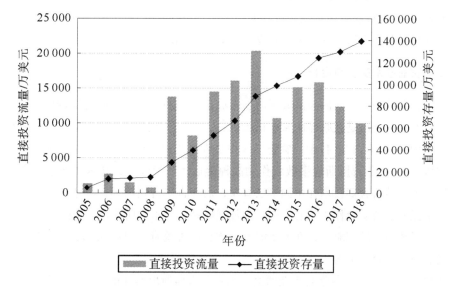

图 4-8　2005—2018 年中国对吉尔吉斯斯坦直接投资流量与存量
（数据来源：中国商务部，《中国对外直接投资统计公报》）

随着"一带一路"倡议的提出，中国对其沿线国家的投资开始提速，截至 2015 年年底，中国在上合组织成员国内成立的农业企业达 114 家，其中位于吉尔吉斯斯坦的有 7 家，主要是畜产品生产和加工企业。中国与吉尔吉斯的农业投资合作主要包括以下几个方面：

在农业节水设备投资合作方面，2015 年 9 月，两国政府代表签署了中国政府援吉农业灌溉项目文件，中国政府会无偿援助吉尔吉斯斯坦建设完善国内的灌溉设施。

在农业机械设备投资合作方面，2006 年，中国启动了对吉尔吉斯斯坦的农机援助项目，赠与了 1 200 台农机。赠与主要是通过国有租赁公司吉尔吉斯利服务（Kyrgyzaiylser-

---

① 资料来源：新疆商务厅《特变电工吉尔吉斯斯坦"达特卡—克明"500 千伏输变电工程开工》（2012 年 8 月 2 日）。

vice）来实施的①。2012 年，中国国家开发银行向吉尔吉斯农业银行提供贷款，帮助该国农民购买东方红大轮拖拉机。

在农业产业合作区投资合作方面，2011 年，中国河南贵友企业在吉尔吉斯斯坦楚河州投资建立"亚洲之星"农业产业合作区。该合作区位于楚河州邱伊区伊斯克拉镇，发展种植、养殖、屠宰加工、食品深加工等产业。2017 年 1 月，为进一步推动农业产业发展，吉尔吉斯斯坦经济部与"亚洲之星"农业产业合作区签署了经贸领域合作备忘录。

在合作建立农业公司、促进农业转型方面，2014 年 12 月，中国新疆生产建设兵团和新疆农垦科学院确定了与吉尔吉斯斯坦种子局合作建设"良种繁育及制种基地"，开展品种对比试验和品种登记等合作事宜，并且落实了与吉粮公司联合成立"中吉农机合作服务公司"，开展农机租赁及农机具推广工作。2017 年 6 月 21 日，吉尔吉斯斯坦国家化肥厂项目在北京成功签约，项目总投资 2.28 亿美元。

四、农业技术交流与合作

吉尔吉斯斯坦由于国内经济底子薄、不稳定的制约，科技发展处于较低水平，科技领域的国家预算支出是独联体国家中最低的②。吉尔吉斯斯坦也有意加强国际科技合作与交流，1995 年 10 月 23 日中吉签署了《中华人民共和国和吉尔吉斯共和国政府科学技术合作协定》。吉尔吉斯斯坦多数农作物品种落后，产量较低，技术研发水平大大落后于中国，如马铃薯脱毒技术在中国早已普及，而在吉尔吉斯斯坦尚处于研发阶段，吉方亦对与中国开展科研合作表示有意进一步加强联系。吉尔吉斯斯坦与中国（新疆）等西部省份气候相似、地域毗邻，在节水灌溉、优良品种繁育、农产品深加工、土壤改良等方面具有较大的合作潜力。

2013 年，中国农业科学院棉花研究所与吉尔吉斯斯坦奥什市进行了技术合作，引进中国的棉花种植技术，在卡拉苏棉区推广中棉系列新品种，经过多年的发展，取得了较好的成效，有效提高了棉花单产达 60% 以上。通过引入地膜除草、降低劳动力和除草剂的使用，土壤成分的分析，提高施肥的有效性。通过中国农艺师的示范指导，中国棉花种植技术在当地迅速传播开来。2014 年，中国杨凌国家级农业高新技术产业示范区乐达生物科技公司在吉尔吉斯斯坦楚河州启动了中吉农业科技示范园建设项目。目前公司已在楚河州租赁土地 482.3 公顷，累计投资 943.7 万元。

在科技交流方面，两国也通过高等院校和科研机构展开了农业科技交流活动。2015 年 10 月，西北农林科技大学代表团访问了吉尔吉斯斯坦国立农业大学和田园牧业集团公司，就农业科技合作达成意向。2016 年 9 月，中国新疆农垦科学院与吉尔吉斯斯坦植物品种遗传资源测试中心签约共建中吉实验室协议书，并在吉尔吉斯斯坦举行了中国现

---

① GUADAGNI M，FILECCIA T. The Kyrgyz Republic farm mechanization and agricultural productivity［R］. Rome：FAO，2009：1-74.

② 资料来源：中国驻吉尔吉斯斯坦大使馆经济商务参赞处《吉尔吉斯斯坦科技发展现状》（2004 年 11 月 5 日）。

代农业技术培训班。

新疆农垦科学院依托自身的技术优势、人才优势、产业优势、地缘优势、外贸优势实施农业"走出去"战略。2014年年初，新疆农垦科学院与吉尔吉斯签订土地租赁协议，联合开展作物制种试验及现代农业高产示范工作，新疆农垦科学院负责玉米、食葵等作物的制种，由吉方提供水电、仓储、安保及部分农业机具。新疆农垦科学院在吉尔吉斯斯坦建立了4个现代农业技术示范区，积极推动中国（新疆）农业技术走向吉尔吉斯斯坦[①]。

第三节　中国（新疆）与塔吉克斯坦农业合作现状

中塔两国自1992年1月4日建立外交关系以来，经贸合作不断深化，农业合作取得一定的成效，积累了不少经验，为双边农业合作的健康、稳定发展奠定了良好的基础。

一、政府间农业交流与合作

中国和塔吉克斯坦建交以来，双方高层互访频繁，上合组织的建立和中塔经贸混委会机制的建立，为双方的经贸往来奠定了坚实的基础。在这些合作机制框架下，中塔双方就贸易往来、跨境投资、工程承包等问题展开了广泛的措施和协调。中国和塔吉克斯坦政府签署了一系列的经贸合作方面的政府间协议，包括发展经济贸易、鼓励投资、能源合作协定等。

中塔两国政府在推动农业合作方面，已经签署了一系列多边和双边的农业合作协议。在上合组织框架下，各成员国签署了《上海合作组织成员国政府间农业合作协定》，明确了在农业各领域的合作方向。2011年8月，中国和塔吉克斯坦政府签署了《中塔两国农业合作谅解备忘录》。此外，中塔两国还于2012年建立了中塔农业合作委员会，每两年召开一次。双方就种植业、农业机械、畜牧业、农业科技交流等方面进行磋商。

2010年8月28日至9月4日，新疆派出农业技术考察团对塔吉克斯坦农业现状特别是棉花、水稻、葡萄、果树等种植情况和塔方自然气候条件进行了实地考察。专家组认为，在应用中国膜下滴灌、地膜覆盖技术，双方互换小麦、水稻、番茄等作物品种帮助塔吉克斯坦提高经济作物和粮食产量、推广使用中国产农机具、农产品的脱水和深加工、农业技术人员交流培训等方面合作空间很大。双方签署了《中国新疆维吾尔自治区人民政府与塔吉克斯坦共和国农业部农业合作意向》。2013年4月18日，新疆维吾尔自治区商务厅代表团访问塔吉克斯坦并与塔吉克斯坦农业部举行会谈，双方就从塔吉克斯坦进口樱桃和柠檬等农产品、植物检疫及开展农机租赁等问题充分交换了意见并达成共识。2015年9月17日，中国（新疆）商务厅与塔吉克斯坦工商会联合主办的第八届塔吉克斯坦—中国新疆出口商品展洽会在杜尚别市举行。2015年12月22日，双方召开了

---

① 资料来源：新疆商务厅《新疆农垦科学院积极推动农业"走出去"》（2014年5月19日）。

中国—塔吉克斯坦政府间经贸合作委员会新疆—塔吉克斯坦经贸合作分委会第四次会议，就中国新疆与塔吉克斯坦的经贸关系发展等问题交换意见，包括投资、农业、能源、工业、旅游等领域合作情况。2017年8月，两国政府签署了《中塔合作规划纲要》，再次明确了在农业领域的合作，双方都希望深化在灌溉技术、蔬菜栽培、农业机械等方面扩大合作。此外，中国（新疆）与塔吉克斯坦农业部于2010年签署了合作协议，将中国（新疆）在棉花种植方面的先进技术向塔吉克斯坦推广。

二、农产品贸易合作

塔吉克斯坦经济相对困难，是中亚国家中最穷的。塔吉克斯坦对中国的贸易水平一直不高，2000年，塔吉克斯坦与中国的商品贸易额仅有0.187亿美元，此后两国贸易增长较为迅速，截至2018年，两国双边贸易总额已增长至8.456亿美元。塔吉克斯坦与中国的贸易额占其对外贸易总额的比重也有上升，从2000年的1.28%上升到了2018年的19.62%。

从塔吉克斯坦与中国的贸易差额来看，2000—2018年塔吉克斯坦与中国的贸易始终处于逆差状态，且逆差有不断扩大的趋势，2000年逆差额为0.8万美元，2018年已扩大至5.93亿美元（见图4-9）。中国对塔吉克斯坦出口的主要商品有机械设备、纺织品等；中国自塔吉克斯坦进口的主要商品有矿砂、矿渣、棉花等。

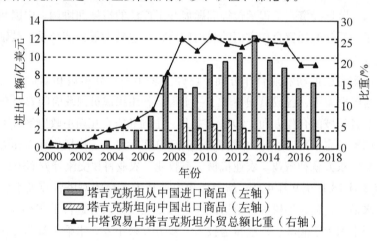

图4-9 2000—2018年塔吉克斯坦与中国进出口贸易

（数据来源：联合国贸易和发展会议，http://www.unctad.org）

塔吉克斯坦对中国的农产品贸易额相对较小。2000年中塔农产品贸易额为0.077亿美元，2018年增长至0.659亿美元。中塔农产品贸易占双边贸易总额的比重，从2000年的40.97%下降到2018年的7.80%（见图4-10）。

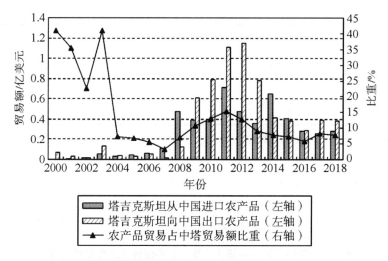

图 4-10　2000—2018 年塔吉克斯坦与中国农产品贸易金额及占比

（数据来源：联合国贸易和发展会议，http://www.unctad.org）

从塔吉克斯坦农产品出口来看，塔吉克斯坦对中国出口的主要农产品是棉花和丝绸，2018 年两项产品的贸易额分别为 3 261.11 万美元和 268.89 万美元，两项产品合计贸易额占塔吉克斯坦向中国出口农产品贸易总额的 85.31%。其他的主要出口农产品包括生皮（毛皮除外）180.60 万美元、水果和坚果 53.05 万美元、羊毛 24.41 万美元等，见表 4-5。

表 4-5　2013—2018 年塔吉克斯坦向中国出口主要农产品情况

单位：万美元，%

年份	2013	2014	2015	2016	2017	2018
棉花	5 985.54	2 981.44	2 770.47	2 206.35	3 134.70	3 261.11
丝绸	565.35	299.36	454.19	415.51	277.39	268.89
生皮（毛皮除外）	1 074.34	665.61	524.54	218.62	438.27	180.60
水果和坚果	4.56	114.40	60.96	20.07	32.62	53.05
羊毛	36.93	17.85	14.95	15.37	21.33	24.41
粗蔬菜原料	118.82	59.19	13.03	14.13	N. A.	19.48
非酒精饮料	N. A.	N. A.	N. A.	3.26	N. A.	5.16
巧克力、可可食品	N. A.	N. A.	N. A.	1.76	N. A.	1.95
蔬菜	N. A.	N. A.	0.29	N. A.	N. A.	0.34
向中国出口农产品总额	4 137.87	3 838.43	2 895.07	3 904.30	3 814.99	4 137.87

表4-5（续）

年份	2013	2014	2015	2016	2017	2018
向中国出口商品总额	21 908.32	11 416.70	10 167.31	8 486.72	12 105.33	12 644.35
农产品出口占比	35.54	36.24	37.75	34.11	32.25	30.17

数据来源：联合国贸易和发展会议数据库。

注：N.A. 表示数据暂不可得。

塔吉克斯坦从中国进口的主要农产品包括其他肉类和食用类内脏 548.53 万美元、茶叶 299.17 万美元、食用产品制剂 183.81 万美元等。其他农产品还包括大米、糖蜜和蜂蜜、淀粉和小麦面筋、混合植物油等，见表4-6。

表 4-6　2013—2018 年塔吉克斯坦从中国进口主要农产品情况

单位：万美元，%

年份	2013	2014	2015	2016	2017	2018
其他肉类和食用类内脏	394.64	513.02	644.07	456.42	717.70	548.53
茶叶	324.50	267.92	412.68	371.75	379.12	299.17
食用产品制剂	274.68	262.70	241.07	187.81	181.95	183.81
大米	260.17	246.24	208.86	179.35	145.46	162.70
糖蜜和蜂蜜	169.15	165.96	124.50	142.65	101.96	82.19
淀粉和小麦面筋	74.62	93.51	85.71	99.33	94.08	81.66
混合植物油	126.33	231.95	114.88	97.71	145.52	66.99
橡胶材料	103.53	81.21	47.55	51.55	39.49	38.36
水果和坚果	147.11	260.30	59.99	23.51	35.86	35.80
加工的烟草	17.22	17.67	39.92	34.33	29.75	34.48
燃料木材和木炭	N.A.	6.57	13.27	43.21	42.53	28.17
粗蔬菜原料	11.59	11.64	35.95	17.02	26.68	23.63
根茎类蔬菜	29.63	47.08	18.17	29.84	24.84	20.26
简单加工的木材	10.15	N.A.	25.18	N.A.	N.A.	19.81
咖啡	27.52	35.50	29.75	26.02	20.80	16.86
蔬菜	11.17	25.61	35.72	8.98	11.79	14.80
水果粉和蔬菜粉	69.04	38.09	14.29	8.08	6.88	8.98
从中国进口农产品总额	3 616.96	6 519.30	4 056.21	2 826.81	2 552.42	2 777.11

表4-6（续）

年份	2013	2014	2015	2016	2017	2018
从中国进口商品总额	105 077.31	124 028.14	97 136.39	88 595.05	65 872.22	71 917.00
农产品进口占比	3.44	5.26	4.18	3.19	3.87	3.86

数据来源：联合国贸易和发展会议数据库。

注：N.A. 表示数据暂不可得。

总体来看，塔吉克斯坦与中国的贸易规模较小，但增长速度快，2018 年，中国已成为塔吉克斯坦第一大贸易伙伴，但中国与塔吉克斯坦的贸易仍然存在一些问题，包括：进出口商品结构简单，限于原料性商品；双方贸易发展不平衡，塔吉克斯坦与中国的双边贸易始终处于逆差，且逆差不断扩大；塔吉克斯坦除了铝和棉花以外，其他的产品竞争力较弱。而塔吉克斯坦与中国的农产品贸易，占其对外贸易的比重逐年走低，农产品已不是双边贸易的主要商品。

三、农业投资合作

塔吉克斯坦吸引的外国直接投资总体呈现出不断增加的趋势，1992 年独立之初，塔吉克斯坦吸引外国直接投资 900 万美元；2004 年吸引的外国直接投资首次超过 2 亿美元；2018 年增长至 22 086.22 万美元，占 GDP 的比重 2.94%（见图 4-11）。

塔吉克斯坦吸引的外国直接投资存量：2000 年年末为 1.36 亿美元，占 GDP 的比重为 15.92%；截至 2018 年年末，吸引的外资存量达 27.60 亿美元，占 GDP 比重为 36.65%。塔吉克斯坦吸引的外资主要投向了公路修复、能源开发及贵金属矿开采和加工、食品加工业、发展中小企业等领域。在塔吉克斯坦投资的主要国家有中国、俄罗斯、瑞士等[①]。

塔吉克斯坦吸引的外资在农业领域很少，仅占吸引的全部外资的极小比例。从农业吸引外国直接投资来看，根据联合国粮食及农业组织仅公布的 2006—2008 年塔吉克斯坦农业吸引的外国直接投资数据，三年农业吸引的外国直接投资分别仅为 170 万美元、150 万美元、10 万美元，仅占当年塔吉克斯坦吸引的外国直接投资净流入的 0.50%、0.42%、0.03%（见图 4-11）。

从中国对塔吉克斯坦的直接投资流量来看，2005 年中国对塔吉克斯坦直接投资 77 万美元，2018 年增长至 38 824 万美元，占 2018 年塔吉克斯坦吸引外国直接投资净流入的 175.79%；从中国对塔吉克斯坦直接投资的存量来看，2005 年对塔吉克斯坦的直接投资存量为 2 279 万美元，2018 年增长至 19.45 亿美元，占塔吉克斯坦吸引外资存量的 70.47%（见图 4-12）。中国已成为塔吉克斯坦的第一大外国直接投资来源国。

---

① 中国商务部，中国驻塔吉克斯坦大使馆经济商务参赞处. 对外投资合作国别（地区）指南：塔吉克斯坦［R］. 北京：中国商务部，2019：1-91.

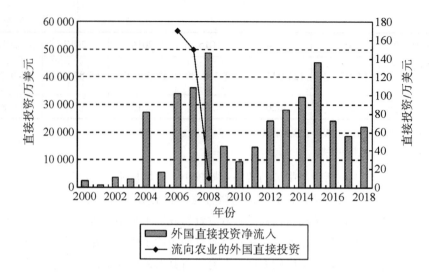

图 4-11 2000—2018 年塔吉克斯坦吸引外国直接投资情况

（数据来源：农业吸引外资的数据来源于联合国粮食及农业组织，

该项数据仅有 2006—2008 年的数据。

其他数据来源于世界银行，http://www.worldbank.org.cn）

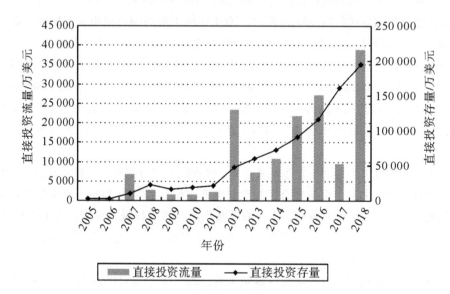

图 4-12 2005—2018 年中国对塔吉克斯坦直接投资流量与存量

（数据来源：中国商务部，《中国对外直接投资统计公报》）

塔吉克斯坦的农业机械设备数量不足，设备陈旧和老化，缺少现代先进的农业机械和农产品加工设备，缺少现代化的农产品加工厂。因此在农业生产领域的节水灌溉技术和设备、农业机械和设备、农产品加工领域开展投资合作，对塔吉克斯坦的农业发展具有重要的作用。

中国与塔吉克斯坦农业投资合作的主体以企业和地方政府为主。2014 年，中国新丝路农业投资有限公司、中国农业银行与塔吉克斯坦"索蒙尊 4341"生产合作社三方合作，总投资 1.3 亿元，在中国塔吉克斯坦分期建设 1.33 公顷棉花种植、11 万锭棉纺、1.5 亿米织布项目。在中国国家开发银行提供的规划和融资等综合金融支持下，河南省政府和哈特隆州政府在农业技术、3 个产业链条（棉花、现代畜牧、果蔬）以及中塔农业合作示范园区建设等领域开展合作。同月，河南省政府出台《河南省与塔吉克斯坦经济合作协调推进工作方案》，旨在加快化肥厂、面粉厂、榨油厂、饲料厂、农机制造厂等项目筹备工作，建设中塔农业产业园区①。

四、农业技术交流与合作

中国与塔吉克斯坦之间的农业技术交流与合作包括引进农业节水灌溉、设施农业、农作物病虫害防治、农产品储运加工等先进技术，以及共建研究中心、科技示范园等合作平台。

2011 年河南经研银海种业有限公司与塔吉克斯坦签署了《河南省经研银海种业有限公司与塔吉克斯坦农业部全面农业合作协议书》，并与哈特隆州签订了 600 公顷使用权限 49 年的土地合同，决定双方共建农业科技示范园区。经过对园区农业基础设施的改造升级、优良种子的应用和种植技术的提升，作物产量超过当地的 2 倍，该项目是中国农业在中亚实施的第一个试点项目。

农业科技的交流和人力资源开发合作主要表现为中国对塔吉克斯坦开展技术援助。塔吉克斯坦独立后，由于受到国内经济危机的影响，科研经费严重短缺，农业科研人员锐减，科技潜力急剧下降，导致农业科研工作基本停滞。而中国拥有较为雄厚的农业科研力量，在农业科技方面成果丰硕。与塔吉克斯坦农业合作以来，中国不断加大对塔吉克斯坦农业的资金投入，在塔国内建设基地，在农业科技领域开展交流，取得了良好成效。

2000 年，中国新疆天业股份公司在塔吉克斯坦索格特州推广膜下滴灌技术种植棉花，该技术节省了 70% 的灌溉水源和 30% 的肥料，同时每公顷平均棉花产量达 3 吨以上。2011 年 8 月，两国农业部门签署了《中塔两国农业合作谅解备忘录》，双方在农业科技人员培训方面也展开了合作；2012 年中国（新疆）为塔吉克斯坦的农业技术人员进行了培训；2013 年 4 月，新疆商务代表团访问塔吉克斯坦，双方就加大从塔吉克斯坦进口生鲜水果等农产品，以及开展检疫合作等方面达成共识。

农业科技的交流与合作还体现在两国高等院校的学术交流活动。2012 年 10 月，塔吉克斯坦农业大学代表团访问中国新疆农业大学，双方研究人员在学术交流会上围绕中亚地区气候变化与可持续发展问题进行学术研讨；2015 年 10 月，中国西北农林科技大学代表团访问塔吉克斯坦农业大学，双方在农业科技合作及推广、留学生招收等方面达成了共识。

---

① 赵敏娟. 中亚五国农业发展：资源、区划与合作 [M]. 北京：中国农业出版社，2018.

第四节 中国（新疆）与乌兹别克斯坦农业合作现状

一、政府间农业交流与合作

自乌兹别克斯坦独立以来，中乌两国双边关系处于良好发展态势。两国农业主管部门在农业信息交换、动植物检疫、棉花育种、农产品加工、农业机械和人员培训等方面加强了合作。2013 年年初，中乌两国政府在中乌政府间委员会框架下设立农业分委会，中国农业部和乌兹别克斯坦农业水利部是该委员会主管部门，两国农业磋商机制逐步形成并完善①。2017 年 6 月，在"一带一路"国际合作高峰论坛上，乌兹别克斯坦代表团与中国代表团签署了两国在经济技术、交通运输、医疗、农业、水电、中小企业、基础设施、旅游和地方交往等领域的合作支持。

在农业合作机制方面，首先是上合组织框架下的合作机制的建立，以上合组织机制为基础形成的上合组织农业部长会议，专门就各国的农业合作进行对话和交流。"一带一路"倡议提出后，2015 年 6 月 15 日，中国与乌兹别克斯坦签署了扩大经贸合作的协议，2015 年 6 月 29 日，各国共同签署了《亚洲基础设施投资银行协定》，乌兹别克斯坦成为亚洲基础设施投资银行的创始成员国。

在双边合作机制方面，1992 年中乌政府间经贸合作委员会建立。在该框架内还设立了经贸、人文、安全、能源、交通运输、科学技术和农业等领域的分委会会议，为促进两国包括农业在内的合作发展做出了重要贡献。2017 年 4 月，中乌农业合作分委会第二次会议在北京召开，双方签署了《中华人民共和国农业部与乌兹别克斯坦共和国农业水利部 2019—2020 年农业合作交流计划》。

二、农产品贸易合作

乌兹别克斯坦与中国的商品进出口贸易，自 2000 年以来处于快速增长中。2000 年中乌贸易总额为 6.05 亿美元，2017 年已增长至 64.57 亿美元（见图 4-13）。乌兹别克斯坦与中国的贸易差额，2000—2017 年呈现出顺逆差交替变化的特征，其中 2003—2006 年、2010—2014 年为顺差，其他年份则为逆差。

乌兹别克斯坦从中国进口的商品以工业品为主。其中，机械设备、电机电气设备、塑料及其制品在中国对乌兹别克斯坦出口商品中占据前三位。乌兹别克斯坦向中国出口的商品以大宗商品为主，天然气、天然铀、棉纱和棉花进口额占出口总额的大部分份额。

---

① 资料来源：中国驻乌兹别克斯坦大使馆经济商务参赞处《乌兹别克斯坦独立以来农业发展取得丰硕成果》（2013 年 3 月 6 日）。

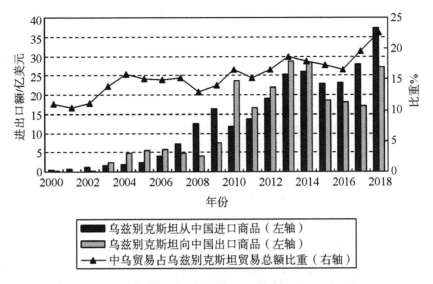

图 4-13　2000—2018 年乌兹别克斯坦与中国的农产品进出口额及占比

（数据来源：联合国贸易和发展会议，http://www.Unctad.org）

乌兹别克斯坦与中国的农产品总额呈现出先上升后下降的趋势。2000 年，双边农产品贸易额为 0.26 亿美元，2018 年为 3.24 亿美元。从农产品贸易占乌兹别克斯坦对外贸易总额的比重来看，2000 年占比为 4.35%，2010 年上升至峰值 40.32%，此后开始下降，2018 年这一比例下降至 5.02%（见图 4-14）。

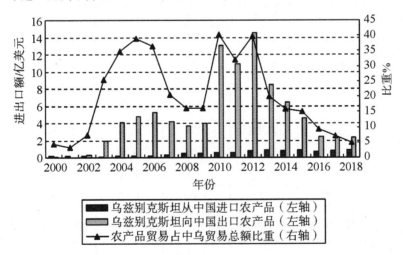

图 4-14　2000—2018 年乌兹别克斯坦与中国的进出口额及占比

（数据来源：联合国贸易和发展会议，http://www.Unctad.org）

乌兹别克斯坦对中国出口的农产品，以棉花为主，棉花出口额占 2018 年对中国出口农产品的 57.67%，见表 4-7。其中，2012 年乌兹别克斯坦对中国出口棉花 14.06 亿美元，此后开始连续下降，这主要是因为乌兹别克斯坦国内农作物种植结构的调整和棉花产业发展政策的变化。棉花是乌兹别克斯坦对中国重要的出口商品，中国政府高度重视两国棉花贸易，并采取了一系列措施以鼓励企业进口乌棉。中乌双方成立了棉花工作组，为两国政府部门及棉企搭建了良好沟通平台。中国近年来一直是乌兹别克斯坦棉花的重要进口国，乌兹别克斯坦已成为中国重要的棉花进口来源国，位于印度、美国、巴基斯坦、澳大利亚、巴西之后。

表 4-7 2013—2018 年乌兹别克斯坦向中国出口主要农产品情况

单位：万美元,%

年份	2013	2014	2015	2016	2017	2018
棉花	119 767.63	102 654.73	81 893.31	56 671.36	18 237.01	13 338.83
水果和坚果	375.25	470.28	1 280.49	1 306.07	1 927.50	2 547.36
蔬菜	54.48	41.68	46.86	34.98	3.59	2 362.66
丝绸	1 377.87	1 477.62	1 102.19	826.82	497.90	1 130.33
粗蔬菜原料	1 207.81	1 275.19	491.74	448.81	734.99	680.49
果脯和水果制品	4.35	N. A.	N. A.	N. A.	298.43	301.89
动物饲料	N. A.	344.83	300.55	210.18	242.61	282.56
羊毛	105.04	80.57	83.53	76.29	121.20	158.27
动物原料	17.64	27.09	35.13	32.99	92.08	92.08
机织棉织物	294.05	233.33	141.71	114.07	66.63	80.99
活的动物	N. A.	N. A.	N. A.	N. A.	29.36	N. A.
果汁和蔬菜汁	N. A.	2.47	4.00	6.60	17.50	12.69
巧克力、可可食品	N. A.	N. A.	0.22	0.24	10.20	9.25
水果粉或蔬菜粉	2.62	2.54	20.03	1.99	12.10	4.33
非酒精饮料	N. A.	13.05	7.76	16.81	14.49	13.65
酒精饮料	N. A.	N. A.	6.91	18.41	4.18	3.83
根茎类蔬菜	N. A.	N. A.	N. A.	N. A.	2.84	N. A.
油籽	1.20	1.75	1.40	1.65	3.04	6.07
向中国出口农产品总额	85 207.33	64 524.38	46 321.39	24 530.18	24 549.23	23 130.20
向中国出口商品总额	259 811.54	238 843.54	178 754.96	151 722.61	164 747.62	271 124.88
农产品出口占比	32.80	27.02	25.91	16.17	14.90	8.53

数据来源：联合国贸易和发展会议数据库。

注：N. A. 表示数据暂不可得。

2018 年乌兹别克斯坦从中国进口的农产品主要是糖蜜和蜂蜜 21 030.64 万美元、精油和香料 5 525.92 万美元、食用产品制剂 4 546.47 万美元、茶和伴侣 4 156.93 万美元，见表4-8，这四项农产品进口占到了乌兹别克斯坦从中国进口农产品的 79.57%。其他进口农产品的金额相对较小。

表4-8　2013—2018 年乌兹别克斯坦从中国进口主要农产品情况

单位：万美元,%

年份	2013	2014	2015	2016	2017	2018
糖蜜和蜂蜜	5 299.87	5 328.20	3 967.18	6 019.17	4 716.60	21 030.64
精油和香料	3 486.62	3 505.94	2 791.15	3 667.42	4 803.49	5 525.92
食用产品制剂	2 085.47	2 349.02	1 792.82	2 395.73	3 878.93	4 546.47
茶和伴侣	5 999.11	5 480.46	7 222.25	5 521.32	3 900.74	4 156.93
加工油脂	352.50	524.31	236.47	658.21	823.67	2 024.16
淀粉和小麦面筋	1 132.29	1 356.71	1 014.53	820.97	1 147.33	1 428.22
咖啡和咖啡代用品	326.92	382.61	314.55	363.17	612.79	1 134.34
机织棉织物	411.55	464.51	463.89	592.75	508.35	801.26
根茎类蔬菜	197.04	266.35	150.22	155.48	331.82	711.41
橡胶原料	689.42	757.83	647.46	761.46	293.72	457.77
食用类内脏	736.64	1 031.26	594.89	373.65	399.58	314.42
果脯和水果制品	4.52	9.12	73.62	291.97	231.62	305.71
动物油脂	123.12	108.67	70.68	120.11	234.25	239.48
动物原料	560.85	298.12	129.37	198.55	79.34	137.33
粗蔬菜原料	553.51	295.13	117.02	165.56	67.75	101.41
天然橡胶	7.31	3.78	12.41	5.89	67.11	65.99
水果粉和蔬菜粉	101.33	115.61	76.85	140.51	30.57	56.46
蔬菜	17.21	41.45	37.15	26.54	33.62	49.02
从中国进口农产品总额	8 560.32	7 510.78	8 694.26	6 825.94	8 242.57	44 315.26
从中国进口商品总额	207 760.48	217 371.67	183 734.98	183 836.93	273 337.18	374 592.70
农产品进口占比	3.38	2.87	3.80	2.95	2.95	11.83

数据来源：联合国贸易和发展会议数据库。

注：N. A. 表示数据暂不可得。

从总体来看，2000—2018 年，乌兹别克斯坦与中国的农产品贸易的差额，从小幅的逆差转为顺差，并且顺差额先上升后下降，2018 年逆差额为 2.12 美元。这主要是因为乌兹别克斯坦的棉花占农产品出口的较大比例，而对中国的棉花出口也呈现出先上升后下降的趋势。

三、农业投资合作

乌兹别克斯坦较为重视吸引外资事宜，2012 年 4 月乌兹别克斯坦发布了《关于促进吸引外国直接投资补充措施》，明确了对外国投资者的诸多优惠措施。现任总统米尔济约耶夫已经对外汇制度进行了全面改革，这将有利于外国投资者①。

乌兹别克斯坦吸引的外国直接投资波动较大，但总体处于上升趋势。1992 年，乌兹别克斯坦吸引的外资净流入 900 万美元；1996 年首次突破 1 亿美元，达 1.67 亿美元；2018 年，吸引外资流入达 4.12 亿美元，占 GDP 的比例为 0.82%（见图 4-15）。

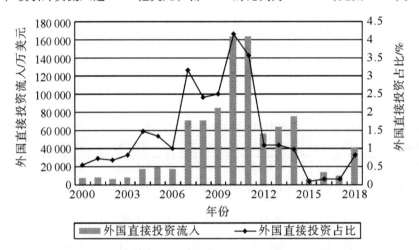

图 4-15　2000—2018 年乌兹别克斯坦吸引外国直接投资情况

（数据来源：世界银行，http://www.worldbank.org.cn）

从乌兹别克斯坦吸引的外国直接投资存量来看，2000 年年末乌兹别克斯坦吸引的外资存量为 6.98 亿美元；2018 年，吸引的外资存量达 96.67 亿美元。乌兹别克斯坦吸引的外资主要集中在油气开采、汽车制造和电信领域。截至 2018 年 1 月 1 日，在乌兹别克斯坦外企有 5 517 家，其中合资企业有 3 087 家，独资企业有 2 430 家。

乌兹别克斯坦吸引的外资主要集中在：工业 2 438 家，占 44.2%；贸易 1 055 家，占 19.1%；其他领域 993 家，占 18%。外企涉足较少的领域有：医疗卫生和社会服务业 74 家，占 1.3%；通信业 126 家，占 2.3%；农、林、渔业 159 家，占 2.9%；运输和仓储业 161 家，占 2.9%；餐饮业 220 家，占 4%；建筑业 291 家，占 5.3%。农业领域吸引的外资很有限，长期以来处于较低水平。

早在 20 世纪 90 年代，中国就与乌兹别克斯坦展开了投资合作。从中国对乌兹别克斯坦的直接投资流量来看，2005 年中国对乌兹别克斯坦直接投资 9 万美元，2014 年增长

---

① IHS MARKIT. Country reports：Uzbekistan［R］. London：IHS Markit，2018：1-64.

至 1.81 亿美元，这也是 2005—2018 年的峰值水平，2018 年投资额为 0.99 亿美元（见图 4-16）。从中国对乌兹别克斯坦直接投资的存量来看，2005 年对乌兹别克斯坦的直接投资存量为 0.12 亿美元，2018 年增长至 36.90 亿美元，中国已成为乌兹别克斯坦的第一大外国直接投资来源国。在乌兹别克斯坦注册的中国企业的经营范围主要涉及日用消费品生产、棉纺工业、建材、制鞋、制革、油气勘探、天然气运输、矿产勘探、农产品、畜牧养殖、家具、日化、租赁、贸易、零售、不动产等领域[①]。

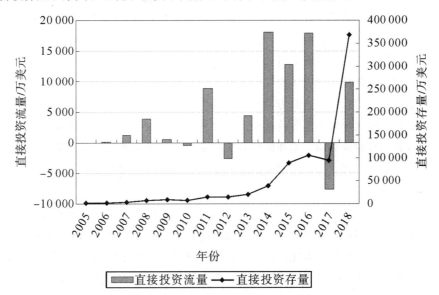

图 4-16　2005—2018 年中国对乌兹别克斯坦直接投资流量与存量

（数据来源：中国商务部，《中国对外直接投资统计公报》）

中国对乌兹别克斯坦在农业领域的投资主要集中在农产品加工业以及农业生产资料领域。其中，种植业集中在棉花和茶叶等产品的生产，畜牧业集中在丝绸和蚕茧等产品的投资，农产品加工集中在棉花加工和果蔬加工方面，特别是水果罐头、肉罐头、鱼罐头、乳制品及调味品生产。2009 年 9 月 4 日，中国商务部有关司局、机电商会、中国进出口银行、新疆边境贸易管理局以及 30 余家中国企业代表考察了乌兹别克斯坦纳沃伊自由工业经济区，并出席了园区项目推介会。中国江苏瑞安特机械集团有限公司与乌兹别克斯坦合资的 Samarkand-NPK 公司于 2016 年 4 月正式开工建设乌兹别克斯坦首座化肥厂，项目总投资 2 000 万美元。由中方投资的金陆农业产业园是以农业为特色的产业园区，园区及蔬菜种植、畜禽养殖、水产养殖和休闲农业为一体。中国企业在乌兹别克斯坦已经打造了一批优秀合作项目，深化了与乌兹别克斯坦的农业合作。

[①] 　资料来源：中国驻乌兹别克斯坦大使馆经济商务参赞处《在乌兹别克斯坦中资企业情况报告》（2013 年 6 月 28 日）。

四、农业技术交流与合作

农业科技交流与合作是中国和乌兹别克斯坦农业合作的重点之一，中国（新疆）由于具有独特的地缘优势而走在了两国农业科技交流与合作的前列。中国与乌兹别克斯坦之间的农业技术交流与合作包括农业科技交流与合作、农业科研机构交流与合作、农业生产技术交流与合作三个方面。

在农业科学技术交流与合作方面，中国和乌兹别克斯坦的农业科学研究合作包括种植资源与品种交流、建立农业科技合作平台和农业科技人员交流等方面。中国还通过建立农业技术示范中心、开办农业科技培训班以及举行科技合作分委会等方式为深化和拓展两国农业技术合作领域提供了良好的交流平台。例如，中国新疆农业科学院与乌兹别克斯坦农业科研机构相互引进对方的小麦、棉花、甜菜、蔬菜农作物品种。

在农业科研机构和农业高等院校交流与合作方面，中国科学院、新疆农科院、新疆农业大学分别与乌兹别克斯坦农业研究机构建立了若干个农业领域的研究中心，并且与乌兹别克斯坦科学院多次进行科研人员的交流互访，通过开展农业科技培训、合作项目等方式加强合作。

在农业生产技术交流与合作方面，中国派遣农业科技人员参观乌兹别克斯坦的棉花种植业、畜牧业和养蚕业，乌兹别克斯坦也派遣农业科技人员来中国农业科研机构进行交流，两国互相推广应用具有比较优势的农业科学技术，如中国与乌兹别克斯坦在棉花种植、水稻栽培、作物病虫害防治以及农业节水灌溉等方面均将各自的技术优势应用到对方的农业生产领域。2014 年，由中国科技部国际合作司主办，中国新疆天业集团承办的"2014 年精准农业技术国际培训班"在中国新疆石河子市举办，让来自乌兹别克斯坦、哈萨克斯坦等 7 个国家的农业科技人员了解和掌握精准农业技术。中国（新疆）与乌兹别克斯坦在节水灌溉、干鲜蔬菜生产加工以及田间管理等方面，都开展了深入的技术合作和交流。

第五节　中国（新疆）与土库曼斯坦农业合作现状

一、政府间农业交流与合作

土库曼斯坦自 1992 年 1 月与中国建交以来，双边友好合作关系不断发展。两国之间的友好往来为开展合作奠定了基础和前提。2013 年 9 月，两国建立战略伙伴关系，双方都表明希望在农业科技、农机、棉花和小麦等农作物育种、试验示范和种植方面加强合作，鼓励和支持两国相关机构在牛马羊育种、养殖、加工和贸易等方面开展交流与合作。2014 年 5 月，中国与土库曼斯坦就两国农业合作等事宜交换了意见，签署了《中土农业合作谅解备忘录》。2017 年 7 月 4 日至 6 日，中国新疆维吾尔自治区政府与土库曼斯坦工商会在土首都阿什哈巴德共同主办 2017 土库曼斯坦"中国制造"综合商品展，展品涵盖能源化工、汽车及农业机械、食品加工及包装等行业的产品。

中土两国还签署了一系列推进合作的协议，如《经济贸易协定》《鼓励和相互保护投资协定》等，以推进双边的经贸合作发展。此外，两国的相关法规和优惠政策为农业合作的开展也提供了便利条件。如土库曼斯坦颁布了外资法和投资法，积极鼓励和吸收外商到土库曼斯坦进行投资，并制定了吸引外资的一系列优惠政策。同时，土库曼斯坦的"复兴古丝绸之路"与中国的"一带一路"倡议不谋而合，两国将加大合作力度，继续推进在科技、能源、贸易、农业等领域的合作。2014 年 8 月 27 日召开了中国—土库曼斯坦政府间合作委员会第 3 次会议，土库曼斯坦表示要将双方伙伴关系提到更高水平①。

二、农产品贸易合作

土库曼斯坦独立后，中土双方即开展了经贸合作，中国与土库曼斯坦签署了第一个政府间经济贸易合作协定②，此后双方又签署了一系列合作协定，有力地推动了贸易的发展。

2000 年，土库曼斯坦与中国的贸易总额为 0.23 亿美元，此后双边贸易额快速增长，2018 年已增长至 68.81 亿美元（见图 4-17），是 2000 年的 299.17 倍。土库曼斯坦与中国的贸易额占其对外贸易总额的比重，从 2000 年的 0.54%增长到 2018 年的 55.05%。中国已成为土库曼斯坦的第一大贸易伙伴。从双边的贸易差额来看，2000—2009 年土库曼斯坦与中国的贸易保持逆差状态，2010—2018 年保持顺差，而且土库曼斯坦对中国的贸易顺差呈现不断扩大的趋势。土库曼斯坦对中国的贸易顺差额主要来源于土库曼斯坦向中国出口的天然气，土库曼斯坦自中国主要进口机械设备等和日用品，引进中国新技术。

土库曼斯坦与中国的农产品贸易额规模不大，但也处于不断上升的趋势。2000 年土库曼斯坦与中国的农产品贸易额为 0.086 亿美元，2018 年增长至 8.25 亿美元。从土库曼斯坦与中国的农产品贸易占其对外贸易的比重来看，2000 年这一比重为 36.68%，此后快速下降，2018 年这一比例为 11.99%（见图 4-18）。从双边农产品贸易差额来看，土库曼斯坦对中国的农产品贸易差额从小幅的顺逆差变动变化为持续的顺差。

土库曼斯坦向中国出口的农产品，最主要的就是棉花，2018 年出口额为 60 600.95 万美元，占土库曼斯坦向中国出口农产品的 74.91%。其他出口的农产品还包括粗蔬菜原料 9 695.06 万美元、羊毛 4 234.41 万美元、生皮（毛皮除外）3 110.53 万美元、丝绸 3 091.31 万美元等，见表 4-9。其他的农产品出口金额和占比都不大。

---

① 资料来源：中国驻土库曼斯坦大使馆经济商务参赞处《土方总结中土合作委员会第 3 次会议》（2014 年 8 月 31 日）。

② 资料来源：中国驻土库曼斯坦大使馆经济商务参赞处《中土经贸》（2014 年 5 月 9 日）。

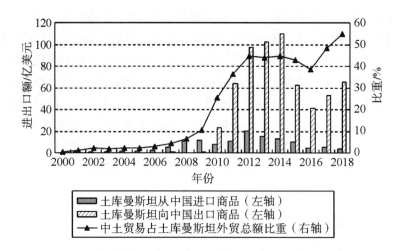

图 4-17　2000—2018 年土库曼斯坦与中国进出口贸易及占比

（数据来源：联合国贸易和发展会议，http://www.unctad.org）

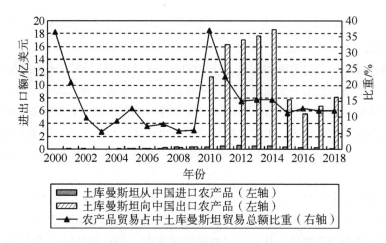

图 4-18　2000—2018 年土库曼斯坦与中国农产品贸易及占对外贸易的比重

（数据来源：联合国贸易和发展会议，http://www.unctad.org）

表 4-9　2013—2018 年土库曼斯坦向中国出口主要农产品情况

单位：万美元，%

出口农产品	年份					
	2013	2014	2015	2016	2017	2018
棉花	128 964.80	131 911.88	52 465.72	39 106.39	47 576.94	60 600.95
粗蔬菜原料	23 234.04	25 382.20	10 571.72	7 267.34	7 898.04	9 695.06
羊毛	6 782.00	6 879.28	2 894.76	2 214.02	2 806.35	4 234.41
生皮（毛皮除外）	11 112.41	14 483.09	5 610.91	3 118.12	6 340.34	3 110.53
丝绸	7 029.87	7 767.07	5 946.03	4 031.29	2 400.16	3 091.31

表4-9（续）

出口农产品	年份					
	2013	2014	2015	2016	2017	2018
果脯和水果制品	N. A.	N. A.	N. A.	N. A.	142.85	134.76
机织棉织物	19.56	40.45	9.51	6.50	14.37	17.69
水果粉和蔬菜粉	N. A.	13.12	7.08	4.12	N. A.	5.82
糖果	N. A.	21.93	9.76	1.12	N. A.	4.78
巧克力、可可食品	N. A.	6.59	2.96	4.05	N. A.	2.60
牛奶和乳制品	N. A.	N. A.	N. A.	N. A.	N. A.	2.22
向中国出口农产品总额	177 142.67	186 505.62	77 518.46	55 752.95	67 181.61	80 900.13
向中国出口商品总额	1 021 868.39	1 098 438.48	625 975.57	415 383.79	527 343.25	651 566.03
农产品出口占比	17.34	16.98	12.38	13.42	12.74	12.42

数据来源：联合国贸易和发展会议数据库。

注：N. A. 表示数据暂不可得。

土库曼斯坦从中国进口的农产品，2018 年主要包括茶和伴侣607.10 万美元、活的动物320.86 万美元、油籽195.60 万美元、大米176.35 万美元，四项产品合计占进口农产品的80.06%，见表4-10。其他进口的农产品金额不大，占比较小。

表 4-10   2013—2018 年土库曼斯坦从中国进口主要农产品情况

单位：万美元,%

进口农产品	年份					
	2013	2014	2015	2016	2017	2018
茶和伴侣	1 711.11	1 449.70	1 663.58	991.05	1 144.59	607.10
活的动物	1 457.21	1 314.84	843.77	480.64	593.01	320.86
油籽	26.38	113.23	258.09	308.77	323.82	195.60
大米	875.20	659.08	476.21	270.44	302.39	176.35
果脯和水果制品	113.64	114.00	119.27	96.27	59.26	60.34
动物原料	154.15	151.72	98.83	54.64	63.49	38.92
淀粉和小麦面筋	111.15	110.76	81.07	51.87	64.91	37.23
咖啡和咖啡代用品	199.58	235.29	158.22	89.21	52.53	22.35
未研磨谷物	138.47	98.68	68.26	36.40	38.28	22.29
橡胶材料	78.72	76.16	44.22	29.44	28.20	19.12
机织棉织物	69.38	72.02	46.65	25.50	57.37	18.63
简单加工的木材	129.18	83.93	39.90	5.48	11.32	10.46
食用产品制剂	32.09	23.26	26.67	6.03	5.01	9.07

表4-10(续)

进口农产品	年份					
	2013	2014	2015	2016	2017	2018
食用内脏	30.24	34.09	24.84	12.15	14.55	7.83
非酒精饮料	1.61	10.30	10.24	N. A.	N. A.	6.21
可可	22.34	25.38	21.78	11.10	9.02	5.51
蔬菜（根茎类）	90.06	67.63	78.89	44.17	37.09	31.95
蔬菜（非根茎类）	4.72	7.28	10.17	7.25	3.27	4.39
从中国进口农产品总额	5 308.27	4 685.08	4 151.18	2 547.53	2 832.05	1 623.67
从中国进口商品总额	155 269.83	132 593.69	104 722.38	44 334.47	53 815.11	36 547.01
农产品进口占比	3.42	3.53	3.96	5.75	5.26	4.44

数据来源：联合国贸易和发展会议数据库。未研磨谷物不包括大米、玉米、小麦、大麦。

注：N. A. 表示数据暂不可得。

三、农业投资合作

1992 年以来，土库曼斯坦吸引的外国直接投资不断增加，1992 年外国直接投资净流入为 0.79 亿美元，2018 年为 19.85 亿美元，占 GDP 的比例为 4.87%（见图 4-19）。土库曼斯坦吸引的外国直接投资存量，2000 年年末为 9.49 亿美元，截至 2018 年年末，吸引的外资存量达 360.12 亿美元。

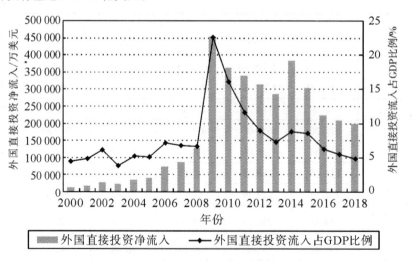

图 4-19　2000—2018 年土库曼斯坦吸引外国直接投资情况

（数据来源：世界银行，http://www.worldbank.org.cn）

自 2007 年起，土库曼斯坦政府加大了引资力度，外资主要来自中国、日本、韩国、土耳其等国家，主要投资方向为能源、农业、化工、交通和通信领域。

中国和土库曼斯坦的投资合作在稳步推进。从中国对土库曼斯坦的直接投资流量来看，2007年中国对土库曼斯坦直接投资126万美元，2018年投资流量为-3 830万美元（见图4-20）。从中国对塔吉克斯坦直接投资的存量来看，2008年对土库曼斯坦的直接投资存量为8 831万美元，至2018年增长到31 193万美元，占土库曼斯坦吸引外资存量的0.86%。

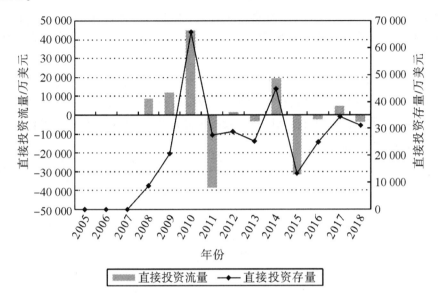

图4-20　2005—2018年中国对土库曼斯坦直接投资流量与存量

（数据来源：中国商务部，《中国对外直接投资统计公报》）

目前，中国对土库曼斯坦的投资主要集中在油气、交通通信、农业、纺织、化工、食品工业和建筑业等领域[①]。2006年，中国青海省与土库曼斯坦合资兴建了地毯纱和羊毛纺纱厂项目，2008年中国向土库曼斯坦列巴普州投资甘草根加工厂和缫丝厂，金额超过220万美元。2016年3月，中国企业家代表团与土库曼斯坦企业签署了9个合作意向书，包括中国青海绒业集团和土库曼斯坦的Oguzabat公司在阿什哈巴德市合作生产开司米毛线，中国公司拟在土库曼斯坦建造农业机械过滤器厂等项目。

四、农业技术交流与合作

土库曼斯坦独立时，经济基础薄弱，经济结构单一，以石油和天然气为支柱产业，农业基础薄弱。独立后，土库曼斯坦重视农业基础设施建设，大力兴建农田水利工程和垦荒，大力推广农业机械化，增加农药和化肥施用量，农业科技实力有所提高，在土壤耕作与农作物病虫害防治、育种等方面取得了诸多成就。

2003年，《上海合作组织成员国多边经贸合作纲要》明确提出把农业作为经济合作

---

① 资料来源：中国驻土库曼斯坦大使馆经济商务参赞处《我企业在土参与的投资项目金额超44亿美元》（2014年5月9日）。

的优先方向之一，为中土两国开展农业科技合作提供了强有力的保障作用，中国和土库曼斯坦的农业科技合作进入了新的阶段。2003年土库曼斯坦列巴普州土库曼纳巴特市建成了一个现代化缫丝厂，中国提供了现代化生产工艺、缫丝设备以及优质蚕种；两国的高等院校和科研机构通过人力资源培训、学术交流等活动，参与到两国农业科技合作中；2013年5月，中国农业部对外经济合作中心举办了"土库曼斯坦农业研修班"，来自土库曼斯坦农业部、水利部、环保部及州农业局等部门的学员与中国农业主管部门和研究机构的官员、专家、学者了解交流中国农业管理、农业科技、设施农业等领域的情况。

近年来，中国和土库曼斯坦在土壤改良、节水灌溉、沙漠综合利用等方面开展了广泛的合作，未来将继续在农业科技和农机，以及棉花和小麦等作物育种、试验示范和种植等方面加强合作，鼓励与支持两国科技人员和相关机构在马业发展、牛羊育种与养殖等方面开展深入的交流合作。

第五章 中国（新疆）与中亚国家农业互联互通合作的现实基础与互补性分析

中国（新疆）与中亚五国在农业领域已经开展了一系列农业合作，农产品贸易快速发展，农业投资合作集中在农业基础设施建设和农业生产资料方面，农业科技交流与合作日趋频繁，人才交流与劳务合作已经取得了一定成效。"一带一路"倡议出台之后，对中国（新疆）与中亚国家的农业互联互通合作提出了更高要求。目前，中国（新疆）与中亚国家开展农业互联互通合作已经具备了坚实的基础，多种因素综合作用、共同驱动，不断深化农业互联互通合作。

第一节 农业互联互通合作的现实基础

在中国"一带一路"倡议的推进过程中，以"五通"的建设为主要内容，而基础设施的互联互通是"一带一路"建设的优先领域。在"一带一路"倡议提出后，中国与中亚国家的基础设施联通取得积极进展，农业互联互通合作具备较好的地缘政治经济基础，农业资源基础、农业经济基础和农业技术基础。

一、基础设施互联互通基础

（一）铁路

在中国与中亚国家的道路联通网络中，铁路网络已经基本形成，铁路运输发挥着核心作用。目前，我国境内以陇海、兰新、精伊霍等铁路形成的境内铁路网已经建成，通过阿拉山口、霍尔果斯口岸站与中亚铁路网相连。新亚欧大陆桥东起连云港，西至荷兰鹿特丹港，沿途经过哈萨克斯坦、俄罗斯等国家，是我国开通的直达欧盟的国际货运列车的主要线路。"苏新欧""渝新欧""汉新欧""赣新欧""连新亚"等亚欧铁路国际货运班列已相继运营。另外，从西安到中亚的铁路运输的两条通道也已建成通车。从新疆哈密至哈萨克斯坦、俄罗斯的铁路，从上海经乌鲁木齐至哈萨克斯坦的铁路，以及从格尔木到塔吉克斯坦的铁路也在建设之中。截至 2020 年年底，新疆进出境中欧班列年度突破 9 600 列，经新疆阿拉山口、霍尔果斯双口岸通行的中欧班列线路达到 38 条，可到达德国、波兰、比利时、俄罗斯等 20 多个国家，搭载货物品类 200 多种。截至 2021 年 7 月 26 日，阿拉山口口岸累计通行中欧班列 20 004 列，年均增长 35.8%，中欧班列"钢铁驼队"成为联系中国与"一带一路"沿线国家对外贸易的重要纽带。

（二）公路

中国与中亚五国在公路建设领域的合作取得了较为丰硕的成果。目前，中国至中亚的公路带基本形成，连霍高速东起连云港，途径西安、阿拉山口和霍尔果斯等城市，到达中亚五国。哈萨克斯坦境内的"双西公路"与连霍高速相连，西至俄罗斯第二大城市圣彼得堡，与欧洲公路网相连。吉尔吉斯斯坦的新北南公路全长 433 千米，项目分三期进行，其中一期、二期工程已于 2021 年竣工，成为连接吉尔吉斯斯坦南北的交通大动脉，以及中亚地区重要的国际交通要道。2018 年 3 月，中吉乌公路的货物运输正式运行，中塔乌公路已实现常态化运营。

（三）航空

连接中国与中亚过阿基的首都和重要城市的航线网络已经基本形成。中国国际航空公司、中国南方航空公司分别开辟了努尔苏丹—北京、阿拉木图—乌鲁木齐和努尔苏丹—乌鲁木齐—广州等航线。中国飞往吉尔吉斯的主要航线有两条：乌鲁木齐—比什凯克、乌鲁木齐—奥什。中国南方航空公司经营中塔之间两条国际航线：乌鲁木齐—杜尚别、乌鲁木齐—胡占德市。中乌间航线包括北京—塔什干、乌鲁木齐—塔什干等航线。中国与土库曼斯坦之间的航班有：土库曼斯坦航空阿什哈巴德—北京、中国南方航空乌鲁木齐—阿什哈巴德[①]。

（四）通信网络

在通信设施方面，在上合组织的合作框架下，中国与各成员国签署了《关于合作运行和维护上合组织区域经济合作网站的协定书》，中国（新疆）也在上海合作组织和亚欧光缆建设项目的规划之下，加强与周边国家的通信与信息互联合作。目前中国（新疆）的陆地光缆已与哈萨克斯坦、吉尔吉斯斯坦、塔吉克斯坦三个国家相联通；中国的部分通信企业与周边国家开展了包括技术人员的培养、交流等通信合作事宜。

中亚五国的通信基础设施水平以哈萨克斯坦为最高，其他四国则相对落后。由于吉尔吉斯斯坦是山地国家，逾 70% 的网络覆盖在比什凯克等大城市。塔吉克斯坦陆续出台了一系列相关的法律法规，发展通信信息技术，培育通信服务市场。乌兹别克斯坦因特网普及率超过 60%。土库曼斯坦的固话网络可覆盖土库曼斯坦全国所有的固定居民点，移动网络目前已基本覆盖全国。

（五）管道

由于部分中亚国家有丰富的石油、天然气资源，为保障中国的能源安全，中国致力于与中亚国家在能源领域展开合作，其中石油和天然气的管道互联是能源合作的重要内容。中国与中亚国家的天然气管道互联，从土库曼斯坦边境出发，穿过乌兹别克斯坦和

---

① 中国商务部，中国驻土库曼斯坦大使馆经济商务参赞处. 对外投资合作国别（地区）指南：土库曼斯坦［R］. 北京：中国商务部，2019：1-93.

哈萨克斯坦，从新疆霍尔果斯进入中国，这条管线为中国 25 个省区提供了天然气能源，总共分为四条线路，2020 年管线输送量已达 650 亿立方米。中哈原油管道于 2006 年建成开通，中哈天然气管道也已全部竣工并运行。

能源资源丰富的中亚国家也在积极推进能源管道互联建设。哈萨克斯坦计划将哈萨克斯坦—中国石油管道的运输能力提高至 2 000 万吨，建设中哈天然气管道第二期别伊涅乌—博佐伊—希姆肯特管线等。

（六）电力设施

中国与中亚部分国家已经实现了电网联通，中亚国家相互之间也进行了部分电网的互联。但中亚国家的电力设施普遍老化，线路损耗严重，且电力分布不均衡。哈萨克斯坦各地区北部地区电力较为丰富，西部和南部为电力短缺地区。吉尔吉斯斯坦水能储量非常丰富，目前仅开发了 10%，但已基本可以保障国内用电需求；目前，吉尔吉斯斯坦国内电网与中亚国家及中国相联通，吉尔吉斯斯坦每年从乌兹别克斯坦、哈萨克斯坦两国进口部分电力，并向哈萨克斯坦、中国两国出口部分电力。塔吉克斯坦的电力存在季节性供需问题，冬季存在一定缺口，而夏季丰水期则电力过剩。乌兹别克斯坦电力以火电为主，可自给自足；乌兹别克斯坦国家电网与中亚其他国家的电力系统联网。土库曼斯坦电力资源充裕，除了满足本国经济和社会发展需要，还向其他国家出口。

在中国（新疆）与中亚国家的农业互联互通合作中，目前的基础设施联通已取得积极进展，在互联互通建设的优先领域，基础设施的联通为双边农业互联互通合作奠定了坚实基础。

二、地缘政治经济基础

（一）"一带一路"倡议构建了国际政治经济新格局

中国推进的"一带一路"建设，就是要塑造一个合作共赢的国际政治经济新格局。"一带一路"沿线的区域覆盖了亚欧大陆的广大区域，亚欧大陆的地缘政治将朝着多赢的新格局发展。"一带一路"建设的顺利推进，有助于中国在"一带一路"沿线的经贸活动中抢占规则的制定权，通过与沿线国家进行自贸协定的签署和自由贸易区的谈判，提升区域经济合作水平，并通过组建国际经济、金融、贸易中心的方式来取得相关经贸活动的规制话语权，以巩固政治经济新格局。"一带一路"倡议是共商共建共享的联运发展倡议，是开放性、包容性区域合作倡议，它从陆地和海运两个方向上形成一个国际性的区域合作机制，将构建新型的区域性政治经济格局。

"丝绸之路经济带"从陆地上自西向东拓展，与俄罗斯的传统势力范围有重叠，而中亚国家包括哈萨克斯坦和土库曼斯坦在加入俄罗斯主导的"欧亚经济联盟"之后，声明不会影响其参与"丝绸之路经济带"方面的合作，随着沿线国家的积极参与，欧亚大陆的地缘政治将朝着多赢的新格局发展。

（二）上合组织成员国之间的长期合作而达成的高度政治互信

上合组织成员国之间的长期合作，为中国与中亚五国的农业合作奠定了坚实的政治基础。上合组织的成员国之间大多都有共同的边界，随着国际形势的变化，中亚地区的恐怖主义和民族分裂主义的势力有所抬头，上合组织的成员国为了打击恐怖主义和"三股势力"，维护国家的安全，创造安全稳定的环境而加强了彼此之间的合作。随着上合组织成员国在安全方面合作的加强，各成员国在政治互信方面也在深化合作。在上合组织内部，中国从来不追求主导权，而是追求各成员国完全平等。而且，中国提出"一带一路"倡议，既不是为了要追求地缘政治上的优势地位，也不是要挑起地缘政治方面的竞争。因此，中国与上合组织其他成员国之间的良好的政治关系，为中国和中亚五国的农业互联互通合作奠定了坚实的政治基础。

（三）中亚五国相对稳定的政局及与中国的友好关系

当前，多数中亚国家的政局都较为稳定，各国也在逐步推进经济改革，各种规划和政策措施陆续出台，且体现为一定的连续性。中亚各国稳定的政局，为中国与中亚五国农业互联互通合作创造了条件。

在外交方面，中国与中亚五国已经建立了战略伙伴关系或友好合作关系。从哈萨克斯坦的外交来看，俄罗斯、美国、中国、欧盟和中亚国家是哈萨克斯坦外交的优先方向，中哈两国领导人互访频繁。吉尔吉斯斯坦根据本国所处的特殊地缘政治地位，积极奉行全方位、务实的外交政策，对外交往不断扩大。中吉两国高层互访频繁①。塔吉克斯坦外交的优先方向是俄罗斯、中国、中亚地区的国家等，2013 年 5 月中塔双方建立了战略伙伴关系。乌兹别克斯坦与中国于 1992 年 1 月 2 日建交，2012 年 6 月中乌双边关系提升为战略伙伴关系。土库曼斯坦奉行积极中立和对外开放的外交政策，1992 年 1 月 6 日，中土两国建交。建交以来，两国高层互访频繁，联系密切，极大地推动了双边关系的发展。

（四）地缘经济利益是中国和中亚五国开展农业互联互通合作的共同诉求

"一带一路"倡议使得地缘政治走向合作共赢，重塑国内外经济地理。通过"一带一路"的互联互通建设，推进了欧亚大陆市场的对接，最终将形成一个统一的大市场。中国与中亚国家在地理上毗邻，开展农业互联互通合作具有天然的地理优势。在当前建设"一带一路"的背景下，充分利用地缘优势，加强与沿线国家的经贸往来，对沿线国家的经济发展都显得尤为必要。

对于中亚国家而言，自独立以来处于经济转轨的进程中，经济和社会的转型需要经济的稳定增长作为支撑，对于中亚国家而言，共同建设"一带一路"，可以利用其丰富的土地资源和价格相对低廉的农产品，利用其相对比较优势，扩大在中国的市场份额；对于中国而言，由于地缘优势的存在，通过"丝绸之路经济带"互联互通的建设，推动中国新疆等西北地区的经济发展，提升与中亚国家农业合作的层次和水平。正是中国与中亚国家的地缘优势，使得农业互联互通合作具备有利的经济利益，促使各国实现地缘经济的互补性。

---

① 中国商务部. 中国驻吉尔吉斯斯坦大使馆经济商务参赞处. 对外投资合作国别（地区）指南：吉尔吉斯斯坦 [R]. 北京：中国商务部，2019：1-84.

三、农业资源基础

中国与中亚五国的农业资源具有不同的特征，在土地资源、水资源、人力资源等方面，形成了较强的互补性，农业资源是中国与中亚五国农业互联互通合作的重要条件和资源基础。

（一）农业土地资源

土地是农业生产的基本物质条件之一，中国与中亚五国的土地资源见表5-1。中国的总面积约为96 000公顷（960万平方千米），由山脉（33%）、高原（26%）、山谷（19%）、平原（12%）和丘陵（10%）组成。土地面积为94 247万公顷，占总面积的98.17%，其中农业用地52 852.87万公顷，包括13 569.47万公顷的作物用地和39 283.4万公顷的永久性草场和牧场；作物用地包括耕地11 948.87万公顷和多年生作物用地1 620.6万公顷，分别占土地面积的12.68%和1.72%。2018年，中国的农业用地、森林用地和其他用地面积分别为52 852.87万公顷、21 621.9万公顷、19 772.26万公顷，分别占土地覆盖面积的56.08%、22.94%和20.98%。

表5-1　中国与中亚五国的土地资源

国家	国土面积/万公顷	土地面积						森林/万公顷	其他用地/万公顷
		农业用地							
		作物用地				永久性草场和牧场			
		耕地/万公顷	耕地占土地面积比例/%	人均耕地/公顷	多年生作物用地/万公顷	面积/万公顷	牧场面积占土地面积比例/%		
中国	96 000.13	11 948.87	12.68	0.085 8	1 620.6	39 283.4	41.68	21 621.9	19 772.26
哈萨克斯坦	27 249.02	2 939.5	10.89	1.629 6	13.2	18 746.5	69.44	330.9	4 966.9
吉尔吉斯斯坦	1 999.5	128.8	6.72	0.207 8	7.6	917.6	47.84	63.7	800.3
塔吉克斯坦	1 413.8	71.97	5.19	0.081 0	14.8	387.5	27.92	41.2	872.43
乌兹别克斯坦	4 489.24	402.64	9.46	0.124 3	39.16	2 111.52	49.64	321.99	1 378.69
土库曼斯坦	4 881	194.0	4.13	0.336 9	6.0	3 183.8	67.75	412.7	902.8

数据来源：计算人均耕地时，人口总数数据来源于世界银行世界发展指标数据库。其他数据来源于联合国粮食及农业组织数据库。

注：中国的数据为2018年的数据，中亚五国的数据为2017年的数据。

中国的耕地面积占土地面积的比例为12.68%，高于中亚五国的比例，见表5-1。中国是一个土地大国，但也是一个人口大国，虽然耕地面积远高于中亚五国，但人均耕地面积较少，为0.085 8公顷，仅与塔吉克斯坦的水平相当，低于中亚其他国家。人均耕地面积最高的国家为哈萨克斯坦，达1.629 6公顷，是中国的18.99倍。其他的国家如土库曼斯坦0.336 9公顷、吉尔吉斯斯坦0.207 8公顷、乌兹别克斯坦0.124 3公顷，也都高于中国的人均耕地面积。

可灌溉的土地面积是衡量一个国家土地资源丰裕程度的重要指标。从表5-2中可以看出，2018年中国与中亚五国有灌溉设施的土地面积，中国为7 416.01万公顷，远高于中亚国家的水平。从有灌溉设施的土地面积占比来看，中国的数值为14.03%，低于塔吉克斯坦和乌兹别克斯坦，哈萨克斯坦的这一比例最低。

表5-2　中国与中亚五国有灌溉设施的土地

国家	有灌溉设施的土地面积/万公顷	农业用地面积/万公顷	有灌溉设施的土地面积占比/%
中国	7 416.01	52 852.87	14.03
哈萨克斯坦	206.6	21 699.2	0.95
吉尔吉斯斯坦	102.33	1 054.01	9.71
塔吉克斯坦	89.40	474.27	18.85
乌兹别克斯坦	421.50	2 553.32	16.51
土库曼斯坦	199.50	3 383.8	5.90

数据来源：联合国粮食及农业组织数据库。

注：中国的数据为2018年的数据，中亚五国的数据为2017年的数据。

灌溉技术的发展对中国的粮食安全做出了重大贡献，在中国约一半的农田生产了近75%的谷物和90%以上的棉花、水果、蔬菜和其他农产品。在未来，以增加农作物产量的灌溉农业将在中国发挥更重要的作用。中国北方虽然只有全国20%的水资源，却拥有中国65%的耕地，生产大约一半的粮食和几乎所有的小麦和玉米。中国的设施灌溉面积从1949年的16 000公顷增加到2006年的6 293.82万公顷，再增加到2018年的7 416.01万公顷。

2016年，哈萨克斯坦配备灌溉设施的面积为206.6万公顷，占哈萨克斯坦耕地面积2 939.5万公顷的7.03%。吉尔吉斯斯坦的灌溉潜力约为225万公顷，吉尔吉斯斯坦缺乏农业灌溉体系，蓄水和供水能力有限，中国已于2017年对其6项灌溉工程提供了援助。地表灌溉是塔吉克斯坦使用的唯一灌溉技术，2017年，塔吉克斯坦的设施灌溉面积为89.40万公顷，占土地面积的18.85%。乌兹别克斯坦的灌溉潜力约为490万公顷。目前农业灌溉粗放、水资源短缺等问题，成为其农业发展的瓶颈。土库曼斯坦的农业生产依赖于灌溉，土库曼斯坦的地下水资源很少，可用于灌溉的比例不足1%，农业发展主要依赖地表水。

中亚国家大多存在农业灌溉设施不健全，灌溉设施老化和落后，灌溉技术落后，水资源短缺，土地盐碱化趋势等问题，加之政府财力有限，对灌溉系统的资金投入不足，灌溉问题成为制约农业进一步发展的现实问题。中国与中亚国家的农业合作中，也参与了部分中亚国家的灌溉系统建设并提供了援助。因此，在土地资源的互补性方面，以及在土地灌溉设施建设方面，为中国（新疆）与中亚国家的农业互联互通合作奠定了资源基础。

（二）水资源及使用

中国人口约占世界的 21%，淡水约占世界的 6%，农田约占世界的 9%。2006 年全国河流年平均径流量为 2 711.5 立方千米（见表 5-3），降水量占河流总径流量的 98%，其余 2% 来自冰川融化。2006 年中国实际可再生水资源总量为 2 839.70 立方千米/年，2009 年人均淡水供应量为 2 079 立方米，而全球人均淡水供应量为 6 225 立方米。

2006 年，中国 91.2% 的灌溉面积被一年生作物或粮食作物覆盖，实际灌溉作物总收获面积约为 9 340 万公顷。中国虽然拥有世界第五大国内可再生水资源，但面临着区域性的水危机。中国北方只有中国五分之一的水资源，但拥有中国三分之二的耕地，相比之下，南方的水供应充足，但南方每年都面临洪灾，而北方则面临严重的缺水问题。

表 5-3　中国与中亚五国水资源情况

国家	内部可再生地表水资源/（立方千米·年⁻¹）	流入地表水资源/（立方千米·年⁻¹）	流出地表水资源/（立方千米·年⁻¹）	与邻国共有的河流流量/（立方千米·年⁻¹）	内部可再生地表水资源总量/（立方千米·年⁻¹）	降水量/（立方千米·年⁻¹）	实际可再生水资源总量/（立方千米·年⁻¹）	人均实际可再生水资源/（立方千米·年⁻¹）	水坝总容量/立方千米
中国	2 711.500	17.169	717.918	126.4	—	6 819.00	2 839.70	2 079	562.379
哈萨克斯坦	56.500	43.130	—	99.630	681.230	107.480	6 632	95.500
吉尔吉斯斯坦	46.460	—	25.870	21.148	106.580	23.620	4 379	23.500
塔吉克斯坦	60.460	13.310	54.860	18.910	98.500	21.910	3 140	29.500
乌兹别克斯坦	9.540	65.650	33.120	42.070	92.200	48.870	1 760	22.162
土库曼斯坦	1.000	44.110	20.750	24.360	78.580	24.770	4 851	6.220

数据来源：联合国粮食及农业组织数据库。

注：中国的水资源数据为 2006 年数据，人均水资源数据为 2009 年数据，水坝数据为 2005 年数据；哈萨克斯坦的水资源数据为 2008 年的数据，其中人均实际可再生水资源数据为 2011 年数据；吉尔吉斯斯坦的数据为 2005 年数据，人均水资源数据为 2011 年数据；塔吉克斯坦、乌兹别克斯坦的水资源数据为 2005 年数据，人均水资源数据为 2011 年数据，水坝数据为 2010 年数据；土库曼斯坦水资源数据为 2006 年数据，人均水资源为 2004 年数据。其他年份的数据暂不可得。

中国的实际可再生水资源总量远大于中亚五国，但从人均淡水资源量来看，中国的人均淡水资源量为 2 079 立方米/年，仅大于中亚国家中的乌兹别克斯坦，低于其他中亚国家。中亚国家中人均淡水资源量最大的国家是哈萨克斯坦，为 6 632 立方米/年。

中亚的主要河流包括锡尔河、阿姆河、乌拉尔河、额尔齐斯河、伊犁河、楚河等，河水主要被用于灌溉和注入内陆湖泊，绝大部分河流都没有通向大洋的出口。中亚地区地表水分布与区域消耗区不平衡，有效的跨境水资源管理体系尚未建立起来，农业生产耗水量居高不下，水利系统落后，利用效率低等原因，造成了中亚国家之间水资源的矛盾与纠纷。水资源问题是中亚地区各国共同面临的问题，是关系中亚各国经济、社会发展及安全稳定的重要因素之一。

2005 年中国的用水总量为 554.1 立方千米，见表 5-4，农业是用水的主要部门，但只有 45% 的水被农作物实际消耗，灌溉系统的效率较低。哈萨克斯坦农业部门的用水量一直在不断增加，吉尔吉斯斯坦、塔吉克斯坦、乌兹别克斯坦、土库曼斯坦的用水量绝大多数用于农业部门，工业用水和市政用水占比极小。

表 5-4　中国与中亚五国水资源使用情况

国家	用水总量/（立方千米·年⁻¹）	农业用水		工业用水		市政用水		居民人均用水量	使用的地表水与地下水	
		用水量/（立方千米·年⁻¹）	占用水总量比例/%	用水量/（立方千米·年⁻¹）	占用水总量比例/%	用水量/（立方千米·年⁻¹）	占用水总量比例/%	立方米/年	使用量/（立方千米·年⁻¹）	占实际可再生水资源总量比例/%
中国	554.100	358.020	64.61	128.550	23.20	67.530	12.19	414	554.089	19.50
哈萨克斯坦	21.143	14.002	66.23	6.263	29.62	0.878	4.15	1 319	19.988	19.00
吉尔吉斯斯坦	8.007	7.447	93.01	0.336	4.20	0.224	2.80	1 575	7.707	33.00
塔吉克斯坦	11.496	10.441	90.82	0.408	3.55	0.647	5.63	1 762	11.196	51.00
乌兹别克斯坦	56.000	50.400	90.00	1.500	2.68	4.100	7.32	2 158	49.160	10.00
土库曼斯坦	27.958	26.364	94.30	0.755	2.70	0.839	3.00	5 952	27.542	111.00

数据来源：联合国粮食与农业组织数据库。

注：中国的数据为 2005 年数据，哈萨克斯坦的数据为 2010 年的数据，吉尔吉斯斯坦的数据为 2006 年数据。塔吉克斯坦的数据为 2006 年数据，乌兹别克斯坦的数据为 2005 年数据，土库曼斯坦的数据为 2004 年数据。其他年份的数据暂不可得。

在水资源的使用方面，由于中亚国家对跨境河流水资源的分配和使用等问题，时常出现矛盾和纠纷；中国与哈萨克斯坦等中亚国家也存在着跨境河流使用和保护的问题。因此，中国与中亚国家拥有的水资源，是双方进行农业互联互通合作重要的资源基础。

（三）农业资金投入

中国的农业资金投入在总量上远高于中亚五国。2000 年中国的农业固定资本形成总额为 501.437 亿美元，2016 年增长至 690.875 亿美元；农业固定资本形成总额占资本形成总额的比例从 2000 年的 1.83%下降到 2016 年的 1.45%。中亚五国的农业资本形成总额普遍较小。哈萨克斯坦的农业资本形成总额，2000—2016 年甚至出现了下降，从 2000 年的 7.875 亿美元下降到 2016 年的 7.54 亿美元，其他中亚国家的农业固定资本形成总额均有所增长。从绝对数值来看，吉尔吉斯斯坦和塔吉克斯坦的农业固定资本形成总额较小，均不足 1 亿美元，见表 5-5。

表 5-5　2000 年和 2016 年中国与中亚五国的农业资金投入

农业资金投入	年份	中国	哈萨克斯坦	吉尔吉斯斯坦	塔吉克斯坦	乌兹别克斯坦	土库曼斯坦
农业固定资本形成/亿美元	2000	501.427	7.875	0.378	0.135	6.454	3.268
	2016	690.875	7.540	0.451	0.222	13.927	4.998

表5-5（续）

农业资金投入	年份	中国	哈萨克斯坦	吉尔吉斯斯坦	塔吉克斯坦	乌兹别克斯坦	土库曼斯坦
农业固定资本形成占资本形成总额比例/%	2000	1.830	2.190	2.800	N. A.	5.980	2.790
	2016	1.450	2.500	2.120	N. A.	6.790	2.780
对农业的信贷/亿美元	2000	967.470	17.789	0.729	1.480	N. A.	N. A.
	2016	1 737.230	19.925	2.770	1.323	N. A.	N. A.
对农业的信贷占比/%	2000	1.8230	3.498	12.70	19.680	N. A.	N. A.
	2016	1.610	5.302	20.71	12.600	N. A.	N. A.
流入农业的FDI/亿美元	2000	17.007	0.060	N. A.	N. A.	N. A.	N. A.
	2016	N. A.	0.502	N. A.	N. A.	N. A.	N. A.
对农业的一般政府支出/亿美元	2000	1 200.777	11.740	0.276	N. A.	7.763	N. A.
	2016	2 797.415	12.822	0.338	N. A.	10.222	N. A.
对农业的政府支出占比/%	2000	9.050	3.880	1.850	N. A.	5.870	N. A.
	2016	9.900	4.570	1.350	N. A.	5.300	N. A.

数据来源：联合国粮食及农业组织数据库。

注：N. A. 表示数据暂不可得。联合国粮食及农业组织未发布2016年之后的数据。

中亚五国的农业资本形成总额较小，是因为这些国家历年来对农业的资金投入相对较小。随着中亚五国经济的逐步转轨，以及经济增长速度的较大波动，政府的财力较为有限，难以承担更多的对农业的资金投入，因此，中亚五国对农业的一般政府支出占支出总额的比重普遍较低，各国的这一数值都在6%以下，吉尔吉斯斯坦甚至在2%以下。而且，中亚五国吸引FDI的能力较为有限，而FDI大多投向了中亚国家的石油和天然气、能矿资源领域，流入农业的FDI较小，因此，中亚五国的农业资金主要依靠银行信贷投入，而中亚国家的银行体系本就规模小、实力较弱，致使农业发展始终面临着资金来源不足的困扰。中国相对充裕的资金为中国与中亚国家的农业互联互通合作提供了资金融通的坚实基础。

（四）农业人口

在农业发展的过程中，人力是必备的投入要素之一。从各国的农业劳动力数量来看，2000—2019年，中国、哈萨克斯坦、吉尔吉斯斯坦的农业就业人口不论从绝对数量来看，还是从农业就业人口占就业总人数的比重来看，都是下降的，见表5-6。从农业就业人口占就业总人数的比例来看，2019年占比最高的为塔吉克斯坦的50.83%，占比最低的是哈萨克斯坦的14.89%。

中国的劳动力总人数从2000年的73 477.383万人增加到2019年的78 107.457。哈萨克斯坦、吉尔吉斯斯坦的劳动力总人数，2019年相比于2000年均有不同程度的增加，农业就业人口占就业总人数的比例，两国都出现了不同程度的下降。塔吉克斯坦、乌兹别克斯坦、土库曼斯坦三个国家的劳动力总人数，从2000—2019年均出现了增长，上述三个国家农业就业人口占就业总人数的比例均出现了下降，但降幅均不明显。

表5-6　2000年和2019年中国与中亚五国农业劳动力及占比

国家	年份	劳动力总人数/万人	农业就业人数占就业总人数比例/%	男性农业就业人数/万人	女性农业就业人数/万人
中国	2000	73 477.383	50.01	21 606.39	14 681.35
	2019	78 107.457	25.36	12 092.89	7 329.90
哈萨克斯坦	2000	765.425 7	35.77	144.44	129.15
	2019	926.253 9	14.89	74.60	63.24
吉尔吉斯斯坦	2000	204.883 6	53.08	59.27	45.78
	2019	265.462 5	26.38	40.93	26.98
塔吉克斯坦	2000	151.188 3	57.94	48.03	26.77
	2019	256.015 7	50.83	78.88	36.82
乌兹别克斯坦	2000	973.349 0	36.71	168.44	145.48
	2019	1 555.546 4	33.20	261.75	226.12
土库曼斯坦	2000	181.792 5	25.89	24.79	16.78
	2019	267.557 3	22.61	34.85	23.34

数据来源：世界银行世界发展指标数据库。

目前尚无对各国的农业技术人员数量的统计数据，但中国具有庞大的农业就业人口，以及数量众多的农业技术人才储备，也拥有农业技术推广的丰富经验和良好的效果，而中亚五国无论在农业技术人才的储备方面，还是在农业技术的推广应用方面都不如中国。因此，中国相比于中亚五国在农业劳动力以及农业技术人员数量等方面的优势，成为双方农业互联互通合作的人力资源基础。

（五）农业肥料施用

根据世界银行世界发展指标数据库的数据，中国的每公顷耕地的化肥使用量远远高于中亚五国，也远高于世界平均水平。中亚五国中除了乌兹别克斯坦的每公顷耕地的化肥施用量相对较高之外，中亚的其他三个国家的化肥施用量远远低于中国的水平，见表5-7。吉尔吉斯斯坦和哈萨克斯坦的化肥施用量较低，尤其是哈萨克斯坦，其每公顷耕地的化肥施用量极低。从化肥施用量的变动来看，2010—2016年，中国的化肥施用量稍有下降，中亚四个国家的化肥施用量则有所增加。

表 5-7　2010—2016 年中国与中亚五国农业生产的耕地化肥施用情况

单位：千克/公顷

国家	年份						
	2010	2011	2012	2013	2014	2015	2016
中国	515.41	533.41	551.00	559.00	567.26	506.11	503.32
哈萨克斯坦	2.05	3.00	4.42	2.89	3.96	4.33	4.33
吉尔吉斯斯坦	22.66	19.17	24.32	27.43	32.00	26.69	31.41
塔吉克斯坦	60.84	67.06	72.29	73.34	83.70	80.29	81.38
乌兹别克斯坦	182.58	204.75	196.69	214.50	224.87	228.40	232.70
土库曼斯坦	N.A.	N.A.	N.A.	N.A.	N.A.	N.A.	N.A.

数据来源：世界银行世界发展指标数据库。

注：1. 化肥施用量衡量每单位耕地使用的植物营养素数量。化肥产品包括氮肥、钾肥和磷肥（包括磷矿粉肥），不包括传统营养素（动物性肥料和植物性肥料）。这里的耕地包括短期作物用地（种植双季作物的土地只计算一次）、供割草或放牧的短期草场、供应市场的菜园和自用菜园，以及暂时休耕的土地。

2. N.A. 表示数据暂不可得。

3. 2016 年之后的数据暂不可得。

从化肥的生产及进出口情况来看，2018 年中国的氮肥、磷肥和钾肥的生产量远高于中亚五国；从进出口情况来看，中国的氮肥和磷肥的出口量远大于进口量，但中国始终是钾肥的净进口国，2002—2018 年除了 2009 年钾肥的进口量大幅下降之外，其间进口量稳定在 400 万吨以上，2018 年进口量达 497.1 万吨，见表 5-8。

表 5-8　2018 年中国与中亚五国化肥生产及进出口情况　　单位：万吨

国家	氮肥			磷肥			钾肥		
	生产	进口	出口	生产	进口	出口	生产	进口	出口
中国	3 274.28	45.07	494.82	1 328.04	29.75	575.70	614.59	497.10	31.97
哈萨克斯坦	15.63	11.24	6.49	14.08	0.64	3.38	0.075	2.19	1.04
吉尔吉斯斯坦	N.A.	5.47	0.17	N.A.	0.33	0.29	N.A.	0.15	0.018
塔吉克斯坦	N.A.	3.53	0.0	N.A.	0.35	0.015	N.A.	0.11	0.0
乌兹别克斯坦	84.80	0.50	14.89	14.04	0.74	0.17	18.24	0.079	11.86
土库曼斯坦	N.A.	N.A.	N.A.	N.A.	N.A.	N.A.	N.A.	N.A.	N.A.

数据来源：联合国粮食及农业组织。

注：N.A. 表示数据暂不可得。

在中亚五国中，2000—2018 年哈萨克斯坦始终是氮肥和钾肥的净进口国。吉尔吉斯斯坦是氮肥、磷肥和钾肥的净进口国，该国的化肥对外部进口的依赖性较强，国内产能非常有限，塔吉克斯坦与吉尔吉斯斯坦的情况类似。乌兹别克斯坦既是中亚国家中的化肥生产大国，也是化肥的进出口大国。

中国的氮肥、磷肥的产能较大，是净出口国，而大多数中亚国家则是净进口国。在钾肥方面，中国和中亚大多数国家是净进口国，而乌兹别克斯坦是净出口国。因此，中国与中亚五国的化肥生产及进出口的差异，为双方的化肥进出口提供了贸易基础。

（六）农业机械

农业机械的使用，不仅能够弥补因农业劳动力的缺乏而导致的农业产出较低的缺陷，更能提高农业的劳动生产率。1990年以来，中国的农业机械使用数量虽有所波动，但处于增长的趋势中。2000年中国与中亚五国农业机械使用情况见表5-9。

表5-9　2000年中国与中亚五国农业机械使用情况

国家	每100平方千米耕地的拖拉机数量	拖拉机/辆	打包机/台	联合收割机/台	挤奶机/台	机引犁/台	根茎收割机/台	播种机/台
中国	83.70	989 139	N. A.	232 098	N. A.	N. A.	N. A.	N. A.
哈萨克斯坦	17.27	52 084	1 288	20 670	979	10 310	150	43 797
吉尔吉斯斯坦	188.14	30 762	1 228	3 423	242	6 119	N. A.	3 461
塔吉克斯坦	310.19	24 319	N. A.	1 196	500	N. A.	N. A.	N. A.
乌兹别克斯坦	N. A.	170 000	N. A.	7 000	N. A.	N. A.	N. A.	N. A.
土库曼斯坦	N. A.	50 000	N. A.	15 000	520	N. A.	N. A.	N. A.

数据来源：每100平方千米耕地的拖拉机数量来源于世界银行世界发展指标数据库。其他数据来源于联合国粮食及农业组织。

注：N. A. 表示数据暂不可得。

中亚五国的农业机械使用数量，自独立以来，出现了明显的下降。这是因为中亚国家独立之后，缺乏资金和技术，农业技术装备的投入严重不足，加之部分国家的农业机械进口关税较高，而中亚国家自身的农业机械生产能力不足，使得农业机械不能满足农业发展的需要。中亚五国原来隶属于苏联，农业机械生产实施专业化分区布局，各区专业化生产某一种农业机械配件，最后再统一组装，这种生产模式导致独立之后中亚五国很难独自生产大型和复杂的农业机械，只能生产一些较为小型和简单的农业机械。中亚五国的农业机械老化现象普遍，无法满足农业生产需要，已经成为制约农业发展的重要因素。中国在农业机械方面有充裕的技术储备和强大的生产能力，为双方农业互联互通合作提供了农业机械技术和农机贸易基础。

四、农业经济基础

（一）农业总体经济

从中国与中亚五国的农业总体经济状况来看，2000—2018年，各国的农业增加值都出现了较大幅度的增加。其中增长幅度最大的为塔吉克斯坦，2018年相比于2000年其农业增加值增长了568.52%，其GDP同期则增长了773.75%。中国和哈萨克斯坦的增长幅度紧随其后，2018年的农业增加值比2000年分别增长了450.46%和431.27%，而同期的GDP，则分别增长了1 047.06%和880.43%，农业增加值增幅小于GDP的同期增幅，导致农业增加值在 GDP 中的占比不断下降。吉尔吉斯斯坦和乌兹别克斯坦的农业增加值增长幅度稍低，增长幅度分别为 98.77% 和 251.50%，而同期的 GDP 增幅则分别为 503.72% 和 266.98%。从农业增加值占 GDP 的比重来看，乌兹别克斯坦的农业增加值占比变化不大，其他国家则出现了明显的下降，下降幅度最大的是吉尔吉斯斯坦，见表5-10。

表5-10　2000—2018 年中国与中亚五国的农业增加值及占 GDP 比重

项目	年份	中国	哈萨克斯坦	吉尔吉斯斯坦	塔吉克斯坦	乌兹别克斯坦	土库曼斯坦
农业增加值/亿美元（现价）	2000	1 777.80	14.84	4.68	2.16	41.36	6.55
	2018	9 786.15	78.84	9.66	14.44	145.38	N. A.
GDP/亿美元（现价）	2000	12 113.47	182.92	13.70	8.61	137.61	29.05
	2018	138 948.17	1 793.40	82.71	75.23	505.00	407.61
农业增加值占GDP 比重/%	2000	14.68	8.11	34.19	27.3	30.06	6.55
	2018	7.048	4.40	11.68	20.90	28.79	N. A.

数据来源：世界银行世界发展指标数据库。

注：N. A. 表示数据暂不可得。

（二）种植业产量

1. 种植业总产量

从粮食作物的产量来看，中国的总产量远远高于中亚五国。2018 年的粮食产量相比2000 年增长了 50.23%，达 61 139.67 万吨，见表 5-11。2018 年中国粮食收获面积为10 063.63 万公顷，其中小麦、水稻、玉米是最主要的粮食作物，产量分别为 13 144.72万吨、21 407.88 万吨、25 734.87 万吨，收获面积分别为 2 426.88 万公顷、3 046.10 万公顷、4 215.899 5 万公顷。其他的粮食作物还包括高粱 219.44 万吨、大麦 148.79 万吨、小米 156.64 万吨、燕麦 100.46 万吨。

从蔬菜作物的产量来看，中国的总产量 2018 年为 54 693.16 万吨，相比于 2000 年增长了 63.78%。2018 年中国的蔬菜收获面积为 2 285.47 万公顷，其中主要的蔬菜是马铃薯、西红柿、黄瓜和小黄瓜、卷心菜和茄子，产量分别为马铃薯 9 032.14 万吨、西红柿6 163.16万吨、黄瓜和小黄瓜 5 629.35 万吨、卷心菜 3 384.07 万吨、茄子 3 413.76 万吨。其他的蔬菜作物还包括洋葱 2 477.53 万吨、辣椒和胡椒 1 821.40 万吨、胡萝卜和白萝卜 1 801.88 万吨、莴苣和菊苣 1 554.64 万吨、花菜和西兰花 1 073.74 万吨、南瓜和葫芦 818.69 万吨、韭葱 15.69 万吨等。

从油料作物的产量来看，中国的总产量为 5 078.80 万吨，相比于 2000 年增长了17.50%。2018 年中国的油料作物种植面积为 1 906.13 万公顷（包括棉花 335.44 万公顷），其中主要的油料作物是大豆 1 419.36 万吨、油菜籽 1 328.12 万吨、向日葵 255 万吨、亚麻籽 36.55 万吨。

表 5-11　2000 年和 2018 年中国与中亚五国的种植业产量　单位：万吨

类型	年份	中国	哈萨克斯坦	吉尔吉斯斯坦	塔吉克斯坦	乌兹别克斯坦	土库曼斯坦
粮食作物产量	2000	40 697.15	1 154.94	155.01	54.50	410.79	175.10
	2018	61 139.67	2 019.60	178.29	121.88	1 171.87	118.90
蔬菜作物产量	2000	33 393.82	317.08	175.55	67.03	337.18	43.56
	2018	54 693.16	776.68	245.85	308.29	1 176.53	97.32
油料作物产量	2000	4 322.28	45.46	13.95	33.60	301.66	N. A.
	2018	5 078.80	2 999.57	10.99	31.66	233.91	N. A.

数据来源：联合国粮食及农业组织数据库。

注：N. A. 表示数据暂不可得。

从总体来看，种植业的产量，包括粮食作物、蔬菜作物和油料作物的产量以及收获面积，中国都要远高于中亚五国。从增长幅度来看，2000—2018 年，中国的粮食产量增长幅度高于吉尔吉斯斯坦和土库曼斯坦，低于其他三个中亚国家；蔬菜产量增长幅度略高于吉尔吉斯斯坦，低于其他四个中亚国家；油料作物产量的增长幅度低于哈萨克斯坦，高于其他中亚四国。

2. 种植业人均产量

种植业的人均产量，是用一个国家全体居民衡量的人均产量指标。从粮食作物产量来看，2000—2018 年，除了吉尔吉斯斯坦的人均粮食产量有所下降，其他国家的人均产量均出现了增长。2018 年，中国的人均粮食产量为 438.99 千克，低于哈萨克斯坦的 1 105.03 千克，高于其他中亚四个国家，见表 5-12。从蔬菜作物产量来看，2000—2018 年，中国与中亚五国的人均蔬菜产量均有所增长，2018 年中国的人均蔬菜产量为 392.70 千克，略低于哈萨克斯坦，高于其他中亚国家，其中土库曼斯坦的人均蔬菜产量较低。从油料作物产量来看，2000—2018 年，中国的人均油料作物产量略有增加，2018 年为 36.47 千克，远低于哈萨克斯坦的 1 641.22，低于乌兹别克斯坦的 70.98，高于其他三个中亚国家。哈萨克斯坦的人均油料作物产量增长较为明显，而其他中亚国家均有所下降。

表 5-12　2000 年和 2018 年中国与中亚五国的种植业人均产量　单位：千克

类型	年份	中国	哈萨克斯坦	吉尔吉斯斯坦	塔吉克斯坦	乌兹别克斯坦	土库曼斯坦
粮食作物产量	2000	322.32	775.98	316.45	87.67	166.65	387.72
	2018	438.99	1 105.03	281.98	133.92	355.59	203.22

表5-12（续）

类型	年份	中国	哈萨克斯坦	吉尔吉斯斯坦	塔吉克斯坦	乌兹别克斯坦	土库曼斯坦
蔬菜作物产量	2000	264.48	213.04	358.38	107.83	136.78	96.45
	2018	392.70	424.96	388.83	338.75	357.00	166.33
油料作物产量	2000	34.23	30.54	28.48	54.05	122.38	N. A.
	2018	36.47	1 641.22	17.38	34.79	70.98	N. A.

数据来源：联合国粮食及农业组织数据库。

注：N. A. 表示数据暂不可得。

从种植业的人均产量及增长率来看，中国在这些指标上与中亚五国相比，并不占有优势，仅人均粮食产量和人均蔬菜作物产量高于中亚除哈萨克斯坦外的其他四个国家。

（三）畜牧业产量

2018 年中国与中亚五国的畜禽及家禽养殖数量见表 5-13。除了中国的火鸡养殖数量低于中亚五国，其他牲畜和家禽的养殖数量都远大于中亚五国。

表 5-13　2018 年中国与中亚五国的牲畜及家禽养殖数量

畜禽种类	中国	哈萨克斯坦	吉尔吉斯斯坦	塔吉克斯坦	乌兹别克斯坦	土库曼斯坦
驴/万头	267.78	2.91	2.89	13.67	22.30	2.49
骆驼/万头	32.33	20.76	0.02	0.006	1.94	12.37
牛/万头	6 341.79	715.09	162.73	232.75	1 281.40	221.74
山羊/万只	13 838.31	228.29	80.69	195.35	380.60	237.15
绵羊/万只	16 407.91	1 641.62	536.10	366.67	1 777.50	1 407.40
马/万匹	343.88	264.65	49.87	8.08	24.25	2.59
猪/万头	44 717.53	79.87	5.13	0.019	5.89	0.92
鸡/万只	537 255.9	4 278.2	456.70	663.60	5 329	1 687.7
火鸡/万只	8.30	168.90	18.30	22.33	66.60	55.20

数据来源：联合国粮食及农业组织数据库。

中国的畜牧业各类产量都远高于中亚五国。2018 年中国的肉类产量为 8 764.48 万吨（见表 5-14），主要包括猪肉产量 5 498.39 万吨、牛肉 581.06 万吨、绵羊 242.29 万吨、山羊 232.98 万吨、驴肉 19.22 万吨、鸡肉 1 457.87 万吨、鸭肉 301.50 万吨、兔肉 86.55 万吨等。中国的奶类产量也远高于中亚国家，2018 年中国的禽蛋产量为 3 167.65 万吨。

表 5-14　2000 年与 2018 年中国与中亚五国的畜牧业产量　单位：万吨

类型	年份	中国	哈萨克斯坦	吉尔吉斯斯坦	塔吉克斯坦	乌兹别克斯坦	土库曼斯坦
肉类产量	2000	6 202.74	57.44	19.62	2.86	50.44	15.00
	2018	8 764.48	105.06	22.98	10.60	120.58	30.89
奶类产量	2000	1 237.41	373.72	110.52	30.98	353.72	99.85
	2018	3 560.05	567.83	160.80	103.77	1 053.50	174.07
禽蛋产量	2000	2 221.27	9.38	1.27	0.15	6.91	2.12
	2018	3 167.65	27.88	2.93	2.48	41.80	4.69

数据来源：联合国粮食及农业组织数据库，经笔者计算整理。

中国全体居民的畜牧业人均产量，在肉类产量、禽蛋产量上相比于中亚五国具有一定优势，尤其是禽蛋产量的优势比较大。2000—2018 年，中国的人均肉类产量略高于哈萨克斯坦和土库曼斯坦，并远高于其他中亚三个国家；中国人均禽蛋产量远高于中亚五国，其中吉尔吉斯斯坦、塔吉克斯坦、土库曼斯坦的人均禽蛋产量较低。2000 年与 2018 年中国与中亚五国的畜牧业人均产量见表 5-15。

表 5-15　2000 年与 2018 年中国与中亚五国的畜牧业人均产量　单位：千克

类型	年份	中国	哈萨克斯坦	吉尔吉斯斯坦	塔吉克斯坦	乌兹别克斯坦	土库曼斯坦
肉类产量	2000	49.12	38.59	40.05	4.60	20.46	33.21
	2018	62.93	57.48	36.34	11.65	36.59	52.80
奶类产量	2000	9.80	251.09	225.62	49.84	143.49	221.10
	2018	25.56	310.69	254.32	114.02	319.67	297.51
禽蛋产量	2000	17.59	6.30	2.59	0.24	2.80	4.69
	2018	22.74	15.25	4.63	2.73	12.68	8.02

数据来源：联合国粮食及农业组织数据库。

注：这里的人均产量是指一个国家全体居民的人均产量。

因此，从中国与中亚五国农业总体经济发展、种植业和畜牧业的人均产量来看，双方各有特色，各有优点和不足，为双边的农业互联互通合作提供了农业经济基础。

五、农业技术基础

从种植业的主要作物品种的单位面积产量来看，在粮食作物中，中国的小麦、大麦、燕麦的单产高于中亚五国。1991—2018 年，中国的这几种粮食作物的单产处于不断增加的趋势，其他主要的两种粮食作物，玉米的单产高于哈萨克斯坦和土库曼斯坦，低于其他中亚国家，水稻的单产低于塔吉克斯坦，高于其他中亚四国，见表5-16。

表5-16 2018年中国与中亚五国的主要作物品种单产情况

单位：吨/公顷

作物		中国	哈萨克斯坦	吉尔吉斯斯坦	塔吉克斯坦	乌兹别克斯坦	土库曼斯坦
粮食作物	大麦	3.97	1.58	2.24	1.51	1.24	1.20
	荞麦	0.85	0.86	2.23	—	—	—
	玉米	6.10	5.74	6.59	14.89	10.38	1.30
	燕麦	3.58	1.43	2.31	1.20	—	—
	水稻	7.03	4.76	3.59	7.65	5.25	1.00
	小麦	5.42	1.23	2.43	3.05	4.13	1.07
油料作物	亚麻	1.31	0.87	2.35	—	0.33	—
	油菜籽	2.03	1.08	0.73	0.54	0.66	—
	红花籽	1.43	0.77	0.98	1.39	0.52	—
	大豆	1.78	2.07	1.77	0.34	—	—
	向日葵	2.90	1.00	1.28	2.50	3.51	—
蔬菜作物	卷心菜	34.42	27.36	23.74	38.40	52.99	15.94
	萝卜	45.12	27.80	22.81	41.05	65.96	33.34
	花菜	19.60	18.54	5.47	31.00	—	—
	黄瓜	53.81	22.87	20.11	30.19	37.14	26.09
	洋葱	22.12	28.27	22.99	19.43	39.91	27.87
	马铃薯	18.76	19.79	17.13	28.39	33.69	17.58
	番茄	59.25	25.25	19.41	38.40	37.85	34.62
棉花		5.28	2.59	3.24	1.62	2.07	1.16

数据来源：联合国粮食及农业组织数据库，经笔者计算整理。

在油料作物中，中国的油菜籽、红花籽的单产高于中亚五国，亚麻籽的单产低于吉尔吉斯斯坦，高于其他中亚国家；大豆的单产低于哈萨克斯坦，高于其他中亚国家；向日葵的单产低于乌兹别克斯坦，高于其他中亚国家；中国的油料作物单产呈现出不断增长的态势。

在蔬菜作物中，中国的黄瓜的单产高于中亚五国，其他的蔬菜作物的单产与中亚五国相比并不具有优势。卷心菜的单产低于塔吉克斯坦和乌兹别克斯坦，萝卜的单产低于乌兹别克斯坦，花菜的单产低于塔吉克斯坦，洋葱的单产仅高于塔吉克斯坦，马铃薯的单产低于哈萨克斯坦、塔吉克斯坦和乌兹别克斯坦，总体而言，中国的大多数蔬菜作物单产也处于上升的态势中。

中国的棉花作物单产相比于中亚五国具有明显的优势，棉花的单产也出现明显的增长，从1991年的2.60吨/公顷增长到2018年的5.28吨/公顷，相比于中亚五国具有明显的优势。中亚地区的产棉大国如塔吉克斯坦、乌兹别克斯坦的棉花单产均出现了下降。

中亚国家的农业技术水平整体相对较低，但在某些领域也具有技术优势。中亚国家在棉花的种质资源、病虫害防治等方面具有一定的相对优势，尤其是乌兹别克斯坦，其作为中亚棉花生产基地，在棉花良种繁育、棉花种质资源的收集和保管方面，有一套完善的体系。中国拥有较为较强的农业科研力量，整体农业科技实力雄厚，形成了较为完善的农业技术推广体系。在种植业、养殖业、农产品加工等方面，中国都拥有大量较为先进的技术。近年来，中亚国家从中国引进了节水灌溉、地膜覆盖、大棚种植技术和设备，农业生产收效显著。对于水资源紧张的中亚地区，节水灌溉技术也改善了当地的生态环境。中亚国家的土壤退化问题严重，而中国在治理土壤退化方面技术经验丰富，中亚国家也在积极合作。中亚国家的农产品加工设备和技术相对落后，而中国具有明显的优势。因此，中国和中亚国家拥有的农业技术优势，为双方农业合作奠定了农业技术基础。

第二节　中国（新疆）与中亚国家农业互联互通合作的动因分析

中亚五国均为传统的农业经济国家，各国的农业发展有所差异，特色鲜明，农业资源禀赋也具有不同的特点。在"一带一路"倡议下，中国（新疆）与中亚国家的农业互联互通合作取得良好进展，是多种因素共同推动的结果。

一、单边动因

（一）农业互联互通合作符合国家外交战略的要求

"一带一路"沿线的中亚国家，其中有三个国家与我国西部地区接壤，是我国国家安全的战略缓冲地带，它的安全稳定与否，对防范境外分裂势力的破坏具有重要影响。面对日益复杂的地区安全形势，中国与中亚国家在上合组织框架下，就反恐、禁毒等跨国犯罪活动加强了安全合作。中亚地区是"丝绸之路经济带"的关键节点，中国高度重视中亚地区在"丝绸之路经济带"建设中的战略地位，中亚国家的繁荣稳定将有利于中国西部边陲的稳定。加强与中亚国家的农业互联互通合作，可以使中国与中亚国家在稳固的经济基础上，开展安全合作，为中亚与我国西部边陲赢得稳定的发展环境，客观上也符合中亚国家希望通过多边平衡外交以维护自身主权和利益的需要①。

---

① 曾向红. 中国的中亚外交与丝绸之路经济带的构建 [J]. 上海交通大学学报（哲学社会科学版），2015（3）：5-14.

农业外交已经成为当前经济外交中的重要内容。在联合国、G20、APEC 等举办的国际会议中，农业合作已经成为这些国际会议中的重要内容，中国及"一带一路"沿线国家，都期望加强农业合作，农业合作已经成为各国开展外交活动的重要议题。中国历来重视与中亚各国的友好关系，将其视为外交的优先方向，加强与中亚国家的农业互联互通合作，坚持经济合作与富邻政策，提高中国与中亚国家的粮食安全和农业安全，实现共同发展，有利于实现双边政治关系的稳定。推进农业互联互通合作，有利于构建和谐的睦邻友好关系，是实现我国外交战略的需要。

（二）农业互联互通合作是国家农业可持续发展的必然要求

从人均的角度来看，中国的农业资源相对短缺，但农产品的需求在不断增加，给中国的农业发展提出了挑战。2018 年中国人均耕地面积仅 0.08 公顷，不及世界平均水平 0.225 公顷的一半。中国的人均耕地面积仅相当于中亚国家的塔吉克斯坦，远低于中亚其他四个国家。2018 年中国耕地面积为 1.19 亿公顷，尚需从世界其他国家进口大量的大豆等农产品。2018 年前几年中国粮食进口总量每年都在 1.2 亿吨以上，相当于利用海外耕地 8 亿~9 亿亩[①]。随着中国经济的发展，国内的农产品价格大多高于国际市场价格，加上国内农业的粗放式增长造成的资源过度开发、生态环境破坏等问题，农业安全面临一定的风险，已经制约了中国农业的可持续发展。因此，在"一带一路"倡议下，开展与沿线国家的农业合作，是保持中国农业可持续发展的必然选择。

近年来的中央一号文件都明确指出，着力推动与包括中亚地区在内的国家开展农业合作，当前中国开展农业合作的重点区域主要还是在拉美、东南亚、非洲的等地，而与中国毗邻的中亚五国却没有引起足够的重视，开展与中亚国家的农业互联互通合作，还有广阔的合作空间。在基础设施联通的条件下，加强与中亚国家的经贸合作，提高农产品贸易的便利化程度，扩大与中亚国家的农产品贸易，加强与中亚国家的农业合作，符合利用国际、国内两个市场、两种资源扩大农业合作的战略目标。

（三）中亚国家积极响应"丝绸之路经济带"倡议为农业互联互通合作提供重要支撑

2013 年"丝绸之路经济带"倡议提出以来，得到了包括中亚国家在内的沿线国家的积极响应，对中亚乃至整个欧亚地区产生了深远的影响。中亚各国领导人都表达了参与"丝绸之路经济带"建设的愿望，对顺利推进"丝绸之路经济带"建设非常重视。中亚国家也提出过复兴丝绸之路的设想，而中国提出的倡议与中亚国家不谋而合，"丝绸之路经济带"倡议与中亚国家的发展战略高度契合。目前，加强"一带一路"建设在中国与中亚国家的高层、学者和民众之间形成了广泛共识。哈萨克斯坦积极应对"丝绸之路经济带"倡议，并努力将其"光明之路"发展战略与倡议进行对接，加强与中国的合作；乌兹别克斯坦的政府官员、民众都高度期待"丝绸之路经济带"倡议下的合作；塔吉克斯坦政府也表示"丝绸之路经济带"倡议与其发展战略高度契合；吉尔吉斯斯坦对参与"丝绸之路经济带"建设怀有极大的热情；土库曼斯坦也积极参与"丝绸之路经

---

① 刘乃郁，韩一军. "一带一路"农业合作发展的意义与前景 [J]. 学术前沿，2017 (12)：82-85.

济带"建设。

中亚各国都把共建"丝绸之路经济带"倡议看作本国经济发展的契机，积极响应"丝绸之路经济带"倡议，并积极对接本国的发展战略，也都把各领域的合作列为国家大力支持的重要内容，使得中亚国家与中国在经贸、产能、能源、农业等领域开展广泛的合作，为中国与中亚国家的农业互联互通合作提供了重要支撑。

（四）地缘优势为中国（新疆）与中亚国家的农业互联互通合作提供了有利条件

中国（新疆）地处亚欧大陆腹地，与哈萨克斯坦、吉尔吉斯斯坦、塔吉克斯坦三个中亚国家接壤，与中亚地理条件相近，具有与中亚开展农业合作的地缘优势。新疆是中国向西开放的重要门户，具有有利的口岸优势，截至2019年4月，新疆拥有国家批准的对外开放口岸18个，均为一类口岸，其中航空口岸3个，陆地边境口岸15个①。中国（新疆）是连接中亚等国家的重要交通枢纽，是中国向西开放的主要陆路通道，已成为中国"东联西出"的前沿阵地。中国（新疆）目前已经形成了国际铁路、公路和航空相结合的国际大通道网络，具有开发中亚、西亚、南亚和欧洲等市场的巨大潜力。

中国（新疆）的农业在地区国民经济中占有很大比重，农业的发展直接关系到中国（新疆）的经济发展和收入水平的提高，也关系到农牧民脱贫致富、社会稳定的大局。中国（新疆）大力发展外向型农业，具有天然的地缘优势，已被确定为"丝绸之路经济带"核心区，发展与中亚等国家的经贸往来是核心区建设的重要内容之一。中国（新疆）的设施农业发展迅速，农产品加工能力不断提高，大力建设农副产品出口基地，农产品出口快速增加；中国（新疆）与中亚的农产品经贸合作，具有运输距离短、成本低的优势，为扩大生鲜农产品贸易提供了条件；中国（新疆）地缘辽阔，属于典型的大陆性气候，与中亚国家的气候具有很大的相似性，便于双方开展农业技术合作。

二、双边动因

（一）"一带一路"建设为深化农业互联互通合作注入了新动能

在"一带一路"沿线国家中，农业大国数量居多，农业在沿线国家的国民经济中占据较大的比重，整体高于全球平均水平。这些农业大国也是全球粮食产量高的地区，且人均耕地面积普遍高于中国②。虽然中亚国家的农业资源较为丰富，但中亚五国的农业生产效率较低、农业科技水平落后。提高农业发展水平也是中亚国家较为迫切的发展需求。

---

① 航空口岸有乌鲁木齐航空口岸、喀什航空口岸、伊宁航空口岸。陆路口岸中，新疆与蒙古的边境口岸4个，即老爷庙口岸（哈密市）、乌拉斯台口岸（昌吉回族自治州）、塔克什肯口岸（阿勒泰地区）和红山嘴口岸（阿勒泰地区）；新疆与哈萨克斯坦的边境口岸5个，吉木乃口岸（阿勒泰地区）、巴克图口岸（塔城地区）、阿拉山口口岸（博尔塔拉蒙古自治州）、霍尔果斯口岸（伊犁哈萨克自治州）、都拉塔口岸（伊犁哈萨克自治州）；新疆与吉尔吉斯共和国的边境口岸2个，即吐尔尕特口岸（克孜勒苏柯尔克孜自治州）、伊尔克什坦口岸（克孜勒苏柯尔克孜自治州）；新疆与巴基斯坦的边境口岸1个，即红其拉甫口岸（喀什地区）；新疆与塔吉克斯坦的边境口岸1个，即卡拉苏口岸（喀什地区）。目前，未开放的陆地边境口岸2个，分别是阿黑土别克口岸、木扎尔特口岸，正在建设的航空口岸1个，即伊宁机场航空口岸。

② 李富佳，董锁成，原琳娜，等."一带一路"农业战略格局及对策 [J].中国科学院院刊，2016 (6)：678-688.

"一带一路"倡议是新时期中国扩大对外开放的重大方略，而中亚是"一带一路"的重要节点和核心区域，中亚区域的哈萨克斯坦、乌兹别克斯坦等国家已经是世界重要的粮食、棉花产区，同时也是重要的出口大国。因此，在"一带一路"建设的背景下，发挥中国的农业技术优势和资本优势，结合中亚国家的农业资源优势，推动双方农业互联互通合作，对提升双方的农业发展水平，助力"一带一路"倡议的实施具有重要意义。通过共同建设"一带一路"，与中亚国家的交流和磋商，形成了经贸合作的一系列文件。在设施联通方面，已经建成了一批重要的跨境基础设施联通项目，为进一步加强中国（新疆）与中亚国家的农业经贸合作、农业投资合作以及农产生产要素流动创造了重要条件，为中国（新疆）与中亚国家的农业互联互通合作赋予了新动能。

　　（二）中国与中亚农业互联互通合作是共同保障粮食安全的需要

　　粮食安全是指能够有效地为全体居民提供数量充足、质量达标的各种食物。粮食是各国居民最基本的生活资料，粮食安全是国家经济安全的基础。目前各种自然灾害和极端天气频发，导致世界粮食安全风险不断上升，根据联合国粮食计划署公布的粮食安全风险指数，中国在全球的排名靠后，属于中度风险国家行列。从中国的粮食生产和消费情况来看，中国粮食的自给率较高，但大豆等农产品严重短缺，进口依赖程度较高，中国已成为最大的粮食进口国。中国的人均粮食拥有量在多数年份不到 400 千克/人，离世界粮食安全标准 400 千克/人尚有一定距离[①]。中亚地区的人均耕地面积较大，土地资源相对丰富，但中亚国家的农业普遍面临粗放经营的问题，粮食的单产较低，部分中亚国家始终面临粮食安全的困扰。

　　中国与中亚国家均面临着粮食安全问题，中国拥有较为先进的农业生产技术、较为充裕的资金和劳动力，而中亚国家的耕地资源丰富。因此发挥中国与中亚国家的农业资源优势，开展农业互联互通合作，对于保障双方的粮食安全具有重要战略意义。过去 50 年世界人均耕地面积逐步减少，21 世纪以来已爆发两次粮食危机[②]。因此，要缓解中国的粮食安全问题，必然要求中国与沿线国家高度重视农业资源的合作开发与相互促进，实现农业资源的跨国配置。通过中国与中亚国家的农业贸易往来和投资合作，提高双方的农业生产能力，共同保障双方粮食安全。

　　（三）"逆全球化"背景下深化"一带一路"建设的需要

　　2008 年国际金融危机以来，"逆全球化"趋势有所抬头，特别是 2016 年以来，以美国为代表的发达经济体再次掀起贸易保护主义，"逆全球化"卷土重来，全球经贸发展面临的不确定性持续发酵。在世界范围内出现贸易保护升级，而且还扩散到了资本、技术、人才流动等诸多方面，使得国际劳动力流动受限，区域经济一体化进程受阻，对"一带一路"倡议形成了冲击。随着贸易保护主义的抬头，中国在"一带一路"沿线国家的投资项目失败案例显著增加。例如，2018 年中国在沿线国家的投资失败涉及金额达

　　① 姜振军. 中俄加强农业产业化合作共同保障粮食安全研究 [J]. 俄罗斯中亚东欧研究，2012 (6)：44-49.

　　② 刘乃郁，韩一军. "一带一路"农业合作发展的意义与前景 [J]. 学术前沿，2017 (12)：82-85.

177.6亿美元，占比近70%①。少数西方发达国家也以"逆全球化"对抗"一带一路"倡议，削弱中国的全球影响力。

实施"一带一路"倡议有助于打破"逆全球化"带来的贸易壁垒，在"一带一路"倡议下加强区域经济合作，减少了沿线国家之间的贸易壁垒，中国与沿线国家的贸易往来，可以在很大程度上对冲贸易下滑的风险，中国与沿线国家的贸易额占中国对外贸易总额的比重，从2014年的26.1%上升到2019年的29.4%，对沿线国家的直接投资占比也稳步提升。"一带一路"倡议为中国参与全球农业产业链的分工创造了新机遇，"一带一路"倡议建设的六大经济走廊，推动农业"走出去"战略是经济走廊建设的核心领域之一。因此，在"逆全球化"的背景下，加强与中亚国家的农业互联互通合作，成为"一带一路"建设的重要领域。

（四）农业互联互通合作是双方农业产业结构调整的需要

在"一带一路"倡议下，中国加强与包括中亚国家在内的农业互联互通合作，实现农业资源的跨国配置，发挥中国在农业科技等方面的优势，加强与中亚国家的农业投资合作，有助于突破中国农业资源方面的约束，分散农产品贸易风险。中亚国家在土地密集型农产品上具有比较优势，加强农业合作有利于保障国内的农产品供给，从而逐步调整农业产业结构，推动国内农业产业结构升级，提高中国农产品的市场竞争力。

中亚国家的农业以种植业和养殖业为主，种植业中的粮食生产以小麦、玉米和水稻为主，水果、蔬菜、油料作物基本不能实现自给，养殖业以牛、羊、马的养殖为主。从粮食消费来看，哈萨克斯坦、乌兹别克斯坦基本能够实现自给自足，但中亚其他三个国家不能实现自给，需要依靠进口；从肉类生产来看，哈萨克斯坦、塔吉克斯坦尚不能满足自身需要。中亚各国都把调整农业产业结构、保障粮食安全作为农业发展的主要方向。由于中亚国家的农业技术相对落后，农业机械设备陈旧且不足，资金短缺，对农业的现代化改造必然成为各国农业发展的优先领域。中亚国家为了应对"烃经济时代走向终结"的风险，各国开始逐步调整产业结构②，如哈萨克斯坦提出了农业现代化的转型目标。因此，深化中国与中亚的农业合作，是参与中亚农业现代化、助力"丝绸之路经济带"协同发展的务实举措。

（五）中国与中亚农业互联互通合作是双方农业优势互补的需要

中国开展与中亚国家的农业互联互通合作，可以实现双方农业产业的优势互补。首先，从农业要素禀赋来看，中国与中亚国家的农业资源互补性显著。中亚国家的农业发展各具特色，农业资源较为丰富，有较为丰富的土地、光、热、水资源，在土地密集型农产品方面具有优势，但中亚国家的农业大多呈现粗放经营的特征；中国的耕地资源不足，人均耕地面积小于中亚国家，中国开展与中亚国家的农业合作，可以改善国内的粮

---

① 罗建兵，杨丽华."逆全球化"风险下的"一带一路"倡议发展展望与合作范式 [J]. 河南社会科学，2020（8）：43-52.

② 徐海燕. 绿色丝绸之路经济带建设在中亚的实践与政策探析 [J]. 华东师范大学学报（哲学社会科学版），2016（5）：119-125.

食安全状况和农业发展安全，实现进口来源的多元化。其次，双方在农产品贸易结构方面存在互补性。在双方农产品贸易中，中国大量进口粮食、棉花等农产品，中亚国家则大量出口棉花、粮食等农产品，通过发挥各自的比较优势，形成互补性的农产品贸易结构。再次，在农业对外投资方面，中国拥有大量的资金，可以因地制宜地稳步扩大对中亚的农业投资，提高农业投资合作水平。最后，在农业科技方面，中亚国家的农业基础设施薄弱，农业技术相对落后，农业机械化水平低，种植业的单产较低，土地利用水平不高，畜禽的大规模养殖技术较为落后。通过双方的技术交流与合作，可以实现中亚国家对中国的耕种技术、农业机械、节水灌溉、畜禽养殖、良种选育、农产品加工等技术的需求。因此，中国与中亚国家在农业生产和农产品贸易方面具有很强的互补性，农业互联互通合作正是实现双方农业优势互补的需要。

第三节　中国与中亚国家农产品贸易的竞争性与互补性分析

一、中国与哈萨克斯坦农产品贸易的竞争性和互补性分析

两国农产品贸易的竞争性和互补性，是两国农产品贸易发展的基础，也是衡量两国农产品贸易的潜力所在。这里采用显性比较优势指数、相对显性比较优势指数、贸易互补性指数来分析中国与哈萨克斯坦的农产品贸易的竞争性和互补性。

（一）中国与哈萨克斯坦农产品贸易的竞争性分析

显示性比较优势指数（revealed comparative advantage，RCA）是用来衡量一个国家的对外贸易中某种商品或某个产业的比较优势，计算如下：

$$\mathrm{RCA}_{Xik} = \frac{(X_{ik}/X_i)}{(X_{wk}/X_w)} \tag{5-1}$$

公式中，RCA_{Xik} 是指 i 国在 k 类商品出口商的显性比较优势指数，X_{ik} 是指 i 国在 k 类商品的出口总额，X_i 是指 i 国所有商品的出口总额，X_{wk} 是指世界的 k 类商品的出口总额，X_w 是指世界所有商品的出口总额。根据 RCA_{Xik} 的值可以衡量某种商品的竞争力。如果 $RCA_{Xik} > 2.5$，表示该国的此商品具有极强的竞争力；如果 $1.25 < RCA_{Xik} \leqslant 2.5$，表示该商品具有较强的竞争力；如果 $0.8 < RCA_{Xik} \leqslant 1.25$，表示该商品具有中等的竞争力；如果 $\mathrm{RCA}_{Xik} \leqslant 0.8$，表示该商品的竞争力较弱。

RCA_{Xik} 指数是用来衡量一国的某商品相对世界平均水平的比较优势。为了比较中国和哈萨克斯坦农产品贸易的相对比较优势，这里也引入相对显性比较优势指数 CRA_{ij}^k，公式为

$$\mathrm{CRA}_{ij}^k = \lg(\mathrm{RCA}_{ik}/\mathrm{RCA}_{jk}) \tag{5-2}$$

其中，CRA_{ij}^k 是指 i 国相对于 j 国在 k 类商品上的相对显性比较优势指数，RCA_{ik} 和 RCA_{jk} 分别表示 i 国和 j 国在 k 类商品上的显性比较优势指数。当 $\mathrm{CRA}_{ij}^k > 0$ 时，表示在 k 类商品出口上，i 国相对于 j 国具有比较优势，值越大优势越明显，两国在该类商品上的贸易互

补性越强。当 $CRA_{ij}^{k} < 0$ 时，表明在 k 类商品出口上，j 国相对于 i 国具有比较优势，值越小则 j 国的优势越明显。当 $CRA_{ij}^{k} = 0$ 时，表示两国在 k 类商品上不存在贸易互补性。

1. 中国农产品的出口竞争力分析

根据式（5-1）得出的 2009—2018 年中国农产品的显性比较优势指数（RCA）见表 5-17。在中国出口的农产品中，具有极强的国际竞争力的产品是丝绸，此类商品的显性比较优势指数值始终保持在 5 以上。具有较强的国际竞争力的产品是蔬菜（根茎类）、茶叶、合成纤维，而且这三种商品的显性比较优势指数在 2009—2018 年处于逐步上升的过程中。鱼、甲壳类和软体类动物、果脯、蔬菜（根茎类）、羊毛等产品的显性比较优势指数在 1 左右，表示这些种类的产品具有中等的国际竞争力。其中果脯、羊毛产品在 2014 年之前具有较强的国际竞争力，其后竞争力出现了变弱。羊毛的显性比较优势指数在 2018 年回升至了 1.23，其国际竞争力在中等和较强之间波动。其他的农产品则只具有较弱的国际竞争力，尤其是小麦、大麦、玉米、牛肉、牛奶和乳制品、棉花，这些农产品的显性比较优势指数等于 0 或接近于 0，基本没有国际竞争力可言。

表 5-17　2009—2018 年中国农产品的显性比较优势指数（RCA）

产品种类	年份									
	2009	2010	2011	2012	2013	2014	2015	2016	2017	2018
活的动物	0.25	0.23	0.26	0.23	0.21	0.20	0.20	0.24	0.19	0.21
牛肉	0.02	0.03	0.03	0.02	0.01	0.01	0.01	0.01	0	0.01
牛奶和乳制品	0.02	0.02	0.02	0.02	0.01	0.01	0.01	0.02	0.02	0.01
奶酪和凝乳	0	0	0	0	0	0	0	0	0	0
禽蛋	0.26	0.27	0.32	0.27	0.25	0.25	0.24	0.27	0.25	0.26
鱼（新鲜或冷冻）	1.07	1.08	1.15	1.10	1.02	0.99	0.92	0.91	0.87	0.95
甲壳类和软体类动物	0.96	1.01	1.05	1.08	1.13	1.12	1.08	1.06	1.00	1.17
小麦	0	0	0	0	0	0	0	0	0	0
水稻	0.28	0.19	0.17	0.10	0.14	0.12	0.08	0.14	0.19	0.17
大麦	0.01	0.01	0	0	0	0	0	0	0	0
玉米	0.02	0	0.01	0	0.01	0	0	0	0	0
其他谷物	0.25	0.31	0.32	0.18	0.14	0.10	0.07	0.10	0.12	0.13
小麦粉和谷物粉	0.23	0.26	0.23	0.23	0.21	0.16	0.10	0.10	0.12	0.10
蔬菜（非根茎类）	0.88	1.03	1.02	0.87	0.79	0.78	0.75	0.86	0.83	0.88
蔬菜（根茎类）	1.44	1.71	1.89	1.58	1.66	1.56	1.55	1.66	1.76	1.66
水果和坚果	0.34	0.31	0.33	0.36	0.35	0.32	0.35	0.37	0.34	0.39
果脯	1.37	1.39	1.45	1.42	1.29	1.15	0.96	1.00	1.22	1.09
水果汁和蔬菜汁	0.61	0.60	0.68	0.68	0.52	0.39	0.33	0.33	0.37	0.40

表5-17（续）

产品种类	年份									
	2009	2010	2011	2012	2013	2014	2015	2016	2017	2018
糖和蜂蜜	0.64	0.70	0.75	0.72	0.71	0.69	0.68	0.70	0.71	0.73
茶叶	1.20	1.08	1.19	1.21	1.25	1.21	1.22	1.40	1.41	1.34
香料	1.31	1.25	1.05	0.78	0.83	0.81	0.66	0.70	0.76	0.45
动物饲料	0.34	0.32	0.29	0.35	0.28	0.31	0.26	0.29	0.28	0.29
烟草（未加工）	0.48	0.53	0.54	0.47	0.42	0.38	0.37	0.37	0.41	0.44
烟草（加工）	0.14	0.14	0.15	0.17	0.17	0.17	0.18	0.20	0.15	0.19
油籽（不包括粉）	0.15	0.11	0.11	0.11	0.09	0.08	0.09	0.08	0.08	0.09
油籽（包括粉）	0.35	0.38	0.33	0.38	0.34	0.41	0.39	0.39	0.49	0.33
粗木和方木	0	0.01	0	0	0	0	0	0.02	0.01	0.01
丝绸	8.45	6.99	6.91	6.28	5.84	5.09	4.97	5.18	5.37	5.72
棉花	0.02	0.01	0.03	0.02	0.01	0.01	0.03	0.01	0.02	0.02
合成纤维	1.09	1.22	1.67	1.33	1.25	1.31	1.23	1.30	1.31	1.37
羊毛	1.24	1.35	1.42	1.17	1.20	1.10	0.89	0.90	0.85	1.23

数据来源：联合国贸易和发展会议数据库，经笔者计算整理。

注：其他谷物是指不包括小麦、水稻、大麦、玉米的谷物。

从中国的农产品出口比较优势来看，大多农产品的国际竞争力较弱，有一些农产品的比较优势还处于减弱的趋势中，这可能可以归结为以下几个方面的原因：一是随着中国城镇化进程的加快，用于农业的生产资料出现了减少，包括人力、土地、资金等，导致很多农产品的产量出现下降；二是中国农产品出口的质量安全监管有很多不足，很多农产品的质量出现或多或少的问题，致使国外技术性贸易壁垒的加大；三是贸易保护主义的兴起，设置了各种进口壁垒和限制。

2. 哈萨克斯坦的农产品出口竞争力分析

2009—2018年哈萨克斯坦农产品的显性比较优势指数（RCA）见表5-18。表5-18中数据显示，哈萨克斯坦的小麦、大麦、小麦粉和谷物粉、油籽类（包括粉）具有极强的竞争力，而且在2010—2018年竞争力保持在较高的水平。棉花具有较强的竞争力。禽蛋产品2018年之前竞争力不强，2018年表现出了较强的竞争力。2015—2018年烟草（加工）基本保持在中等竞争力的水平。

表5-18　2009—2018年哈萨克斯坦农产品的显性比较优势指数（RCA）

产品种类	年份									
	2009	2010	2011	2012	2013	2014	2015	2016	2017	2018
活的动物	0.01	0.01	0.02	0	0.01	0.04	0.08	0.08	0.06	0.36
牛肉	0	—	0	0	0.01	0.04	0.05	0.05	0.02	0.10

表5-18(续)

产品种类	年份									
	2009	2010	2011	2012	2013	2014	2015	2016	2017	2018
牛奶和乳制品	0.07	0.01	0.01	0.02	0.08	0.11	0.08	0.12	0.15	0.19
奶酪和凝乳	0.04	0.02	0.01	0.01	0.01	0.02	0.06	0.06	0.09	0.09
禽蛋	—	0	0	0	—	0.13	0.30	0.55	0.97	1.29
鱼（新鲜或冷冻）	0.53	0.45	0.26	0.22	0.26	0.27	0.30	0.33	0.27	0.23
甲壳类和软体类动物	0.01	0	0	0	0	0	0	0	0	0
小麦	5.69	7.31	2.64	6.51	5.66	4.75	6.38	8.11	6.14	7.47
水稻	0.05	0.30	0.29	0.13	0.18	0.19	0.48	0.34	0.33	0.32
大麦	2.47	2.74	3.07	1.93	1.55	4.31	4.77	7.58	7.02	12.10
玉米	0.01	0.02	0.03	0.01	0.01	0.05	0.08	0.05	0.08	0.09
其他谷物	0.02	0.05	0.07	0.05	0.10	0.20	0.15	0.45	0.29	0.34
小麦粉和谷物粉	37.71	32.40	18.50	20.91	21.41	23.68	32.51	42.05	32.30	25.87
蔬菜（非根茎类）	0.18	0.10	0.03	0.05	0.04	0.06	0.11	0.36	0.60	0.61
蔬菜（根茎类）	0.01	0.01	0.01	0.01	0.01	0.01	0.02	0.03	0.03	0.04
水果和坚果	0.16	0.02	0.02	0	0.04	0.03	0.06	0.04	0.15	0.13
果脯	0	0	0	0	0	0	0.02	0.07	0.10	0.07
水果汁和蔬菜汁	0.08	0.02	0.01	0	0.02	0.02	0.03	0.03	0.01	0.02
糖和蜂蜜	0.07	0.08	0.04	0.02	0.08	0.04	0.04	0.09	0.23	0.30
茶叶	0.08	0.05	0.10	0.15	0.17	0.19	0.35	0.47	0.35	0.41
香料	0	0	0.01	0.01	0.02	0.01	0	0	0.01	0.01
动物饲料	0.19	0.18	0.14	0.18	0.13	0.16	0.21	0.32	0.31	0.30
烟草（未加工）	0.23	0.16	0.08	0.04	0.01	0.01	0	0	0	0
烟草（加工）	0.33	0.34	0.29	0.49	0.62	0.70	1.28	1.54	0.93	0.83
油籽（不包括粉）	0.10	0.07	0.12	0.16	0.23	0.37	0.49	0.58	0.72	0.74
油籽（包括粉）	1.20	1.96	4.04	9.30	4.37	7.16	12.24	11.78	12.29	12.13
粗木和方木	—	0	—	—	—	—	0	0	0.06	0.17
丝绸	—	0	—	—	—	—	0.25	0.11	0.42	0.07
棉花	2.37	1.27	0.57	0.70	1.35	1.07	1.44	2.58	2.18	1.42
合成纤维	0	0.01	0.01	0	0	0	0	0	0	0
羊毛	0.33	0.17	0.30	0.16	0.18	0.22	0.26	0.28	0.40	0.25

数据来源：联合国贸易和发展会议数据库，经笔者计算整理。

注：1. 其他谷物是指不包括小麦、水稻、大麦、玉米的谷物。

2. "—"是指相关数据缺失。

除上述提及的农产品以外，哈萨克斯坦其他农产品的竞争力较弱。肉类、奶制品、玉米、蔬菜、果脯、水果、果汁、香料等产品的竞争力极低。丝绸、合成纤维等产品的竞争力也处于极低水平。哈萨克斯坦的农产品加工能力有限，加工水平较低，难以对农产品进行精良的初加工、深加工等，导致加工的农产品国际竞争力不强。此外，哈萨克斯坦的木材也缺乏竞争力，这是由于其林业不发达，木材产量尚不足以满足国内需求。

3. 中国与哈萨克斯坦农产品的相对显性比较优势指数分析

根据式（5-2）可以计算得出中国与哈萨克斯坦出口农产品的相对显性比较优势指数（CRA）。从表5-19中的计算结果可以看出，在甲壳类和软体类动物、蔬菜（根茎类）、果脯、水果汁和蔬菜汁、茶叶、香料、烟草（未加工）、合成纤维等农产品方面，中国比哈萨克斯坦具有相对较为明显的优势，其中甲壳类和软体类动物、水果汁和蔬菜汁、烟草（未加工）、丝绸、合成纤维等产品的相对优势不断扩大。在牛奶和乳制品、奶酪和凝乳、小麦、大麦、玉米、小麦粉和谷物粉、油籽（包括粉）和棉花等农产品，哈萨克斯坦相比较中国具有较为明显的优势。CRA的结果也反映出中国和哈萨克斯坦两国在具体的农产品上所具有的优势，两国在这些农产品上的贸易互补性不断增强。

表 5-19 2009—2018 年中哈出口农产品相对显性比较优势指数（CRA）

产品种类	年份									
	2009	2010	2011	2012	2013	2014	2015	2016	2017	2018
活的动物	1.57	1.51	1.05	1.97	1.61	0.74	0.40	0.46	0.49	-0.24
牛肉	1.40	—	1.63	3.41	0.07	-0.65	-0.87	-0.83	-1.25	-1.22
牛奶和乳制品	-0.46	0.14	0.25	0.08	-0.78	-0.97	-0.88	-0.91	-0.99	-1.12
奶酪和凝乳	-2.26	-1.67	-1.32	-1.24	-1.68	-1.82	-2.34	-2.40	-2.48	-2.48
禽蛋	—	3.33	2.33	2.43	—	0.29	-0.09	-0.32	-0.59	-0.70
鱼（新鲜或冷冻）	0.30	0.38	0.64	0.70	0.59	0.56	0.48	0.44	0.51	0.62
甲壳类和软体类动物	2.11	2.70	2.53	2.41	3.28	3.24	3.81	3.44	3.74	3.45
小麦	-3.89	-7.22	-2.88	-9.56	-4.51	-4.96	-4.45	-4.07	-3.87	-3.91
水稻	0.78	-0.19	-0.23	-0.12	-0.12	-0.22	-0.76	-0.38	-0.24	-0.28
大麦	-2.43	-2.55	-3.02	-2.95	-3.53	-4.58	-4.80	-4.93	-4.81	-4.95
玉米	0.05	-0.07	-0.30	0.25	-0.04	-1.42	-1.80	-1.84	-1.21	-1.40
其他谷物	1.05	0.76	0.69	0.54	0.17	-0.30	-0.35	-0.66	-0.38	-0.42
小麦粉和谷物粉	-2.22	-2.10	-1.92	-1.95	-2.01	-2.18	-2.53	-2.69	-2.43	-2.40
蔬菜（非根茎类）	0.69	1.02	1.61	1.20	1.29	1.14	0.85	0.38	0.14	0.16
蔬菜（根茎类）	2.15	2.27	2.22	2.22	2.20	2.19	1.94	1.82	1.75	1.65
水果和坚果	0.33	1.27	1.13	0.91	0.94	0.99	0.75	1.00	0.34	0.49
果脯	3.51	2.77	2.96	2.70	2.88	2.38	1.77	1.15	1.09	1.21
水果汁和蔬菜汁	0.87	1.50	1.67	1.69	1.46	1.23	1.02	1.09	1.41	1.37
糖和蜂蜜	0.94	0.92	1.24	1.49	0.95	1.20	1.27	0.90	0.49	0.38
茶叶	1.20	1.30	1.09	0.92	0.85	0.80	0.54	0.47	0.61	0.52

表5-19（续）

产品种类	年份									
	2009	2010	2011	2012	2013	2014	2015	2016	2017	2018
香料	3.66	2.98	1.95	1.73	1.72	2.06	2.80	2.47	2.06	1.54
动物饲料	0.25	0.25	0.32	0.29	0.32	0.29	0.09	−0.05	−0.05	0
烟草（未加工）	0.32	0.51	0.80	1.08	1.90	1.85	1.98	2.02	2.04	2.29
烟草（加工）	−0.38	−0.37	−0.29	−0.46	−0.55	−0.62	−0.84	−0.90	−0.78	−0.63
油籽（不包括粉）	0.18	0.18	−0.03	−0.17	−0.40	−0.66	−0.75	−0.84	−0.94	−0.94
油籽（包括粉）	−0.53	−0.72	−1.09	−1.39	−1.10	−1.24	−1.50	−1.48	−1.40	−1.57
粗木和方木	—	1.95	—	—	—	—	1.41	0.64	−0.61	−1.13
丝绸	—	3.25	—	—	—	—	1.30	1.66	1.10	1.93
棉花	−2.09	−2.39	−1.29	−1.67	−2.34	−1.89	−1.74	−2.43	−2.07	−1.81
合成纤维	3.05	2.01	2.23	3.20	4.05	3.58	3.09	3.56	2.87	3.18
羊毛	0.58	0.91	0.67	0.86	0.82	0.70	0.53	0.50	0.33	0.69

数据来源：联合国贸易和发展会议数据库，经笔者计算整理。

注：1. 其他谷物是指不包括小麦、水稻、大麦、玉米的谷物。

2. "—"是指相关数据缺失。

在蔬菜（非根茎类）、水果和坚果、糖和蜂蜜、茶叶四类农产品上，中国相对哈萨克斯坦具有出口优势，但在2009—2018年近10年中出口优势不断减弱。这也反映了中国和哈萨克斯坦国内农业结构调整。在牛肉、禽蛋、其他谷物三类农产品上，中国和哈萨克斯坦的出口优势交替变化，同时也意味着在未来双方在这些农产品的合作上存在一定的空间。另外，2009—2018年哈萨克斯坦国内油料作物和肉类畜产品的产量不断增加，肉类和油籽类产品农产品逐渐成为重要的出口产品，同时，中国逐渐失去了这两类农产品在国际市场的比较优势。因此，立足国内资源禀赋，结合国际市场供求变化情况，将中哈两国具有相对优势的农产品通过科技合作、信息互通、资源整合等方式，实现共同的发展，是两国农业合作的双赢选择。

（二）中国与哈萨克斯坦双边农产品贸易的互补性分析

贸易互补性指数（Trade Complementarity Index，TCI）用来衡量国家之间贸易关系的互补程度，它是在显性比较优势指数和显性比较劣势指数的基础上计算出来的指数。计算公式如下：

$$TCI_{ijk} = RCA_{Xik} \times RCA_{Mjk} \qquad (5-3)$$

$$RCA_{Mjk} = (M_{jk}/M_j)/(M_{wk}/M_w) \qquad (5-4)$$

其中，TCI_{ijk}是指i国和j国之间k类商品的贸易互补性指数，RCA_{Xik}是指i国k类商品的出口比较优势指数，RCA_{Mjk}是指j国k类商品的进口比较劣势指数。M_{jk}是指j国k类商品的进口总额，M_j是指j国所有商品的进口总额。M_{wk}是指世界k类商品的进口总额，M_w是指世界所有商品的进口总额。如果TCI值大于1，表明两国之间贸易互补性较强，并且TCI值越高，说明i国的主要出口产品类型与j国的主要进口产品类型是相对应的。如果TCI

的值很低，说明两国的产品供需不匹配。如果 TCI 的值为 0，说明两国之间不存在贸易往来。

表 5-20 报告的是以中国出口和哈萨克斯坦进口衡量的农产品贸易互补性指数（TCI）。从表 5-20 中的计算结果可以看出，蔬菜（根茎类）、果脯、茶叶等农产品在 2009—2018 年的 TCI 值均大于 1，说明中国出口和哈萨克斯坦进口这些农产品的贸易互补性很强。并且根茎类蔬菜、糖和蜂蜜、茶叶的 TCI 值有所上升，说明哈萨克斯坦的这些农产品市场对中国的重要性逐渐上升。在样本期间内，禽蛋的 TCI 值有所下降，而蔬菜（非根茎类）的 TCI 值有所上升，在 2011 年开始超过了 1，说明贸易互补性逐渐增强。其余农产品的 TCI 值整体小于 1，尤其是牛肉、奶酪和凝乳、小麦、大麦、玉米、棉花、羊毛、粗木和方木等产品的 TCI 值等于 0 或者接近于 0，说明这些中国的农产品在哈萨克斯坦市场上基本没有吸引力。

表 5-20　2009—2018 年中国—哈萨克斯坦双边农产品贸易互补性指数（TCI）

产品种类	年份									
	2009	2010	2011	2012	2013	2014	2015	2016	2017	2018
活的动物	0.09	0.13	0.38	0.29	0.20	0.17	0.12	0.13	0.14	0.25
牛肉	0	0.01	0.01	0.01	0.01	0.01	0	0	0	0
牛奶和乳制品	0.06	0.03	0.05	0.05	0.03	0.03	0.02	0.04	0.04	0.03
奶酪和凝乳	0	0	0	0	0	0	0	0	0	0
禽蛋	1.83	1.20	1.65	0.93	0.67	0.65	0.48	0.59	0.71	0.93
鱼（新鲜或冷冻）	0.36	0.40	0.40	0.34	0.30	0.33	0.37	0.40	0.37	0.46
甲壳类和软体类动物	0.04	0.04	0.04	0.08	0.07	0.08	0.08	0.08	0.09	0.10
小麦	0	0	0	0	0	0	0	0	0	0
水稻	0.16	0.04	0.03	0.03	0.04	0.05	0.04	0.05	0.14	0.14
大麦	0.01	0	0	0	0	0	0	0	0	0
玉米	0	0	0	0	0	0	0	0	0	0
其他谷物	0.03	0.01	0.05	0.01	0.01	0	0	0.01	0.03	0.01
小麦粉和谷物粉	0.06	0.02	0.05	0.03	0.03	0.03	0.03	0.01	0.02	0.03
蔬菜（非根茎类）	0.29	0.85	1.47	0.92	1.05	1.06	0.95	1.02	1.26	
蔬菜（根茎类）	1.71	2.61	2.87	2.25	2.17	2.45	2.63	2.52	2.75	2.86
水果和坚果	0.23	0.37	0.64	0.67	0.73	0.74	0.72	1.00	0.84	0.88
果脯	1.30	1.47	1.96	1.88	1.79	2.07	1.94	1.74	2.15	1.66
水果汁和蔬菜汁	0.55	0.76	0.75	0.87	0.84	0.77	0.69	0.74	0.80	0.82
糖和蜂蜜	0.98	1.55	1.43	1.19	0.82	1.16	1.18	1.13	1.26	1.37
茶叶	7.20	9.18	9.18	8.33	7.25	7.54	7.95	10.87	10.63	9.89
香料	0.82	0.58	0.37	0.34	0.29	0.29	0.31	0.32	0.47	0.27
动物饲料	0.10	0.07	0.07	0.10	0.09	0.13	0.10	0.13	0.14	0.15

表5-20(续)

产品种类	年份									
	2009	2010	2011	2012	2013	2014	2015	2016	2017	2018
烟草（未加工）	0.68	1.01	0.90	0.63	0.56	0.54	0.46	0.62	0.48	0.67
烟草（加工）	0.25	0.11	0.16	0.29	0.33	0.37	0.54	0.64	0.50	0.57
油籽（不包括粉）	0.03	0.01	0.01	0.02	0.02	0.01	0.02	0.02	0.02	0.02
油籽（包括粉）	0.04	0.12	0.06	0.26	0.20	0.24	0.25	0.39	0.32	0.17
粗木和方木	0	0	0	0	0	0	0.01	0.01	0.01	0.01
丝绸	—	—	0.10	0	0	—	1.01	0.52	2.45	0.55
棉花	0	0	0	0	0	0	0	0	0	0
合成纤维	0.08	0.14	0.23	0.19	0.18	0.17	0.21	0.47	0.59	0.36
羊毛	0.01	0.01	0.01	0.03	0.01	0.01	0.01	0.01	0.04	0.04

数据来源：联合国贸易和发展会议数据库，经笔者计算整理。

注：1. 其他谷物是指不包括小麦、水稻、大麦、玉米的谷物。

2. "—"是指相关数据缺失。

表5-21显示的是以哈萨克斯坦出口和中国进口来衡量的农产品贸易互补性指数（TCI）。从表中计算的结果可以看出，大麦、棉花两类农产品在2009—2018年的TCI值始终大于1，说明中国与哈萨克斯坦在这两类农产品上具有十分强的贸易互补性，表明中国市场对于这两类哈萨克斯坦农产品是非常重要的。小麦、其他谷物、小麦粉和谷物粉、油籽（不包括粉）、油籽（包括粉）、羊毛等农产品的TCI值从小于1逐渐上升到大于1，表明中国与哈萨克斯坦两国在这些农产品上的贸易互补性逐渐增强，对于哈萨克斯坦而言，中国是哈萨克斯坦这些农产品重要的出口市场。

表5-21 2009—2018年哈萨克斯坦—中国双边农产品贸易互补性指数（TCI）

产品种类	年份									
	2009	2010	2011	2012	2013	2014	2015	2016	2017	2018
活的动物	0	0	0	0	0	0.01	0.02	0.02	0.01	0.09
牛肉	0	—	0	0	0	0.01	0.03	0.03	0.02	0.06
牛奶和乳制品	0.03	0.01	0.01	0.01	0.08	0.12	0.05	0.09	0.13	0.17
奶酪和凝乳	0	0	0	0	0	0	0.01	0.01	0.01	0.01
禽蛋	—	0	0	0	—	0	0	0	0	0
鱼（新鲜或冷冻）	0.41	0.31	0.18	0.13	0.15	0.16	0.18	0.20	0.16	0.15
甲壳类和软体类动物	0	0	0	0	0	0	0	0	0	0
小麦	0.43	0.70	0.23	1.47	1.98	0.85	1.30	1.65	1.47	1.91
水稻	0.01	0.04	0.05	0.06	0.08	0.09	0.30	0.27	0.26	0.33
大麦	2.60	2.83	2.54	1.85	1.27	7.69	14.91	12.83	16.09	50.08

表5-21（续）

产品种类	年份									
	2009	2010	2011	2012	2013	2014	2015	2016	2017	2018
玉米	0	0	0	0.01	0	0.01	0.03	0.01	0.01	0.02
其他谷物	0	0.01	0	0.01	0.08	0.66	0.80	1.74	0.84	1.76
小麦粉和谷物粉	0.71	0.53	0.18	0.24	0.48	0.65	0.86	1.21	2.91	1.64
蔬菜（非根茎类）	0.05	0.03	0.01	0.02	0.02	0.02	0.04	0.10	0.17	0.24
蔬菜（根茎类）	0	0	0	0	0	0	0	0	0	0
水果和坚果	0.05	0	0.01	0.02	0	0.01	0.03	0.02	0.08	0.08
果脯	0	0	0	0	0	0	0	0.02	0.03	0.02
水果汁和蔬菜汁	0.01	0	0	0	0	0	0	0	0	0
糖和蜂蜜	0.01	0.02	0.02	0.01	0.03	0	0.02	0	0.05	0.10
茶叶	0	0	0.01	0.01	0	0.02	0.05	0.07	0.07	0.07
香料	0	0	0	0	0	0	0	0	0	0
动物饲料	0.08	0.10	0.07	0.08	0.06	0.07	0.13	0.16	0.15	0.17
烟草（未加工）	0.18	0.11	0.07	0.04	0.01	0.01	0	0	0	0
烟草（加工）	0.02	0.01	0.01	0.02	0.02	0.11	0.24	0.30	0.15	0.11
油籽（不包括粉）	0.50	0.36	0.53	0.78	1.07	1.79	2.45	2.91	3.56	4.05
油籽（包括粉）	0.67	0.97	1.25	3.80	2.02	4.31	8.87	8.98	7.44	7.59
粗木和方木	—	0	—	—	—	—	0	0.01	0.12	0.40
丝绸	—	0	—	—	—	—	0.04	0.02	0.09	0.02
棉花	6.64	4.64	2.23	3.53	5.27	2.92	2.91	3.58	3.02	2.42
合成纤维	0	0.01	0.01	0	0	0	0	0	0	0
羊毛	1.66	0.71	1.23	0.69	0.75	0.84	1.14	1.20	1.72	1.49

数据来源：联合国贸易和发展会议数据库，经笔者计算整理。

注：1. 其他谷物是指不包括小麦、水稻、大麦、玉米的谷物。

2. "—"是指相关数据缺失。

从表 5-21 中还可以看出，大麦的 TCI 值不断提高，表明哈萨克斯坦的大部分大麦产品出口到了中国。棉花的 TCI 值虽然较高，但 2018 年前几年逐步下降，主要原因在于哈萨克斯坦出口关税提高、棉花产量下降以及国内需求增加。其他农产品如活的动物、牛肉、奶酪和凝乳、禽蛋、甲壳类和软体类动物、玉米、蔬菜（根茎类）、茶叶、香料、烟草（未加工）、丝绸、合成纤维等农产品的 TCI 值等于 0 或接近于 0，说明这些哈萨克斯坦农产品基本没有进入中国市场。

通过分析中国与哈萨克斯坦的农产品的显性比较优势指数、相对显性比较优势指数，以及中国与哈萨克斯坦双边农产品贸易的互补性指数，中国和哈萨克斯坦的农产品在国际市场上有各自的竞争力优势明显的农产品，中国和哈萨克斯坦各有一些种类的农产品具有相对比较优势。从双边贸易的角度出发，双方都有一些种类的农产品具有很强的贸易互补性。中国与哈萨克斯坦立足于各自的需求和资源禀赋特征，通过开展多方面、多渠道的农业合作，是中哈两国实现共赢的现实选择。

二、中国与吉尔吉斯斯坦农产品贸易的竞争性和互补性分析

这采用显性比较优势指数、相对显性比较优势指数、贸易互补性指数来分析中国与吉尔吉斯斯坦的农产品贸易的竞争性和互补性。

（一）吉尔吉斯斯坦农产品的竞争力分析

从表5-22中的显性比较优势指数可以看出，吉尔吉斯斯坦的农产品当中，活的动物、牛奶和乳制品、奶酪和凝乳、蔬菜（非根茎类）、水果和坚果、烟草、丝绸、羊毛、棉花等农产品具有极强的竞争力，虽然其中部分产品的显性比较优势指数有所下降，但截至2018年仍然保持了极强的竞争力。糖和蜂蜜、茶叶，具有中等的竞争力，而且这两类产品竞争力还有逐步升高的趋势。

表5-22　2009—2018年吉尔吉斯斯坦农产品的显性比较优势指数（RCA）

产品种类	年份									
	2009	2010	2011	2012	2013	2014	2015	2016	2017	2018
活的动物	2.08	2.08	3.04	2.81	2.86	1.77	1.60	1.19	3.91	2.84
牛肉	0.03	0.02	0.03	0.04	0.03	27.40	0.03	0.03	0	0.01
牛奶和乳制品	7.63	7.61	6.66	6.79	2.34	6.54	4.44	4.51	4.03	4.46
奶酪和凝乳	3.34	2.64	1.88	1.33	0.80	0.54	1.05	2.46	3.35	3.06
禽蛋	—	—	—	0.02	—	—	0.02	0.05	0.04	0.04
鱼（新鲜或冷冻）	0	—	0	—	0.01	0.01	0	0.04	0.14	0.10
甲壳类动物	0.01	—	—	—	—	—	—	—	—	—
小麦	0.14	0.04	0.02	0.02	0.02	0.03	0.01	0.57	0.02	0.29
水稻	1.26	0.67	0.18	0.12	0.08	0.03	0.02	0.06	0.05	0.05
大麦	—	—	0.05						0.18	0.10
玉米	—	—	—	0	0.03	0.01	0.01	0	0.01	0.01
其他谷物	0	—						0	0.41	0.25
小麦粉和谷物粉	0.82	0.14	0.39	0.42	0.29	0.38	0.30	0.32	0.25	0.31
蔬菜（非根茎类）	17.76	15.87	19.35	16.92	13.48	16.44	9.58	9.77	10.64	11.64
蔬菜（根茎类）	1.66	0.73	0.22	0.55	0.31	0.93	0.47	0.51	0.32	0.44
水果和坚果	18.22	10.65	6.35	7.89	5.88	3.68	2.36	2.44	2.88	2.78
果脯	2.42	0.24	0.36	0.32	0.42	0.63	0.13	0.18	0.49	0.37
水果汁和蔬菜汁	0.96	0.68	0.59	0.32	0.30	0.35	0.30	0.20	0.18	0.20
糖和蜂蜜	0.31	0.82	0.69	0.49	0.34	0.51	0.57	0.53	0.89	1.00

表5-22（续）

产品种类	年份									
	2009	2010	2011	2012	2013	2014	2015	2016	2017	2018
茶叶	0.81	0.68	1.41	1.81	1.60	0.86	1.01	0.92	1.16	1.17
香料	0.33	0.46	0.02	0.05	0.09	0.02	0.01	0.05	0.26	0.23
动物饲料	0.01	0.01	0.02	0.01	0	0.01	0.03	0.04	0.03	0.04
烟草（未加工）	18.56	23.39	18.13	10.78	11.66	20.52	13.12	2.63	2.56	2.90
烟草（加工）	0.79	0.73	0.91	0.59	1.22	6.09	6.55	3.68	3.08	3.52
油籽（不包括粉）	0.17	0.23	0.05	0.07	0.09	0.03	0.05	0.05	0.05	0.05
油籽（包括粉）	0.02	0.07	0.14	0.03	0	—	—	—	0	0.11
粗木和方木	0.07	0	0	0.01	0	0	0	0.01	0.03	0.02
丝绸	21.23	10.82	4.85	2.65	—	—	—	10.52	11.00	9.89
棉花	26.74	17.07	17.14	16.69	8.52	15.84	15.13	23.41	17.37	18.67
合成纤维	0	—	—	0	0.18	0	0.04	—	—	—
羊毛	5.33	4.07	2.25	1.68	1.83	1.68	2.40	2.72	2.63	2.54

数据来源：联合国贸易和发展会议数据库，经笔者计算整理。

注：1. 其他谷物是指不包括小麦、水稻、大麦、玉米的谷物。

2. "—"是指相关数据缺失。

除了上述提到的农产品之外，其他农产品的竞争力较弱。尤其是牛肉、禽蛋、鱼、水稻、小麦、大麦、玉米、动物饲料、油籽、木材等的竞争力极低。可以看出，吉尔吉斯斯坦的谷物产品整体缺乏竞争力，这是该国谷物生产落后、经营粗放导致的。此外，吉尔吉斯斯坦的农产品加工能力较弱，大部分的加工农产品不具有国际竞争力，具有较强竞争力的产品多属于原材料等。由于吉尔吉斯斯坦的林业、渔业较为落后，鱼类产品、木材类产品也缺乏国际竞争力。

（二）中国与吉尔吉斯斯坦农产品的相对显性比较优势指数分析

中国与吉尔吉斯斯坦农产品的相对显性比较优势指数（CRA）的计算结果见表5-23。从计算结果可以看出，在禽蛋、鱼、香料、动物饲料、合成纤维五类农产品出口上，中国比吉尔吉斯斯坦具有明显的相对优势。在活的动物、牛奶和乳制品、奶酪和凝乳、小麦、大麦、蔬菜（非根茎类）、水果和坚果、烟草、棉花九类农产品出口上，吉尔吉斯斯坦比中国具有相对明显的优势。两国在这14类农产品上的贸易互补性较强，存在较大的贸易潜力。

表5-23 2009—2018年中国—吉尔吉斯斯坦出口农产品相对显性比较优势指数（CRA）

产品种类	年份									
	2009	2010	2011	2012	2013	2014	2015	2016	2017	2018
活的动物	-0.92	-0.96	-1.08	-1.08	-1.12	-0.95	-0.90	-0.70	-1.31	-1.14
牛肉	-0.14	0.10	-0.03	-0.33	-0.51	-3.44	-0.63	-0.56	-0.54	-0.39

表5-23(续)

产品种类	年份									
	2009	2010	2011	2012	2013	2014	2015	2016	2017	2018
牛奶和乳制品	-2.50	-2.69	-2.51	-2.49	-2.23	-2.74	-2.64	-2.47	-2.41	-2.49
奶酪和凝乳	-4.21	-3.89	-3.53	-3.29	-3.56	-3.32	-3.61	-4.02	-4.04	-4.04
禽蛋	—	—	—	1.23	—	—	1.10	0.76	0.76	0.76
鱼（新鲜或冷冻）	2.45	—	3.42	—	1.87	1.94	3.01	1.32	0.80	0.99
甲壳类和软体类动物	2.08									
小麦	-2.29	-4.91	-0.69	-6.97	-2.07	-2.76	-1.80	-2.92	-1.36	-2.50
水稻	-0.65	-0.54	-0.03	-0.08	0.23	0.53	0.66	0.36	0.60	0.49
大麦	—	—	-1.25	—	0.30	-1.76	—	—	-3.22	-2.86
玉米	—	-0.85	-0.66	1.68	-0.59	-0.79	-0.88	-0.84	-0.30	-0.32
其他谷物	2.15	—	1.10	2.40	—	0.12	—	1.46	-0.53	-0.29
小麦粉和谷物粉	-0.56	0.28	-0.24	-0.25	-0.13	-0.38	-0.50	-0.58	-0.31	-0.48
蔬菜（非根茎类）	-1.30	-1.19	-1.28	-1.29	-1.23	-1.32	-1.10	-1.06	-1.11	-1.12
蔬菜（根茎类）	-0.06	0.37	0.92	0.46	0.73	0.22	0.52	0.51	0.74	0.58
水果和坚果	-1.73	-1.53	-1.29	-1.35	-1.23	-1.06	-0.83	-0.82	-0.93	-0.85
果脯	-0.25	0.76	0.60	0.65	0.49	0.26	0.88	0.75	0.39	0.47
水果汁和蔬菜汁	-0.19	-0.05	0.06	0.33	0.24	0.04	0.04	0.22	0.31	0.30
糖和蜂蜜	0.31	-0.07	0.03	0.17	0.32	0.14	0.08	0.14	-0.10	-0.14
茶叶	0.17	0.20	-0.07	-0.18	-0.11	0.15	0.08	0.18	0.08	0.06
香料	0.60	0.43	1.78	1.16	0.98	1.59	1.78	1.16	0.47	0.30
动物饲料	1.67	1.41	1.19	1.43	2.80	1.59	0.99	0.83	0.91	0.88
烟草（未加工）	-1.59	-1.65	-1.53	-1.36	-1.44	-1.74	-1.56	-0.85	-0.79	-0.81
烟草（加工）	-0.76	-0.70	-0.79	-0.54	-0.85	-1.56	-1.55	-1.28	-1.30	-1.26
油籽（不包括粉）	-0.05	-0.32	0.30	0.20	-0.01	0.39	0.25	0.23	0.27	0.23
油籽（包括粉）	1.15	0.70	0.36	1.16	2.42	—	0.34	0.28	2.79	0.49
粗木和方木	-1.20	0.23	0.10	-1.06	-0.13	-0.11	0.17	0.22	-0.33	-0.24
丝绸	-0.40	-0.19	0.15	0.38	—	-0.12	-0.84	-0.31	-0.31	-0.24
棉花	-3.14	-3.52	-2.77	-3.04	-3.14	-3.06	-2.76	-3.39	-2.98	-2.93
合成纤维	3.82	—	—	2.46	0.85	3.32	1.46	—	1.21	1.52
羊毛	-0.63	-0.48	-0.20	-0.16	-0.18	-0.19	-0.43	-0.48	-0.49	-0.32

数据来源：联合国贸易和发展会议数据库，经笔者计算整理。

注：1. 其他谷物是指不包括小麦、水稻、大麦、玉米的谷物。

2. "—"是指相关数据缺失。

在蔬菜（根茎类）、果脯、水果汁和蔬菜汁三类农产品贸易上，中国相对于吉尔吉斯斯坦具有比较优势，但优势不十分明显。在牛肉、小麦粉和谷物粉、羊毛这三类农产品贸易上，吉尔吉斯斯坦相对于中国具有比较优势，但优势并不十分明显。在水稻、玉米、其他谷物、糖和蜂蜜、油籽、丝绸六类农产品贸易上，中国与吉尔吉斯斯坦的出口优势交替变化。

（三）中国与吉尔吉斯斯坦双边农产品贸易的互补性指数分析

根据公式（5-3）计算，表5-24报告的是以中国出口和吉尔吉斯斯坦进口衡量的农产品贸易互补性指数（TCI）。可以看出，在2009—2018年，糖和蜂蜜、茶叶、丝绸这三类农产品的TCI值始终大于1，说明两国在这三类农产品上的贸易互补性很强，中国这三类农产品的重要出口目的地在吉尔吉斯斯坦。在禽蛋、水稻、小麦粉和谷物粉、水果汁和蔬菜汁这四类农产品上，TCI的值总体呈下降趋势，说明对于中国来说，这些农产品在吉尔吉斯斯坦市场的重要性在下降。在蔬菜（根茎类）、果脯、加工的烟草、合成纤维这四类农产品上，在样本期内TCI的值在逐渐上升并超过了1，说明中国与吉尔吉斯斯坦在这些农产品上的贸易互补性在逐渐增强。其余农产品的TCI值整体小于1，尤其是活的动物、牛肉、牛奶和乳制品、奶酪和凝乳、甲壳类动物、小麦、玉米、油籽（包括粉）、油籽（不包括粉）、棉花等农产品，TCI的值等于0或接近于0，说明中国的这些农产品在吉尔吉斯斯坦基本没有市场。

表5-24　2009—2018年中国—吉尔吉斯斯坦双边农产品贸易互补性指数（TCI）

产品种类	年份									
	2009	2010	2011	2012	2013	2014	2015	2016	2017	2018
活的动物	0.01	0.01	0.02	0.03	0.06	0.02	0.03	0.02	0.05	0.03
牛肉	0	0	0.01	0.01	0	0	0	0	0	0
牛奶和乳制品	0.03	0.02	0.02	0.01	0.01	0.01	0.01	0.01	0.04	0.03
奶酪和凝乳	0	0	0	0	0	0	0	0	0	0
禽蛋	2.21	3.15	4.17	1.49	1.17	1.97	0.77	0.07	0.66	0.43
鱼（新鲜或冷冻）	0.41	0.48	0.59	0.58	0.54	0.56	0.42	0.22	0.25	0.26
甲壳类动物	0.02	0.01	0.01	0.02	0.01	0.01	0.01	0.01	0.01	0.01
小麦	0.01	0	0.02	0	0	0	0	0	0	0
水稻	1.36	0.52	0.25	0.17	0.21	0.19	0.13	0.02	0.22	0.11
大麦	0.02	0	0	0	0	0	0	0	0	0
玉米	0	0	0	0	0	0	0	0	0	0
其他谷物	0.15	0.03	0.08	0.03	0.01	0.01	0.01	0.01	0.18	0.12
小麦粉和谷物粉	4.81	2.13	7.03	3.92	4.63	1.60	0.90	0.59	1.50	1.11
蔬菜（非根茎类）	0.16	0.25	0.26	0.09	0.24	0.31	0.57	0.65	0.75	
蔬菜（根茎类）	0.80	1.14	1.44	1.34	1.36	1.45	1.39	1.00	1.47	1.27
水果和坚果	0.36	0.44	0.33	0.30	0.38	0.30	0.33	0.42	0.50	0.55
果脯	0.32	0.80	1.14	0.96	0.69	1.67	1.48	0.77	1.11	0.92
水果汁和蔬菜汁	1.03	0.81	1.01	0.67	0.65	0.53	0.41	0.28	0.41	0.38

表5-24(续)

产品种类	年份									
	2009	2010	2011	2012	2013	2014	2015	2016	2017	2018
糖和蜂蜜	3.27	3.24	4.21	2.86	2.37	2.61	2.50	2.39	1.27	2.33
茶叶	4.49	4.09	4.63	5.01	4.30	4.31	6.09	7.13	8.13	8.31
香料	0.12	0.11	0.15	0.09	0.09	0.07	0.12	0.19	0.31	0.18
动物饲料	0.08	0.08	0.07	0.08	0.07	0.09	0.09	0.11	0.12	0.12
烟草（未加工）	0.91	2.45	1.20	0.43	0.14	0.15	—	0.01	0.02	0.02
烟草（加工）	0.56	0.65	0.74	0.90	1.10	1.39	1.34	1.14	1.41	1.52
油籽（不包括粉）	0.02	0	0.01	0.01	0.01	0	0	0	0.01	0.01
油籽（包括粉）	0.06	0.01	0.10	0.13	0.20	0.14	0.03	0.07	0.10	0.07
粗木和方木	0	0	0	0	0	0	0	0.02	0	0.01
丝绸	—	—	—	—	—	8.24	48.34	14.17	9.53	14.48
棉花	0	0	0	0	0	0	0	0	0	0
合成纤维	0.31	0.69	1.06	0.82	0.48	0.89	0.98	0.85	1.79	1.35
羊毛	0.61	0.82	0.67	0.31	0.18	0.14	0.12	0.01	0.03	0.03

数据来源：联合国贸易和发展会议数据库，经笔者计算整理。

注：1. 其他谷物是指不包括小麦、水稻、大麦、玉米的谷物。

2. "—"是指相关数据缺失。

表 5-25 报告的是以吉尔吉斯斯坦出口和中国进口衡量的双边农产品贸易的互补性指数（TCI）。从表 5-25 中可以看出，在 2009—2018 年，在牛奶和乳制品、蔬菜（非根茎类）、水果和坚果、烟草（未加工）、丝绸、棉花、羊毛这七类农产品上，TCI 值始终大于 1，说明吉尔吉斯斯坦与中国有着较高的贸易互补性，中国是吉尔吉斯斯坦这七类农产品的重要出口市场。在其他谷物、烟草（加工）这两类农产品上，TCI 的值逐步上升，说明两国贸易互补性逐渐增强。而在油籽（不包括粉）类产品上，TCI 的值下降到小于 1 并持续下降，说明此类农产品在中国市场的出口潜力很有限。其他农产品的 TCI 值始终小于 1，尤其是在牛肉、禽蛋、鱼、小麦、水稻、玉米、小麦粉和谷物粉、蔬菜（根茎类）、香料、动物饲料、油籽（包括粉）、粗木和方木等农产品上，TCI 的值很小、整体接近于 0 或等于 0，说明吉尔吉斯斯坦的这些农产品在中国基本没有市场。

表 5-25　2009—2018 年吉尔吉斯斯坦—中国双边农产品贸易互补性指数（TCI）

产品种类	年份									
	2009	2010	2011	2012	2013	2014	2015	2016	2017	2018
活的动物	0.22	0.32	0.58	0.65	0.54	0.59	0.40	0.22	0.60	0.67
牛肉	0	0	0	0	0.01	7.87	0.02	0.02	0	0.01
牛奶和乳制品	2.97	4.21	3.71	4.63	2.17	6.79	3.00	3.38	3.55	4.07
奶酪和凝乳	0.12	0.12	0.09	0.09	0.06	0.05	0.13	0.39	0.52	0.51

表5-25(续)

产品种类	年份									
	2009	2010	2011	2012	2013	2014	2015	2016	2017	2018
禽蛋	—	—	—	0	—	—	0	0	0	0
鱼（新鲜或冷冻）	0	—	0	—	0.01	0.01	0	0.03	0.08	0.06
甲壳类动物	0	—	—	—	—	—	—	—	—	—
小麦	0.01	0	0	0	0.01	0.01	0	0.12	0	0.07
水稻	0.16	0.09	0.03	0.06	0.03	0.02	0.01	0.05	0.04	0.06
大麦	—	—	0.04	—	0	0.01	—	—	0.40	0.41
玉米	—	0.02	0.01	0	0.01	0	0	0	0	0
其他谷物	0	—	0	0	—	0.25	—	0.01	1.18	1.32
小麦粉和谷物粉	0.02	0	0	0	0.01	0.01	0.01	0.01	0.02	0.02
蔬菜（非根茎类）	4.87	4.83	6.28	7.05	5.16	6.47	3.91	2.81	3.05	4.55
蔬菜（根茎类）	0.07	0.04	0.01	0.05	0.03	0.08	0.05	0.05	0.03	0.04
水果和坚果	5.19	3.02	2.17	3.19	2.21	1.66	1.26	1.26	1.42	1.72
果脯	0.43	0.05	0.07	0.06	0.07	0.12	0.03	0.06	0.16	0.11
水果汁和蔬菜汁	0.12	0.09	0.08	0.04	0.04	0.05	0.04	0.03	0.03	0.04
糖和蜂蜜	0.04	0.18	0.25	0.21	0.14	0.16	0.25	0.15	0.21	0.34
茶叶	0.04	0.06	0.13	0.17	0.14	0.09	0.14	0.14	0.22	0.19
香料	0.01	0.03	0	0	0	0	0	0	0.01	0.01
动物饲料	0	0.01	0.01	0.01	0	0	0.02	0.02	0.02	0.02
烟草（未加工）	14.65	15.56	15.29	10.03	11.42	23.84	13.78	2.61	2.57	3.23
烟草（加工）	0.04	0.02	0.03	0.02	0.05	0.98	1.21	0.71	0.50	0.45
油籽（不包括粉）	0.87	1.15	0.24	0.33	0.44	0.16	0.24	0.25	0.22	0.28
油籽（包括粉）	0.01	0.04	0.04	0.01	0	—	0.13	0.16	0	0.07
粗木和方木	0.06	0.01	0.01	0.02	0.01	0.01	0	0.02	0.06	0.05
丝绸	3.45	3.44	0.72	0.54	—	1.11	4.89	2.04	2.22	2.47
棉花	74.81	62.51	67.22	83.74	33.33	43.38	30.49	32.49	24.13	31.86
合成纤维	0	—	—	0	0.20	0	0.04	—	0.08	0.04
羊毛	27.24	17.27	9.06	7.08	7.51	6.46	10.33	11.50	11.46	15.13

数据来源：联合国贸易和发展会议数据库，经笔者计算整理。

注：1. 其他谷物是指不包括小麦、水稻、大麦、玉米的谷物。

　　2. "—"是指相关数据缺失。

三、中国与塔吉克斯坦农产品贸易的竞争性和互补性分析

这里采用显性比较优势指数、相对显性比较优势指数、贸易互补性指数来分析中国与塔吉克斯坦农产品贸易的竞争性和互补性。

（一）塔吉克斯坦农产品的竞争力分析

如表5-26所示，在2009—2018年，塔吉克斯坦的农产品中，鱼、水稻、蔬菜（非根茎类）、水果和坚果、水果汁和蔬菜汁、烟草（未加工）、丝绸、棉花的RCA值大于2.5，表明这些产品具有极强的出口竞争力。其中，塔吉克斯坦的棉花竞争力最强，塔吉克斯坦的细纤维棉在国际上享有盛誉。丝绸竞争力也极强，塔吉克斯坦在养蚕方面有优势，有着得天独厚的养蚕条件，上述产品中，水果和坚果、丝绸的显性比较优势指数虽然有所下降，但仍然保持着极强的竞争力，棉花的显性比较优势指数则保持高位的稳定。

表5-26 2009—2018年塔吉克斯坦农产品的显性比较优势指数（RCA）

产品种类	年份									
	2009	2010	2011	2012	2013	2014	2015	2016	2017	2018
活的动物	0.02	0.02	0.28	0.05	0.03	0.17	0.02	0.01	0.02	0.03
牛肉	—	—	—	—	0	—	—	—	—	—
牛奶和乳制品	0.03	0.02	—	—	0.01	0.04	0.03	0	0	
奶酪和凝乳	0.02	0	0	0	0.01	0.01	0.03	0.03	0.01	0
禽蛋	—	—	—	—	0.05	0.01	—	—	—	—
鱼（新鲜或冷冻）	1.53	2.64	0.99	0.34	1.58	2.93	0	3.97	7.41	7.67
甲壳类和软体类动物	0	—	0	0.40	—	0	—	—	—	0
小麦	0	—	—	0	—	—	—	—	—	—
水稻	2.00	1.80	1.87	0.61	1.28	3.45	0.40	2.57	3.35	3.67
大麦	0.01	—	—	0	0.80	—	0.32	—	—	0.15
玉米	—	—	—	0	—	0	—	0	0	0
其他谷物	—	—	—	—	—	0	0	0	0	0
小麦粉和谷物粉	47.75	17.27	1.30	—	—	0	0.16	0.01	—	0
蔬菜（非根茎类）	3.99	5.85	3.66	2.77	3.61	4.69	4.73	2.56	2.34	3.02
蔬菜（根茎类）	1.21	0.88	0.63	0.76	0.69	1.30	1.32	0.91	0.97	1.58
水果和坚果	13.73	9.85	5.78	4.87	5.04	7.18	6.82	4.39	5.05	4.57
果脯	0.68	0.55	0.48	0.67	0.62	0.75	0.41	1.00	0.78	0.93
水果汁和蔬菜汁	4.16	3.06	2.76	3.06	2.79	7.47	7.65	8.08	7.03	6.28
糖和蜂蜜	0.18	0.06	0.23	0.07	0.05	0.15	0.21	0.15	0.12	0.11
茶叶	0.07	0.03	0.03	0.03	0.02	0.03	0.07	0.03	0.03	0.02
香料	0.30	0.41	0.11	0.11	0.12	0.20	0.50	0.26	0.52	0.21
动物饲料	0	0	0	0	0	0	0.01	0.01	0	0.41
烟草（未加工）	1.10	1.66	1.21	1.54	2.51	2.92	3.57	1.64	2.42	3.71

表5-26（续）

产品种类	年份									
	2009	2010	2011	2012	2013	2014	2015	2016	2017	2018
烟草（加工）	0.01	0.01	0.01	0.01	0.01	0.01	0.05	0.01	0.61	0.81
油籽（不包括粉）	1.51	0.86	0.45	0.46	0.45	1.31	0.71	0.86	0.42	0.75
油籽（包括粉）	0	0.20	0	0	0.01	0.19	0.01	0	0.0	0
丝绸	135.84	136.28	190.53	382.11	213.28	135.71	217.20	182.28	153.77	97.84
棉花	170.64	131.72	139.21	134.30	164.48	206.74	225.60	228.26	164.91	174.97
合成纤维	0.28	0.47	0.27	0.79	0.90	7.24	2.08	0.35	—	1.06
羊	1.12	1.31	1.31	1.89	1.63	1.59	1.37	1.27	1.19	1.41

数据来源：联合国贸易和发展会议数据库，经笔者计算整理。

注：1. 其他谷物是指不包括小麦、水稻、大麦、玉米的谷物。

2. "—"是指相关数据缺失。

此外，蔬菜（根茎类）、羊毛则保持着较强的竞争力，果脯、烟草（加工）则保持着中等的竞争力，其他农产品的竞争力则较弱。尤其是，活的动物、牛奶和乳制品、甲壳类和软体类动物、小麦、谷物、茶叶、糖和蜂蜜等农产品的显性比较优势指数接近于零，竞争力非常弱。种植业的谷物产品缺乏竞争力，主要是塔吉克斯坦国内的农业耕地较少、农业机械化水平较低、农业技术欠缺导致的，其制约了该国农业的发展。

（二）中国与塔吉克斯坦农产品的相对显性比较优势指数分析

2009—2018年中国与塔吉克斯坦农产品的相对显性比较优势指数（CRA）的计算结果见表5-27。从表5-27中可以看出，在活的动物、甲壳类和软体类动物、玉米、其他谷物、茶叶、动物饲料、油籽（包括粉）这七类农产品的出口上，中国相较于塔吉克斯坦具有明显的相对优势。在奶酪和凝乳、水稻、大麦、水果和坚果、水果汁和蔬菜汁、油籽（不包括粉）、丝绸、棉花这八类农产品上，塔吉克斯坦相比于中国具有相对明显的优势。这说明中国与塔吉克斯坦在这15类农产品出口上的贸易互补性很强，具有较大的贸易潜力。

表5-27　2009—2018年中国—塔吉克斯坦出口农产品相对显性比较优势指数（CRA）

产品种类	年份									
	2009	2010	2011	2012	2013	2014	2015	2016	2017	2018
活的动物	1.07	1.07	-0.04	0.65	0.84	0.07	1.01	1.25	1.08	0.84
牛肉	—	—	—	0.56	—	—	—	—	—	—
牛奶和乳制品	-0.10	-0.19	—	—	—	0.29	-0.56	-0.24	0.65	1.95
奶酪和凝乳	-1.94	-0.96	-0.83	-0.77	-1.42	-1.73	-2.10	-2.04	-1.50	-1.03
禽蛋	—	—	—	—	0.67	1.41	—	—	—	—
鱼（新鲜或冷冻）	-0.16	-0.39	0.07	0.51	-0.19	-0.47	3.31	-0.64	-0.93	-0.91

表5-27(续)

产品种类	年份									
	2009	2010	2011	2012	2013	2014	2015	2016	2017	2018
甲壳类和软体类动物	2.67	—	4.37	0.43	—	3.81	—	—	—	3.22
小麦	-0.18	—	—	-4.28	—	—	—	—	—	—
水稻	-0.85	-0.97	-1.04	-0.78	-0.96	-1.47	-0.68	-1.26	-1.24	-1.34
大麦	0.04	—	—	0.85	-3.24	—	-3.63	—	—	-3.04
玉米	—	—	—	1.82	—	2.54	—	1.30	2.64	—
其他谷物	—	—	—	—	—	3.13	3.07	1.47	1.84	1.81
小麦粉和谷物粉	-2.32	-1.83	-0.77	—	—	1.95	-0.22	0.94	—	1.43
蔬菜（非根茎类）	-0.65	-0.76	-0.55	-0.50	-0.66	-0.78	-0.80	-0.47	-0.45	-0.54
蔬菜（根茎类）	0.08	0.29	0.48	0.32	0.38	0.08	0.07	0.26	0.26	0.02
水果和坚果	-1.61	-1.50	-1.25	-1.14	-1.16	-1.35	-1.29	-1.07	-1.17	-1.06
果脯	0.30	0.40	0.48	0.32	0.32	0.19	0.37	0	0.19	0.07
水果汁和蔬菜汁	-0.83	-0.71	-0.61	-0.65	-0.73	-1.29	-1.37	-1.39	-1.28	-1.19
糖和蜂蜜	0.56	1.04	0.50	1.03	1.16	0.65	0.51	0.67	0.76	0.82
茶叶	1.25	1.62	1.57	1.59	1.77	1.66	1.26	1.68	1.63	1.77
香料	0.63	0.49	0.96	0.84	0.83	0.60	0.12	0.43	0.17	0.34
动物饲料	2.56	2.49	2.92	2.45	2.12	1.85	1.44	1.73	2.05	-0.14
烟草（未加工）	-0.36	-0.50	-0.35	-0.51	-0.78	-0.89	-0.99	-0.64	-0.77	-0.92
烟草（加工）	1.35	1.37	1.17	1.39	1.53	1.21	0.61	1.19	-0.60	-0.62
油籽（不包括粉）	-1.01	-0.89	-0.62	-0.63	-0.70	-1.21	-0.92	-1.01	-0.70	-0.94
油籽（包括粉）	2.07	0.27	2.03	2.09	1.68	0.34	1.88	2.01	0.68	2.21
粗木和方木	—	—	—	—	—	—	—	—	—	—
丝绸	-1.21	-1.29	-1.44	-1.78	-1.56	-1.43	-1.64	-1.55	-1.46	-1.23
棉花	-3.95	-4.40	-3.68	-3.95	-4.42	-4.18	-3.93	-4.38	-3.95	-3.91
合成纤维	0.60	0.41	0.79	0.23	0.14	-0.74	-0.23	0.57	—	0.11
羊毛	0.04	0.01	0.04	-0.21	-0.13	-0.16	-0.19	-0.15	-0.14	-0.06

数据来源：联合国贸易和发展会议数据库，经笔者计算整理。

注：1. 其他谷物是指不包括小麦、水稻、大麦、玉米的谷物。

2. "—"是指相关数据缺失。

在牛奶和乳制品、禽蛋等农产品的出口上，CRA 的值逐渐上升，中国相比于塔吉克斯坦的竞争力逐渐增强。在蔬菜（根茎类）、果脯、糖和蜂蜜、香料、合成纤维这五类农产品出口上，中国相比于塔吉克斯坦具有优势，但优势不明显。在鱼、蔬菜（非根茎类）、烟草（未加工）、羊毛这四类农产品的出口上，塔吉克斯坦相比于中国具有优势，但优势不明显。在鱼、烟草（加工）、合成纤维等农产品的出口上，中国与塔吉克斯坦的出口优势交替变化，两国在世界市场上可能存在较为突出的竞争关系。

（三）中国与塔吉克斯坦双边农产品贸易的互补性指数分析

根据公式（5-3）的计算，表5-28 报告的是以中国出口和塔吉克斯坦进口衡量的农产品贸易互补性指数（TCI）。从表5-28 中可以看出，在2009—2018 年禽蛋、小麦粉和谷物粉、糖和蜂蜜、茶叶这四类农产品的 TCI 值始终大于 1，说明两国这四类农产品的贸易互补性很强，中国这四类农产品在塔吉克斯坦有大量需求。根茎类蔬菜这类农产品的 TCI 值逐渐上升至 1，说明中国的根茎类蔬菜对塔吉克斯坦逐步变得重要。其余农产品的 TCI 值在样本期内整体小于 1，尤其是牛肉、牛奶和乳制品、奶酪和凝乳、甲壳类和软体类动物、小麦、大麦、玉米、其他谷物、未加工的烟草、油籽类、棉花等农产品，TCI 的值很小、接近于 0 或等于 0，说明中国的这些农产品在塔吉克斯坦基本没有市场。

表 5-28 2009—2018 年中国—塔吉克斯坦双边农产品贸易互补性指数（TCI）

产品种类	年份									
	2009	2010	2011	2012	2013	2014	2015	2016	2017	2018
活的动物	0.01	0.12	0.25	0.12	0.11	0.04	0.06	0.10	0.04	0.09
牛肉	0.01	0.01	0.01	0.01	0.01	0.02	0.01	0	0	0
牛奶和乳制品	0.01	0.01	0.02	0.01	0.01	0.01	0.01	0.02	0.01	0.01
奶酪和凝乳	0	0	0	0	0	0	0	0	0	0
禽蛋	4.39	4.53	3.65	4.03	3.67	3.68	2.62	2.67	4.19	3.12
鱼（新鲜或冷冻）	0.08	0.10	0.14	0.10	0.12	0.13	0.08	0.06	0.10	0.14
甲壳类和软体类动物	0	0	0	0	0	0.01	0	0	0	0
小麦	0.01	0	0.03	0	0	0	0	0.01	0.01	0.01
水稻	0.35	0.14	0.22	0.23	0.21	0.19	0.14	0.22	0.24	0.23
大麦	0	0	0	0	0	0	0	0	0	0
玉米	0	0	0	0.01	0	0	0	0	0	0
其他谷物	0.05	0.07	0.05	0.04	0.02	0.01	0.01	0.01	0.03	0.02
小麦粉和谷物粉	17.01	20.55	16.91	13.93	13.14	8.76	4.76	3.95	5.12	4.61
蔬菜（非根茎类）	0.31	0.42	0.46	0.31	0.28	0.45	0.98	0.41	0.34	0.50
蔬菜（根茎类）	0.40	0.73	0.90	0.75	0.90	1.01	0.87	0.70	0.86	1.00
水果和坚果	0.04	0.17	0.13	0.11	0.12	0.14	0.26	0.12	0.04	0.15
果脯	0.18	0.27	0.30	0.47	0.39	0.28	0.22	0.27	0.28	0.27
水果汁和蔬菜汁	0.33	0.39	0.41	0.41	0.39	0.40	0.53	0.60	0.63	0.61
糖和蜂蜜	3.97	6.82	6.18	5.79	5.08	4.59	4.67	5.92	6.10	5.46
茶叶	14.32	10.05	13.32	14.12	11.31	10.86	12.77	13.34	17.81	14.39
香料	0.35	0.24	0.26	0.40	0.42	0.49	0.77	1.44	0.20	0.38

表5-28（续）

产品种类	年份									
	2009	2010	2011	2012	2013	2014	2015	2016	2017	2018
动物饲料	0.06	0.06	0.05	0.08	0.07	0.06	0.08	0.09	0.10	0.11
烟草（未加工）	0.23	0.19	0	0	0.02	0.01	0.01	0.01	0.01	0.02
烟草（加工）	0.28	0.20	0.23	0.25	0.31	0.33	0.36	0.40	0.59	0.93
油籽（不包括粉）	0.01	0	0.01	0.01	0	0.01	0.01	0.01	0.02	0.01
油籽（包括粉）	0.03	0.05	0.16	0.12	0.07	0.10	0.06	0.13	0.42	0.19
丝绸	—	—	—	—	—	—	—	—	—	—
棉花	0	0	0	0	0	0	0	0	0	0
合成纤维	0.19	0.18	0.16	0.10	0.15	0.19	0.11	0.12	0.13	0.13
羊毛	0.19	0.29	—	—	—	—	—	—	—	—

数据来源：联合国贸易和发展会议数据库，经笔者计算整理。

注：1. 其他谷物是指不包括小麦、水稻、大麦、玉米的谷物。

2. "—"是指相关数据缺失。

表 5-29 报告的是以塔吉克斯坦出口和中国进口衡量的双边农产品贸易的互补性指数（TCI）。从表 5-29 中可以看出，在 2009—2018 年，鱼、水果和坚果、油籽（不包括粉）、棉花、合成纤维这五类农产品的 TCI 值在样本期内始终大于 1，说明在这些农产品贸易上，塔吉克斯坦与中国具有较强的互补性，中国是塔吉克斯坦这五类农产品重要的出口市场。在水稻、蔬菜（非根茎类）、水果汁和蔬菜汁、羊毛这五类农产品上，TCI 值逐渐从小于 1 到大于 1，或在大于或小于 1 之间波动，说明塔吉克斯坦的这五类农产品与中国也具有较强的贸易互补性。需要说明的是，小麦粉和谷物粉的 TCI 值不断下降到 0，说明两国对于这类产品逐步失去了贸易互补性，这是因为塔吉克斯坦国内对面粉的需求不断增加，出口供给不足。其他农产品的 TCI 值始终小于 1，尤其活的动物、牛奶和乳制品、奶酪和凝乳、甲壳类和软体类动物、玉米、其他谷物、蔬菜（根茎类）、糖和蜂蜜、茶叶、香料、动物饲料、烟草（加工）、油籽（包括粉）等农产品，TCI 值整体接近于 0 或等于 0，说明塔吉克斯坦的这些农产品在中国基本没有市场。

表 5-29　2009—2018 年塔吉克斯坦—中国双边农产品贸易互补性指数（TCI）

产品种类	年份									
	2009	2010	2011	2012	2013	2014	2015	2016	2017	2018
活的动物	0	0	0.05	0.01	0.01	0.06	0	0	0	0.01
牛肉	—	—	—	—	0	—	—	—	—	—
牛奶和乳制品	0.01	0.01				0.01	0.03	0.02		0
奶酪和凝乳	0	0	0	0	0	0	0	0	0	0
禽蛋	—	—	—	—	0	0	—	—	—	—

表5-29(续)

产品种类	年份									
	2009	2010	2011	2012	2013	2014	2015	2016	2017	2018
鱼（新鲜或冷冻）	1.17	1.79	0.67	0.21	0.89	1.74	0	2.36	4.50	5.00
甲壳类和软体类动物	0	—	0	0.25	—	0	—	—	—	0
小麦	0	—	—	0	—	—	—	—	—	—
水稻	0.25	0.23	0.31	0.28	0.54	1.63	0.25	2.04	2.58	3.81
大麦	0.01	—	—	0	0.65	—	1.01	—	—	0.62
玉米	—	—	—	0	—	0	—	0	0	—
其他谷物	—	—	—	—	—	0	0	0.01	0.01	0.01
小麦粉和谷物粉	0.89	0.28	0.01	—	—	0	0	0	—	0
蔬菜（非根茎类）	1.09	1.78	1.19	1.16	1.38	1.84	1.93	0.74	0.67	1.18
蔬菜（根茎类）	0.05	0.05	0.04	0.06	0.06	0.11	0.13	0.09	0.08	0.14
水果和坚果	3.91	2.79	1.97	1.97	1.90	3.25	3.64	2.27	2.50	2.83
果脯	0.12	0.11	0.09	0.13	0.10	0.14	0.11	0.31	0.25	0.27
水果汁和蔬菜汁	0.54	0.39	0.37	0.39	0.35	1.06	1.02	1.21	1.20	1.11
糖和蜂蜜	0.02	0.01	0.08	0.03	0.02	0.05	0.09	0.04	0.03	0.04
茶叶	0	0	0	0	0	0	0.01	0	0.01	0
香料	0.01	0.02	0.01	0.01	0.01	0.01	0.03	0.02	0.03	0.01
动物饲料	0	0	0	0	0	0	0.01	0	0	0.24
烟草（未加工）	0.87	1.10	1.02	1.44	2.46	3.40	3.74	1.63	2.43	4.13
烟草（加工）	0	0	0	0	0	0	0.01	0	0.10	0.10
油籽（不包括粉）	7.78	4.26	2.07	2.23	2.13	6.33	3.57	4.29	2.06	4.12
油籽（包括粉）	0	0.10	0	0	0	0.11	0	0	0.06	0
丝绸	—	—	—	—	—	—	—	—	—	—
棉花	22.09	43.29	28.15	77.84	32.53	22.59	30.88	35.38	30.99	24.40
合成纤维	477.5	482.4	545.9	674.1	643.4	566.2	454.6	316.9	229.2	298.6
羊毛	0.38	0.56	0.29	0.84	1.00	7.17	2.04	0.31	—	1.03

数据来源：联合国贸易和发展会议数据库，经笔者计算整理。

注：1. 其他谷物是指不包括小麦、水稻、大麦、玉米的谷物。

2. "—"是指相关数据缺失。

四、中国与乌兹别克斯坦农产品贸易的竞争性和互补性分析

这里采用显性比较优势指数、相对显性比较优势指数、贸易互补性指数来分析中国与乌兹别克斯坦农产品贸易的竞争性和互补性。

（一）乌兹别克斯坦农产品的竞争力分析

如表5-30所示，在2009—2018年乌兹别克斯坦的农产品中，小麦粉和谷物粉、蔬菜（非根茎类）、水果和坚果、丝绸、禽蛋、小麦、棉花、香料、合成纤维的RCA值大于2.5，表明这些产品在具有极强的出口竞争力，尤其是乌兹别克斯坦的棉花、丝绸等，在国际上享有盛名。乌兹别克斯坦是棉花生产大国，棉花具有较强的竞争力。其中的蔬菜（非根茎类）、水果和坚果、香料、合成纤维的竞争力在不断提升，而棉花的竞争力相对有所下降。蔬菜（根茎类）、果脯、水果汁和蔬菜汁具有中等的竞争力，其中果脯、水果汁和蔬菜汁的竞争力有所提升。

表 5-30 2009—2018 年乌兹别克斯坦农产品的显性比较优势指数（RCA）

产品种类	年份									
	2009	2010	2011	2012	2013	2014	2015	2016	2017	2018
活的动物	0.26	0.39	0.42	0.58	0.52	0.43	0.40	0.37	0.42	0.35
牛肉	—	—	—	0	0	0.01	—	—	0	—
牛奶和乳制品	0.23	0.03	0.04	0	—	0	0.01	0.14	0	0.03
奶酪和凝乳	—	—	0	—	—	—	0.01	0	..	0.03
禽蛋	0	—	—	—	0.02	—	1.23	2.95	0.08	4.27
鱼（新鲜或冷冻）	0.21	0.25	0.16	0.04	0	0	—	0.01	0.02	0.02
甲壳类和软体类动物	—	—	—	—	—	0.01	—	—	0	—
小麦	—	3.45	2.07	0.12	2.03	1.76	0.01	0.63	0.05	3.10
水稻	—	0	0.01	0	—	—	—	0	0	0.01
大麦	—	—	—	—	—	0.27	—	0	0	0.01
玉米	—	—	—	0	—	—	—	—	—	—
其他谷物	—	—	—	0	—	—	—	—	—	—
小麦粉和谷物粉	6.50	1.41	1.54	0.18	0.15	—	11.75	12.31	—	60.55
蔬菜（非根茎类）	4.12	8.38	8.92	5.32	6.18	6.73	5.97	6.26	4.60	9.09
蔬菜（根茎类）	1.26	0.99	0.91	0.76	0.53	0.72	0.76	0.60	0.59	1.15
水果和坚果	7.55	10.42	13.93	11.46	7.23	7.92	5.94	8.10	8.21	11.78
果脯	0.44	0.76	0.56	0.34	0.34	0.61	0.10	0.27	1.83	1.47
果汁和蔬菜汁	0.70	2.71	2.01	3.16	2.57	2.29	1.77	1.89	2.47	2.48
糖和蜂蜜	0.16	0.08	0.01	0.01	0.05	0.03	0	0.02	0.01	0.01

表5-30（续）

产品种类	年份									
	2009	2010	2011	2012	2013	2014	2015	2016	2017	2018
茶叶	0	0	0.01	0.15	0	0.01	0	0.01	0.01	0.01
香料	1.11	1.84	1.82	2.19	1.84	1.89	1.52	1.70	1.78	3.78
动物饲料	0	0.01	0.08	0.01	0	0.12	0.08	0.06	0.06	0.10
烟草（未加工）	4.44	3.12	4.70	7.53	3.98	4.20	2.65	1.48	1.68	0.69
烟草（加工）	0.03	0.18	0	0	0	0	0.01	0.21	0	0.29
油籽（不包括粉）	0.66	0.60	0.34	0.49	0.30	0.29	0.37	0.21	0.13	0.78
油籽（包括粉）	0.01	0	0	0	0.02	0	0.01	0.02	0.03	0.06
粗木和方木	0.09	0.05	0.08	0.10	0.01	0	0	0	0	0
丝绸	47.93	62.65	68.60	36.46	76.14	158.83	21.15	70.64	83.57	12.89
棉花	136.68	166.61	122.43	147.27	116.97	81.44	119.17	53.13	33.58	4.03
合成纤维	1.64	6.95	4.11	0.38	1.79	3.64	2.40	3.04	2.01	2.56
羊毛	1.07	1.11	1.23	1.60	1.14	0.89	0.80	0.81	0.75	0.53

数据来源：联合国贸易和发展会议数据库，经笔者计算整理。

注：1. 其他谷物是指不包括小麦、水稻、大麦、玉米的谷物。

　　2. "—"是指相关数据缺失。

其他的农产品竞争力则较弱：牛奶和乳制品、奶酪和凝乳、水稻、大麦、糖和蜂蜜、茶叶、动物饲料、粗木和方木的RCA值接近于0，竞争力非常弱；羊毛从具有中等竞争力的商品变成了具有较弱竞争力的商品。乌兹别克斯坦的种植业以小麦和棉花为主，其他作物不发达，并且畜牧业的发展尚未能满足国内需求。

（二）中国与乌兹别克斯坦农产品的相对显性比较优势指数分析

2009—2018年中国与乌兹别克斯坦农产品的相对显性比较优势指数（CRA）的计算结果见表5-31。从计算结果可以看出，在牛肉、鱼、水稻、糖和蜂蜜、茶叶、烟草（加工）、油籽（包括粉）这七类农产品的出口上，中国比乌兹别克斯坦具有明显的相对优势。在奶酪和凝乳、小麦、大麦、小麦粉和谷物粉、水果和坚果、丝绸、棉花这七类农产品的出口上，乌兹别克斯坦比中国具有明显的相对优势。两国在这14类农产品的贸易具有较强的互补性，合作空间较大。

表5-31　2009—2018年中乌出口农产品相对显性比较优势指数（CRA）

产品种类	年份									
	2009	2010	2011	2012	2013	2014	2015	2016	2017	2018
活的动物	-0.02	-0.23	-0.21	-0.39	-0.38	-0.34	-0.30	-0.20	-0.34	-0.23
牛肉	—	—	—	1.17	1.75	0.14	—	—	3.05	—
牛奶和乳制品	-0.97	-0.23	-0.29	2.81	—	0.60	0.23	-0.95	1.38	-0.34

表5-31（续）

产品种类	年份									
	2009	2010	2011	2012	2013	2014	2015	2016	2017	2018
奶酪和凝乳	—	—	-0.35	—	—	—	-1.57	-0.87	—	-2.05
禽蛋	2.34	—	—	—	1.13	—	-0.71	-1.05	0.49	-1.22
鱼（新鲜或冷冻）	0.71	0.64	0.86	1.45	2.39	3.09	—	1.81	1.70	1.68
甲壳类和软体类动物	—	—	—	—	—	2.34	—	—	6.06	—
小麦	—	-6.90	-2.77	-7.82	-4.07	-4.53	-1.48	-2.95	-1.75	-3.53
水稻	—	2.45	1.39	1.82	—	1.97	—	1.73	1.82	1.24
大麦	—	—	—	—	—	-3.38	—	-1.42	-1.42	-1.59
玉米	—	—	—	2.39	—	—	—	—	—	—
其他谷物	—	—	—	2.60	—	—	—	—	—	—
小麦粉和谷物粉	-1.46	-0.74	-0.84	0.12	0.14	—	-2.09	-2.16	—	-2.77
蔬菜（非根茎类）	-0.67	-0.91	-0.94	-0.78	-0.90	-0.94	-0.90	-0.86	-0.75	-1.01
蔬菜（根茎类）	0.06	0.24	0.31	0.32	0.50	0.34	0.31	0.44	0.47	0.16
水果和坚果	-1.35	-1.52	-1.63	-1.51	-1.32	-1.39	-1.23	-1.34	-1.39	-1.48
果脯	0.49	0.26	0.41	0.62	0.58	0.28	0.97	0.56	-0.18	-0.13
水果汁和蔬菜汁	-0.06	-0.65	-0.47	-0.66	-0.69	-0.77	-0.73	-0.76	-0.83	-0.79
糖和蜂蜜	0.60	0.97	1.80	1.94	1.16	1.42	2.36	1.64	2.04	1.83
茶叶	4.82	2.55	2.18	0.90	2.87	2.18	2.92	2.17	2.02	2.38
香料	0.07	-0.17	-0.24	-0.45	-0.34	-0.37	-0.36	-0.39	-0.37	-0.92
动物饲料	2.32	1.47	0.59	1.76	1.95	0.41	0.50	0.66	0.67	0.45
烟草（未加工）	-0.97	-0.77	-0.94	-1.20	-0.98	-1.05	-0.86	-0.60	-0.61	-0.19
烟草（加工）	0.61	-0.09	2.62	2.85	2.79	1.64	1.11	-0.04	2.42	-0.17
油籽（不包括粉）	-0.65	-0.74	-0.50	-0.65	-0.52	-0.56	-0.63	-0.39	-0.20	-0.96
油籽（包括粉）	1.67	3.04	3.03	3.19	1.32	3.61	1.50	1.26	1.29	0.76
粗木和方木	-1.31	-0.82	-1.30	-2.00	-0.58	0.22	-0.24	0.53	1.03	0.54
丝绸	-0.75	-0.95	-1.00	-0.76	-1.12	-1.49	-0.63	-1.13	-1.19	-0.35
棉花	-3.85	-4.50	-3.62	-3.99	-4.28	-3.78	-3.66	-3.74	-3.26	-2.27
合成纤维	-0.18	-0.75	-0.39	0.54	-0.16	-0.44	-0.29	-0.37	-0.18	-0.27
羊毛	0.06	0.09	0.06	-0.14	0.02	0.09	0.05	0.05	0.05	0.37

数据来源：联合国贸易和发展会议数据库，经笔者计算整理。

注：1. 其他谷物是指不包括小麦、水稻、大麦、玉米的谷物。

    2. "—"是指相关数据缺失。

在蔬菜（根茎类）、果脯这两类农产品的出口上，中国相比乌兹别克斯坦具有出口优势，但优势不明显。在活的动物、水果汁和蔬菜汁、香料、油籽类、合成纤维这五类农产品的出口上，乌兹别克斯坦比中国具有出口优势，但优势不明显。在牛奶和乳制品、禽蛋、粗木和方木这三类农产品的出口上，两国的相对优势交替发生变化，在世界出口市场上还可能存在竞争关系。

（三）中国与乌兹别克斯坦双边农产品贸易的互补性指数分析

根据公式（5-3）计算出以中国出口和乌兹别克斯坦进口衡量的农产品贸易互补性指数（TCI），见表5-32。可以看出，在2009—2018年，小麦粉和谷物粉、糖和蜂蜜、茶叶这三类农产品的TCI值始终大于1，说明中国和乌兹别克斯坦在这三类农产品贸易上的互补性强，乌兹别克斯坦是中国这三类农产品重要的出口市场。活的动物、油籽（包括粉）这两类农产品的TCI值逐步上升并大于1，说明对于这些农产品，乌兹别克斯坦市场的重要性在上升，两国在这些农产品贸易的互补性在增强。禽蛋、蔬菜（根茎类）、香料、烟草（未加工）、合成纤维这五类农产品的TCI值逐步降低并低于1，说明乌兹别克斯坦市场的重要性在下降，其他农产品的TCI值整体上小于1，尤其是牛肉、牛奶和乳制品、奶酪和凝乳、鱼、甲壳类和软体类动物、小麦、水稻、大麦、玉米、其他谷物、水果和坚果、棉花、羊毛，TCI值接近于0或者等于0，说明中国的这些农产品在乌兹别克斯坦基本没有市场。

表5-32 2009—2018年中国—乌兹别克斯坦双边农产品贸易互补性指数（TCI）

产品种类	年份									
	2009	2010	2011	2012	2013	2014	2015	2016	2017	2018
活的动物	0.44	0.15	0.46	0.35	0.45	0.47	0.58	0.57	0.53	1.04
牛肉	0	0	0.03	0.02	0.01	0.02	0.01	0	0	0
牛奶和乳制品	0.01	0.01	0.01	0.01	0	0	0	0	0	0.01
奶酪和凝乳	0	0	0	0	0	0	0	0	0	0
禽蛋	0.40	0.49	0.99	0.70	1.33	1.78	0.26	0.18	0.45	0.30
鱼（新鲜或冷冻）	0.02	0.06	0.07	0.07	0.10	0.10	0.08	0.06	0.05	0.06
甲壳类和软体类动物	0	0	0	0	0.01	0.01	0.01	0.01	0	0
小麦	0	0	0.01	0	0	0	0	0.01	0.01	0.01
水稻	0.31	0.04	0.05	0	0	0.02	0.18	0	0	0.06
大麦	0.01	0.01	0.01	0	0	0	0	0	0	0
玉米	0	0	0	0	0	0	0	0	0	0
其他谷物	0.04	0.02	0.04	0.03	0.01	0	0	0.01	0	0.02
小麦粉和谷物粉	16.78	23.24	20.76	17.65	12.73	8.60	4.89	3.46	3.64	3.12
蔬菜（非根茎类）	0.22	0.35	0.35	0.28	0.25	0.43	0.33	0.25	0.93	0.72
蔬菜（根茎类）	0.07	0.48	1.03	0.79	0.53	0.58	0.45	0.42	0.69	0.71
水果和坚果	0.02	0.04	0.06	0.03	0.08	0.08	0.04	0.09	0.07	0.05

表5-32(续)

产品种类	年份									
	2009	2010	2011	2012	2013	2014	2015	2016	2017	2018
果脯	0.04	0.09	0.09	0.10	0.06	0.07	0.09	0.31	0.29	0.25
水果汁和蔬菜汁	0.06	0.11	0.12	0.12	0.11	0.11	0.07	0.14	0.06	0.09
糖和蜂蜜	1.58	1.26	1.16	1.40	1.49	0.44	0.14	0.34	1.47	5.34
茶叶	15.40	15.87	19.51	17.34	16.04	12.60	13.69	12.10	14.38	1.98
香料	1.26	1.58	4.86	0.91	1.20	1.20	1.25	0.66	0.53	0.35
动物饲料	0.09	0.11	0.15	0.22	0.16	0.27	0.53	0.37	0.20	0.34
烟草（未加工）	1.32	1.35	0.87	0.63	0.59	0.21	0.24	0.05	0.04	0.08
烟草（加工）	0.07	0.07	0.09	0.31	0.18	0.07	0.11	0.09	0.08	0.16
油籽（不包括粉）	0.02	0.05	0.02	0.04	0.05	0.04	0.05	0.06	0.07	0.09
油籽（包括粉）	0	0.01	0.50	0.39	0.34	0.41	0.47	0.82	1.04	1.11
粗木和方木	0.03	0.04	0.02	0	0.01	0.01	0	0.03	0.03	0.02
丝绸	—	—	—	—	—	0.77	—	—	—	0.26
棉花	0	0	0	0	0	0	0	0	0	0
合成纤维	0.12	0.45	1.61	0.70	1.15	0.59	0.77	0.83	1.49	0.45
羊毛	0	0.01	0		0.02	0	0		0	0

数据来源：联合国贸易和发展会议数据库，经笔者计算整理。

注：1. 其他谷物是指不包括小麦、水稻、大麦、玉米的谷物。

2. "—"是指相关数据缺失。

表5-33报告的是以乌兹别克斯坦出口和中国进口衡量的双边农产品贸易的互补性指数（TCI）。从表5-33中可以看出，在2009—2018年，蔬菜、水果和坚果、烟草（未加工）、油籽（不包括粉）、丝绸、棉花、合成纤维、羊毛这八类农产品的TCI值整体大于1，说明乌兹别克斯坦这八类农产品的出口和中国存在较强的贸易互补性，中国市场对其出口是非常重要的。小麦粉和谷物粉的TCI值逐步上升并超过1，说明中国市场对乌兹别克斯坦小麦粉和谷物粉的出口越来越重要。其他农产品的TCI值始终小于1，说明两国在这些农产品上的贸易互补性不强。尤其是牛奶和乳制品、奶酪和凝乳、禽蛋、鱼、水稻、大麦、蔬菜（根茎类）、糖和蜂蜜、茶叶、香料、动物饲料、烟草（加工）、油籽（包括粉）、粗木和方木，TCI值接近于0或等于0，说明两国之间在这些产品上没有贸易往来，乌兹别克斯坦的这些农产品在中国基本没有市场。

表5-33 2009—2018年乌兹别克斯坦—中国双边农产品贸易互补性指数（TCI）

产品种类	年份									
	2009	2010	2011	2012	2013	2014	2015	2016	2017	2018
活的动物	0.03	0.06	0.08	0.13	0.10	0.14	0.10	0.07	0.06	0.08
牛肉	—	—	—	0	0	0	—	—	0	—

表5-33（续）

产品种类	年份									
	2009	2010	2011	2012	2013	2014	2015	2016	2017	2018
牛奶和乳制品	0.09	0.01	0.02	0	—	0	0	0.10	0	0.03
奶酪和凝乳	—	—	0	—	—	—	0	0	—	0.01
禽蛋	0	—	—	—	0	—	0	0	0	0
鱼（新鲜或冷冻）	0.16	0.17	0.11	0.02	0	0	—	0.01	0.01	0.01
甲壳类和软体类动物						0			0	—
小麦	—	0.33	0.18	0.03	0.71	0.32	0	0.13	0.01	0.79
水稻	—	0	0	0	—	0	—	0	0	0.01
大麦	—	—	—	—	—	0.49	—	0	0.01	0.02
玉米	—	—	—	0	—	—	—	—	—	—
其他谷物	—	—	—	0	—	—	—	—	—	—
小麦粉和谷物粉	0.12	0.02	0.01	0	0	—	0.31	0.36	—	3.83
蔬菜（非根茎类）	1.13	2.55	2.89	2.21	2.36	2.65	2.44	1.80	1.32	3.55
蔬菜（根茎类）	0.05	0.05	0.06	0.06	0.04	0.06	0.07	0.06	0.05	0.10
水果和坚果	2.15	2.95	4.75	4.63	2.72	3.58	3.17	4.18	4.06	7.30
果脯	0.08	0.15	0.11	0.06	0.06	0.11	0.03	0.09	0.59	0.43
果汁和蔬菜汁	0.09	0.35	0.27	0.40	0.32	0.32	0.23	0.28	0.42	0.44
糖和蜂蜜	0.02	0.02	0	0	0.02	0.01	0	0	0	0
茶叶	0	0	0	0.01	0	0	0	0	0	0
香料	0.05	0.11	0.10	0.20	0.08	0.12	0.09	0.10	0.10	0.12
动物饲料	0	0.01	0.04	0	0	0.06	0.05	0.03	0.03	0.06
烟草（未加工）	3.50	2.07	3.97	7.01	3.90	4.88	2.78	1.47	1.68	0.77
烟草（加工）	0	0.01	0	0	0	0	0	0.04	0	0.04
油籽（不包括粉）	3.41	2.96	1.55	2.37	1.41	1.41	1.86	1.03	0.66	4.26
油籽（包括粉）	0	0	0	0	0.01	0	0.01	0.02	0.02	0.04
粗木和方木	0.08	0.06	0.13	0.18	0.02	0	0.01	0.01	0	0.01
丝绸	7.79	19.90	10.14	7.43	11.61	26.44	3.01	13.71	16.84	3.21
棉花	382.4	610.2	480.2	739.1	457.5	223.0	240.1	73.7	46.6	6.8
合成纤维	2.24	8.28	4.40	0.41	2.00	3.60	2.36	2.73	1.95	2.49
羊毛	5.48	4.69	4.97	6.77	4.70	3.41	3.43	3.43	3.29	3.14

数据来源：联合国贸易和发展会议数据库，经笔者计算整理。

注：1. 其他谷物是指不包括小麦、水稻、大麦、玉米的谷物。

2. "—"是指相关数据缺失。

五、中国与土库曼斯坦农产品贸易的竞争性和互补性分析

这里采用显性比较优势指数、相对显性比较优势指数、贸易互补性指数来分析中国与土库曼斯坦的农产品贸易的竞争性和互补性。

（一）土库曼斯坦农产品的竞争力分析

如表5-34所示，在2009—2018年，土库曼斯坦的农产品中，棉花、丝绸、羊毛的RCA值大于2.5，说明这些产品具有极强的出口竞争力。其中，土库曼斯坦的棉花竞争力最强，土库曼斯坦的卡拉库尔羊在世界上享有盛名。丝绸的竞争力也极强，土库曼斯坦的高品质蚕丝具有优势。

表5-34　2009—2018年土库曼斯坦出口农产品的显性比较优势指数（RCA）

产品种类	年份									
	2009	2010	2011	2012	2013	2014	2015	2016	2017	2018
活的动物	0	0	0	0	0	0	0	0	0	0
牛肉	—	—	—	—	0	0	0	0	0	—
牛奶和乳制品	0	0	0		0	0	0	0	0	0
奶酪和凝乳	—	—	—	—	—	0	—	—	—	—
禽蛋							0.72	2.47	—	1.86
鱼（新鲜或冷冻）										
甲壳类和软体类动物	0.01	0.19	0.10	0.08	0.21	0.13	0.07	0.06	0.07	0.05
小麦	—	0.04	—	0.01	0.31	0.04	—	0.25	—	0.10
水稻	0	0	0	0	0.01	—	0	0		
大麦	—	—	—	—	—	—	—	—	—	—
玉米				0			0	0		
其他谷物	—	—	—	—	—	—	—	—		
小麦粉和谷物粉	0.16	0.33	0.12	—	0.09	0.02	6.99	13.04	—	0.04
蔬菜（非根茎类）	0.04	0.05	0.05	0.05	0.05	0.03	0.03	0.04	0.08	0.09
蔬菜（根茎类）	0	0.02	0.01	0.01	0	0.01	0.01	0.01	0.01	0
水果和坚果	0.04	0.05	0.04	0.02	0.03	0.06	0.02	0.03	0.02	0.03
果脯	0.02	0.02	0.01	0	0	0.01	0	0.01	0.18	0.12
水果汁和蔬菜汁	—	—	—	—	0.01	—	0	0	0.03	0.07
糖和蜂蜜	0	0.01					0	0.03	0	0
茶叶	—	0.01	—	—	—	0	0	0	—	0
香料	0	0.29	0		0		0	0.03	0	0
动物饲料	0.04	0.72	0.26	0.01	0.03	0.01	0.01	0.01	0.01	0.01

表5-34（续）

产品种类	年份									
	2009	2010	2011	2012	2013	2014	2015	2016	2017	2018
烟草（未加工）	0	—	—	—	—	—	0	0	0	—
烟草（加工）	0.01	0.03	0.01	0.01	0	0	0.01	0.01	0.01	0.01
油籽（不包括粉）	0.07	0.16	0.08	0.04	0.04	0.08	0.06	0.06	0.05	0.05
油籽（包括粉）	0.01	0.16	0.03	0	0	0	0.01	0	0	0.01
粗木和方木	—	—	—	—	—	—	—	0	—	—
丝绸	11.54	171.72	126.83	139.70	133.77	139.45	193.24	187.53	113.00	95.16
棉花	47.91	184.54	102.53	81.08	94.58	129.53	116.15	130.05	114.61	97.34
合成纤维	—	0.05	0.02	0.01	—	0.01	—	0	—	0.01
羊毛	2.52	17.27	11.09	14.14	13.77	13.73	9.72	11.27	12.45	13.44

数据来源：联合国贸易和发展会议数据库，经笔者计算整理。

注：1. 其他谷物是指不包括小麦、水稻、大麦、玉米的谷物。

  2. "—"是指相关数据缺失。

此外，土库曼斯坦的其他农产品竞争力较弱，尤其是活的动物、牛奶和乳制品、小麦、蔬菜、水果和坚果、糖和蜂蜜、茶叶、香料、烟草、油籽（包括粉）、油籽（不包括粉）、合成纤维等农产品，显性比较优势指数等于0或接近于0，竞争力非常弱。

（二）中国与土库曼斯坦农产品的相对显性比较优势指数分析

中国与土库曼斯坦农产品的相对显性比较优势指数（CRA）的计算结果见表5-35。从计算结果可以看出，在活的动物、牛肉、牛奶和乳制品、甲壳类和软体类动物、水稻、玉米、蔬菜（非根茎类）、蔬菜（根茎类）、水果和坚果、果脯、水果汁和蔬菜汁、糖和蜂蜜、茶叶、香料、动物饲料、烟草（加工）、烟草（未加工）、油籽（包括粉）、合成纤维这19类农产品的出口上，中国比土库曼斯坦具有明显的相对优势。在小麦、丝绸、棉花、羊毛这四类农产品的出口上，土库曼斯坦比中国具有相对明显的优势。这说明两国在这23类农产品出口的贸易互补性很强，具有较大的合作潜力。

表5-35　2009—2018年中国—土库曼斯坦出口农产品相对显性比较优势指数（CRA）

产品种类	年份									
	2009	2010	2011	2012	2013	2014	2015	2016	2017	2018
活的动物	2.25	2.46	2.45	2.44	2.35	2.39	2.43	2.44	2.22	2.49
牛肉	—	—	—	—	0.96	1.07	0.73	3.87	3.81	—
牛奶和乳制品	1.01	—	1.10	—	1.07	0.65	0.78	1.34	1.05	1.17
奶酪和凝乳	—	—	—	—	—	-0.10	—	—	—	—
禽蛋	—	—	—	—	—	—	-0.48	-0.97	—	-0.85
鱼（新鲜或冷冻）										

表5-35(续)

产品种类	年份									
	2009	2010	2011	2012	2013	2014	2015	2016	2017	2018
甲壳类和软体类动物	1.83	0.73	1.02	1.12	0.74	0.92	1.19	1.25	1.14	1.38
小麦	—	-4.99	—	-6.78	-3.25	-2.93	—	-2.55	—	-2.02
水稻	4.11	2.97	5.51	1.92	1.23	—	1.53	5.32		
大麦	—	—	—	—	—	—				
玉米	—	—	—	4.42			4.33	3.48		
其他谷物	—	—	—							
小麦粉和谷物粉	0.16	-0.11	0.26	—	0.36	0.80	-1.87	-2.18	—	0.38
蔬菜（非根茎类）	1.32	1.30	1.33	1.26	1.22	1.44	1.46	1.30	1.01	1.00
蔬菜（根茎类）	2.89	1.88	2.51	2.43	2.57	2.29	2.16	2.12	2.25	2.64
水果和坚果	0.98	0.80	0.94	1.26	1.05	0.70	1.29	1.07	1.30	1.19
果脯	1.78	1.84	2.26	2.27	2.48	2.15	2.51	2.03	0.84	0.97
水果汁和蔬菜汁	—	—	—	—	1.83	—	3.00	2.61	1.16	0.75
糖和蜂蜜	3.83	2.04					2.77	1.40	3.30	2.99
茶叶	—	2.23	—			2.48	4.20	5.61		2.63
香料	3.72	0.64	3.30	—	2.58	—	5.04	1.39	6.25	5.36
动物饲料	0.91	-0.35	0.05	1.55	0.93	1.46	1.47	1.71	1.63	1.46
烟草（未加工）	3.13	—	—	—	—	—	6.10	4.80	6.31	—
烟草（加工）	0.98	0.64	1.39	1.33	1.60	1.62	1.31	1.50	1.47	1.33
油籽（不包括粉）	0.32	-0.17	0.15	0.44	0.31	0	0.15	0.17	0.19	0.21
油籽（包括粉）	1.85	0.36	1.12	1.88	2.30	2.29	1.86	2.02	2.11	1.79
粗木和方木	—	—	—	—	—	—	—	4.69		
丝绸	-0.14	-1.39	-1.26	-1.35	-1.36	-1.44	-1.59	-1.56	-1.32	-1.22
棉花	-3.39	-4.55	-3.54	-3.73	-4.18	-3.98	-3.64	-4.13	-3.80	-3.65
合成纤维	—	1.41	2.02	2.41	—	2.34	—	6.12		2.39
羊毛	-0.31	-1.11	-0.89	-1.08	-1.06	-1.10	-1.04	-1.10	-1.16	-1.04

数据来源：联合国贸易和发展会议数据库，经笔者计算整理。

注：1. 其他谷物是指不包括小麦、水稻、大麦、玉米的谷物。

2. "—"是指相关数据缺失。

在油籽（不包括粉）等农产品的贸易上，中国比土库曼斯坦具有优势，但优势不明显。在禽蛋等农产品的贸易上，土库曼斯坦比中国具有优势，但优势不明显。在小麦粉和谷物粉等农产品的贸易上，中国与土库曼斯坦的出口优势交替变化，两国这类农产品的出口贸易在世界市场上可能存在竞争关系。

（三）中国与土库曼斯坦双边农产品贸易的互补性指数分析

根据公式（5-3）计算出的以中国出口和土库曼斯坦进口衡量的农产品贸易互补性指数（TCI），见表5-36。可以看出，在2009—2018年，小麦粉和谷物粉、蔬菜（根茎类）、糖和蜂蜜、茶叶这四类农产品的TCI值始终大于1，说明中土两国在这四类的农产品贸易上互补性很强，中国这四类农产品在土库曼斯坦需求较大。禽蛋、果脯、烟草（加工）这三类农产品的TCI值逐步降低，说明对于这些农产品，土库曼斯坦市场的重要性在下降。其他农产品的TCI值整体小于1，尤其牛肉、牛奶和乳制品、奶酪和凝乳、鱼类、甲壳类和软体类动物、小麦、大麦、玉米、油籽类、粗木和方木、丝绸、棉花、羊毛等农产品的TCI值等于0或接近于0，说明中国的这些农产品在土库曼斯坦基本没有市场。

表5-36　2009—2018年中国—土库曼斯坦双边农产品贸易互补性指数（TCI）

产品种类	年份									
	2009	2010	2011	2012	2013	2014	2015	2016	2017	2018
活的动物	0.28	0.27	0.31	0.32	0.29	0.24	0.22	0.27	0.45	0.69
牛肉	0.01	0.02	0.02	0.01	0.01	0.03	0.02	0.01	0	0.02
牛奶和乳制品	0.02	0.01	0.02	0.02	0.01	0.01	0.01	0.01	0.02	0.01
奶酪和凝乳	0	0	0	0	0	0	0	0	0	0
禽蛋	0.16	0.13	2.65	1.40	0.15	0.15	0.09	0.08	0.13	0.06
鱼（新鲜或冷冻）	0	0.02	0.02	0.28	0.02	0.03	0.06	0.04	0.02	0.02
甲壳类和软体类动物	0	0	0.01	0.01	0.01	0.01	0.01	0.01	0	0.01
小麦	0	0	0	0	0	0	0	0	0	0
水稻	0.38	0.66	0.49	0.33	0.40	0.33	0.29	0.35	0.46	0.25
大麦	0	0	0	0	0	0	0	0	0	0
玉米	0	0	0	0	0	0	0	0	0	0
其他谷物	0.36	0.42	0.50	0.31	0.19	0.09	0.04	0.07	0.09	0.13
小麦粉和谷物粉	1.03	2.06	1.23	1.36	1.29	1.18	0.52	0.41	0.61	1.80
蔬菜（非根茎类）	0.06	0.11	0.12	0.10	0.12	0.10	0.09	0.13	0.22	0.34
蔬菜（根茎类）	1.05	1.24	1.36	1.02	1.16	1.02	1.04	1.03	1.25	1.74
水果和坚果	0.01	0.03	0.04	0.03	0.03	0.03	0.04	0.07	0.08	0.22
果脯	0.57	1.11	1.56	1.62	1.66	1.43	1.16	0.89	0.77	0.65
水果汁和蔬菜汁	0.37	0.56	0.45	0.43	0.46	0.46	0.44	0.44	0.46	0.43
糖和蜂蜜	1.30	2.09	1.43	1.48	1.32	1.24	1.24	1.68	2.62	2.74
茶叶	5.91	5.79	6.61	7.06	5.18	4.44	6.48	6.58	8.90	10.48
香料	0.18	0.24	0.22	0.16	0.16	0.19	0.15	0.13	0.13	0.11
动物饲料	0.02	0.03	0.03	0.03	0.03	0.03	0.04	0.08	0.09	0.15
烟草（未加工）	0.02	0.02	0.03	0.02	0.02	0.02	0.02	0.03	0.04	0.04

表5-36（续）

产品种类	年份									
	2009	2010	2011	2012	2013	2014	2015	2016	2017	2018
烟草（加工）	0.47	0.98	0.61	0.74	0.85	0.83	1.00	0.72	1.08	0.90
油籽（不包括粉）	0	0	0	0	0	0.01	0.01	0.02	0.01	0.02
油籽（包括粉）	0.12	0.16	0.28	0.21	0.14	0.20	0.07	0.20	0.23	0.12
粗木和方木	0	0.01	0	0	0	0	0	0.01	0.01	0
丝绸	0.07	0.07	0.09	0.07	0.05	0.05	0.04	0.03	0.02	0.06
棉花	0	0	0	0	0	0	0	0	0	0
合成纤维	0.57	0.63	0.29	0.35	0.15	0.15	0.37	0.28	0.36	0.53
羊毛	0.01	0	—	—	0	—	—	—	0	—

数据来源：联合国贸易和发展会议数据库，经笔者计算整理。

注：1. 其他谷物是指不包括小麦、水稻、大麦、玉米的谷物。

2. "—"是指相关数据缺失。

表5-37 报告的是以土库曼斯坦出口和中国进口衡量的双边农产品贸易的互补性指数（TCI）。从表5-3中可以看出，在2009—2018年，丝绸、棉花、羊毛这三类农产品的TCI值始终大于1，说明中国与土库曼斯坦在这三类农产品上有较高的贸易互补性，中国是土库曼斯坦这三类农产品的重要出口市场。油籽（不包括粉）的TCI值小于1，说明土库曼斯坦这类农产品在中国市场竞争力有限。除此之外，其他农产品的TCI值整体接近于0或者等于0，说明土库曼斯坦的这些农产品在中国没有市场。

表5-37 2009—2018年土库曼斯坦—中国双边农产品贸易互补性指数（TCI）

产品种类	年份									
	2009	2010	2011	2012	2013	2014	2015	2016	2017	2018
活的动物	0	0	0	0	0	0	0	0	0	0
牛肉	—	—	—	0	0	0	0	0	0	—
牛奶和乳制品	0	—	0	—	0	0	0	0	0	0
奶酪和凝乳	—	—	—	—	0	—	—	—	—	—
禽蛋	—	—	—	—	—	—	0	0	—	0
鱼（新鲜或冷冻）	0	0	0	0	0	—	0	0	0	0
甲壳类和软体类动物	0.01	0.08	0.05	0.05	0.14	0.09	0.06	0.05	0.04	0.04
小麦	—	0	—	0	0.11	0.01	—	0.05	—	0.02
水稻	0	0	0	0	0	—	0	0	—	—
大麦	—	—	—	—	—	—	—	—	—	—
玉米	—	—	—	0	—	—	—	0	0	—
其他谷物	—	—	—	—	—	—	—	—	—	—

表5-37(续)

产品种类	年份									
	2009	2010	2011	2012	2013	2014	2015	2016	2017	2018
小麦粉和谷物粉	0	0.01	0	—	0	0	0.18	0.38	—	0
蔬菜（非根茎类）	0.01	0.02	0.02	0.02	0.02	0.01	0.01	0.01	0.02	0.03
蔬菜（根茎类）	0	0	0	0	0	0	0	0	0	0
水果和坚果	0.01	0.01	0.01	0.01	0.01	0.03	0.01	0.02	0.01	0.02
果脯	0	0	0	0	0	0	0	0	0.06	0.03
水果汁和蔬菜汁	—	—	—	—	0	—	0	0	0	0.01
糖和蜂蜜	0	0	—	—	—	—	0	0.01	0	0
茶叶	—	0	—	—	—	0	0	0	—	0
香料	0	0.02	0	—	—	—	0	0	0	0
动物饲料	0.02	0.41	0.12	0	0.01	0.01	0.01	0	0	0.01
烟草（未加工）	0	—	—	—	—	—	0	0	0	—
烟草（加工）	0	0	0	0	0	0	0	0	0	0
油籽（不包括粉）	0.37	0.80	0.35	0.19	0.21	0.39	0.31	0.28	0.26	0.29
油籽（包括粉）	0	0.08	0.01	0	0	0	0	0	0	0
粗木和方木	—	—	—	—	—	—	0	—	—	—
丝绸	1.88	54.5	18.7	28.6	20.4	23.2	27.4	36.4	22.77	23.7
棉花	134.0	675.8	402	406	369	354	234	180	159.2	166.1
合成纤维	—	0.06	0.02	0.01	—	0.01	—	0	—	0.01
羊毛	12.87	73.24	44.68	59.72	56.64	52.69	41.80	47.62	54.28	79.97

数据来源：根据联合国贸易和发展会议数据库，经笔者计算整理。

注：1. 其他谷物是指不包括小麦、水稻、大麦、玉米的谷物。

2. "—"是指相关数据缺失。

第六章　中国（新疆）与中亚国家农产品贸易发展与贸易便利化分析

中国（新疆）与中亚国家的农产品贸易合作是农业互联互通合作的重要内容，当前双边农产品贸易稳步发展，取得了积极成果，而贸易便利化是实现互联互通的建设方向和重要手段。提高农产品贸易的便利化程度，是实现中国（新疆）与中亚五国农业互联互通合作需要解决的重点问题。中国与中亚五国的贸易便利化发展也存在着跨境基础设施建设滞后、通关不畅、海关合作程度低等问题。因此，提升中国（新疆）与中亚五国的贸易便利化水平具有十分重要的意义。

第一节　中国（新疆）与中亚国家农产品贸易发展现状与问题

一、中国与中亚国家贸易发展现状

自 1991 年中亚国家独立以来，中国积极发展与中亚五国的经贸合作，双边的贸易额呈现出持续增长的趋势。特别是"一带一路"倡议提出之后，中国与中亚五国的经贸合作得到了进一步的发展。2000 年，中国与中亚五国的进出口总额为 18.19 亿美元，2018 年进出口总额增长至 430.27 亿美元，是 2000 年的 23.65 倍。其中，中国从中亚五国的进口总额，从 2000 年的 10.52 亿美元增长到 2018 年的 205.28 亿美元，是 2000 年的 19.51 倍。中国向中亚五国的出口，从 2000 年的 7.67 亿美元增长到 2018 年的 224.98 亿美元，是 2000 年的 29.33 倍（见图 6-1）。

从中国与中亚五国的贸易差额来看，2000—2002 年中国对中亚五国的贸易为小额逆差，2003—2010 年为顺差，且顺差不断扩大。2011—2013 年转为逆差，2014—2018 年，中国对中亚五国的贸易差额始终为顺差。其中顺差额最大的是 2008 年的 143.69 亿美元，逆差额最大的是 2013 年的 37.92 亿美元（见图 6-1）。

图 6-1 显示了中国对中亚五国的进出口情况。中国对中亚五国的出口，在 2009 年受到全球金融危机的影响，降幅较大。2014 年中国对中亚五国的出口额为 240.53 亿美元，达到 2000—2018 年的峰值水平，此后又出现了一定的降幅。中国从中亚五国的进口额 2013 年为 270.33 亿美元，为 2000—2018 年的峰值水平。从出口增长率来看，2001 年、2009—2010 年、2013 年出现了出口的负增长，其余年份保持正增长。从进口增长率

来看，2001 年、2009 年、2014—2016 年出现了进口的负增长，其余年份保持正增长。

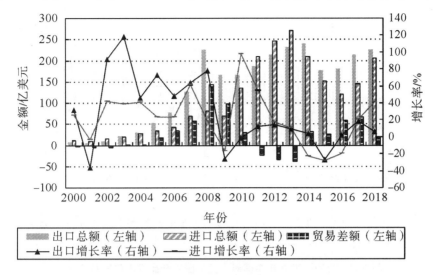

图 6-1　2000—2018 年中国对中亚五国进出口贸易规模、
贸易差额、进出口增长率变化趋势

（数据来源：联合国贸易和发展会议，http://www.unctad.org）

　　从中国对中亚五国贸易进出口的国别来看，2018 年，哈萨克斯坦是中国在中亚五国的第一大贸易伙伴，占中国对中亚五国进出口贸易总额的 47.60%。位居第二位的土库曼斯坦占比为 21.01%，其他依次为乌兹别克斯坦占比 14.88%、吉尔吉斯斯坦占比 13.01%、塔吉克斯坦占比 3.49%。从各国占中国与中亚五国进出口贸易的比重来看，哈萨克斯坦占比从 2000 年的 85.58% 下降到目前的 47.60%，其他各国的占比均有所上升。

二、中国与中亚国家农产品贸易发展现状

　　中国对中亚五国的农产品进出口总额，2000 年为 0.87 亿美元，此后贸易规模不断扩大，2018 年增长至 11.95 亿美元（见图 6-2），是 2000 年的 13.74 倍。农产品进出口总额的增速低于商品进出口总额的增速，农产品进出口总额占商品进出口总额的比重，从 2000 年的 4.76% 下降到 2018 年的 2.78%。中国从中亚五国进口农产品总额，从 2000 年的 0.59 亿美元增长至 2018 年的 6.32 亿美元，其间进口额最高的年份为 2012 年的 8.18 亿美元。中国向中亚五国出口农产品总额，从 2000 年的 0.28 亿美元增长至 2018 年的 5.63 亿美元，其间出口额最高的年份即为 2018 年。

　　2018 年，中国从中亚五国进口的农产品主要为棉花、小麦、植物油、油籽、生皮皮革、蔬菜等，中国向中亚五国出口的农产品主要为水果和坚果、果脯、果汁和蔬菜汁、糖和蜂蜜、茶叶、蔬菜等。中亚的乌兹别克斯坦、塔吉克斯坦等国盛产棉花，中国是纺织业大国，对棉花的需求量大，是中亚棉花第二大出口目的国。

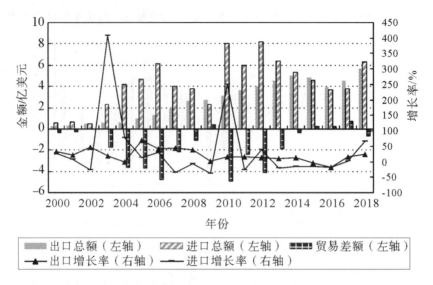

图 6-2　2000—2018 年中国对中亚五国农产品进出口贸易规模、

贸易差额、进出口增长率变化趋势

（数据来源：联合国贸易和发展会议，http://www.unctad.org）

　　从中国与中亚五国农产品贸易的国别来看（见图 6-3），2018 年，哈萨克斯坦是中国在中亚的第一大农产品贸易伙伴国，农产品贸易额占比 42.35%，居于第二位的是乌兹别克斯坦，占比为 41.16%。哈萨克斯坦与乌兹别克斯坦合计占比为 83.51%，其他中亚国家占比较低，依次为吉尔吉斯斯坦占比 11.51%，土库曼斯坦占比 2.67%，塔吉克斯坦占比 2.31%。

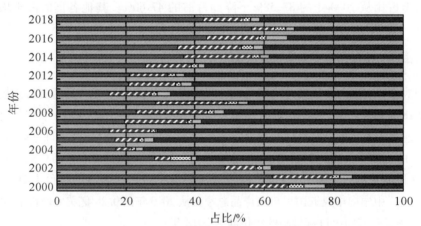

图 6-3　2000—2018 年部分年份中国与中亚各国

农产品贸易占中国与中亚五国农产品贸易总额比重

（数据来源：联合国贸易和发展会议，http://www.unctad.org，经笔者计算整理）

三、中国（新疆）与中亚国家贸易发展现状

（一）中国（新疆）对中亚五国的贸易规模

自 2001 年中国加入世界贸易组织、中亚国家经济的快速发展以及上合组织区域经济合作的不断推进等诸多有利因素的推动下，中国（新疆）的对外贸易，以及与中亚五国的贸易发展也进入了快车道。2000—2018 年，中国（新疆）的商品进出口总值从 22.62 亿美元增长到 200.50 亿美元（见图 6-4），2018 年的进出口额是 2000 年的 8.86 倍。中国（新疆）的对外贸易差额 2001—2002 年为小额逆差，其余年份保持了顺差，2018 年对外贸易顺差额达 128.75 亿美元，呈现出逐步扩大的趋势。

与此同时，中国（新疆）与中亚五国的商品进出口额也呈现快速增长的态势。2000—2018 年，中国（新疆）对中亚五国的商品进出口总额从 13.73 亿美元增长到 131.25 亿美元，2018 年的贸易额是 2000 年的 9.56 倍，增长幅度略高于中国（新疆）的对外贸易进出口总额的增长幅度。这使得中国（新疆）对中亚五国的进出口总额占中国（新疆）进出口总额的比重，由 2000 年的 60.64% 增长到 2018 年的 65.46%，其中占比最高的年份是 2008 年的 84.67%，这说明中亚五国始终是中国（新疆）外贸市场的重要组成部分。

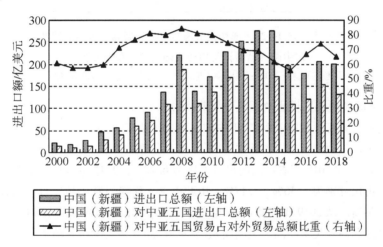

图 6-4　2000—2018 年中国（新疆）对中亚五国贸易规模与贸易占比变化

（数据来源：2000—2018 年《新疆统计年鉴》）

（二）中国（新疆）对中亚五国贸易规模的国别分析

从中国（新疆）与中亚五国进出口贸易规模的国别来看，哈萨克斯坦是中国（新疆）与中亚五国贸易额占比最大的国家，2000—2018 年，哈萨克斯坦占中国（新疆）对中亚五国贸易总额的比重由 85.90% 变化为 64.87%，虽然有所下降，但哈萨克斯坦始终是中国（新疆）最重要的对外贸易市场。其次是吉尔吉斯斯坦，2000—2018 年，占比由 12.48% 变化为 21.90%，占比居于第二位。其中占比最高的年份为 2008 年的 42.38%，之后又出现缓慢下降。对外贸易占中国（新疆）对中亚五国贸易额比重位居

第三位的国家是塔吉克斯坦，占比从 2000 年的 0.75% 上升到 2018 年的 7.04%，其中占比最高的年份为 2015 年的 12.67%。乌兹别克斯坦占中国（新疆）与中亚五国贸易额的比重，从 2000 年的 0.69% 上升到 2018 年的 5.90%，其中占比最高的年份为 2018 年。土库曼斯坦占中国（新疆）与中亚五国贸易额的比重，从 2000 年的 0.18% 上升到 2018 年的 0.29%，其中占比最高的为 2005 年的 1.63%（见图 6-5）。

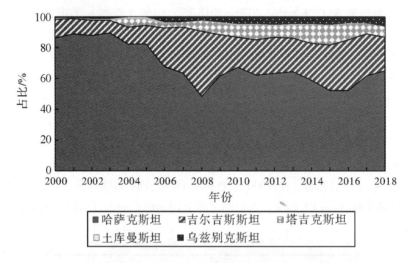

图 6-5　2000—2018 年中亚五国对中国（新疆）进出口贸易
占中国（新疆）与中亚五国贸易总额的比重

（数据来源：2000—2018 年《新疆统计年鉴》，经笔者计算整理）

（三）中国（新疆）进出口商品的贸易结构

根据乌鲁木齐海关数据，2019 年中国（新疆）出口的主要是机电产品、服装及衣着附件、鞋类，三项产品出口占新疆 2019 年出口总额的 63.29%，其中机电产品的占比最大，为 27.07%。2019 年农产品的出口占比为 6.12%，其他还包括番茄酱、水果及坚果等产品，占比分别为 2.36%、2.17%。由此可见，新疆的农产品出口在出口总额中所占的份额并不高。从 2019 年新疆产品出口的特点来看，工业制成品出口总额和占比远高于初级产品和高新技术产品，表明新疆出口的产品主要集中在劳动密集型产品上。

2019 年新疆进口的产品主要是初级产品，包括天然气、农产品、未锻轧铜及铜材等，三项产品进口占新疆 2019 年进口总额的比重达 49.84%，其中天然气的进口占比最大，达 26.47%。2019 年农产品进口占比为 12.93%，是新疆重要的进口商品种类，其次还包括进口棉花 2.10 亿美元，占比 3.71%、进口水海产品、食用植物油、粮食、水果及坚果、牛皮革和马皮、肉及杂碎、乳品等。上述产品，包括农产品和棉花等商品的进口占比合计达到 21.72%。从 2019 年产品进口总的构成特点来看，新疆的进口主要集中在能源、农产品以及矿产品等初级产品上。在制成品的进口中，机电产品进口的占比相对较大。

（四）中国（新疆）的对外贸易方式

从中国（新疆）的对外贸易方式可以看出，2010—2018 年，中国（新疆）与中亚五国的贸易以边境小额贸易和一般贸易为主,加工贸易和其他贸易所占的份额较小。2010—2018 年,中国(新疆)的边境小额贸易占比始终维持在较高的比重,从 2010 年的 65.93%变化为 2018 年的 66.96%,变化并不明显(见图 6-6)。其中占比最低的年份为 2015 年的 48.89%,占比最高的年份为 2018 年的 66.96%,由此可见,边境小额贸易是中国(新疆)与中亚国家最主要的贸易方式。一般贸易所占的比重,从 2010 年的 21.46%上升到 2018 年的 27.38%,其中占比最高的年份为 2015 年的 42.57%。一般贸易占比的上升,说明中国(新疆)与中亚国家的贸易方式得到了优化。加工贸易所占的比重,从 2010 年的 2.51%下降到 2018 年的 0.64%,加工贸易所占的比重始终居于下降的趋势,说明中国(新疆)本地的制造业竞争力较弱,加工贸易未能发展。

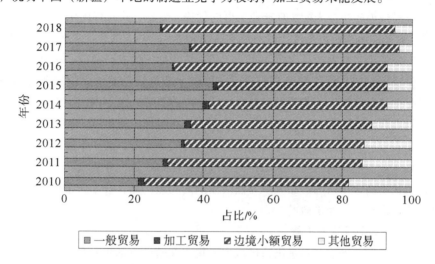

图 6-6 2010—2018 年中国(新疆)各类对外贸易方式占比

(数据来源:2010—2018 年《新疆统计年鉴》,经笔者计算整理)

四、中国(新疆)与中亚国家农产品贸易发展存在的主要问题

(一)双边农产品贸易总量小,占比较低

中国与中亚五国的进出口贸易近年来快速发展,但中国与中亚五国的贸易合作主要集中在能源方面,中国从中亚国家进口的主要产品是能源与矿产品,在农产品贸易方面表现出总量少、规模小的特点。农产品贸易在贸易总额中所占的比例较小,虽然农产品贸易额不断增长,从 2000 年的 0.87 亿美元增长至 2018 年的 11.95 亿美元,但农产品贸易额占商品贸易总额的比重在不断下降。2000 年农产品贸易额占比为 4.76%,2018 年已下降至 2.78%。2018 年中国(新疆)出口农产品占比为 6.12%,进口农产品占比为 12.93%。虽然中国与中亚国家在地理上毗邻,气候条件较为接近,双方在农产品贸易合作中具有天然优势,但目前农产品贸易规模有限,并且预计在未来一段时间内农产品贸易规模不会显著提升。

(二)农产品贸易结构不合理

在进口农产品方面,中国每年从中亚进口的主要农产品是棉花、小麦、植物油、油籽、水果和坚果等。进口的棉花和小麦占到农产品进口的一半以上。中国向中亚五国出口的农产品，主要是水果和坚果、果汁和蔬菜汁、糖和蜂蜜、茶叶等，林果业产品出口所占比重较大，而其他农产品，包括蔬菜、小麦、畜产品等所占的比重较小。中国向中亚国家出口的农产品主要是附加值低、技术含量低的初级产品，而经过农产品深加工的高附加值的农产品出口所占比重低。中国与中亚国家的双边农产品贸易大都是初级产品，科技含量低，附加值低，进出口的农产品质量也有待提高。

而且，中国与中亚国家的农产品贸易方式主要是边境小额贸易，在中国（新疆）的对外贸易中尤为明显，2018 年中国（新疆）贸易额的 66.96% 为边境小额贸易。中国（新疆）与中亚国家的农产品贸易在农产品的经营和销售方面都比较依赖这种传统的贸易方式，贸易规模较小，未能实现产业集群的优势，贸易方式有待优化。

（三）农产品加工能力不足，附加值难以提升

中国向中亚出口的农产品大多为初级产品，精深加工的农产品仅占很低的比例。农产品加工是实现农产品价值和提高农产品效益的手段。从目前主要的农业发达国家来看，农产品的储运和加工环节可以实现农产品价值的 70% 以上。中国与中亚国家的农产品贸易尽管实现了快速发展，但仍然存在着农产品的精加工程度低、加工能力不足等问题，尤其是在中国新疆地区，没有形成加工基地和产业集群，缺少大规模的加工生产能力，大多处于分散经营的状态，加工企业技术创新能力较低，导致农产品加工转化能力较低，附加值不高，出口的产品大多为档次较低的初级产品，技术含量低，在一定程度上侵蚀了农产品出口的经济效益。

（四）双边贸易区域不平衡

中国对中亚国家的农产品进出口区域主要集中在哈萨克斯坦和乌兹别克斯坦，2018年中国对上述两国的农产品贸易占中国对中亚五国农产品贸易额的 83.51%，中国与中亚其他三个国家的农产品贸易占比较小。2018 年，中国（新疆）与中亚国家的进出口贸易较为集中，与哈萨克斯坦和吉尔吉斯斯坦的贸易额占比为 86.77%，中亚其他三个国家仅占 13.23%。中国（新疆）与中亚国家商品、农产品进出口贸易的国别结构，降低了市场活力和产品流动性，使风险过于集中，抗风险能力不强，很容易受到占比较高国家的经济波动和政策变化的影响，具有较高的依赖性，导致中国（新疆）与中亚国家的贸易国别结构变得较为脆弱。中国（新疆）在中亚的重要贸易伙伴一旦出现国内的政治经济动荡，或者贸易政策的变化，都会对中国（新疆）与中亚的进出口贸易带来极大的影响。

（五）缺乏龙头企业，出口企业规模小

中国（新疆）与中亚国家进行农产品贸易的进出口企业自身实力较弱，没有形成产业集群优势。中国东部地区和中部地区的企业对中亚地区不甚了解，使得东中部地区的进出口企业与中亚国家的农产品贸易数量较少，占比较低。而在中国西部地区，特别是新疆，虽然面向中亚具有地缘优势，但新疆本地企业缺乏资金，自身实力弱，也没有能力兼并形成强强联合，至今尚无农产品进出口的龙头企业。在新疆本地，除了番茄加工能力位居亚洲前列，其他农产品加工尚未形成规模。随着国家对企业所得税政策的调

整，取消一部分农产品精加工企业的所得税优惠，部分企业受到了较大影响。出口农产品加工企业对农产品的加工深度也不足，农产品品牌的培育不足，绝大多数加工企业技术装备落后，出口的农产品附加值较低。新疆的企业在技术和管理方面难以满足开展跨国贸易合作的需要，新疆本土企业难以发挥与中亚各国进行农产品贸易的引领作用。

（六）中亚国家贸易环境不佳，贸易保护主义严重

中亚国家经贸法律法规不健全，政策随意性较大，执行效率较差，腐败严重，对外政策缺乏连续性，政策缺乏透明度，使得中国（新疆）与中亚国家发展经贸合作过程中存在较大的不确定性。中亚出于保护本国工商业的目的，对中国（新疆）产品设置关税和非关税贸易壁垒，增加了中国（新疆）农产品进出口的成本。部分中国（新疆）的进出口贸易商采用灰色通关的方式非法对中亚国家出口，加剧了贸易摩擦，导致中国（新疆）与中亚国家的农产品贸易规模也存在较大的波动，进出口企业的经营风险较高。

中亚国家的经济结构较为单一，能源与矿产开采等产业占国内生产总值的比重较大，对自然资源的依赖性较强。当世界经济增长乏力，对能矿产品需求下降而导致其价格下跌时，会导致中亚国家的出口和经济增长发生大幅波动，严重影响中亚国家出口和国民经济稳定，以及造成货币大幅贬值，这也会传导到农业生产和贸易领域，导致中亚国家的农产品进出口发生大幅波动。

（七）出口农产品基地建设滞后制约农产品出口

中国（新疆）对中亚的农产品出口的质量安全方面，近年来政府较为重视，推行农业生产的标准化，农产品质量有了较大的提升。为继续加强对出口的农产品质量的安全管理，政府部门要求生产出口农产品的生产基地，必须要在相关部门进行备案登记，按照当前的标准，种植出口农产品的种植基地的连片种植面积不少于100亩。就新疆出口的主要农产品来看，水果、坚果和蔬菜等主要出口农产品由大量分散农户种植，达不到出口种植基地的面积要求，而要建设达标的出口农产品种植基地，实现连片种植的面积要求，投资规模大、周期长，但融资需求往往出现困难，致使新疆农产品出口基地的建设较为滞后。目前新疆备案的出口农产品种植基地在伊犁、塔城、阿勒泰等地区，基地建设相对较好；其他地州尚未开始建设。目前新疆农产品出口基地的一些备案企业实力有限，难以较好地组织出口农产品的订单式生产。

（八）物流企业规模小，物流成本高

目前中国（新疆）组织农产品出口中亚国家的物流企业实力差，致使出口难度增加。虽然有一些物流企业，但大多为规模较小的私营企业，资金短缺、技术水平较低，能力受限。新疆出口农产品的运输、储藏等环节发展滞后，直接影响了农产品的出口。农产品特别是生鲜农产品的运输，需要以其本身所限定的时间送达消费者手中，而新疆物流企业运输工具较为落后，难以满足生鲜农产品的出口要求，在物流过程中存在包装难、运输难、仓储难的问题，生鲜农产品的保鲜设施、中转冷库建设不足，造成生鲜农产品的浪费。目前出口中亚的生鲜农产品，中亚各国有不同的条件和要求，如哈萨克斯坦要求出口到其的农产品必须要使用符合其要求的冷藏车运输，而物流企业难以完全满足出口的物流条件，新疆作为中国出口中亚五国农产品的集散地的功能则无法正常发挥。

（九）新冠病毒感染疫情对双边农产品贸易产生较大冲击

2020 年年初暴发的新冠病毒感染疫情对中国与中亚国家的贸易往来造成了较为严重的影响。据中国海关发布的数据，2020 年上半年中国与中亚四国（不包括土库曼斯坦）的贸易额同比减少了 27.3%，仅为 137.8 亿美元。中国从中亚四国的进口额下降了 9%，向中亚四国的出口额下降了 29%。其中与哈萨克斯坦的贸易额下降 1.7%，与乌兹别克斯坦的贸易额下降 20.3%，与塔吉克斯坦贸易额下降 34.4%，与吉尔吉斯斯坦的贸易额下降 52.8%。中国与中亚国家的贸易额出现大幅下降。疫情期间严格的管控措施造成阶段性的口岸关闭，甚至出现了农产品贸易的暂停，农产品贸易额大幅萎缩。疫情防控期间各国的需求也出现了下降，在严格的疫情防控措施下，民众对农产品消费受到了一定程度的抑制，中国的水果和蔬菜、畜产品、禽类产品等具有比较优势的农产品，在中亚国家的需求出现了下降。

第二节　中国（新疆）与中亚国家贸易便利化水平测评

一、贸易便利化与区域贸易增长

贸易便利化是指减少在买卖双方商品和服务的跨境流动中存在的、由不必要的行政负担引起的交易成本，从而促进双边贸易规模或区域贸易规模的增长。推动面向中亚区域的贸易便利化建设，对于深化中国（新疆）与中亚的区域经济合作和促进欧亚国家之间商品和要素流动具有十分重要的现实意义。贸易与投资便利化的实施将会逐渐消除区域组织内部在贸易投资方面的制约因素，推动中国与中亚各国的经贸合作向新的高度和广度发展。作为中国与中亚国家经贸合作的前沿区域，中国（新疆）实施贸易便利化改革，将消除阻碍商品、资金等生产要素自由流动的各种障碍、畅通各国贸易，有利于中国东部地区将劳动密集型和资源密集型产业通过中国（新疆）逐渐向中亚国家转移，同时中亚国家丰富的石油和天然气资源、原料性资源也将通过中国（新疆）进入中国东部地区和中部地区，弥补中国东部地区、中部地区经济建设的能源供给缺口，推动区域贸易增长。提升贸易投资便利化程度，也将有利于中国（新疆）与中亚国家扩大农业合作的广度和深度。

二、贸易便利化测评指标体系的构建

（一）贸易便利化指标体系的构建

贸易便利化是一种通过政策制度和技术来简化贸易流程，提高贸易效率，从而降低贸易成本的综合性措施（Grainger，2008）。在确定贸易便利化内涵的基础上，构建出符合贸易便利化测评指标体系，并确保指标具有可操作性和可量化性，对于评价贸易便利化程度是非常关键的。不同的国际组织对贸易便利化的内涵定义不尽相同，测评角度和方面也比较多，尚未有较为权威的测算框架。

陈继勇、刘燚爽（2018）构建了四个维度，设置了三级指标，共选取了 40 个三级指标用来测算贸易便利化指数，孔庆峰、董虹蔚（2015）测算了"一带一路"沿线69个国家的贸易便利化水平。借鉴陈继勇和刘燚爽（2018）、孔庆峰和董虹蔚（2015）等人的研究方法，从基础设施、物流服务、海关环境、国内制度环境和金融与电子商务五个维度选取了23个基础指标，构建了评估指标体系。

本书考虑到部分中亚国家的贸易统计体系尚处于初级的阶段，难以获取权威的贸易数据。本书在构建贸易便利化程度的测评指标体系时，参考的数据来源于《全球竞争力报告》（GCR）（2012—2019 年）和透明国际组织网站的《国际清廉指数》（CPI）（2012—2019 年）、《全球贸易促进报告》（GETR）（2014—2019 年），取值范围为 0~1、1~5、1~7、0~100。构建的指标体系见表 6-1。

表 6-1　贸易便利化测评指标体系

一级指标	二级指标	二级指标权重	代码	取值及取值范围	来源	属性
基础设施质量（0.154）	公路基础设施质量	0.122	T_1	1~7	GCR	正
	铁路运输服务效率	0.089	T_2	1~7	GCR	正
	港口服务效率	0.084	T_3	1~7	GCR	正
	航空运输服务效率	0.108	T_4	1~7	GCR	正
物流服务的可用性和质量（0.120）	装运的便利性和可负担性	0.081	L_1	1~5	GETR	正
	物流竞争能力	0.096	L_2	1~5	GETR	正
	跟踪和追踪货物的能力	0.085	L_3	1~5	GETR	正
	货物到达目的地的及时性	0.052	L_4	1~5	GETR	正
海关环境（0.226）	非关税壁垒的普遍性	0.065	C_1	1~7	GCR	正
	贸易关税	0.144	C_2	1%~100%	GCR	逆
	关税的复杂性	0.144	C_3	1~7	GCR	正
	边境通关效率	0.019	C_4	1~5	GCR	正
	进出口的不规则付款	0.193	C_5	1~7	GETR	正
	边境合规的出口成本	0.024	C_6	具体数据	GETR	逆
国内制度环境（0.353）	政府管制的负担	0.223	R_1	1~7	GCR	正
	政府预算的透明度	0.240	R_2	0~100	GCR	正
	法规框架在解决纠纷中的效率	0.226	R_3	1~7	GCR	正
	腐败发生率	0.233	R_4	0~100	GCR	正
金融与电子商务（0.147）	中小企业融资	0.094	F_1	1~7	GCR	正
	风险资本的可得性	0.106	F_2	1~7	GCR	正
	银行体系的稳健性	0.016	F_3	1~7	GCR	正
	企业和客户之间交易时的互联网使用	0.105	F_4	1~7	GETR	正
	政府在线服务指数	0.062	F_5	0~1	GETR	正

数据来源：《全球竞争力报告》（GCR）和《全球贸易促进报告》（GETR）。

（二）指标含义

1. 运输基础设施

基础设施质量的高低直接关系到进出口货物的通关是否顺畅，这是衡量对外贸易是否便利的主要因素之一。本书利用公路、铁路、港口等基础设施的质量来度量一个国家基础设施的质量，这些指标得分越高，反映基础设施的质量越高，贸易便利化的水平也越高，采用四个二级指标来反映。

第一，公路基础设施质量。根据《2019 年全球竞争力报告》中的调查数据，基础设施的调查数据包括运输基础设施、公用设施基础设施。公路基础设施调查的问题是：目标国的公路基础设施质量如何？公路基础设施质量的赋值范围为 1~7 分，分数越高代表公路基础设施的质量越好，其中 7 分代表公路基础设施质量达到最高；1 分代表质量最低。《2019 年全球竞争力报告》发布的数据是 2018—2019 年的加权平均值。

第二，铁路运输服务效率。《2019 年全球竞争力报告》调查的问题是：目标国的铁路运输服务效率如何？（包括频率、正点率、速度、价格），铁路运输服务效率的赋值范围为 1~7 分；其中 1 分代表效率最低，7 分代表铁路运输服务效率最高。《2019 年全球竞争力报告》发布的数据是 2018—2019 年的加权平均值。

第三，港口服务效率。《2019 年全球竞争力报告》调查的问题是：港口服务（渡轮、船只）的服务效率如何？（包括频率、正点率、速度、价格），港口服务效率的赋值范围为 1~7 分，其中分数越高表示港口基础设施质量越好。1 分代表效率极低，7 分代表最有效率。《2019 年全球竞争力报告》发布的数据是 2018—2019 年的加权平均值。

第四，航空运输服务效率。《2019 年全球竞争力报告》调查的问题是：航空运输服务的效率如何？（包括频率、正点率、速度、价格），根据《2019 年全球竞争力报告》中的调查数据，航空运输服务效率的赋值范围为 1~7 分，其中 1 分代表效率最低，7 分代表航空运输的服务效率最高。

2. 物流服务的可用性和质量

物流服务的可用性和质量关系到货物装运与流转的效率。本书利用装运的便利性和可负担性、物流竞争能力、跟踪和追踪货物能力、货物到达目的地的及时性四个指标来度量一个国家的物流服务的质量。这些指标的得分越高，物流服务的效率也越高，越有利于贸易的便利化发展。

第一，装运的便利性和可负担性。该指标评估安排国际货物的便利性和可负担性。《国际贸易促进报告》调查的受访者被要求评估该国与其八个主要贸易伙伴国开展国际贸易的国际货运便利性和可负担性，根据公认的行业标准和惯例进行评估，采用 5 分制。装运便利性和可负担性的赋值范围为 1~5 分，最低分为 1 分，最高分为 5 分。

第二，物流的竞争能力。该指标评估了当地物流业的竞争力。《国际贸易促进报告》调查的受访者被要求评估该国与其八个主要贸易伙伴国开展业务的当地物流业能力，采用 5 分制，物流竞争力的赋值范围为 1~5 分，最低分为 1 分，最高分为 5 分。

第三，跟踪和追踪货物的能力。《国际贸易促进报告》调查的受访者被要求评估该国与其八个主要贸易伙伴国开展业务时对运输货物的跟踪和追踪的能力，采用 5 分制，跟踪和追踪能力的赋值范围为 1~5 分，最低分为 1 分，最高分为 5 分。

第四，货物到达目的地的及时性。此指标用来评估在计划交货时间内发货到达收货人的时效。《国际贸易促进报告》调查的受访者被要求评估该国与八个主要贸易伙伴国开展业务发货时到达目的地的及时性，本指标采用 5 分制，货物到达目的地及时性的赋值范围为 1~5 分，最低分为 1 分，最高分为 5 分。

3. 海关与边境管理

该指标用来考察货物在通关过程中的手续的复杂度以及海关的透明度，是否存在贸易壁垒，采用四个二级指标来反映。

第一，非关税壁垒的普遍性。《2019 年全球竞争力报告》调查的问题是：非关税壁垒（如卫生和产品标准、技术和标签要求等）在多大程度上限制了进口货物在国内市场上的竞争力？非关税壁垒普遍性赋值的范围为 1~7 分，其中分数越高表示非关税壁垒的程度越低。1 分代表了强烈限制，7 分代表完全不限制。《2019 年全球竞争力报告》发布的数据是 2018—2019 年的加权平均值。

第二，贸易关税。《2019 年全球竞争力报告》发布的数据是加权平均税率，是指目标国对各贸易伙伴国的产品进口的加权平均适用税率，权数是从各贸易伙伴国的进口额。适用关税是海关当局对进口货物适用的税率，是目标国海关当局为关税管理目的公布的税率。

第三，关税的复杂性。这一指标用来衡量一个国家关税制度的复杂性，根据四个标准来评估关税复杂性：关税离散度、关税峰值的普遍性、特定关税的普遍性和不同关税的数量，关税复杂性指数根据这四个指标标准化得分的简单平均数得出。《2019 年全球竞争力报告》发布的数据中，关税的复杂性赋值范围为 1~7 分，1 分表示非常复杂，7 分表示不复杂。

第四，边境通关效率。《2019 年全球竞争力报告》发布的这一数据是用来评估目标国与其八个主要贸易伙伴国开展国际贸易时，其海关和其他边境管理机构通关程序的效力和效率。边境通关效率的赋值范围为 1~5 分，1 分表示效率最差，5 分代表效率最高。

第五，进出口的不规则付款。《国际贸易促进报告》调查的问题是：在贵国，公司在进出口方面进行无证的额外付款或者贿赂有多普遍？该指标的赋值范围为 1~7 分。1 分表示非常普遍，7 分表示从未发生过。

第六，边境合规的出口成本。这一指标用来衡量遵守经济体的海关法规和其他强制性检查相关的成本（美元/15 吨），以便货物越过经济体边境，以及在其港口或边境进行处理的时间和成本。《国际贸易促进报告》中的这一数据只考虑了该国具有比较优势的产品对其自然出口伙伴国的出口。这一指标的数值越高，表示结果越差。

4. 国内制度环境

国内制度环境用来衡量一国政策的规范性、透明度、效率以及清廉程度，这反映了目标国在国际贸易中是否提供了一个良好的国际贸易制度环境。各项指标的分数越高意味着国际贸易的便利化水平也越高。

第一，政府管制的负担。《2019 年全球竞争力报告》调查的问题是：在该国，公司遵守公共行政要求（如许可证、法规、报告）的负担有多大？政府管制的负担的赋值范围为 1~7 分。1 分代表负担极其繁重，7 分代表负担根本不繁重。《2019 年全球竞争力报告》发布的数据是 2018—2019 年的加权平均值。

第二，政府预算的透明度，这一指标用来评估政府公开预算信息的数量和及时性。在《2019 年全球竞争力报告》中，这一指标按照国际良好做法的标准予以计算，用以评估政府在八份关键预算文件中公开预算信息的数量和及时性，是为公开预算调查所涵盖国家分配的一个 100 分制透明度得分。这八个关键的文件是：预算前报表、行政预算提案和行政预算提案的辅助文件、制定预算、公民预算、年度报告、年中审查、年终报告、审计报告。

第三，法规框架在解决纠纷中的效率。《2019 年全球竞争力报告》调查的问题是：在该国，公司解决纠纷的法律和司法制度有多有效？该指标的赋值范围为 1~7 分，1 分表示极低效率，7 分表示极有效率。

第四，腐败发生率。这一指标是腐败感知指数得分，该指数衡量对公共部门的腐败的感知，是一个综合指标。《2019 年全球竞争力报告》发布的这个指标的赋值范围为 0~100 分，其中 0 分表示高度腐败，100 分表示非常清廉。该指数汇集了一些不同来源的数据，这些数据提供了商界人士和国内专家对公共部门腐败程度的看法。

5. 金融服务与信息技术使用

金融服务和互联网使用是促进对外贸易发展的重要手段，也是衡量一个国家贸易便利性的重要因素。各指标的分值越高，表明贸易便利化的水平也越高。

第一，中小企业融资。《2019 年全球竞争力报告》调查的问题是：在该国，中小企业在多大程度上可以通过金融部门获得其业务运作所需的资金？该指标的赋值范围为 1~7分，1 分表示一点也不，7 分表示在很大程度上。

第二，风险资本的可得性。《2019 年全球竞争力报告》调查的问题是：在你们国家，有创新但有风险的项目的创业者获得股权融资有多容易？该指标的赋值范围为 1~7 分，1 分表示非常困难，7 分表示非常容易。《2019 年全球竞争力报告》发布的数据是 2018—2019 年的加权平均值。

第三，银行体系的稳健性。《2019 年全球竞争力报告》调查的问题是：在你的国家，你如何评估银行的稳健性？该指标的赋值范围为 1~7 分，1 分表示极低的稳健性，银行可能需要资本重组，7 分表示极高的稳健性，银行总体健康。《2019 年全球竞争力报告》发布的数据是 2018—2019 年的加权平均值。

第四，企业和客户之间交易时的互联网使用。《国际贸易促进报告》通过调查在目标国，企业在多大程度上利用互联网向消费者销售商品和服务。该指标的赋值范围为 1~7分，1 分表示根本没有，7 分表示在很大程度上。

第五，政府在线服务指数。这个指标评估了政府提供在线服务的质量，赋值范围为 0~1 分，0 分表示非常低，1 分表示非常高。《国际贸易促进报告》中的这个指数反映了政府在向公民提供在线服务方面的表现，服务交付分为四个阶段：新兴、增强、事物和连接。在线服务根据其负责程度被分配到每个阶段，从最基本到最复杂。

三、中国与中亚国家贸易便利化水平评价

（一）数据的标准化

本书引用的 23 个二级指标数据来源于《全球竞争力报告》（GCR）（2012—2019 年）和透明国际组织网站的《国际清廉指数》（CPI）（2012—2019 年）、《全球贸易促进报告》（GETR）（2014—2019 年），各个基础指标的赋值范围存在一定的差异。而且 23 个基础指标还存在贸易关税、边境合规对出口成本这两个逆向指标。为了便于比较和分析，本书采用下式对各基础指标对原始值进行标准化处理。采用此种方法的好处是区分了正向指标和逆向指标，并将处理后的指标值的取值范围都映射到了［0，1］区间。

$$\begin{cases} y_i = \dfrac{x_i - \min(X_i)}{\max(X_i) - \min(X_i)} & [1] \\[4mm] y_i = \dfrac{\max(X_i) - x_i}{\max(X_i) - \min(X_i)} & [2] \end{cases} \quad (6-1)$$

在公式（6-1）中，y_i 表示第 i 个基础指标经过无量纲对标准化处理之后的值，X_i 表示第 i 个基础指标的原始值，$\min(X_i)$ 表示第 i 个基础指标的最小值，$\max(X_i)$ 表示第 i 个基础指标的最大值。当基础指标为正向指标时，采用［1］式，当基础指标为逆向指标时，采用［2］式。

（二）贸易便利化水平的测算方法

本书将基础指标进行标准化之后，为了精确确定各个基础指标对贸易便利化指数贡献的权重，使用主成分分析法确定各指标的权重。主成分分析法可以有效克服对各基础指标权重进行赋值的主观性和随意性。利用主成分方法，综合考虑样本总方差的量、特征值的相对大小和各成分对现实的阐述能力。根据累积方差贡献率、碎石图和特征值的判别标准，提取了四个主要成分：Comp1、Comp2、Comp3 和 Comp4。四个主成分提取了 23 个基础指标中的 77.98% 的信息量，见表 6-2。

表 6-2　主成分各指标系数构成

特征向量	第 1 主成分 Comp1	第 2 主成分 Comp2	第 3 主成分 Comp3	第 4 主成分 Comp4
T_1	0.217	-0.103	0.258	0.132
T_2	0.206	-0.192	0.193	0.204
T_3	0.229	-0.225	0.153	0.233
T_4	0.208	-0.194	0.282	0.198
L_1	0.172	-0.203	0.219	0.208
L_2	0.263	-0.187	0.095	0.247
L_3	0.168	-0.179	0.173	0.262

表6-2(续)

特征向量	第1主成分 Comp1	第2主成分 Comp2	第3主成分 Comp3	第4主成分 Comp4
L_4	0.172	−0.275	0.206	0.173
C_1	0.164	−0.108	0.317	−0.185
C_2	0.283	0.195	0.181	−0.296
C_3	0.187	0.236	0.202	−0.195
C_4	−0.083	0.159	0.215	−0.288
C_5	0.184	0.191	0.208	0.196
C_6	−0.092	0.208	0.136	−0.217
R_1	0.138	0.369	0.194	0.182
R_2	0.223	0.293	0.217	0.211
R_3	0.291	0.199	0.183	0.196
R_4	0.316	0.216	0.168	0.178
F_1	0.201	0.183	−0.259	0.194
F_2	0.212	0.167	−0.184	0.175
F_3	0.237	−0.185	−0.206	0.213
F_4	0.196	−0.17	0.263	0.188
F_5	0.184	−0.195	0.151	0.142
方差贡献率/%	26.396	22.187	17.135	12.265
累积方差 贡献率/%	26.396	48.583	65.718	77.983

提取主成分之后，由于四个主成分提取了77.98%的信息量，由各个主成分的系数来确定各个指标的权重具有较强的合理性。各个基础指标权重的确定方法是：由四个主成分的该基础指标的系数分别乘各成分的方差贡献率，求和之后再除以四个主成分的累积方差贡献率，即可得该基础指标的权重系数。经过测算，得到的综合评价模型如下：

$$Comp = 0.122T_1 + 0.089T_2 + 0.084T_3 + 0.108T_4 + 0.081L_1 +$$
$$0.096L_2 + 0.085L_3 + 0.052L_4 + 0.065C_1 + 0.144C_2 +$$
$$0.144C_3 + 0.019C_4 + 0.193C_5 + 0.024C_6 + 0.223R_1 +$$
$$0.240R_2 + 0.226R_3 + 0.223R_4 + 0.094F_1 + 0.106F_2 +$$
$$0.016F_3 + 0.105F_4 + 0.062F_5 \tag{6-2}$$

综合评价模型中，各基础指标的系数即为各个基础指标的权重。得出基础指标权重之后，各个一级指标的权重为一级指标下包括的基础指标权重之和除以所有基础指标权重之和。可以得到基础设施质量、物流服务的可用性和质量、海关环境、国内制度环境、金融与电子商务各一级指标的权重值分别为0.154、0.120、0.226、0.353、0.147。之后求出一级指标的数值，并将其标准化，再分别乘以各一级指标对应的权重，相加求和即可得出贸易便利化水平的综合评价指数（TETFI），模型如下：

$$\text{TWTFI} = \sum_{i=1}^{n} w_i Z_i \qquad (6-3)$$

$$Z_i = \sum_{i=1}^{n} y_i / m \qquad (6-4)$$

式（6-3）和式（6-4）中，Z_i 为一级指标指数化以后的值，m 表示的是一级指标下所包含的二级指标的个数。y_i 是指基础指标经过标准化之后的数值。TWIFI 是指贸易便利化水平的评价指数，w_i 是指各一级指标的权重。

（三）贸易便利化水平测度结果与分析

根据上式，将各指标值及其权重代入综合评价指数模型，可获得各国的贸易便利化水平的综合测度结果，见表6-3。

表6-3　2011—2018年中国与各国贸易便利化水平的综合测度结果

年份	中国	哈萨克斯坦	吉尔吉斯斯坦	塔吉克斯坦	蒙古国	巴基斯坦
2011	0.622	0.476	0.349	0.415	0.377	0.483
2012	0.634	0.475	0.352	0.416	0.384	0.482
2013	0.627	0.479	0.358	0.418	0.398	0.508
2014	0.643	0.485	0.365	0.427	0.402	0.493
2015	0.633	0.478	0.367	0.432	0.415	0.497
2016	0.647	0.493	0.372	0.429	0.418	0.505
2017	0.652	0.496	0.371	0.430	0.423	0.518
2018	0.665	0.501	0.376	0.432	0.427	0.521
平均值	0.640	0.485	0.364	0.425	0.410	0.501

本书测算的贸易便利化基础指标数值都来源于《全球竞争力报告》和《国际贸易促进报告》，基础指标的原始数据是被调查国家的平均得分，因此根据各基础指标的数值计算出各年度贸易便利化的指数之后，根据各年度的得分取平均值，可得各国的贸易便利化平均得分。

根据各学者研究贸易便利化综合指标值的划分，可以将贸易便利化水平划分为四个层级：得分在0.6分以下的为不便利，得分在0.8分以上的为非常便利，在0.6~0.8得分区间的为一般便利和比较便利。由表6-3中测算的数据可知，2011—2018年中国的贸易便利化水平得分为0.64，属于一般便利；而其他国家都属于贸易不便利的层级，其中哈萨克斯坦的得分为0.485，属于中亚国家中得分最高的，其次是塔吉克斯坦的0.425，吉尔吉斯斯坦的得分最低，为 0.364，蒙古国和巴基斯坦的得分也属于不便利的区间。在比较的几个国家中，中国是经济发展较好、开放程度最高的国家，从而中国进行国际贸易的手续相对简单，基础设施的质量较高，物流服务的可用性和质量较高，海关环境和制度环境逐步优化，金融服务的可得性较高，信息技术的使用也领先于其他国家，使得中国贸易便利化的总体水平也高于其他国家。而中亚其他国家的贸易便利化水平尚处于不便利区间，因此，中国与中亚国家在贸易便利化领域切实开展合作，削减阻碍贸易发展的壁垒，简化程序，减少交易时间和交易成本，在交通基础设施领域开展互联互通合作，从而促进中国与中亚国家的区域贸易合作。

四、中国与中亚国家贸易便利化发展存在的问题

实现农产品贸易畅通是中国与中亚国家农业合作互联互通的核心环节，农产品贸易有其特殊性，很多农产品存在保质期的问题，对于部分农产品而言，贸易便利化和贸易效率的提高，甚至关系到部分农产品贸易是否可行的基本问题。中国与中亚国家近年来贸易领域发展迅速，但仍然存在着阻碍贸易便利化发展的因素，在贸易便利化方面还有较大的发展空间。

（一）中国与中亚国家贸易便利化水平差异较大

贸易便利化水平和一个国家所处的经济发展水平和经济发展阶段密切相关。经济发展水平越高，贸易便利化的水平也往往越高。中国与中亚国家的经济发展水平和阶段也存在较大差异，中国、土库曼斯坦、哈萨克斯坦属于中等收入经济体，其推进贸易便利化合作的积极性较高；而吉尔吉斯斯坦、塔吉克斯坦的经济发展水平较低，其推进贸易便利化合作的积极性也不高。虽然中亚国家都加入了相应的区域经贸合作机制，但是各国的贸易便利化水平还是存在较为明显的差距。

中亚国家在推进贸易便利化方面取得了一定进展，但由于各国推进贸易便利化起步较晚，推行时间较短，技术力量较为薄弱。中亚国家在公路、铁路、港口、航空等基础设施建设、物流服务的可用性和质量、海关环境、国内制度环境、金融与电子商务等方面，都存在着推动农产品贸易便利化的障碍和不足。从本书测算的贸易便利化指数结果来看，2011—2018 年，中国的平均得分为 0.640，属于一般便利的区间，中亚国家则都位于不便利的区间。总体而言，中亚国家跨境贸易的时间成本较高，资金成本较大，贸易政策环境欠佳，通关效率较低，中亚国家仍然需要提升贸易便利化水平，营造更加有利的进出口贸易发展的制度环境。

（二）外部国际环境和贸易安全问题制约贸易便利化发展

国际贸易的良好发展，离不开外部国际环境的支持。从历史传统来看，中亚国家和俄罗斯的关系较为密切。从政治关系方面来看，大多数中亚国家历来是俄罗斯的传统盟友。从经贸和金融来看，中亚国家的能矿产品和原材料出口的主要目的地是俄罗斯，并且从俄罗斯进口工业品，经贸关系对于双方都较为重要。因此，中亚国家的国际贸易发展，甚至贸易政策导向，在较大程度上受到俄罗斯影响，俄罗斯主导建立的俄白哈关税同盟，具有明显的排外倾向，不利于中国与中亚国家的贸易便利化的推进和发展。

中亚地区位于多国的边界交汇处，如费尔干纳盆地，国际恐怖主义、宗教极端主义活动地域逐渐扩大，恐怖威胁增大，一系列不良因素严重影响了中国与中亚国家的贸易发展，对经贸往来和贸易便利化发展产生不利影响。加之西方国家的渗透，导致部分国家的政局不稳，贸易政策缺乏稳定性和连续性，为贸易便利化发展带来了严峻挑战。

在推进贸易便利化的过程中也需要兼顾贸易安全问题。如果片面追求贸易便利化的发展，提高海关清关效率，而让海关监管放松，贸易安全的程度则会降低。如果想确保贸易安全，加强海关的监管则会影响贸易便利化。中亚国家存在政局不稳和局部冲突的隐患，为了贸易安全，在资金结算、货物交付、海关清关等环节加强监管，会影响到贸易便利化的发展。

（三）中亚国家交通基础设施建设滞后

交通基础设施的质量和效率直接关系到贸易发展的运输效率和时间成本，是贸易便利化的重要决定因素，而中亚国家地域辽阔，地形复杂，基础设施建设较为滞后，成为贸易便利化的制约因素。根据《2019 年国际竞争力报告》，哈萨克斯坦、吉尔吉斯斯坦、塔吉克斯坦的基础设施质量和效率排名，在全球 141 个经济体中分别为第 67 位、第 103 位、第 91 位，远远落后于中国第 24 位的排名；在《2016 年全球贸易促进报告》，哈萨克斯坦、吉尔吉斯斯坦、塔吉克斯坦在交通基础设施的可用性和质量排名中，在 136 个经济体中分别为第 67 位、第 132 位、第 89 位，远落后于中国第 12 位的排名；在公路、铁路、港口等基础设施的分项比较方面，中国大幅领先于中亚国家。基础设施的质量和效率的差距较大，使得跨境交通基础设施网络难以满足双边的贸易需求。

中亚国家的基础设施建设的资金投入来源有限，交通基础设施建设滞后，基础设施老化严重。中亚国家的路网结构设计也存在不合理之处。由于中亚国家与俄罗斯等国家的区域经济一体化程度较高，路网的结构设计倾向于与俄罗斯等国家的互联互通，临近俄罗斯的区域道路网络密集程度较高，而与中国邻近的道路网络较为稀疏，这种路网结构增加了中国与中亚国家贸易运输的成本和时间，给跨区域运输的便利性带来不利影响。

（四）发展跨境物流组织难度大

中国与中亚国家的物流服务能力和效率存在巨大差异，这给发展跨境物流服务带来了严峻挑战。根据《2016 年全球贸易促进报告》中的数据，中国在物流的竞争能力、追踪和跟踪能力、运输至目的地的及时性等方面领先于中亚国家。例如在物流竞争力方面，哈萨克斯坦、吉尔吉斯斯坦、塔吉克斯坦的物流竞争力在全球 136 个经济体中分别位于第 90 位、第 132 位、第 127 位，远远低于中国的第 27 位。

中亚国家的交通基础设施较为落后，缺少有规模的物流企业，而且在货物运输途中的查验环节多。在国内的交通路网服务体系中，缺少有效的运输合作协定和制度，运输成本居高不下，运输时间延长，转换运输模式的效率低下，大大降低了物流的竞争力。目前中亚国家的物流企业规模较小，网络分布十分有限，具有多式联运的一体化运输组织的企业较少，尤其是具有冷链运输的物流企业更为缺乏，严重影响了生鲜农产品的贸易发展。在农产品的进出口种类方面，中国主要从中亚国家进口棉花、小麦等农产品，向中亚国家出口乳制品、肉类、蔬菜等农产品。并且，中国对中亚国家的农产品贸易存在顺差，双边进出口农产品的运输量不对等，农产品进出口的结构不平衡，导致物流企业的货物配载不均衡，增加了物流企业的流转成本，也制约了农产品的运输和过境能力。

（五）通关效率低下

中亚国家商品贸易的海关通关程序效率低下。根据《2016年国际贸易促进报告》中的数据，哈萨克斯坦、吉尔吉斯斯坦、塔吉克斯坦的边境通关效率分别排在第64位、第56位、第134位，排位较为靠后。《2016年国际贸易促进报告》公布了各国边界合规的出口时间，哈萨克斯坦、吉尔吉斯斯坦、塔吉克斯坦的出口单证时间分别为129小时、99小时、104小时，远远超出了中国的56小时。繁琐的跨境文件要求是导致中亚国家出口单证时间长的重要原因之一，各中亚国家为了满足进出口贸易通关而设置的进出口单证审核和程序阻碍了贸易畅通。

在进出口的非正常支付和贿赂方面，《2016年国际贸易促进报告》中的数据显示，哈萨克斯坦、吉尔吉斯斯坦、塔吉克斯坦的世界排名分别为第61位、第123位和第60位，排名较为靠后。中亚国家的海关在进出口清关程序中，由于官僚作风和腐败等问题较为常见，中亚各国海关政策的制定程序透明度低，加之时常出现的清关手续临时变化，影响了海关的通行效率，并加大了贸易商的隐性贸易成本。中亚国家的海关基础设施建设滞后，还无法实现电子数据交换和共享。

（六）管理部门沟通协调监管能力相对不足

中亚国家不仅交通基础设施和海关软硬件设施相对落后，而且也缺乏良好的贸易管理体制。中国与中亚国家贸易货物的通关涉及海关、检验检疫、税务、外管局等部门，各部门协作性较差，影响了通关效率。随着贸易往来的逐步扩大，给监管部门的沟通和协调提出了更高的要求，对海关人员也提出了更高的要求，但目前海关人员的素质与贸易往来的需求还存在差距。口岸的执法人员岗位设置也有待优化，监管能力不足的矛盾较为突出。随着中国与中亚国家贸易量的不断增加，相关口岸面临越来越大的压力，这也需要海关人员改变较为落后的监管手段，提高海关人员的技能，以适应逐步提高的海关信息化水平建设对人员素质的要求。

中国与中亚国家在海关监管、海关信息化建设、监管流程方面存在较大不同，这些现存的差异导致了贸易往来中的海关监管、通关流程等方面缺乏协调，以及重复检查和通关效率低下，加之中亚部分国家的海关官员变动频繁，通关规则多变，清关方式和流程多变，延长了通关时间。口岸通关效率较低也制约了中国与中亚农产品贸易的发展。为更好地促进中国与中亚国家的贸易发展，有必要深化中国与中亚国家的贸易便利化合作，促进贸易往来向着更加便利和可持续方向发展。

第三节 中国（新疆）与中亚国家农产品贸易发展影响因素与贸易潜力分析

对于贸易发展影响因素的研究，目前的研究方法以引力模型居多，也有少数文献使用恒定市场份额模型来研究影响两国贸易发展的因素。研究采用引力模型的文献相对较多。孔庆峰、董虹蔚（2015）利用2014年"一带一路"沿线的69个国家的贸易流量数据作为样本，并运用引力模型进行了实证分析，结果发现GDP、人口、地理距离、区域经济一体化组织、关税、贸易便利化等是影响贸易流量的显著因素。洪秋妹（2019）描述了中国与中亚五国农产品贸易发展现状，并利用贸易引力模型实证分析了双边贸易流量的决定因素，实证研究发现：GDP、人口数量等因素对双边农产品贸易流量有显著影响。

综上所述，目前对中国与中亚五国农产品贸易的影响因素尚无系统的研究成果，本书将分别运用引力模型和恒定市场份额模型，实证分析影响农产品贸易发展的因素，并运用贸易结合度指数测算双方农产品贸易的发展潜力。

一、基于引力模型的农产品贸易发展影响因素分析

（一）贸易引力模型的构建

学术界将引力模型最早运用到国际贸易领域的是 Tinbergen（1962）和 Poyhonen（1963）。此后，学者们也将其他因素引入了模型，包括人口、汇率、语言、文化等因素，对模型进行了扩展，在不同的视角下提高了模型的解释效力。贸易引力模型的基本形式是：

$$T_{ij} = A(Y_i Y_j)/D_{ij} \qquad (6\text{-}5)$$

其中，T_{ij} 是 i 国家对 j 国家的进出口总额，A 表示常数项，Y_i 是 i 国家的GDP，Y_i 是 j 国家的GDP，D_{ij} 表示 i 国和 j 国的空间距离，一般用两国首都距离或者经济中心距离来衡量。一般将模型两边取自然对数，将模型转化为线性模型，可以满足线性估计的需要。基本形式如式（6-6）所示。

$$\ln T_{ij} = \beta_0 + \beta_1 \ln Y_i + \beta_2 \ln Y_j - \beta_3 \ln D_{ij} + \varepsilon_{ij} \qquad (6\text{-}6)$$

根据本书的研究对象与研究目的，考虑到中国与中亚国家之间农产品贸易的实际情况，本书通过引入新的解释变量对引力模型进行扩展，将人口因素、关税税率、人均GDP的差额、是否是区域合作组织成员等因素引入模型。相关变量的分析说明如表6-4所示。

表 6-4　引力模型各变量说明

变量	变量说明	预期符号	理论分析	数据来源
T_{ij}	中国对中亚国家的农产品贸易额	—	贸易额大,说明中国与中亚国家农产品贸易前景看好	世界贸易组织
Y_i	中国的 GDP(不变价,百万美元)	+	中国的 GDP 越大,对外贸易额也就越高,与中亚各国的农产品贸易流量也越大	世界银行世界发展指标数据库
Y_j	中亚各国的 GDP(不变价,百万美元)	+	中亚各国的经济规模越大,其对外贸易额也越大,与中国的农产品贸易流量也越大	世界银行世界发展指标数据库
P_i	中国人口总数(百万)	+(−)	中国人口增加则农产品供给增多,与贸易额成正比;中国人口增加会增加当地农产品需求,与农产品贸易额成反比	世界银行世界发展指标数据库
P_j	中亚各国人口总数(百万)	+(−)	中亚各国人口增加会增加国内农产品需求,导致农产品进口扩大;中亚各国人口增加,提高国内农产品供给,导致农产品贸易额减少	世界银行世界发展指标数据库
D_{ij}	两国之间的距离(千米)	—	两国的距离越远,农产品贸易运输的成本越大,贸易额越小	http://www.chemical-ecology.net/java/lat-long.htm
$PGDP_{ij}$	中国与中亚各国实际人均 GDP 之差的绝对值	—	中国与中亚各国实际人均 GDP 的差值越小,需求结构越相似,双边贸易额越大	世界银行世界发展指标数据库
EX_{ij}	间接标价法下中国对中亚各国的名义汇率	—	人民币的汇率越高,农产品贸易成本越高,农产品贸易受损	联合国贸发会议数据库
SCO	虚拟变量,两国是否同为上合组织成员国	+	两国同为上合组织成员国,取值为1,否则为0	上合组织网站
WTO	虚拟变量,两国是否同为世界贸易组织成员	+	两国同为世界贸易组织成员,取值为1,否则为0	世界贸易组织官方网站
B_{ij}	虚拟变量,两国是否拥有共同的边界	+	两国拥有共同的边界,取值为1,否则为0	Google 地图

依据引入的新变量,可以把农产品贸易的引力模型写为如下的扩展形式:

$$\ln T_{ijt} = \alpha_0 + \alpha_1 \ln Y_{it} + \alpha_2 \ln Y_{jt} + \alpha_3 \ln P_{it} + \alpha_4 \ln P_{jt} + \alpha_5 \ln D_{ijt} + \alpha_6 \ln PGDP_{ijt} +$$
$$\alpha_7 \ln EX_{ijt} + \alpha_8 SCO_{it} + \alpha_9 WTO_{it} + \alpha_{10} B_{ijt} + u_{ijt} \qquad (6\text{-}7)$$

（二）实证估测

构建扩展的引力模型之后，本书对 2000—2018 年中国与中亚五国的农产品进出口贸易流量的面板数据进行回归分析，共得到 95 个有效观测值。

为了避免面板数据模型伪回归的出现，首先需要对各变量构成的面板数据进行单位根检验。本书采取了假设具有相同单位根情形下的 LLC 检验、Breitung 检验、Hadri 检验，和不同单位根情形下的 IPS 检验、Fisher-ADF 检验和 Fisher-PP 检验。检验结果表明，变量 $\ln T_{ijt}$、$\ln Y_{it}$、$\ln Y_{jt}$、$\ln P_{it}$、$\ln P_{jt}$、$\ln PGDP_{ijt}$、$\ln EX_{ijt}$ 都存在单位根，而这些变量的一阶差分都不存在单位根，是平稳时间序列。为保证回归结果的正确性，需要对面板数据模型中的变量进行协整检验。这里进行面板数据协整检验可知，Pedroni 检验的结果显示，维度内检验的四个统计量中，Panel v-Statistic、Panel PP-Statistic、Panel ADF-Statistic 三个统计量的伴随概率均小于 0.01，Panel rho-Statistict 统计量的概率大于 0.80，Kao 检验的 ADF 统计量的伴随概率为 0.004，Fisher 检验的结果表明，面板数据至少存在一个协整向量。综合以上检验结果，可以认为，模型中的变量之间存在长期的协整关系，因此对模型进行回归是有意义的。

接下来，本书对面板数据模型的设定形式进行检验。根据模型的截面个体数量、解释变量数量和时期数等参数，构建混合效应模型和固定效应或随机效应模型的形式检验。F 检验的结果表明，F 统计量的值为 26.84，远大于 5% 的显著性水平下的临界值 1.87，表明拒绝设定为混合回归模型。经 Hausman 检验表明，模型应设定为随机效应模型。本书同时对基准的引力模型和扩展的引力模型进行回归，回归结果见表 6-5。

$$\ln T_{ijt} = \alpha_0 + \alpha_1 \ln Y_{it} + \alpha_2 \ln Y_{jt} + \alpha_3 \ln P_{it} + \alpha_4 \ln P_{jt} + \alpha_5 \ln D_{ijt} + \alpha_6 \ln PGDP_{ijt} +$$
$$\alpha_7 \ln EX_{ijt} + \alpha_8 SCO_{it} + \alpha_9 WTO_{it} + \alpha_{10} B_{ijt} + u_{ijt} \qquad (6\text{-}8)$$

表 6-5　中国与中亚五国农产品贸易引力模型回归结果

变量	方程（1）	方程（2）	方程（3）
常数 α_0	105.384 *** (0.000)	98.296 *** (0.000)	86.359 *** (0.000)
$\ln Y_{it}$	0.482 *** (0.000)	0.529 *** (0.000)	0.735 *** (0.001)
$\ln Y_{jt}$	2.879 *** (0.000)	3.527 *** (0.000)	3.812 *** (0.000)
$\ln P_{it}$	4.182 (0.184)	5.196 (0.374)	—
$\ln P_{jt}$	0.217 * (0.095)	0.318 (0.265)	—
$\ln D_{ijt}$	-3.782 ** (0.046)	-4.187 * (0.093)	-1.964 ** (0.037)

表6-5(续)

变量	方程（1）	方程（2）	方程（3）
$\ln PGDP_{ijt}$	-0.683 *** (0.000)	-0.728 * (0.081)	-0.817 *** (0.005)
$\ln EX_{ijt}$	-0.373 (0.000)	-0.569 ** (0.037)	-0.424 ** (0.034)
SCO_{it}	-0.726 (0.791)	—	1.835 ** (0.076)
WTO_{it}	0.388 (0.653)	—	—
B_{ijt}	0.195 (0.584)	—	—
AdjustedR^2	0.767 4	0.732 8	0.784 2
D-W 值	1.765	1.739	1.826
B_{14}	216.213	175.372	183.286
F-statistic	216.213	175.372	183.286

注：括号内为概率值。***、**、* 分别表示在1%、5%、10%的置信水平上显著。

对面板数据模型的回归结果显示，包含全部解释变量的方程（1）的回归结果，有部分解释变量不显著。因此本书在此逐步删除不显著的解释变量，并逐步进行调整，直到所有解释变量的显著位置最终得到方程（3）的理想回归结果。

$$\ln T_{ijt} = 86.359 + 0.735\ln Y_{it} + 3.81\ln Y_{jt} - 1.964\ln D_{ijt} - 0.917\ln PGDP_{ijt} - 0.424\ln EX_{ijt}$$

$$(6-9)$$

面板数据的回归结果方程（3）表明，中国的 GDP 与中亚各国的 GDP 都在1%的水平上显著，说明中国和中亚国家的国内经济规模对中国与中亚各国的农产品贸易额具有正向的促进作用；距离变量在5%的显著性水平上通过了检验，说明距离对中国与中亚国家的农产品贸易额产生负向影响，距离每增加1%，使得中国与中亚国家的农产品双边贸易额减少1.964%，这说明距离远导致了贸易成本上升，不利于双边贸易的发展。中国与中亚国家人均 GDP 之差的绝对值在1%的水平上显著，差值每增加1%，使得双边农产品贸易额减少0.817%；人民币名义汇率在5%的水平上显著，表明人民币名义汇率每升值1%，会使得中国与中亚国家的农产品贸易额减少0.424%。如果两国同为上合组织成员国，将使得农产品贸易额增加1.835%，说明上合组织对推进中国与中亚国家的农产品进出口贸易具有积极的影响。而其他解释变量，包括各国人口总数、是否为世界贸易组织成员、两国是否拥有共同的边界等变量，在5%的水平上并不显著。

二、基于恒定市场份额模型的贸易波动影响因素研究

（一）恒定市场份额模型的基本原理

恒定市场份额模型（constant market share model，CMS）用于分析贸易竞争力和出口增长成因的研究工具。该模型最早由 Tyszynski 提出，并经过 Leamer、Jepma 等人的修改和完善。该模型的独到之处是把结构因素作为一个增长的独立变量从其他因素中分离出来并量化，能够对一国的某类产品出口的波动原因做出具体的解释，成为国际贸易领域的重要分析工具。该模型能够分析不同因素对产品出口增长的影响程度，反映出口产品的国际竞争力和贸易增长的影响因素。Jepma 于 1986 年对 CMS 模型进行扩展，提出了更为完善的改进模型。因此，本书选用扩展的 CMS 模型分析影响中国与中亚五国农产品贸易波动的因素。

CMS 模型将出口贸易增长分解为结构效应和竞争力效应，传统的 CMS 模型假定，如果一国出口某类商品的竞争力不变，那么它在世界市场中的出口份额也应保持不变。如果某类商品的世界市场份额发生了变化，则说明其竞争力发生了变化。

恒定市场份额模型的基本表达式为

$$\Delta q = \sum_i \sum_j S_{ij}^0 \Delta Q_{ij} + \sum_i \sum_j \Delta S_{ij} Q_{ij}^0 + \sum_i \sum_j \Delta S_{ij} \Delta Q_{ij} \qquad (6\text{-}10)$$

式中，Δq 表示 t 时期与上一期相比的中国农产品出口差额，i 表示中国第 i 类农产品，j 表示从中国进口农产品的 j 国。S_{ij} 表示中国的 i 类农产品向 j 进口国的出口数额占 j 国的 i 类农产品进口总额的比重。Q_{ij} 为 j 国的 i 类农产品从世界进口的总额。$\sum_i \sum_j \Delta S_{ij}^0 \Delta Q_{ij}$ 称为结构效应或进口需求效应，即因进口国农产品进口规模及结构变化而导致出口国的出口变化。$\sum_i \sum_j \Delta S_{ij} \Delta Q_{ij}^0$ 称为出口竞争力效应，它表示了出口国农产品出口结构的变化而导致的出口变化，此数值大于零表示出口国农产品竞争力在出口市场上提高了。$\sum_i \sum_j \Delta S_{ij} \Delta S_{ij} \Delta Q_{ij}$ 表示次结构效应或结构交叉效应，它反映了出口国产品结构和进口国产品进口结构的交叉变化而导致的出口国的出口的变化。

对上述恒定市场份额模型进行扩展，学者们对模型进行扩展主要是基于变量选择的不同以及分解层次的不同而构造，其中比较有代表性的是 Jepma（1986）提出的改进扩展模型。他将恒定市场份额模型进一步扩展为第二层次，如下式：

$$\begin{aligned}
\Delta q = & S^0 \Delta Q + \left(\sum_i \sum_j S_{ij}^0 - \sum_i S_i^0 \Delta Q_i \right) + \left(\sum_i \sum_j S_{ij}^0 \Delta Q_{ij} - \sum_i S_j^0 \Delta Q_i \right) + \\
& \left[\left(\sum_i S_i^0 \Delta Q_i - S^0 \Delta Q \right) - \left(\sum_i \sum_j S_{ij} \Delta Q_{ij} - \sum_i S_i^0 \Delta Q_i \right) \right] + \Delta S Q^0 + \\
& \left(\sum_i \sum_j \Delta S_j^0 \Delta Q_i - \Delta S Q^0 \right) + \left(\frac{Q^t}{Q^0} \right) \sum_i \sum_j \Delta S_{ij} Q_{ij} + \left[\sum_i \sum_j \Delta Q_{ij} - \right. \\
& \left. \left(\frac{Q^t}{Q^0} - 1 \right) \sum_i \sum_j \Delta S_{ij} \Delta Q_{ij}^0 \right] \qquad (6\text{-}11)
\end{aligned}$$

$$\begin{aligned}
\Delta q = & S^0 \Delta Q + \left(\sum_i \sum_j S_{ij}^0 - \sum_i S_i^0 \Delta Q_i \right) + \left(\sum_i \sum_j S_{ij}^0 \Delta Q_{ij} - \sum_i S_j^0 \Delta Q_i \right) + \\
& \left[\left(\sum_i S_i^0 \Delta Q_i - S^0 \Delta Q \right) - \left(\sum_i \sum_j S_{ij} \Delta Q_{ij} - \sum_i S_i^0 \Delta Q_i \right) \right] + \Delta S Q^0 + \\
& \left(\sum_i \sum_j \Delta S_j^0 \Delta Q_i - \Delta S Q^0 \right) + \left(\frac{Q^t}{Q^0} \right) \sum_i \sum_j \Delta S_{ij} Q_{ij} + \left[\sum_i \sum_j \Delta Q_{ij} - \right.
\end{aligned}$$

$$(\frac{Q^t}{Q^0} - 1) \sum_i \sum_j \Delta S_{ij} \Delta Q_{ij}^0] \qquad (6\text{-}12)$$

其中，S 为中国农产品在世界农产品贸易中所占的份额，S_i 为中国的第 i 类农产品在国际贸易中所占的份额，Q 为世界农产品进口总额，Q_i 为第 i 类农产品的世界进口总额，S_j 为 j 国从中国进口的农产品占 j 国农产品进口总额的比重。上标 0 表示期初年份，t 表示期末年份。

本书在分析中国农产品出口中亚五国时，将中亚五国市场看作一个整体。采用温思美（2012）、郑策（2014）的做法，运用多种产品出口到单一市场的 CMS 模型，模型可以简化为

$$\Delta q = S^0 \Delta Q + (\sum_i S_i^0 \Delta Q_i - S^0 \Delta Q) + \Delta S Q^0 + (\sum_i S_i^0 \Delta Q_i^0 - S_0 \Delta Q^0) +$$

$$(\frac{Q^t}{Q^0} - 1) \sum_i S_i^0 \Delta Q_i^0 + [\sum_i \Delta S_i \Delta Q_i^0 - (\frac{Q^t}{Q^0} - 1) \sum_i \Delta S_i Q_i^0] \qquad (6\text{-}13)$$

式中，将前式的三种出口效应的变化进行了二次分解，即结构效应/进口需求效应进一步分解为需求规模效应（$S^0 \Delta Q$）和需求结构效应（$\sum_i S_i^0 \Delta Q_i - S^0 \Delta Q$）。需求规模效应反映了进口国需求规模的变化导致的出口国出口的变化，需求结构效应反映了进口国进口结构的变化引起的出口国的出口变化。出口竞争力效应分解为综合竞争力效应（$\Delta S Q^0$）和具体竞争力效应（$\sum_i S_i^0 \Delta Q_i^0 - S_0 \Delta Q^0$），其中综合竞争力效应反映因出口国对进口国的出口占进口国进口总额的比重变化而导致的出口变化，具体竞争力效应反映出口国对进口国具体产品的出口占进口国进口总额比重的变化而导致的出口变化。

次结构效应或结构交叉效应可以分解为纯二阶效应 [$(\frac{Q^t}{Q^0} - 1) \sum_i S_i^0 \Delta Q_i^0$] 和动态二阶效应 [$\sum_i \Delta S_i \Delta Q_i^0 - (\frac{Q^t}{Q^0} - 1) \sum_i \Delta S_i Q_i^0$]。纯二阶效应表示出口国出口结构与进口国进口规模的交叉变化而导致出口国的出口变化，如果纯二阶效应大于零，说明出口国出口结构变化能适应进口国进口规模的变化。动态二阶效应表示出口国出口结构与进口国进口结构的交叉变化而导致出口国的出口变化。如果动态二阶效应大于零，则说明出口国对进口国的进口需求增长加快的产品具有较高的出口市场份额。Jepma 的扩展模型的因素分解如表 6-6 所示。

表 6-6　恒定市场份额模型的因素分解

第一层分解	
结构效应 $\sum_i \sum_j S_{ij}^0 \Delta Q_{ij}$	进口国产品进口规模及结构变化导致出口国出口变化
出口竞争力效应 $\sum_i \sum_j \Delta S_{ij} Q_{ij}^0$	出口产品出口结构的变化导致出口变化。它反映了出口国竞争力的变化导致的出口额的变化

表6-6(续)

结构交叉效应 $\sum_i \sum_j \Delta s_{ij}\Delta Q_{ij}$	反映出口国产品结构和进口国产品进口结构的交叉变化导致的出口国出口的变化
第二层分解	
需求规模效应 $S^0\Delta Q$	反映进口国需求规模的变化导致的出口国出口的变化
需求结构效应 $\sum_i S^0_i\Delta Q_i - S^0\Delta Q$	反映进口国进口结构的变化引起的出口国的出口变化
综合竞争力效应 ΔSQ^0	反映出口国对进口国的出口占进口国进口总额的比重的变化导致的出口变化
具体竞争力效应 $\sum_i S^0_i\Delta Q^0_i - S_0\Delta Q^0$	反映出口国对进口国的具体产品的出口占进口国进口总额的比重的变化而导致的出口的变化
纯二阶效应 $(\frac{Q^t}{Q^0} - 1)\sum_i S^0_i\Delta Q^0_i$	出口国出口结构与进口国进口规模的交叉变化而导致出口国的出口变化
动态二阶效应 $\sum_i \Delta S_i\Delta Q^0_i - (\frac{Q^t}{Q^0} - 1)\Delta S_i Q^0_i$	出口国出口结构与进口国进口结构的交叉变化而导致出口国的出口变化

(二)数据来源及样本期间划分

本书选取了 2000—2018 年中国对中亚五国农产品出口的相关数据作为分析样本，数据来源于联合国贸易和发展会议数据库。考虑到 2000—2018 年中国向中亚五国出口农产品的贸易额变化的特点，这里将分析的样本区间划分为以下五个阶段：第一阶段是 2000—2004 年，这一时期中国对中亚五国农产品的出口贸易额总体表现出中速增长且波动较大的特征。第二阶段是 2005—2008 年，这一时期中国向中亚五国出口农产品贸易额的特征是高速增长且增速维持在高位并存在波动，中国向中亚五国出口农产品的规模快速增长。第三阶段是 2009—2014 年，这一时期中国向中亚五国出口农产品的贸易额增速回落至中速增长趋势。第四阶段是 2015—2016 年，这一时期中国向中亚五国出口农产品贸易额呈现出负增长，向中亚五国出口农产品贸易额持续萎缩。第五阶段是 2017—2018 年，中国向中亚五国出口贸易额重新恢复至中高速增长的势头。

(三)CMS 模型测算结果与分析

根据扩展的恒定市场份额模型的测算，中国对中亚五国农产品出口的各层次测算结果见表 6-7。

1. 第一层次分析

(1) 2000—2004 年，中国对中亚五国的农产品出口由 2 758.17 万美元增长至 5 591.97 万美元。其中的结构效应、出口竞争力效应和结构较差效应占比分别为 53.71%、33.30%、12.98%。这三类效应对中国向中亚五国出口农产品的贸易贡献额分别为1 522.17万美元、943.68 万美元、367.94 万美元，2000—2004 年，结构效应的贡献最大，竞争力效应次之，而二阶效应的贡献较小。

（2）2005—2008 年，中国对中亚五国的农产品出口由 9 421.16 万美元增长到 26 386.91万美元，这一时期中国对中亚五国的农产品出口的年度增速保持在 20%以上，处于高速增长时期。在此期间，结构效应贡献了 10 718.17 万美元，出口竞争力效应和结构交叉效应分别为 2 685.93 万美元、3 561.65 万美元。其中结构效应的贡献最大，占比从上一期的 53.71%进一步上升到本期的 63.18%，而出口竞争力效应由 33.30%下降到 15.83%。结构交叉效应的贡献从 12.98%上升到 20.99%，说明这一时期，中国农产品向中亚五国出口的主要拉动因素是结构效应，而出口竞争力相对有所下降，但仍然是促进中国农产品出口中亚五国的因素之一。

（3）2009—2014 年，中国对中亚五国的农产品出口贸易额由 26 834.90 万美元增长至 50 321.06 万美元，除了 2009 年的增速为 1.67%，其余年份的出口增速保持在 10%~13%，处于中速增长阶段。由于中亚五国受到美国次贷危机的影响较大，中亚五国的商品进口总额、农产品进口总额在 2009 年出现了明显的下降，但从 2010 年开始出现了显著回升。因此 2014 年，中亚五国的商品进口总额、农产品进口总额相比于 2008 年均出现了大幅增长。2009—2014 年，结构效应、出口竞争力效应、结构交叉效应分别贡献了 21 592.95 万美元、−1 325.22 万美元、3 218.43 万美元，结构效应的贡献进一步提升，由上一期的 63.18%上升至 87.68%。出口竞争力效应由上一期的 15.83%下降到本期的 −5.64%，说明这一时期中国农产品在中亚五国的竞争力相对下降，对出口产生了负面影响；结构交叉效应的贡献度由上一期的 20.99%下降到 17.96%，表明这一时期结构交叉效应的影响也相对减小，因此这一时期推动中国向中亚五国出口农产品增长的主要因素是结构效应。

（4）2015—2016 年，中国对中亚五国的农产品出口贸易额由 48 230.80 万美元下降到 39 114.26 万美元，是本书研究各阶段唯一出现出口贸易额负增长的阶段。其中，结构效应贡献了−84.86%，是农产品出口下降的主要影响因素。在这一时期，中亚五国的商品进口总额由 2014 年的 752.5 亿美元下降到 2016 年的 483.44 亿美元，下降幅度较大。农产品进口总额从 2014 年的 85.36 亿美元下降到 2016 年的 57.37 亿美元。中亚五国的商品进口及农产品进口贸易额的下降是这一时期中国向中亚五国出口农产品贸易额下降的主要因素。同时，出口竞争力效应由上一期的−5.74%增长到 10.38%，说明这一时期中国农产品的竞争力有所提高，对农产品贸易额的出口具有促进作用。结构交叉效应由上一期的 17.96%下降到−25.52%，对中国农产品出口中亚国家产生了较为显著的负面影响。

（5）2017—2018 年，中国对中亚五国的农产品出口贸易额由 2017 年的 45 384.62 万美元增长到 2018 年的 56 299.40 万美元。这一时期，由于中亚五国农产品进口规模的快速恢复与增长，中国向中亚五国出口的农产品贸易额也快速增加，增速分别为 13.82%、19.39%，2018 年出口中亚的农产品贸易额已创历史新高。结构效应由上一期的−84.86%增长至 72.68%，是推动中国农产品出口中亚国家最主要的因素。出口竞争力效应由上一期的 10.38% 上升至 16.74%，表明这一时期中国农产品的在中亚市场的竞争力有所提高。结构交叉效应也由上一期的 -25.52% 上升至 10.58%。因此，这一时期的农产品贸易增长是由结构效应、出口竞争力效应和结构交叉效应共同驱动的。

表 6-7　中国对中亚五国农产品出口 CMS 模型分解结果

分解效应	2000—2004 年		2005—2008 年		2009—2014 年		2015—2016 年		2017—2018 年	
	绝对额/万美元	比重/%	绝对额/万美元	比重/%	绝对额/万美元	比重/%	绝对额/万美元	比重/%	绝对额/万美元	比重/%
实际贸易增长	2 833.79	100	16 965.75	100	23 486.16	100	-9 116.54	-100	10 914.79	100
1. 结构效应	1 522.17	53.71	10 718.17	63.18	20 592.95	87.68	-7 736.35	-84.86	7 933.17	72.68
需求规模效应	1 425.94	50.32	10 914.52	64.33	18 699.74	79.62	-8 133.73	-89.22	7 723.86	70.77
需求结构效应	96.23	3.40	-196.35	-1.16	1 893.21	8.06	397.38	4.36	209.31	1.92
2. 出口竞争力效应	943.68	33.30	2 685.93	15.83	-1 325.22	-5.64	946.28	10.38	1 827.24	16.74
综合竞争力效应	925.12	32.65	2 467.56	14.54	-2 176.24	-9.27	726.19	7.97	1 582.15	14.50
具体竞争力效应	18.56	0.65	218.37	1.29	851.02	3.62	220.09	2.41	245.09	2.25
3. 结构交叉效应	367.94	12.98	3 561.65	20.99	4 218.43	17.96	-2 326.47	-25.52	1 154.38	10.58
纯二阶效应	391.82	13.83	3 681.02	21.70	3 895.32	16.59	-2 183.29	-23.95	983.26	9.01
动态二阶效应	-23.88	-0.84	-119.37	-0.70	323.11	1.38	143.18	1.57	171.12	1.57

数据来源：根据笔者计算整理。

2. 第二层次分析

（1）结构效应的分解

从结构效应的分解来看，需求规模效应和需求结构效应在 2000—2004 年对中国农产品贸易额的增长贡献度分别为 50.32% 和 3.40%，分别贡献了 1 425.94 万美元、96.23 万美元。这一时期中亚五国的农产品进口需求增加，且增速较高，其农产品进口总值由 2000 年的 10.01 亿美元增长至 2004 年的 18.01 亿美元，带动了中国向中亚五国出口农产品贸易额的增加。2005—2008 年，需求规模效应和需求结构效应的贡献度分别为 64.33%、-1.16%，其中需求规模效应进一步增加，使得中国出口中亚五国的农产品大幅增加。而需求结构效应由上一期的 3.40% 下降到 -1.05%，对出口中亚五国的农产品贸易额产生负面影响。这主要是中国对中亚五国出口的农产品和中亚国家农产品进口的结构变动并不一致导致的。2009—2014 年，需求规模效应和需求结构效应的贡献度分别为 79.62%、8.06%，需求规模效应继续上升。虽然中亚国家在 2009 年由于受次贷危机的影响农产品进口增速明显放缓，但在此后农产品贸易规模快速恢复，而且由于中国及时调整贸易政策，对中亚国家出口的农产品继续增加。这一时期的需求结构效应也由 -1.16% 增加到 8.06%，表明中国向中亚五国出口的农产品更加适合中亚五国的市场需求。2015—2016 年，需求规模效应和需求结构效应分别为 -89.22%、4.36%，说明对中亚五国农产品出口的下降主要是中亚国家农产品进口总规模下降所导致的，需求结构效应虽然较小，但仍然是推动贸易增长的正向因素。2017—2018 年，需求规模效应和需求结构效应分别为 70.77% 和 1.92%，说明这一时期中国出口中亚农产品的增长是由规模效应导致的。中亚五国进口农产品的贸易总规模，从 2016 年的 57.37 亿美元增长到

2018年的73.10亿美元，增长显著，这也带动了中国向中亚出口农产品贸易额的增加。需求结构效应仍然为正，数值较小，对出口的增长起正向作用。

（2）出口竞争力效应的分解

从出口竞争力效应的分解来看，综合竞争力效应和具体竞争力效应在2000—2004年对中国向中亚五国出口农产品的贡献度分别为32.65%、0.65%，其中综合竞争力效应起了主要的促进作用。2000—2004年，中国向中亚五国的商品出口占中亚五国商品进口总额的比重，由7.13%上升到13.94%，中亚五国商品进口对中国的依赖程度加深，导致了综合竞争力效应较高。同一时期，中国向中亚五国出口农产品占中亚五国农产品进口的比重由2.76%上升到3.10%，上升幅度并不明显，导致了具体竞争力效应较小。2005—2008年，综合竞争力效应和具体竞争力效应分别为14.54%和1.29%，中国商品在中亚五国进口中所占比重继续增加，导致了综合竞争力效应在促进中国农产品出口方面仍然比较显著。中亚进口中国的农产品占比提升缓慢。2009—2014年，中国出口的商品占中亚五国进口总额的比例在下降，从2009年的33.44%下降到2014年的31.96%，导致综合竞争力效应为-9.27%，使得农产品出口下降2 176.24万美元。具体竞争力效应为正的3.62%，使得农产品出口增加851.02万美元。2015—2016年，综合竞争力效应和具体竞争力效应分别为7.97%、2.41%，在这一时期，虽然中国对中亚五国出口的农产品贸易额出现下降，但中亚五国进口中国的商品占进口总额的比重以及进口中国农产品占进口农产品总额比重都在继续小幅上涨中，导致综合竞争力效应和具体竞争力效应仍然为正值。2017—2018年，综合竞争力效应和具体竞争力效应分别为14.50%、2.25%，仍然是促进中国农产品出口中亚的积极因素。

（3）结构交叉效应的分解

从纯二阶效应来看，2000—2004年、2005—2008年、2009—2014年期间的值分别为13.83%、21.70%、16.59%，均对中国向中亚五国出口农产品起了促进作用，分别贡献了农产品出口贸易额的391.82万美元、3 681.02万美元、3 895.32万美元。这说明在这些时期内，中国农产品出口结构与中亚五国进口规模的交叉变化促进了中国农产品的出口。2015—2016年，纯二阶效应为负值-23.95%，导致农产品出口下降2 183.29万美元，是中国农产品出口中亚五国的阻碍因素。2017—2018年，纯二阶效应又转为正值9.01%，对中国农产品出口中亚五国起促进作用。从动态二阶效应来看，2000—2004年、2005—2008年两个时期的动态二阶效应分别为-0.84%、-0.70%，使得中国出口中亚五国的农产品贸易额分别减少23.88万美元、119.37万美元。这说明在这一时期内，中国农产品的出口结构和中亚五国农产品的进口结构的交叉变化，是中国农产品出口中亚五国的阻碍因素。在2009—2014年、2015—2016年、2017—2018年，动态二阶效用均为正值，对中国农产品出口中亚五国的贸易额分别贡献了323.11万美元、143.18万美元、171.12万美元。这说明在这三个时期内，中国农产出口结构的变化比较适合于中亚五国进口农产品结构的变化，中国农产品出口结构的调整及时满足了中亚五国对农产品进口的需求。

（四）结论

本书运用恒定市场份额模型（CMS 模型）测算中国对中亚五国农产品出口贸易额的影响因素，以及各个影响因素的影响大小及其贡献度，测算的结果表明：2000—2018年，中国对中亚五国农产品的出口经历了中速增长且波动较大的时期（2000—2004年）、高速增长期（2005—2008 年）、中速增长期（2009—2014 年）、负增长时期（2015—2016 年）、中速增长期（2017—2018 年）。从 CMS 模型的分解结果来看，结构效应是影响中国向中亚五国出口农产品贸易额的主要因素，出口竞争力效应是居于第二位的影响因素，结构交叉效应对中国出口中亚五国农产品的影响力度相对最小。从各个效应的第二层分解来看，结构效应中起主导作用的是需求规模效应，需求结构效应所占比重较低。这说明，影响中国向中亚五国出口农产品的最主要因素是中亚五国农产品进口规模及进口结构的变动。出口竞争力效应中，综合竞争力起主导作用，而且大多数时期为正值，说明中国的出口占中亚五国商品进口总额比重的增加，是推动中国对中亚五国农产品出口增长的重要因素。结构交叉效应中，起主要作用的是纯二阶效应，说明中国农产品的出口结构和中亚五国农产品进口规模的交叉变化对中国农产品出口中亚五国市场具有重要影响。

上述结论带来如下启示：为了加强中国与中亚五国农产品的贸易往来，首先要抓住机遇，根据中亚五国进口规模和进口总需求的变化，及时调整对中亚五国的农产品出口量，逐步提高市场占有率。其次要不断调整对中亚五国出口的农产品结构，及时分析中亚五国农产品的需求信息，开展对中亚五国农产品进口需求的预测，及时发布相关信息，引导农产品向中亚五国的出口，更有效地满足中亚五国对进口农产品的需求，以实现中国对中亚五国农产品出口贸易的持续健康增长。

三、中国与中亚五国双边农产品贸易潜力测算

（一）基于贸易结合度的双边贸易潜力分析

本书用贸易结合度指数来衡量中国与中亚五国农产品贸易相互依存度。该指数的计算公式为

$$\mathrm{TII}_{ij} = \frac{X_{ij}/X_i}{M_j/M_w} \tag{6-14}$$

公式中，X_{ij} 表示 i 国对 j 国的农产品出口额，X_i 表示 i 国的农产品出口总额。M_j 表示 j 国的农产品进口总额，M_w 表示世界农产品进口总额。如果 $\mathrm{TII}_{ij} > 1$，说明 i 国与 j 国农产品贸易联系紧密，高于与世界其他国家的农产品贸易联系程度。如果 $\mathrm{TII}_{ij} < 1$，说明 i 国与 j 国农产品贸易联系松散，低于与世界其他国家的农产品贸易的联系程度。

中国与中亚五国的农产品贸易结合度指数的测算结果见表 6-8。测算结果显示，在2001—2014 年，中国与中亚五国的贸易结合度指数总体呈现出上升的趋势，2015—2018年处于下降的区间范围。

表 6-8　2001—2018 年中国与中亚五国农产品贸易结合度指数

年份	中国与哈萨克斯坦		中国与吉尔吉斯斯坦		中国与塔吉克斯坦		中国与土库曼斯坦		中国与乌兹别克斯坦	
	中对哈	哈对中	中对吉	吉对中	中对塔	塔对中	中对土	土对中	中对乌	乌对中
2001	1.04	1.12	1.74	3.83	0.16	3.57	0.97	0.43	0.40	0.14
2002	1.58	1.50	1.92	6.18	0.36	6.06	0.62	0.21	0.48	1.49
2003	1.45	1.56	2.35	2.42	0.92	4.29	0.28	1.88	0.26	5.44
2004	1.14	1.71	1.76	1.25	0.45	2.38	0.33	2.11	0.82	6.11
2005	1.13	1.41	2.38	1.48	0.32	4.70	0.54	4.12	0.53	6.98
2006	0.85	1.37	1.42	2.12	0.38	4.81	0.30	1.65	0.58	7.27
2007	1.05	1.09	1.51	1.64	0.56	3.14	0.41	2.33	0.52	4.53
2008	1.33	1.04	1.15	1.42	0.68	3.27	0.52	3.17	0.55	6.10
2009	1.42	1.12	2.01	2.43	0.72	2.19	0.57	4.77	0.32	5.43
2010	2.54	1.16	2.39	2.64	0.58	4.28	0.62	3.21	0.28	5.87
2011	2.38	1.28	2.83	2.59	0.83	3.96	0.38	2.87	0.37	6.12
2012	2.46	1.07	1.28	2.38	0.54	4.73	0.45	2.49	0.25	5.96
2013	2.21	1.38	1.09	2.47	0.72	3.14	0.67	2.53	0.35	3.17
2014	2.03	1.22	1.56	2.75	0.66	2.95	0.48	2.36	0.19	2.89
2015	1.72	0.85	1.12	3.64	0.51	2.81	0.32	2.19	0.24	3.07
2016	1.27	0.63	0.49	2.38	0.38	2.58	0.38	2.27	0.33	2.44
2017	1.33	1.19	0.63	2.21	0.32	2.62	0.29	2.08	0.31	2.16
2018	1.45	0.98	1.29	2.28	0.39	2.76	0.33	2.16	0.29	2.25

从中国来看，中国对哈萨克斯坦和吉尔吉斯斯坦两国的农产品贸易结合度相对较高，贸易结合度指数在绝大多数年份都大于1，说明中国与哈萨克斯坦和吉尔吉斯斯坦两国农产品贸易联系紧密。中国对塔吉克斯坦、土库曼斯坦和乌兹别克斯坦的农产品贸易结合度指数都小于1，贸易结合度较低，表明中国与这三个国家的农产品贸易联系相对松散。

从中亚国家来看，吉尔吉斯斯坦、塔吉克斯坦、土库曼斯坦、乌兹别克斯坦对中国的农产品贸易结合度指数相对较高，在大多数年份都大于1，其中乌兹别克斯坦对中国的农产品贸易结合度指数相对最高。这说明这些中亚国家的农产品贸易与中国的联系较为紧密，而哈萨克斯坦的农产品贸易与中国的联系在近年来趋向松散，这说明哈萨克斯坦的农产品对中国市场的依赖程度要小于中国对哈萨克斯坦的依赖程度。

总的来看，中国与中亚五国的农产品贸易联系较为紧密。中国对中亚五国出口农产品占中国出口总额的比重，高于中亚五国的农产品进口在世界市场所占的比重。而中国是中亚五国农产品出口的重要目的地，中亚五国对中国出口农产品占其贸易总额的比重，高于中国的农产品进口在世界市场所占的份额，这说明中国与中亚五国的农产品贸易存在较强的互补和依赖关系，随着"一带一路"倡议的不断推进，双边农产品的经贸合作蕴含着巨大的潜力。

（二）基于贸易引力模型的双边农产品贸易潜力分析

贸易引力模型的一个重要应用就是可以用来模拟贸易额，并将模拟值与实际贸易额进行比较来估算国与国之间的贸易潜力。本书根据前文估计的贸易引力模型（式6-7），测算出中国与中亚各个国家的农产品贸易额预测值，并与各国实际的农产品贸易额进行比较，计算出国家之间双边农产品贸易潜力的实现比例值。

根据将实际农产品贸易额与理论农产品贸易额的比值作为对贸易潜力的分类标准，当数值大于1.2时，表明国家之间双边贸易额处于"潜力再造型"状态，此时要使得贸易额再度明显增长，必须找到新的贸易增长点。如果比值为0.8～1.2，则处于"潜力开拓型"状态，双边贸易潜力未充分发挥，可培养新的积极影响因素来推动双边贸易的发展。如果比值小于0.8，则双方贸易额将有巨大的发展空间。比值越小，潜在空间则越大。本书选取中国与中亚各国的农产品双边贸易额数据来测算双边农产品贸易潜力的实现比例，见表6-9。

表6-9　中国与中亚五国双边农产品的贸易潜力（2001—2018年）

年份	哈萨克斯坦	吉尔吉斯斯坦	塔吉克斯坦	土库曼斯坦	乌兹别克斯坦
2001	1.11	1.35	1.38	0.79	0.57
2002	0.88	0.72	0.89	0.82	0.79
2003	1.36	0.78	1.46	0.96	1.06
2004	0.72	0.64	0.98	1.16	1.09
2005	0.84	1.08	0.92	1.13	1.12
2006	0.90	1.29	0.94	0.79	1.01
2007	0.63	1.16	0.87	1.02	1.02
2008	1.22	1.17	0.58	1.17	1.18
2009	1.07	0.92	0.63	0.89	0.83
2010	0.81	1.24	0.91	2.11	1.57
2011	0.85	0.97	1.66	1.96	1.48
2012	0.89	0.92	1.48	1.62	1.35
2013	1.32	1.03	1.07	1.38	1.28
2014	0.98	1.18	1.06	1.22	1.12
2015	0.82	1.17	1.02	1.18	1.18
2016	0.91	0.96	0.88	1.13	0.96

表6-9(续)

年份	哈萨克斯坦	吉尔吉斯斯坦	塔吉克斯坦	土库曼斯坦	乌兹别克斯坦
2017	1.06	0.87	1.03	1.08	0.98
2018	1.08	0.72	0.97	1.02	0.92

由表6-9中测算结果可知,中国与中亚五国的农产品贸易潜力值在大多数年份都在0.8~1.2,说明中国与中亚五国之间的农产品贸易处于"潜力开拓型"的状态,2013年后,中国与中亚五国的双边农产品贸易潜力值总体上甚至出现了下降的趋势,表现为贸易不足的状态。由此,在当前"一带一路"倡议的背景下,更应大力发展中国与中亚五国之间的农产品贸易。

中国与哈萨克斯坦的农产品贸易大多数年份处于"潜力开拓型"状态,双边农产品贸易处在比较适度的状态。在2003年、2008年、2013年则处于"潜力再造型"状态,说明在这些年份,中国与哈萨克斯坦的农产品贸易潜力已经充分挖掘,需要培育其他积极因素来推动双边的农产品贸易。值得注意的是,2018年前几年,中国与哈萨克斯坦的农产品贸易潜力值又进入了"潜力开拓型"区间,双方发展农产品贸易的潜力还较大。

中国与吉尔吉斯斯坦的农产品贸易在大多数年份也处于"潜力开拓型"状态,双边农产品贸易同样处于比较适度的状态。中国在2009年即已成为吉尔吉斯斯坦的第一大进口贸易伙伴,中国与吉尔吉斯斯坦的农产品贸易额也从2000年的0.10亿美元增长至2009年的0.61亿美元。但需要注意的是,中国与吉尔吉斯斯坦的农产品贸易额自2008年起就出现了下降,自2008年的0.89亿美元降至2018年的0.71亿美元,双边的农产品贸易潜力值不断下降,未来农产品贸易的潜力较大。随着互联互通建设的推进,中国与吉尔吉斯斯坦的农产品贸易有较大发展空间。

中国与塔吉克斯坦的农产品贸易仍然具有同样的特点,在大多数年份处于"潜力开拓型"状态,除了2001年、2003年、2011年和2012年处于"潜力再造型"状态,其他年份的农产品贸易发展处在适度的状态。值得注意的是,中国与塔吉克斯坦的农产品贸易额自2011年以来也出现了下降,双边的农产品贸易潜力值在逐渐下降,表明双方的农产品贸易发展空间较好。随着2013年塔吉克斯坦与中国签署了建立战略合作伙伴关系的联合宣言等一系列协议,以及"一带一路"倡议的不断推进,中国与塔吉克斯坦的农产品贸易往来前景光明。

中国与土库曼斯坦的农产品贸易,在2010—2014年的贸易潜力值大于1.2,处于"潜力再造型"状态,而其他年份大多处于"潜力开拓型"状态,农产品贸易发展在大多数年份处于适度的状态。农产品贸易从2009年开始快速增加,由2009年的0.74亿美元增长至2010年的11.56亿美元,并增长至2014年的19.12亿美元,自2015年开始出现大幅下降,双边农产品贸易处于适度的状态。在未来加强与土库曼斯坦的双边关系之后,双边的农产品贸易往来仍值得期待。

中国与乌兹别克斯坦的农产品贸易,在2010—2013年的贸易潜力值大于1.2,处于

"潜力再造型"状态，而其他年份大多处于"潜力开拓型"状态。中国与乌兹别克斯坦的农产品贸易额在 2010—2013 年也处于快速增长的状态，但 2013 年之后，中国与乌兹别克斯坦的农产品双边贸易额也出现了下降，使得贸易潜力值回落到"潜力开拓型"状态，这表明双方农产品贸易还未充分利用有利因素，双边还有较大的潜力可以挖掘。

中国与中亚五国的农产品贸易潜力值多数年份接近于 1，处于"潜力开拓型"状态，其间各有不同的时间段处于"潜力再造型"状态，但 2013 年后，中国与中亚五国的农产品贸易潜力值有下降趋势，表明双边的农产品贸易还有较大的潜力。中国与中亚五国应充分利用各个有利因素，推动双边农产品贸易发展，相信双边的农产品贸易合作还会迈上新的台阶。

第四节　中国（新疆）与中亚国家农产品贸易发展与贸易便利化提升对策

中国与中亚国家的农产品贸易在市场需求等方面有较强的互补性，促进双边的农产品贸易往来，提升贸易便利化水平，对于双方农产品贸易发展都具有积极意义。

一、促进农产品贸易发展的对策建议

（一）扩大农产品贸易规模

在"一带一路"倡议的引领下，中国（新疆）与中亚国家的农产品合作应进一步深化，提高农产品贸易总量，以高质量、高品质的农产品为目标，发挥双方农产品贸易的互补性优势，增加国内短缺的农产品进口，同时增加中亚国家紧缺的农产品出口，并扩大再加工农产品的出口规模，实现中国和中亚国家农产品贸易在总量上的基本平衡。中国（新疆）应积极抓住"一带一路"发展的契机，在中国和中亚国家推进贸易投资便利化、改善基础设施的条件下，通过多渠道、多途径的农产品贸易，提高农产品贸易在贸易往来中所占的比重。

为突破中亚地区的关税同盟壁垒，减少对中国（新疆）农产品出口的障碍，中国（新疆）可以在中亚国家加大农业投资，可以有效规避贸易壁垒带动间接投资。中亚国家为了实施进口替代战略扶持本国农产品加工业，招商引资环境相对友好。在此方面可以加大对中亚国家的农产品加工企业的直接投资，以投资带动农产品的出口。

（二）优化农产品贸易方式和贸易结构

目前中国（新疆）与中亚国家的农产品贸易以边境小额贸易为主，一般贸易所占的比重较低。对此中国（新疆）应提升农产品一般贸易所占的比重，扩大农产品贸易规模，实现规模优势；同时，在中亚国家设立各种农产品贸易平台和展销平台，建立分销渠道，以分销网络带动农产品贸易发展；增强中国（新疆）进出口企业的跨国经营能力，加大对农产品进出口企业的金融支持力度。

中国每年从中亚进口的主要农产品是棉花、小麦、植物油、油籽、水果和坚果等农产品。中国向中亚五国出口的农产品，主要是水果和坚果、果汁和蔬菜汁、糖和蜂蜜、茶叶等农产品，林果业产品出口所占比重较大，而其他农产品，包括蔬菜、小麦、畜产品等所占的比重较小。中国向中亚国家出口的农产品主要是附加值低、技术含量低的初级产品，而经过农产品深加工的高附加值的农产品出口所占比重小。中国与中亚国家的双边农产品贸易大都是初级产品，因此，要优化双边农产品贸易结构，提升农产品科技含量，推动附加值高的农产品贸易。

（三）大力培植和扶持出口龙头企业

中国（新疆）在政策和资金方面加大扶持力度，大力培育和扶持农产品出口龙头企业。在政策方面，中国（新疆）促进西部地区的出口企业和农产品加工的龙头企业的发展，特别是扶持新疆的农产品出口企业和农产品加工企业的发展。在农产品的主产区建成一批具有竞争力的农业企业集群，鼓励企业发展特色农产品精深加工，推动中国（新疆）优势的农产品参加各类展销活动，鼓励龙头企业在中亚建立展销中心，支持龙头企业在中亚国家建立果蔬保鲜设施，完善农产品的销售渠道与网络，逐步提高国内优势农产品在中亚的知名度，提高市场占有率。

通过设立农产品出口专项资金，对出口龙头企业给予资金投入，并对农产品企业的出口基地建设、规模化生产、建立质量可追溯体系等方面给予资金支持。此外，地方金融机构也给予出口龙头企业金融支持，在外汇、信贷、保险、基金、技术援助等领域给予支持，满足龙头企业的资金需求、风险补偿、结售汇等方面的需求，提升对龙头企业的跨境金融服务能力。

（四）培育农产品物流企业，加大农产品物流基础设施建设

对于农产品物流企业，中国（新疆）制定相应的财政、税收、技术服务等支持政策，提高其物流服务能力。鼓励农产品物流企业多元化发展，增强抵御风险的能力。农产品物流企业应充分利用新疆的地缘优势，面向中亚市场做好经营农产品品类与经营方式的选择。目前新疆的物流企业实力有限，对于生鲜农产品的仓储设施和运输存在不足，需要较为雄厚的资金补足短板，政府与金融机构要给予资金方面的支持。新疆还应借鉴国内其他发达省区农产品物流企业的成功经验，推动农产品物流企业健康快速发展。

中国（新疆）要加大农产品的物流基础设施建设，改善农产品的运输工具，加大仓储设施的建设，针对农产品集中生产和分散消费的特点，建立农产品加工和配送中心。以新疆特色农产品的加工和储运为重点，完善大型农产品批发市场和配送中心，新疆应构建立足国内市场、开拓中亚市场的营销体系。构建快捷的现代物流体系，在乌鲁木齐市、伊宁市、喀什市、霍尔果斯口岸、阿拉山口口岸、巴克图口岸、伊尔克什坦口岸建立物流中心，并发展第三方物流。中国（新疆）应加快农产品物流业的发展，提高农产品物流的吞吐储运能力，充分发挥中国（新疆）作为"丝绸之路经济带"交通枢纽中心和中国内地向中亚出口农产品中转站的作用。

（五）完善农产品出口基地建设

中国（新疆）在各地合理布局农产品出口基地，以石河子市为食品出口产业基地、

伊宁市为农副产品出口加工基地、以塔额盆地为农副产品出口基地、以阿克苏和喀什为特色林果业基地。新疆加快农产品出口基地建设，特别是特色林果精深加工和肉奶等畜产品加工基地建设，提高出口产品的科技含量和附加值。同时，中国新疆积极协调其他省区扩大向中亚国家水果和坚果、蔬菜等农产品出口，并鼓励有实力的企业在中亚国家投资设厂，建立农产品加工基地。

在建设特色农产品加工基地方面，新疆给予必要的政策和资金支持，合理安排资金投入和风险补偿机制。新疆加大对特色农产品出口基地建设的资金投入，支持出口农产品的设施农业生产基地和科技示范园区建设。在确保出口农产品质量的前提下，新疆适度地放松出口农产品基地的备案条件，推动出口农产品生产加工基地的备案进程，各生产基地积极配合质检部分左超技术服务和管理工作。鉴于中国（新疆）的农产品进入中亚市场多为中低端产品，而中高端农产品市场被美国、意大利等国家的产品占据，中国（新疆）的出口农产品生产和加工基地以及加工企业应重视中高端出口农产品的市场培育，在中亚国家逐步完善自己的营销网络，扩大新疆特色农产品的出口。

二、促进贸易便利化的对策建议

（一）加强政府间双边合作

政策沟通是"一带一路"倡议的"五通"之首，中国与中亚国家的农业合作，需加强政府间的双边合作。中华人民共和国农业部、国家发展和改革委员会、商务部和外交部四部委通过的《共同推进"一带一路"建设农业合作的愿景与行动》也提出，要发挥政府间合作机制在推进"一带一路"建设农业合作中的引导和服务作用。中国与中亚国家推进农业合作和农产品贸易便利化发展，只有通过政府的双边沟通，才能为贸易便利化的发展奠定制度基础。政府在制度和规则层面，可推动签署农业合作备忘录，并推动编制农业合作的具体规划。政府可通过推动建立政府层面的常态化的农业合作机制，加快农产品贸易便利化具体措施的实施。中国与中亚国家签署双边的农产品贸易和投资协定，并加强在税收、通关、检验检疫等方面的合作，推进中国与中亚海关的合作，建立中国与中亚国家的海关的紧密关系，提高中国与中亚国家农产品贸易合作的便利化水平。

（二）推进多边合作机制和平台下的贸易便利化合作

中国与中亚国家之间的农业贸易便利化的双、多边机会和平台还没有完全建立和完善。应充分利用世界贸易组织、世界海关组织、上合组织、中亚区域经济合作机制、欧亚经济联盟等现有的多边经贸合作机制和平台，助推农产品贸易便利化。积极利用中国—亚欧博览会等论坛和平台，加强与中亚国家的农产品贸易合作。中国与中亚区域的经济合作机制的对接，有利于减少推进贸易便利化和农业合作的外部阻力，创造更多的合作机会。中国作为"一带一路"倡议的提出者，应重视区域性农产品贸易便利化制度的建设，积极利用各种经济合作机制和平台建立和完善与中亚国家的农业合作机制和农业便利化合作。

在中国和中亚国家之间的基础设施建设、海关通关等方面，由于涉及多个管理部门，由政府之间须加强协调和沟通，建立定期会晤机制。在利用世界贸易组织、世界海关组织的多边合作机制的同时，中国继续深化在上合组织框架下的贸易便利化合作。从地缘政治和历史渊源的角度出发，中国应在上合组织的框架下推动贸易便利化合作发挥主导作用，使得上合组织在推进贸易合作方面达到新的高度。

（三）完善基础设施互联互通

良好的基础设施是提升中国与中亚国家农产品贸易便利化的必要条件，通过建立和完善区域之间的国际运输通道，形成便捷的跨境运输网络。中国进一步加强区域之间的公路、铁路、航空等交通基础设施建设，升级中塔、中吉公路建设，并拓展中—吉—乌铁路，完善以第二欧亚大陆桥为主轴的西北大通道建设，加强多式联运节点建设，有效降低区域内贸易的运输成本和时间成本。中国（新疆）作为"丝绸之路经济带"的核心区，应加快交通基础设施和口岸建设，形成以乌鲁木齐为核心，连接中亚国家的高效的国际运输大通道。

在跨境口岸建设方面，中国可以将与中亚国家毗邻的口岸进行基础设施改造升级，配套完善口岸的设施，优化场地布局，投入自动化的查验设备，并提高口岸的信息化水平。中国可通过直接投资和技术输出的方式，推动跨境交通基础设施建设，完善边境口岸的通信、仓储等基础设施，通过多种渠道提高口岸的查验和通关效率。

在构建高效的物流体系方面，新疆作为中国与中亚国家农产品贸易的出境物流节点，除了完善新疆的交通运输基础设施之外，还应加强物流节点的仓储、转口功能，完善贸易货物抵达中亚国家的物流网络，将中国（新疆）建成为国际物流枢纽中心，推进贸易便利化的快速发展。

（四）以海关和口岸便利化建设为突破口带动农产品贸易便利化

衡量贸易便利化的指标众多，但应以海关便利化建设为突破口，带动基础设施、物流网络、跨境电子商务等建设。加强海关的贸易便利化制度建设，要完善海关执法的法规和标准，增加其透明度，发布包括海关税率、海关分类等法规和政策。进出口贸易同时涉及海关、商检、口岸、税收等多个管理部门，应协调各部门共同实现大口岸、大通关的目标。

新疆应加快口岸基础设施建设，特别是加快阿拉山口和霍尔果斯两个重点口岸的基础设施建设，完善口岸的合理布局问题，完善口岸基础设施的审批和管理制度。口岸应实施"单一窗口"管理，推进"电子口岸"建设，完善建设电子口岸所需的基础设施和信息技术，建立统一的电子信息平台，确保各相关部门和进出口企业实现信息共享和数据交换。"单一窗口"是贸易便利化建设的重要环节，可以有效解决进出口企业的多头和重复申报问题，减轻企业负担。

新疆应加强口岸管理部门的协调。为了减少重复监管和多重查验，新疆应协调检验检疫部门、税务部门与海关部门的信息共享以实现关检和执法部门的深度融合，以及一站式报关查验。新疆应加强口岸执法人员能力建设，通过对基层执法人员的培训，提高其履职能力，并将风险管理能力和技术能力融入执法人员的培训中，提高其业务综合素质。

（五）深化边境监管合作

进一步加强中国与中亚国家的海关合作，深化跨境监管的协调。建立多层次的海关和监管部门的合作机制，推进农产品贸易便利化。海关总署发布的《海关总署落实〈丝绸之路经济带和21世纪海上丝绸之路建设战略规划〉实施方案》中，明确提出了要提升贸易便利化水平，加强与沿线国家的海关合作。中国与中亚国家边境管理部门，应该对已签署的相关贸易便利化协议进行梳理，切实落实《上海合作组织成员国政府海关合作与互助协定》的各项举措，并建立定期磋商联络机制，成立专门的贸易便利化协调机构，协调中国与中亚各国海关的通关流程和检验检疫标准。

在中国与中亚国家的海关监管合作方面，双方应明确的权利和义务，包括明确双方关于农产品贸易运输、经营者信息的交换，建立符合农产品贸易便利化的标准信息与单证提交制度，实现海关数据联网，对接电子清关系统，解决目前由于监管标准不统一而出现的清关障碍。尽快落实世界贸易组织《贸易便利化协定》的举措，建立跨国通关合作制度，建立"属地申报、口岸验放"的通关模式，精简通关流程。双方海关还可以定期进行经验交流，并制定相关协定，开展执法合作。同时，中国与中亚国家应加强边境管理部门的协调与合作，推进对边境口岸的监管合作，建立监管的信息互换。

（六）有效应对新冠病毒感染疫情以改善农产品贸易便利化

新冠病毒感染疫情的反复使得各国在不同的时点纷纷重启封闭管控措施，关闭边境口岸，限制交通工具和人员的出入境。疫情防控期间，新冠病毒在各种国际贸易产品上，甚至外包装上被频频检测出来，各国海关也增加了对进口产品及其包装物的检测力度，延长了通关时间。加之国际航班、陆路运输工具的不畅，农产品贸易无法正常开展，使得其对经贸往来和人员交流的影响进一步加重。疫情也造成了各国的农业生产、畜禽养殖、农产品加工都受到了一定影响。中亚各国阶段性地对农产品进出口采取限制措施，暂停部分农产品贸易，给保鲜时限要求较高的农产品贸易带来了较大冲击。

在后疫情防控时期，中国应建立与中亚国家的新冠病毒感染疫情联防联控合作机制，加强信息交换，统筹开展贸易往来与人员往来的联防联控，形成中国与中亚五国有效的防疫网络、贸易网络，缓解因病毒感染疫情造成的贸易往来大幅下降的压力。积极推动与中亚国家的海关合作，双方增强对来自疫情严重地区的人员和物资的信息共享，根据通关的人员和物资的具体情况，科学分析疫情影响，适当减少通关限制，建立双边贸易往来人员的快捷通道，完善农产品跨境绿色通道建设，提升农产品和人员通关的便利化。

第七章　中国（新疆）与中亚国家投资
合作与投资便利化水平测评

　　"一带一路"倡议的提出，旨在改善沿线国家的基础设施互联互通水平，完善营商环境，提高贸易投资便利化水平，贸易投资便利化也是互联互通的核心要义之一。中国（新疆）与中亚国家的投资合作顺利推进，随着投资合作的进一步提升，投资便利化水平的改善成为各方关注的焦点。2015 年 3 月 28 日中国政府发布的《推进共建丝绸之路经济带和 21 世纪海上丝绸之路的愿景与行动》中也强调要改善投资便利化水平，要深化中国（新疆）与中亚国家的农业互联互通合作，各方应加强合作提升投资便利化水平。

第一节　中国（新疆）与中亚国家投资合作发展现状

一、中国对中亚国家直接投资发展现状

　　中亚国家自独立以来，在重建经济的过程中面临大量的资金缺口，除了大量借入外债和获取国际援助，吸引外国直接投资也是其重要的资金来源。中国对中亚五国的直接投资逐步增长。2000 年之后，中国对中亚国家的直接投资呈现快速增长的势头，但在个别年份也出现过大幅回落。2005 年，中国对中亚五国的直接投资流量为 1.10 亿美元，2018 年增长至 6.67 亿美元（见图 7-1）。其中 2012 年的直接投资流量为 2000—2018 年的最高水平，达 33.77 亿美元。直接投资流量最低的年份为 2015 年，投资流量为-23.26 亿美元。从中国对中亚五国的直接投资存量来看，2005 年年末，中国对中亚国家的直接投资存量为 3.25 亿美元，截至 2018 年年末，直接投资存量达 146.91 亿美元，其中 2015 年年末出现了下降，其余年份处于稳步增长中。

　　从中国对中亚五国直接投资的国别情况来看，哈萨克斯坦始终是中亚国家中最重要的投资东道国。2005 年，哈萨克斯坦占中国对中亚五国直接投资存量的 75.40%，2018 年下降至 50.00%，其中占比最高的为 2012 年的 79.90%（见图 7-2）。2005—2018 年，吉尔吉斯斯坦占中国对中亚五国直接投资存量的比例在大多数时间居于第二位，2016 年之后开始下降，2018 年年末位于第四位。2005 年，吉尔吉斯斯坦占中国对中亚五国直接投资存量的 13.85%，2016 年占比为 13.54%，2018 年年末下降至 9.49%，其间占比最高的是 2006 年的 27.95%。中国对塔吉克斯坦的直接投资逐步增加，2005 年投资存量

占比为 7.01%，2018 年增长至 13.24%。其间占比最高的 2017 年的 13.74%，占比最低的是为 2011 年的 5.37%。中国对乌兹别克斯坦的投资，2017 年之后快速增加。2005 年直接投资占比为 3.68%，2017 年为 8.04%，2018 年剧增至 25.13%，是该时间段内最高水平。其间占比最低的 2012 年为 1.87%。中国对土库曼斯坦的直接投资处于较低水平。2005 年直接投资占比为 0.06%，2018 年为 2.12%。其间占比较高的年份为 2009 年和 2010 年，投资存量占比分别为 9.22% 和 22.57%，此后出现了快速下降。除了上述两年之外，其余年份的直接投资存量占比均超过 7%。

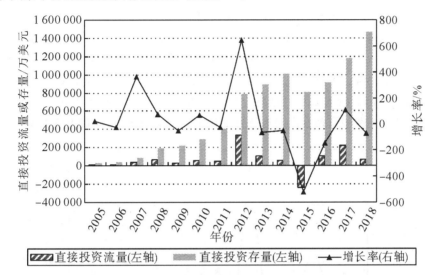

图 7-1　2005—2018 年中国对中亚五国直接投资流量与存量及增长率

（数据来源：中国商务部《中国对外直接投资统计公报》，经笔者计算整理）

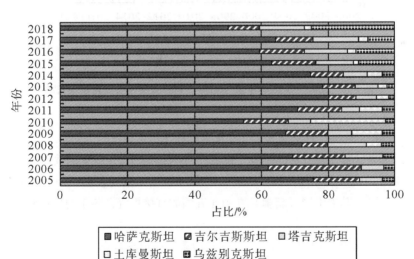

图 7-2　2005—2018 年中国对中亚五国直接投资存量分布占比

（数据来源：2005—2018 年中国商务部《中国对外直接投资统计公报》，经笔者计算整理）

二、中国（新疆）对中亚国家直接投资发展现状

（一）中国（新疆）对外直接投资规模

中国（新疆）对中亚五国直接投资规模稳步提高，尤其是进21世纪以来，对外直接投资增速加快。2000年，中国（新疆）对外投资39万美元，2003年开始超过1 000万美元，达到1 742万美元，2005年增长至5 280万美元，2007年增长至25 267万美元，中国（新疆）对外直接投资的规模首次于2007年超过了1亿美元。2008年由于美国次贷危机的影响，中国（新疆）对外投资明显下降，当年投资额为6 863万美元，同比下降72.7%。2009年，中国（新疆）对外投资快速增加，2010年增加至47 809万美元。2011年和2012年，受国际环境以及中亚国家经济下滑的影响，中国（新疆）对外投资又出现了连续的下降。2013年之后，在"丝绸之路经济带"建设的背景下，中国（新疆）对外投资又出现较大幅度的增加，2018年投资额为81 840万美元（见图7-3）。2000—2018年，对外投资额最高的年份为2016年，当年投资额为102 973万美元。

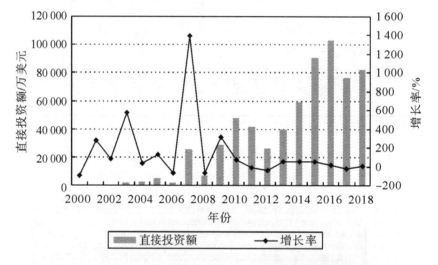

图7-3　2000—2018年中国（新疆）对外直接投资流量及增长率

（数据来源：2000—2018年《新疆统计年鉴》）

（二）中国（新疆）对中亚五国直接投资规模及国别分布

由于无法通过公开渠道获得中国（新疆）对中亚五国直接投资的数据，本书得到的数据是2009—2013年的年度数据。截至2013年年底，中国（新疆）对境外的投资总额达18.2亿美元①。其中中国（新疆）在中亚五国的直接投资，各年的投资额稳定在1亿美元以上。

截至2013年年底，中国（新疆）企业在哈萨克斯坦直接投资设立企业40家；通过在卢森堡设立子公司再投资至哈萨克斯坦的企业1家，实际投资总额达24 364万美元。

---

① 数据源于新疆商务厅，该数据是实际投资额，不是协议投资额。

实际投向哈萨克斯坦的项目有 41 个，投资总额约为 3.02 亿美元，占中国（新疆）投资总额的 16.6%[1]。2009—2013 年，中国（新疆）企业对哈萨克斯坦的直接投资额分别为 0.85 亿美元、0.63 亿美元、1.41 亿美元、1.38 亿美元、1.30 亿美元[2]。

中国（新疆）企业在吉尔吉斯斯坦投资设立企业约 39 家，实际投资总额达 2.54 亿美元，占中国（新疆）对外投资总额的 14%。2009—2013 年，中国（新疆）企业对吉尔吉斯斯坦的直接投资额分别为 0.36 亿美元、0.26 亿美元、0.06 亿美元、0.05 亿美元、0.11 亿美元。

中国（新疆）企业在塔吉克斯坦投资设立企业约 13 家。2009—2013 年，中国（新疆）企业对塔吉克斯坦的直接投资额分别为 0.26 亿美元、0.18 亿美元、0.04 亿美元、0.11 亿美元、0.05 亿美元。

中国（新疆）企业在乌兹别克斯坦的投资项目较少，金额也相对较小，投资设立企业 9 家，投资总额约为 740 万美元，涉及建材生产销售、制造及贸易流通、食品类生产销售、服务业等行业。

中国（新疆）企业对土库曼斯坦基本没有直接投资。

2009—2013 年中国（新疆）企业对中亚五国直接投资的总额分别为 1.50 亿美元、1.08 亿美元、1.51 亿美元、1.54 亿美元、1.48 亿美元。从近年来中国（新疆）对中亚五国直接投资总额和增长趋势上看，即使中亚国家出现了政治动荡，部分国家遭受了金融危机的重大影响，部分国家引资政策发生了变化，中国（新疆）企业对中亚五国的直接投资规模的发展仍呈现出总量提高、增速加快的态势。

（三）中国（新疆）对中亚五国直接投资的行业分布

从行业分布看，中国（新疆）对中亚五国的直接投资，涉及的行业分布较广，第一、第二、第三产业均有涉及。其中石油开采、矿产开采、建材、贸易流通、食品生产、建筑业、农业合作开发等行业为中国（新疆）对中亚五国直接投资较为集中的行业，见表 7-1。

表 7-1　2009—2013 年中国（新疆）对中亚五国实际投资行业情况

单位：万美元

年份	国别	石油开采	矿产开采	商贸	生产制造	服务（含建筑、运输）
2009	哈萨克斯坦	8 333.64	0	72.4	0	65
	吉尔吉斯斯坦	0	3 538.97	5.76	0	50
	塔吉克斯坦	0	2 554.24	69.1	0	0
	乌兹别克斯坦	0	0	70	145	55
	土库曼斯坦	0	0	0	0	0

———————————

① 数据来源于新疆商务厅，该数据是实际投资额。

② 数据来源于新疆商务厅。

表7-1(续)

年份	国别	石油开采	矿产开采	商贸	生产制造	服务（含建筑、运输）
2010	哈萨克斯坦	5 830	0	203.05	259.2	0
	吉尔吉斯斯坦	0	2 310.38	124	45	163
	塔吉克斯坦	0	1 756.92	0	0	2
	乌兹别克斯坦	0	0	77.8	0	25
	土库曼斯坦	0	0	5	0	0
2011	哈萨克斯坦	12 300	0	80.2	0	1 670.56
	吉尔吉斯斯坦	0	595	0	0	15.5
	塔吉克斯坦	0	420	0	0	0
	乌兹别克斯坦	0	0	0	0	0
	土库曼斯坦	0	0	0	0	0
2012	哈萨克斯坦	13 317	0	124.2	0	342.44
	吉尔吉斯斯坦	0	343.13	0	190	11
	塔吉克斯坦	0	1 044.22	23.74	0	0
	乌兹别克斯坦	0	0	6.4	0	6
	土库曼斯坦	0	0	0	0	0
2013	哈萨克斯坦	12 800	0	184.03	0	0
	吉尔吉斯斯坦	0	152.92	72.49	875.57	10
	塔吉克斯坦	0	500	0	0	4.4
	乌兹别克斯坦	0	0	203.7	0	0
	土库曼斯坦	0	0	0	0	0

数据来源：新疆商务厅。

注：2013年之后的数据暂不可得。

中国（新疆）对哈萨克斯坦直接投资的行业分布主要涉及油气开发、建材生产销售、贸易流通、食品生产、建筑类、农业合作开发等。对吉尔吉斯斯坦直接投资的行业主要涉及建材生产销售、商贸流通、食品生产加工销售、建筑业、医药、服务行业、房地产业和能源资源开发等。对塔吉克斯坦的投资主要涉及商贸及服务、建材生产销售、房地产开发，以及制造业和食品生产、资源开发类等行业。中国（新疆）企业在乌兹别克斯坦的投资项目较少，金额也相对较小，投资设立企业9家，投资总额约为740万美元，涉及建材生产销售、制造及贸易流通、食品类生产销售、服务业等行业。中国（新疆）对土库曼斯坦基本没有直接投资。

（四）中国（新疆）对中亚五国直接投资的主体分布

截至 2016 年 1 月 21 日，中国（新疆）对中亚五国直接投资的主体共有 264 家企业。拥有 1 家境外投资企业的境内投资主体有 222 家。拥有 2 家境外投资企业的境内投资主体有 27 家，其中 9 家境内投资主体仅投资在哈萨克斯坦，1 家境内投资主体仅投资在吉尔吉斯斯坦，2 家境内投资主体仅投资在塔吉克斯坦，15 家境内投资主体的投资分散在两个国家。拥有 3 家境外投资企业的境内投资主体有 9 家，拥有 4 家境外投资企业的境内投资主体有 2 家，拥有 5 家境外投资企业的境内投资主体有 2 家，拥有 6 家境外投资企业的境内投资主体有 1 家，拥有 9 家境外投资企业的境内投资主体有 1 家。综合来看，中国（新疆）的境内投资主体在中亚投资，大多是集中在某一个国家，投资分散于两个或以上国家的境内投资主体所占比例不高。

第二节　中国（新疆）与中亚国家投资便利化水平研究

根据 2008 年亚太经济合作组织（APEC）投资便利化行动计划（IFAP），投资便利化是指政府为吸引外资，在投资周期的全部阶段使其管理的有效性和效率达到最大化的一系列行动。投资便利化致力于使投资能够有效地流动和获得最大的利益。对投资便利化的测量，作为衡量国家投资便利化水平的重要工具，已成为学术领域和实践领域关注的热点。

一、投资便利化测评指标体系的构建

（一）投资便利化测评指标体系构建的依据

尽管经济全球化和一体化的进程不断加快，但跨国直接投资仍然面临着投资壁垒和门槛等障碍。从国际直接投资的理论发展来看，Buckley 和 Casson（1976）的内部化理论认为，跨国公司通过直接投资进入东道国经营，通过将外部市场内部化降低了成本。Dunning（1977）的国际生产折中理论认为，所有权优势、区位优势和市场内部化优势是企业开展对外投资的必备条件。

基于以上思路，世界银行在 2003 年开始编制《营商环境报告》，提出了完整的营商环境评价的指标体系。该指标体系框架从微观企业主体出发，包括启动业务、办理施工许可证、获得电力、登记财产、获得信贷、保护投资者、纳税、跨越国界、执行合同、解决生产问题等方面，通过指标综合选取来反映 183 个经济体的国内企业的营商管制排名。此外，世界贸易组织（WTO）、亚太经济合作组织（APEC）、世界经济论坛（WET）等国际组织都提出了有关贸易便利化和投资便利化的评价体系。

根据已有文献，结合各学者和国际组织提出的衡量投资便利化的指标，本书从投资便利化的内涵出发，并结合《全球竞争力报告》《全球贸易促进报告》《营商环境报告》，基于基础设施、营商环境、市场状况和规制环境四个方面，选取了 16 个二级指标，系统地构建了投资便利化指标体系，使得构建的指标体系更具有系统性和科学性。

（二）投资便利化测评指标体系的构建及其说明

本书构建的投资便利化测评指标体系见表7-2。

表7-2　投资便利化测评指标体系

一级指标	二级指标	指标属性	取值及 取值范围	数据来源
基础设施 （A_1）	运输基础设施的质量和效率（B_1）	正指标	0～100	GCR
	公用基础设施的质量（B_2）	逆指标	供电量的 百分比	GCR
	信息与通信技术的可用性和质量（B_3）	正指标	0～100	GCR、 GETR
营商环境 （A_2）	启动经营的成本（B_4）	逆指标	人均GNI 的百分比	GCR
	启动经营的时间（B_5）	逆指标	天数	GCR
	产权保护（B_6）	正指标	1～7	GCR
	商业化程度（B_7）	正指标	1～7	GCR
	金融市场的发展（B_8）	正指标	0～100	GCR
	营商便利程度	正指标	0～100	DTF Score
市场开放 （A_3）	非关税壁垒的普遍性（B_9）	正指标	1～7	GCR
	关税的复杂性（B_{10}）	正指标	1～7	GCR、 GETR
	商品与服务进口占GDP比例（B_{11}）	正指标	GDP 的百分比	GCR
规制环境 （A_4）	政府的未来定位（B_{12}）	正指标	1～7	GCR
	解决争端法律框架的效率（B_{13}）	正指标	1～7	GCR
	司法的独立性（B_{14}）	正指标	1～7	GCR
	腐败的发生率（B_{15}）	正指标	1～7	GCR

注：GCR是指世界经济论坛的《全球竞争力报告》，GETR是指世界经济论坛的《全球贸易促进报告》，DTF Score是指世界银行的《营商环境报告》。

1. 基础设施

基础设施指标用来衡量一国交通基础设施的质量以及运输服务、信息和通信技术的可用性和质量。本书选取了运输基础设施的质量和效率、公用基础设施的质量、信息与通信技术的可用性和质量三个二级指标。得分越高，表明基础设施建设质量越高，提供的运输服务质量、信息和通信技术服务的质量越好，在进行国际直接投资时也更加方便快捷。采用三个二级指标来反映。

第一，运输基础设施的质量和效率。该指标反映了一国的公路、铁路、航空、港口等运输基础设施的质量（广泛性和状况）和服务效率（频率、准时性、速度、价格等），该指标的赋值范围为0～100。0代表最差，100代表最好。

第二，公用基础设施的质量。该指标反映了一国的电力、供水的质量和可靠性。其还反映了居民是否能够获得足够的电力，电网输配电的损失占国内供电的百分比，以及接触不安全饮用水人口的风险加权百分比和供水的可靠程度如何。由于缺少连续的年度数据，这里用供电质量这一指标数值，即输配电损失占国内供电的百分比。

第三，信息与通信技术的可用性和质量。该指标反映了一国每百人的移动电话数量、移动宽带数量、固定宽带数量、光纤互联网数量以及互联网用户数量。该指标的赋值范围为0~100分，0分代表信息与通信技术的使用率最低，100分代表使用率最高。2014—2016年度的赋值范围为1~7分，其中1分表示信息与通信技术的使用率最低，7分代表使用率最高。

2. 营商环境

该指标反映了企业从启动经营活动到结束，企业生命全过程所面临的应对各种可能发生的影响企业经营活动的行为及环境，这是企业进入市场后机制影响企业的具体体现。本书采用启动经营的成本、启动经营的时间、产权保护、买方成熟度、金融市场的发展、营商便利程度来衡量营商环境的好坏。

第一，启动经营的成本。该指标反映了创业启动经营的费用，包括所有官方费用和法律或专业服务的费用。该指标的赋值以启动经营成本占人均GNI的百分比来表示。由于数据统计口径的变化，2014—2016年度数据采用启动经营需要的手续数量来表示。

第二，启动经营的时间。该指标反映完成合法经营企业程序所需的日历天数。该指标反映在实践中为完成一项程序所需的中位持续时间，该程序需要与政府机构进行最低限度的跟进，且无须非正式付款。如果一个程序的运行可以在额外的成本下加快，那么选择最快的程序，而不受成本的影响。

第三，产权保护。《全球竞争力报告》调查的问题是：在贵国，包括金融资产在内的财产权在多大程度上受到保护？该指标赋值范围为1~7。1表示一点也不，7代表在很大程度上。

第四，商业化程度。该指标反映了买方成熟度和商标申请情况。具体反映买方根据什么做出购买决定和每百万人的商标申请数量。该指标的赋值范围为0~100。0代表商业化程度最低，100代表商业化程度极高。由于数据的连续性问题，这里使用买方成熟度指标来替代，买方成熟度衡量买方凭什么进行采购。赋值范围为1~7，1代表仅根据最低价格，7代表基于复杂的性能属性。

第五，金融系统的发展。该指标反映了银行对私营部门的国内信贷、向私营部门提供的金融资源总值、中小型企业能够在多大程度上通过金融部门获得其业务经营所需的资金、风险资本可用性、上市公司的市值、保费等。该指标的赋值范围为0~100。0代表金融系统极低的发展水平，100代表极高的发展水平。2014—2016年，这一指标的赋值范围为1~7。

第六，营商便利程度。该指标反映了一个经济体当前的营商便利绩效与2015年《营商环境报告》最佳监管实践之间的差距。在经济体中创业所需的时间，半天被认为是最好的表现，在最差的5%的情况下，创业所需时间超过100天。该指标分值范围为

0~100，分数越高，营商便利性越好。

3. 市场开放

该指标反映了国与国之间存在的交易壁垒或者交易成本，反映了企业进入东道国的便捷程度，即遇到的障碍大小，这主要从市场准入、市场化程度和对外开放三个方面来考察，这些指标的得分越高，市场状况越好。

第一，非关税壁垒的普遍性。《全球竞争力报告》调查的问题是：在贵国，非关税壁垒（如卫生和产品标准、技术和标签要求等）在多大程度上限制了进口货物在国内市场上的竞争能力？该指标的赋值范围为 1~7。1 代表强烈限制，7 代表完全不限制。

第二，关税的复杂性。该指标衡量了一国关税制度的复杂性。关税的复杂性是根据四个标准来评估的：关税分散、关税高峰的普遍性、特定关税的普遍性和不同关税的数量，该指标计算为这四个标准的标准化得分的简单平均值。赋值范围为 1~7，1 代表非常复杂，7 代表不复杂。

第三，商品和服务进口占比。该指标反映了一国从世界其他地方获得的所有商品和其他市场服务的价值占该国 GDP 的百分比。进口包括商品价值、运费、保险、运输、旅行、特许权使用费、许可费和其他服务，如通信、建筑、金融、信息、商业、个人和政府服务。

4. 规制环境

该指标用来衡量一国为吸引外资，最优化其管理的有效性和效率而供的制度环境。规制环境是对接受外国企业投资的态度及政府行动效率的具体体现，是投资便利化评价体系中的其他维度，包括基础设施、营商环境和市场状况的重要影响因素。规制环境的得分越高表明制度环境越优越，包括了四个二级指标。

第一，政府的未来定位。这个指标测度了一个国家有多快的速度适应数字化的法律框架和商业模式（如电子商务、共享经济、金融科技等），该指标的赋值范围为 1~7，1 代表一点也不快，7 代表非常快。由于考虑到数据的连续性问题，2014—2016 年的数据采用政府决策的透明度这一指标，1 表示公司获得有关政府政策和规定是极其困难的，7 代表非常简单。

第二，解决争端法律框架的效率。《全球竞争力报告》调查的问题是：在贵国，公司解决纠纷的法律和司法系统效率如何？解决投资争端法律框架的效率的赋值范围为 1~7 分，1 代表极其低效，7 代表极为有效。

第三，司法的独立性。这一指标用来衡量司法系统的独立性如何，是否受到政府、个人或公司的影响。赋值范围为 1~7，1 代表完全不独立，7 表示完全独立。

第四，腐败的发生率。该指数即腐败认知指数得分，用来衡量公共部门对腐败的看法。这是一个综合指标，范围从 0（高度腐败）到 100（非常干净）。由于数据的口径变化，2014—2016 年使用违规支付和贿赂这一指标来表示。违规支付和贿赂是以下五个部分的平均分：①进出口有关的付款或贿赂；②公用事业；③年度纳税；④授予公共合同和许可证；⑤获得有利的司法决定。赋值范围为 1~7，1 代表非常普遍，7 代表从未发生过。

以上各二级指标中，正指标得分越高，其代表的指标情况就越好，逆指标则反之。

二、投资便利化测评指标体系的评价方法

本书采用层次分析法来确定投资便利化测评指标的权重，Yaalap 软件通过影响因素之间的比较，确定判断矩阵，进而通过对矩阵的运算来确定权重。

层次分析法（analytical hierarchy process，AHP）是美国匹兹堡大学教授撒泰（A. L. Saaty）于 20 世纪 70 年代提出的一种系统分析方法。层次分析法将目标分解为多个目标或准则，进而分解为多指标（或准则、约束）的若干层次，通过定性指标模糊化方法算出层次单排序（权数）和总排序，以作为目标（多指标）、多方案优化决策的系统方法。该方法的主要步骤是：

第一，对系统中各因素的关系进行分析，建立系统的层次结构模型。运用 AHP 进行系统分析，首先要将所包含的因素分组，每一组作为一个层次，把问题条理化、层次化，构造层次分析的结构模型。这些层次大体上可分为目标层、准则层和方案层三个层次。目标层是分析问题的预定目标或理想结果，在本书中，目标层的指标是投资便利化水平测评总目标。准则层包括了为实现目标所涉及的中间环节，在本书中是指投资便利化测评指标体系的一级指标。方案层是为实现目标可供选择的各种措施、决策、方案等，在本书中是指投资便利化测评指标体系的二级指标。

第二，构造判断矩阵。其用成对比较法，利用层次分析法的 1～14 的比例标度排出相对重要顺序，并构造出相关评价指标的判断矩阵。其是对同一层次结构的每两个指标相对于上一层次的相关指标的重要性进行两两排序。判断矩阵 $A = (a_{ij})_{n \times n}$ 满足显然 $a_{ii} = 1$，$a_{ij} = 1/a_{ji}$。

各比例标度值的含义见表 7-3。

表 7-3　比例标度值的含义（两两指标相比）

标度值	1	3	5	7	9
重要程度	同样重要	稍微重要	明显重要	强烈重要	绝对重要
2、4、6、8 为上述相邻判断的中间值，若因素 i 与 j 比较得 a_{ij}，则因素 j 与因素 i 相比得 $1/a_{ij}$					

首先构建准则层（一级指标）对目标层（投资便利化水平测评总目标）的判断矩阵。在评估各一级指标的相对重要性时，借鉴 Wilson 等（2003）的评估结果，参考其他学者的研究成果，结合中国与中亚五国直接投资的实际情况，以及结合专家学者的评估，对基础设施、营商环境、市场开放和制度环境进行两两成对比较，得出以下结论：①与基础设施相比，营商环境稍微重要；②与基础设施相比，市场开放稍微重要；③与基础设施相比，规制环境稍微重要；④与市场开放相比，营商环境稍微重要；⑤与规制环境相比，营商环境处于同等重要和稍微重要之间；⑥与市场开放相比，规制环境处于同等重要和稍微重要之间。通过影响因素之间的比较，得到判断矩阵如表 7-4 所示。

表 7-4 投资便利化测评指标体系一级指标比较判断矩阵

	基础设施	营商环境	市场开放	规制环境
基础设施	1	1/3	1/3	1/3
营商环境	3	1	3	2
市场开放	3	1/3	1	1/2
规制环境	3	1/2	2	1

第三，计算判断矩阵各指标的最大特征根和特征向量。其即对于判断矩阵 A，计算满足 $AW = \lambda_{max}W$ 的特征根和特征向量。式中，λ_{max} 为矩阵 A 的最大特征根，W 为对应于 λ_{max} 的正规化特征向量，W 的分量 w_{Ai} 为相应因素的单排序的权值。本书利用 MATLAB 软件对一级指标的判断矩阵求解，得出各指标的权值为：基础设施指标 0.19，营商环境指标 0.42，市场开放指标 0.14，规制环境指标 0.25。用同样的方法可得出二级指标的判断矩阵，并计算得出二级指标层次单排序的权重 w_{Bj}（$j = 1, 2, \cdots, 13$），最终计算出二级指标层次总排序的权重。对于部分年份缺失的数据，剔除缺失数据的指标，同样利用层次分析法测算已有数据的指标权重。本书在此列出数据齐全年份的各个指标的权重，计算的一级、二级指标的权重见表 7-5。

表 7-5 投资便利化测评指标体系赋权结果

一级指标	一级指标赋权	二级指标	二级指标赋权
基础设施	0.19	运输基础设施的质量和效率	0.042
		公用基础设施的质量	0.031
		信息与通信技术的可用性和质量	0.028
营商环境	0.42	启动经营的成本	0.079
		启动经营的时间	0.091
		产权保护	0.091
		商业化程度	0.079
		金融市场的发展	0.079
		营商便利程度	0.090
市场开放	0.14	非关税壁垒的普遍性	0.046
		关税的复杂性	0.029
		商品与服务进口占 GDP 比例	0.065

表7-5(续)

一级指标	一级指标赋权	二级指标	二级指标赋权
规制环境	0.25	政府的未来定位	0.089
		解决争端法律框架的效率	0.072
		司法的独立性	0.045
		腐败的发生率	0.044

第四，检验判断矩阵的一致性。利用判断矩阵的特征根来检验矩阵的一致性程度，判断矩阵只有通过了一致性检验，才能利用判断矩阵的计算结果进行分析，否则就要对判断矩阵进行调整。需要计算判断矩阵的一致性指标 CI。

$$CI = \frac{(\lambda_{max} - n)}{(n - 1)} \tag{7-1}$$

CI 值越小，一致性越好；CI 值越大，一致性越差；CI 值为零时，判断矩阵具有完全一致性。就具体问题进行研究时，为了防止随机原因造成的一致性的偏差，还需要将一致性指标 CI 与随机一致性指标即 RI 进行比较，得到的检验系数称作随机一致性比率 CR，CR＝CI/RI，Saaty 通过大量实验得出了 RI 的值，如表7-6所示。

表 7-6　平均随机一致性指标 RI

矩阵阶数	1	2	3	4	5	6	7
RI	0	0	0.515	0.893	1.119	1.249	1.345
矩阵阶数	8	9	10	11	12	13	14
RI	1.420	1.462	1.487	1.516	1.541	1.558	1.580

当判断矩阵阶数为 1 和 2 时，RI 值为 0，本书认为矩阵具有完全一致性；当判断矩阵阶数大于 2 时，CR<0.10 时，本书认为判断矩阵具有满意的一致性；否则就需要对判断矩阵进行调整，直到具有满意的一致性。本书这里对于一级指标的判断矩阵的一致性检验，其中得到与权重向量对应的最大特征值为 4.19，得到 CI＝0.063 3，CR＝0.070 9<0.1，通过了一致性检验。同理，二级指标的各个判断矩阵同样通过了一致性检验。

三、中国与中亚国家投资便利化水平测评

（一）原始数据的处理

本书对于中国与中亚国家的投资便利化水平测度选取的指标数据，来源于《全球竞争力报告》（2015—2016 年、2016—2017 年、2017—2018 年、2018 年、2019 年）和《全球贸易促进报告》（2012 年、2014 年、2016 年）以及《营商环境报告》。各个基础指标的赋值范围存在一定的差异，有的指标赋值范围是 1~7，有的指标赋值范围是 0~100，有的指标是绝对值。有的指标是正向指标，有的指标是负向指标。为了便于比较和分析，本书采用下式对各基础指标原始值进行标准化处理，采用此种方法的好处是区

分了正向指标和逆向指标，并将处理后的指标值的取值范围都映射到了［0，1］区间。

$$
\begin{cases}
y_i = \dfrac{x_i - \min_i}{\max_i - \min_i} [1] & [1] \\[3mm]
y_i = \dfrac{\max_i - x_i}{\max_i - \min_i} & [2]
\end{cases}
\tag{7-2}
$$

在公式（7-2）中，y_i 表示第 i 个基础指标经过无量纲对标准化处理之后的值，x_i 表示第 i 个基础指标的原始值，$\min_i$ 表示第 i 个基础指标的最小值，$\max_i$ 表示第 i 个基础指标的最大值。当基础指标为正向指标时，采用［1］式，当基础指标为逆向指标时，采用［2］式。

（二）投资便利化水平测评

二级指标的权重 w_{Bj} 后，再运用各个二级指标经过处理之后的规范化数据乘以各自的权重 w_{Bj} 加权求和，可得到各国的投资便利化水平的评价指数 IFI，即

$$
\begin{aligned}
\text{IFI} = & w_{B1}B_1 + w_{B2}B_2 + w_{B3}B_3 + w_{B4}B_4 + w_{B5}B_5 + w_{B6}B_6 + w_{B7}B_7 + w_{B8}B_8 + w_{B9}B_9 + \\
& w_{B10}B_{10} + w_{B11}B_{11} + w_{B12}B_{12} + w_{B13}B_{13} + w_{B14}B_{14} + w_{B15}B_{15} + w_{B16}B_{16}
\end{aligned}
\tag{7-3}
$$

根据上式，本书采用层次分析法，测算出中国与部分中亚国家投资便利化测评水平的 IFI，如表 7-7 所示。

表 7-7　2014—2018 年中国与部分中亚国家投资便利化测评水平

国家	2014 年 IFI	2015 年 IFI	2016 年 IFI	2017 年 IFI	2018 年 IFI	均值
中国	0.546 3	0.519 0	0.623 7	0.707 5	0.747 9	0.628 9
哈萨克斯坦	0.637 2	0.615 2	0.509 3	0.551 2	0.613 7	0.585 3
吉尔吉斯斯坦	0.413 6	0.333 9	0.349 7	0.430 3	0.368 1	0.379 1
塔吉克斯坦	0.417 7	0.565 1	0.571 4	0.481 3	0.510 7	0.509 2

从中国与部分中亚国家投资便利化的测评结果及排名，可以看出各国的投资便利化水平存在着较为明显的差异。

中国的投资便利化水平呈现出逐年升高的趋势。投资便利化测评指标值从 0.546 3 增长到 0.747 9，增长率达到 36.90%；2017 年和 2018 年，投资便利化测评指标值在 0.70 以上，增长较为明显。从指标值的排位来看，2014 年和 2015 年，中国的测评指标值低于吉尔吉斯克斯坦，排名位于第二位。自 2016 年开始，中国的测评指标值超过哈萨克斯坦，排名位居第一位。从 2014—2018 年的均值来看，中国的测评指标值高于其他国家。

哈萨克斯坦投资便利化的测评指标值呈现出波动性特征，并无明显的变化趋势。2014—2018 年，投资便利化测评指标值从 0.637 2 变化为 0.613 7，其中 2016 年的指标值为 0.509 3，是五年中的最低值。从指标值的排位来看，2014 年和 2015 年排名居于第一位，2016 年下降到第三位，2017 年和 2018 年居于第二位。从指标值的均值来看，五年的均值为 0.585 3，居于第二位。

吉尔吉斯斯坦投资便利化的测评指标值并无明显的变化趋势，呈现出相对低位的波动特征。其投资便利化的测评指标值从 2014 年的 0.413 6 变化为 2018 年的 0.368 1。从指标值的排位来看，吉尔吉斯斯坦的各年指标值排位位居第四位，均值排位也居于最后一位。

塔吉克斯坦的投资便利化测评指标值呈现出波动且略有上升的趋势。2014—2018 年，投资便利化的指标值从 2014 年的 0.417 7 上升至 2018 年的 0.510 7。从指标值的排位来看，2014 年和 2015 年的指标值高于吉尔吉斯斯坦居于第三位，2015 年的指标值高于哈萨克斯坦居于第二位，2017 年和 2018 年的指标值位于第三位。从测评指标的均值来看，五年来的均值为 0.509 2，居于第三位。

土库曼斯坦由于缺失数据，无法计算其投资便利化测评指标值，不能对其做出评价。

乌兹别克斯坦的相关数据也缺失，目前仅有世界银行发布的《营商环境报告》中的"营商便利程度"的指标值。从乌兹别克斯坦的营商便利程度这一指标值来看，2014 年、2015 年的数值为 54.26、62.60，仅位于塔吉克斯坦之前。

综合来看，中国和哈萨克斯坦的投资便利化水平位于第一个层次，明显高于其他国家的水平。塔吉克斯坦和吉尔吉斯斯坦位于第二个层次，而且这两个国家的投资便利化水平 2016—2018 年并没有明显的提高。

（三）中国与中亚国家投资便利化水平分指标评价及分析

前文分析了各国投资便利化的总体水平，这里继续按照一级指标基础设施、营商环境、市场开放和规制环境，分别计算各一级指标的评价值并进行分析。

1. 基础设施

从基础设施的评价值来看，2014—2018 年中国的指标数值从 0.089 8 变化为 0.082 7，远远领先于中亚国家。中亚国家中的哈萨克斯坦的指标值领先于其他国家，只是在 2018 年与其他国家的差距有所减小甚至居于同一水平，见表 7-8。

表 7-8　2014—2018 年中国与部分中亚国家基础设施评价值

国家	2014 年	2015 年	2016 年	2017 年	2018 年
中国	0.089 8	0.073 0	0.097 1	0.094 2	0.082 7
哈萨克斯坦	0.085 8	0.048 7	0.061 7	0.072 3	0.050 1
吉尔吉斯斯坦	0.021 8	0.003 9	0.009 0	0.045 4	0.051 8
塔吉克斯坦	0.026 3	0.043 9	0.052 9	0.043 2	0.042 4

从基础设施所包括的二级指标"运输基础设施的质量和效率""公用基础设施的质量""信息与通信技术的可靠性和质量"来看，中国的运输基础设施的质量和效率的分值远高于中亚国家，2018 年中国的分值为 68.9 分，在全球 141 个国家中居于第 24 位，远高于哈萨克斯坦的第 73 位、吉尔吉斯斯坦的第 103 位、塔吉克斯坦的第 91 位。中国基础设施的排名 2018 年前几年呈现上升趋势，而中亚国家的排名总体来看徘徊不前。

就公用基础设施的质量（输配电损失占比）来说，中国与哈萨克斯坦差距不大，2018年分别位居第 18 位和地 19 位，高于吉尔吉斯斯坦的第 115 位和塔吉克斯坦的第 107 位。就信息与通信技术的可靠性和质量来说，中国的优势较为明显，2018 年位于全球第 18 位，远高于哈萨克斯坦的第 44 位、吉尔吉斯斯坦的第 65 位和塔吉克斯坦的第 121 位。2014—2018 年，中国在信息与通信技术的全球排名上升较为明显，而中亚国家的排名并未出现明显的变化趋势。

综合来看，中国在基础设施的质量和效率方面具有较为明显的优势，世界排名靠前。哈萨克斯坦在中亚国家当中居于领先，而其他中亚国家的基础设施相对落后。由于缺少土库曼斯坦和乌兹别克斯坦的相关数据，在此不做比较。

2. 营商环境

从营商环境这个一级指标的评价值来看，中国在 2014—2016 年的分值低于部分中亚国家，在 2017—2018 年的分值领先于中亚国家。如表 7-9 所示，在中亚国家中，哈萨克斯坦的营商环境明显好于表中其他中亚国家，吉尔吉斯斯坦和塔吉克斯坦的营商环境评价值较低，处于同一水平。

表 7-9　2014—2018 年中国与部分中亚国家营商环境评价值

国家	2014 年	2015 年	2016 年	2017 年	2018 年
中国	0.222 3	0.210 7	0.242 1	0.333 0	0.383 8
哈萨克斯坦	0.316 0	0.321 6	0.246 1	0.292 6	0.330 0
吉尔吉斯斯坦	0.234 8	0.230 0	0.230 0	0.283 5	0.225 4
塔吉克斯坦	0.170 5	0.252 0	0.219 7	0.179 6	0.209 9

营商环境作为一级指标具有较大的权重（0.42），相对较为重要。营商环境所包括的二级指标包括启动经营的成本、启动经营的时间、产权保护、营商便利程度、商业化程度、金融市场的发展六个二级指标。其中启动经营的成本和启动经营的时间为逆指标，其数值越大，说明营商的便利程度越低。

中国的营商环境评价值从 2014 年的 0.222 3 增长到 2018 年的 03 838，增长较为显著。营商环境包含的二级指标进行分析，从启动经营的成本来看，中国在 2018 年的数值分别为人均 GNI 的 0.4 倍，排名位居全球第 9 位，略低于哈萨克斯坦，高于其他中亚国家。从启动经营的时间来看，中国从 2014 年的 31.4 天大幅缩短到 2018 年的 8.6 天，全球排名从第 117 位提升到第 51 位，低于哈萨克斯坦第 23 位，高于其他中亚国家的排名。从产权保护来看，中国的得分从 2014 年的 4.4 分增长到 2018 年的 4.6 分，世界排名从 2014 年的第 51 位变化为 2018 年的第 58 位，排名略有下降，但始终高于中亚国家。从营商便利程度来看，中国的营商便利程度从 2014 年的 62.58 变化为 2018 年的 69，世界排名从 2014 年的第 90 位上升至 2018 年的第 46 位。从金融市场的发展这一指标来看，中国从 2014 年的世界第 61 位上升到 2018 年的第 29 位，上升趋势明显，并远远领先于中亚国家。综合来看，在营商环境的各二级指标中，中国在启动经营的成本、启动经营的时间、营商便利程度三个方面与中亚国家相比并不具有明显的优势，有较大的改善空间。

哈萨克斯坦的营商环境评价值从 2014 年的 0.316 0 变化到 2018 年的 0.330 0，增长不明显，呈现波动的趋势，2014—2016 年的评价值高于中国及其他中亚国家，2017—2018 年的评价值低于中国。对营商环境各二级指标分析，哈萨克斯坦的启动经营成本 2018 年世界排名第 7 位，高于中国和其他中亚国家。从启动经营的时间来看，哈萨克斯坦这一指标具有优势，从 2014 年的第 53 位上升到 2018 年的第 23 位，2018 年的排名远高于中国和其他中亚国家。从产权保护来看，哈萨克斯坦的世界排名在 2014 年位于第 67 位，之后的排名有所波动，至 2018 年仍然为第 67 位，低于中国的第 58 位和塔吉克斯坦的第 57 位，高于吉尔吉斯斯坦的第 122 位。哈萨克斯坦的营商便利程度从 2014 年的第 77 位变化为 2018 年的第 28 位，高于中国和其他中亚国家的排名。就金融市场的发展这一指标来看，哈萨克斯坦在 2018 年的排名为第 104 位，远低于中国的第 29 位。综合来看，哈萨克斯坦在启动经营的成本、启动经营的时间的优势较为明显，而在金融市场的发展方面具有明显的不足。

吉尔吉斯斯坦的营商环境评价值从 2014 年的 0.234 8 变化为 2018 年的 0.225 4，居于相对低位且没有明显的变化趋势，指标值高于塔吉克斯坦，低于中国和中亚其他国家。从营商环境的各项二级指标来看，吉尔吉斯斯坦的启动经营的成本 2018 年为人均 GNI 的 1.9%，排名世界第 41 位，低于中国和哈萨克斯坦，远高于塔吉克斯坦。从启动经营的时间来看，从 2014 年的第 42 位下降为 2018 年的第 59 位，低于中国和哈萨克斯坦。从产权保护来看，从 2014 年的第 124 位变化为 2018 年的第 122 位，远低于中国和其他中亚国家。从营商便利程度来看，吉尔吉斯斯坦的排名从 2014 年的第 102 位变化为 2018 年的第 70 位。从金融市场的发展来看，2018 年的排名为 122 位，远低于中国的第 29 位。综合来看，吉尔吉斯斯坦的营商环境各项指标排名都较为靠后。

塔吉克斯坦的营商环境评价值从 2014 年的 0.170 5 上升为 2018 年的 0.209 9，在中亚国家中位居最后，且改善趋势不明显。从营商环境各二级指标来看，塔吉克斯坦的启动经营的成本在 2018 年位于第 104 位，远低于中国和其他中亚国家。从启动经营的时间来看，这一数值从 2014 年的第 126 位上升到第 65 位，上升趋势较为明显，但仍低于中国和其他中亚国家。从产权保护来看，从 2014 年的第 69 位上升到 2018 年的第 57 位，高于中国的第 58 位，并高于其他中亚国家。从营商便利程度来看，塔吉克斯坦的排名从 2014 年的第 166 位变化为 2018 年的第 126 位。从金融市场的发展来看，塔吉克斯坦在 2018 年的排名第 118 位，低于中国和其他中亚国家。综合来看，除了产权保护之外，在其他分项指标方面都低于中国和其他中亚国家。

乌兹别克斯坦的营商环境的二级指标的数据缺失，仅有"营商便利程度"这一、二级指标的数据。从这一数据来看，其世界排名从 2014 年的第 141 位变化为 2018 年的第 76 位，提升趋势较为明显。其低于中国的第 51 位，也低于中亚其他国家的排名。

3. 市场开放

中国与部分中亚国家的市场开放评价值如表 7-10 所示。从市场开放这个一级指标值来看，中国和中亚国家的差别不大。

表 7-10　2014—2018 年中国与部分中亚国家市场开放评价值

国家	2014 年	2015 年	2016 年	2017 年	2018 年
中国	0.051 5	0.027 5	0.068 4	0.069 3	0.069 8
哈萨克斯坦	0.045 6	0.037 9	0.041 3	0.053 9	0.061 4
吉尔吉斯斯坦	0.117 4	0.049 2	0.055 9	0.063 5	0.070 5
塔吉克斯坦	0.040 1	0.038 8	0.068 5	0.083 4	0.064 0

　　中国的市场开放评价值从 2014 年的 0.051 5 增长到 2018 年的 0.069 8。中亚国家的市场开放评价值也呈现出了逐步上升的趋势。就 2018 年的数据来看，中国与中亚国家的差距不大。从市场开放所包括的各二级指标来看，可以归纳出以下几点：①从非关税壁垒的普遍性来看，2018 年中国的排名为第 60 位，高于哈萨克斯坦的第 62 位、吉尔吉斯斯坦的第 108 位、塔吉克斯坦的第 96 位；②从关税的复杂性来看，2018 年中国的排名为第 45 位，高于哈萨克斯坦的第 104 位、吉尔吉斯斯坦的第 60 位、塔吉克斯坦的第 55 位；③从商品与服务进占 GDP 比例来看，2018 年中国的排名为第 131 位，低于哈萨克斯坦的第 104 位、吉尔吉斯斯坦的第 60 位、塔吉克斯坦的第 55 位。

　　4. 规制环境

　　从规制环境这个一级指标的评价值来看，中国的数值呈现逐渐上升的趋势，2017 年和 2018 年的数值高于中亚国家。在中亚国家中，哈萨克斯坦和塔吉克斯坦的规制环境指标值高于吉尔吉斯斯坦，吉尔吉斯斯坦的规制环境并未见明显的改善，见表 7-11。

表 7-11　2014—2018 年中国与部分中亚国家规制环境评价值

国家	2014 年	2015 年	2016 年	2017 年	2018 年
中国	0.182 7	0.207 8	0.216 0	0.211 0	0.211 6
哈萨克斯坦	0.189 8	0.207 0	0.160 2	0.132 5	0.172 1
吉尔吉斯斯坦	0.039 6	0.050 8	0.054 8	0.037 9	0.020 4
塔吉克斯坦	0.180 8	0.230 4	0.230 4	0.175 1	0.194 3

　　从规制环境包括的各二级指标来看，可以概括为以下几点：①从政府的定位来看，2018 年中国的排名为第 37 位，高于哈萨克斯坦的第 46 位、吉尔吉斯斯坦的第 112 位、塔吉克斯坦的第 38 位。②从解决争端法律框架的效率来看，2018 年中国的排名为第 52 位，低于塔吉克斯坦的第 32 位，高于哈萨克斯坦的第 56 位、吉尔吉斯斯坦的第 105 位。2014—2018 年，中国这一指标呈现波动的特征，从第 50 位变化为第 52 位。塔吉克斯坦的排名有所上升，从第 41 位上升至第 38 位。而哈萨克斯坦、吉尔吉斯斯坦的排名略有下降。③从司法的独立性来看，2018 年中国的排名为第 47 位，高于哈萨克斯坦的第 71 位、吉尔吉斯斯坦的第 106 位、塔吉克斯坦的第 50 位。2014—2018 年，中国的排名从

第 67 位上升到第 47 位，上升较为明显。哈萨克斯坦的排名从第 72 位变化为第 71 位，吉尔吉斯斯坦和塔吉克斯坦的排名也未发生较大的变化。④从腐败的发生率来看，2018年中国的排名为第 49 位，高于哈萨克斯坦的第 73 位、吉尔吉斯斯坦的第 112 位、塔吉克斯坦的第 58 位。

四、促进投资便利化的对策建议

中国与中亚国家的投资便利化水平存在一定的差异，中国与哈萨克斯坦的投资便利化的总体水平相对较高，而其他中亚国家的投资便利化水平相对较低，各国在投资便利化方面存在一定的提升空间。提高投资便利化水平也是促进中国（新疆）与中亚国家之间的投资快速发展的必经路径。

（一）提高基础设施的质量，提高基础设施的服务效率

基础设施是投资便利化评价体系的重要构成因素，加强交通基础设施、社会公用基础设施、信息与通信基础设施的建设，是完善便捷的投资环境的基础保障。中国在交通基础设施、信息与通信基础设施的质量和服务效率方面，相比于中亚国家有较为明显的优势。

提高东道国的基础设施建设水平，保障各国间的货物与信息往来通畅是提高投资便利化的基础保障，中亚国家的基础设施落后，应着力构建以铁路、公路等复合型的交通基础设施网络。鉴于各国在建设基础设施方面缺乏必要的国内资金，在对中亚国家的投资合作过程中，应充分发挥金融业的支持和服务作用，发挥亚洲基础设施投资银行、丝路基金和世界银行等国际金融机构的作用，为改善中亚地区的基础设施提供支持。中国应加大国家民航、铁路、交通等相关部门与中亚国家的沟通与合作力度。

与中亚国家加强信息和通信基础设施和平台的建设合作。中国应加强与中亚国家的政府间合作，建立由双方政府合作牵头的网络信息平台及官方网站，为电子商务及信息化物流建设奠定基础，保障中国与中亚国家之间的货物和信息往来的通畅是中国与中亚国家合作的共同目标。中国与中亚国家合作建立适应电子商务发展的物流系统和信息系统，加强信息共享，并完善信息共享平台的数据安全保障工作，降低双方投资的交易成本。

（二）营造便捷的企业营商环境

营商环境在投资便利化指标体系中所占权重为 42%，居于极其重要的地位。便捷的营商环境是促进企业投资的关键因素。中国的营商环境近年来有了一定的提高，但即使与中亚国家相比，在启动经营的成本、启动经营的天数、营商便利程度方面，仍然落后于哈萨克斯坦，这说明企业的经营仍过多地受制于行政力量，对企业存在过多的管制和行政干预。营造公开、公正和透明的营商环境，提高政府行政程序的透明度，进一步精简行政环节，减少交易障碍，确保政策和法规的连续性和稳定性，并加大对腐败的打击力度。此外，提供方便快捷的金融服务对于营造良好营商环境也具有重要作用。

加强与中亚国家政府间进一步沟通与合作，加强有关制度、有关规则以及各种法律的对接工作，统一协调贸易投资便利化措施，建立各国政府间的便利化政策的长效沟通

机制，尽早、尽快、尽可能多地推动多领域达成共识，共同监督各国推进相关举措，促进融合度的提高；努力建立统一、规范的边境管理制度和行政审批制度，合作提高通关效率也将促进投资便利化水平的提升；加强与中亚国家投资政策的协调，以实现双方共同利益最大化为基本原则，将目前现有的与中亚国家之间的投资合作协定落到实处，在开办企业、办理许可、获得信贷等方面，给予双方投资者相应的扶持，并发挥金融在跨境投资中的引领作用，促进投融资便利化。

（三）完善规制环境，提高政府行政效率

规制环境是投资便利化指标体系的重要组成部分。加强制度建设、营造良好的投资环境是提升投资便利化的重要途径；加强制度建设，增强政府的政策和行政程序的透明化，简化审批程序，提高行政效率。提高政府适应数字化的法律框架和商业模式的能力，并保持政府制定的规则与措施的稳定性和连续性，增加政府政策的透明度；保证司法的独立性，做到有法可依，有法必依；提高解决投资争端的法律框架的效率，依法解决投资和贸易争端。

随着投资便利化水平的提高，需强化对投资活动的事中和事后监管，对于贸易和对外投资活动，简化审批手续，并做好投资环境的预警和风险防控服务，建立动态的跟踪机制，评估投资项目的风险及困难，充分利用大数据做好监管协调和服务，为企业遇到的问题和困难提供及时和妥善地处理。

政府在营商环境建设、市场开放程度和基础设施方面产生重要影响，为提高投资便利化水平，必须依赖有效的政府行动。采取有效的政府行动，便捷国外企业进入中国市场，在管理体制、金融服务、法律保障、政府行政等众多领域做好行政简化。作为投资合作的主要参与方，中国应发挥负责任大国的担当，在与中亚国家签署的双边投资协定中扩大投资范围、降低准入门槛，强化事中事后监管，创新投资争端的解决方式，创造更加便利化的投资环境。

第八章 "一带一路"倡议下中国(新疆)与中亚国家农业互联互通合作的战略构想

"丝绸之路经济带"和"21世纪海上丝绸之路"是2013年习近平主席分别出访中亚国家和印度尼西亚时提出的重大战略构想。为推进实施"一带一路"倡议,积极推进与中亚国家的农业互联互通合作,着力提升农业经贸合作水平,构建多形式的交流与合作,需要在总体战略上谋篇布局,明确合作目标,厘清合作重点,确保农业互联互通合作不断迈向新水平。

第一节 战略思路与目标设计

一、战略思路

加快中国(新疆)与中亚五国农业互联互通合作的战略思路是:深入贯彻党的十八大、党的十九大和十九届二中、三中、四中、五中全会精神,以"四个全面"战略布局为引领,牢固树立创新、协调、绿色、开放、共享的发展理念,紧紧围绕"一带一路"建设,立足中国(新疆)和中亚五国农业发展的实际,坚持平等、开放、包容、共赢、绿色的原则,充分利用上合组织、中亚区域经济合作机制、亚洲基础设施投资银行和丝路基金等平台和资源,加强国家层面的顶层设计和外交推动,充分发挥新疆在中国向西开放中的核心区位优势,积极实施农业互联互通合作。以中国与中亚国家的农业政策沟通为保障,以构建中国与中亚国家的交通基础设施联通为抓手,以农产品贸易畅通为重点,以农业合作投融资的资金融通为支撑,以农业技术交流与人员互访为纽带,加快推动中国(新疆)与中亚五国的农业互联互通合作,提升中国(新疆)农业向西开放为出发点,谋求中国(新疆)与中亚五国在农业合作中科学合理布局,创新合作模式,完善合作机制,构建创新合作平台,最终实现各国农业的共同发展。

二、合作原则

(一)平等互利,合作共赢

从全局的高度充分认识中国(新疆)与中亚五国农业互联互通合作的重要战略意

义，以促进各国农业共同发展为出发点，追求各国的绝对平等。中国应尊重中亚各国的意愿，在充分尊重各国差异的基础上，既把中亚看成一个整体，又应区别对待不同国家，要努力取得中亚国家的信任，务实推进中国（新疆）与中亚五国的农业互联互通合作。

中国始终秉承"与中亚国家携手打造互利共赢的利益共同体和命运共同体"的理念，切实照顾相关各方的共同利益和具有差异性的利益关切，以"与邻为善、以邻为伴""睦邻、安邻、富邻"的理念为出发点和落脚点，充分调动中亚国家与中国的农业互联互通合作的积极性、主动性和能动性，实现共谋发展、合作共赢。

（二）政府引导，市场运作

充分发挥政府的引导作用，政府层面在中国（新疆）与中亚五国农业互联互通合作中达成和凝聚共识，提升合作意愿。在中国（新疆）与中亚五国的农业互联互通合作中，政府的主要作用是加强国家层面的顶层设计和外交推动、制定政策、机制设计和提供服务，因此政府主要起到引导作用。

创新合作模式，引入市场化运作机制，充分发挥涉农企业的微观主体作用，遵循市场经济规律，涉农企业在农业生产、农产品加工、农产品贸易、农业投资等各个领域都应发挥主体作用，充分调动各类资源，形成以政府为引导、企业为主体、市场化运作的农业合作模式。

（三）统筹规划，突出重点

综合考虑"一带一路"倡议的建设发展要求，从国家总体战略布局和地方具体的农业合作两个层面统筹规划中国（新疆）与中亚五国的农业互联互通合作，推动双方的交通基础设施建设、农产品贸易、农业生产、农业投资、农产品加工等领域的合作协调发展，共同与中亚国家规划农业合作愿景，实现共同发展。

充分考虑中国（新疆）与中亚五国农业发展的当前需求和长期愿景，从各方农业生产的相对优势、农产品贸易的相对优势、农业技术的相对优势、农业资源的互补性等出发，选择各国农业发展急需且易于操作的领域进行重点投入，着重拓展在作物种植、农业机械、节水灌溉、畜禽养殖和土壤改良等方面的合作，促进农业合作与共同发展。

（四）立足当前，着眼长远

注重长短结合，既要立足当前，着力推进农产品贸易和农业投资便利化进程，重点解决投资和贸易便利化遇到的突出问题，并抓紧推动实施一批具备现实可能性的合作项目，为中国（新疆）与中亚五国的农业互联互通合作寻求新的突破，又要着眼长远，谋划布局一批全局性、战略性和长远性的项目。中国（新疆）与中亚五国的农业互联互通合作，应充分利用区域内的农业资源、资金与技术，强化合作各方的特色和优势，立足各自实际，先易后难，重视基础设施互联与农业产业合作相结合，坚持战略优先，着眼长远，为推进中国（新疆）与中亚五国的农业合作奠定基础。

三、战略目标

（一）近期目标

中国（新疆）与中亚五国的农业互联互通合作目标可分为近期目标和远期目标。以 2025 年为分界点，在近期（2025 年以前），中国（新疆）与中亚五国的农业互联互通合作水平显著提升，形成有效和协调的政策沟通；交通基础设施、商贸物流基础设施明显改善；获批中国亚欧经贸合作试验区；大幅提高贸易便利化与投资便利化程度，大幅降低交易成本，建立贸易投资便利化信息平台；农业互联互通合作的投融资体系不断健全；农业科技交流与人员往来不断加强。

（二）远期目标

到 2030 年，中国（新疆）与中亚五国的农业互联互通的基础设施和软件条件基本完善，交通基础设施得到较大改善，建成信息畅通的贸易投资便利化信息平台，贸易投资便利化程度已经可以保障农业生产要素（包括劳动力、资本、技术）、农产品实现区域内的低成本流动与合理配置。农业出口基地建设不断完善，中国（新疆）与中亚五国的区域经济一体化程度明显提升，把中哈霍尔果斯边境合作中心建成中哈霍尔果斯边境自由贸易区，在中国或中亚国家建立若干农业合作示范区，在中亚国家建立境外经贸合作区，中国（新疆）自由贸易试验区取得显著成效，极大拓宽中国（新疆）与中亚五国的农业互联互通合作领域，实现互利共赢。

第二节　农业互联互通合作的总体构想

在"一带一路"倡议下，中国（新疆）与中亚五国的农业互联互通合作，应以农业政策沟通为保障，以构建中国与中亚国家的交通基础设施联通为抓手，以农产品贸易畅通为重点，以农业合作投融资的资金融通为支撑，以农业技术交流与人员互访为纽带，加快推动中国（新疆）与中亚五国的农业互联互通合作。

一、农业政策沟通

政策沟通作为互联互通的"五通"之首，政策沟通侧重于政治互信、规则制定、发展战略、国际主张、合作理念等内容。中国（新疆）与中亚五国的农业合作，多是通过双边或者多边合作建立的约束力不强、结构松散的合作体系。在"一带一路"倡议下，中国（新疆）与中亚国家的农业合作主要是在自愿的原则下形成的"利益共同体"，而不是依靠强制规则的约束，因此需要加强政策沟通，就投资和贸易便利化机制、农业合作的对话与协商、组织协调、自由贸易区、农业合作示范区、境外经贸合作区、基础设施的互联互通、农业资源开发、农产品贸易、农业投资、农业技术交流与合作等所有涉及双方农业合作的政策和法规进行有效的沟通和协调。

目前，中国与中亚五国的农业政策沟通多集中在基本政策的相互知晓，尚未达到涉及农业发展政策、农产品贸易政策等政策沟通的核心层面。中亚五国的农业政策，在农业用地、劳工、农产品贸易、农业投资、农业产业政策等方面存在政策不连续、规则不健全等问题。部分中亚国家也存在边境贸易通关不畅、关税较高以及海关通关效率低下等问题。中亚国家也都制定了本国的发展战略以及农业发展战略规划，这些发展战略都是从各自国家农业发展的实际出发。因此，实现农业发展政策的沟通需要国家的高层沟通、农业政策制定部门的沟通和协调，就农业发展规划与政策的内容、具体项目等进行沟通，达到双方农业合作的利益最大化。

中国与中亚国家在"一带一路"的框架内已经达成了一系列共识和合作协议，开展与中亚国家农业互联互通合作的政策沟通，首先需要以高层的政策沟通为统领，就国家元首的互访、在上合组织等机制和平台的对话和磋商协调、政府部门的部长级对话等形式，进行高层的政策沟通。其次是发挥外交渠道的优势，驻外机构对中亚国家的政策法规较为熟悉，也具有沟通迅速和便捷的优势。中国驻中亚国家的使领馆和经济商务参赞处也通过互联网提供了所在国家的政策信息以及招商引资的项目等信息。再次是发挥各种平台的优势加强政策沟通，充分发挥上合组织、中亚区域经济合作组织、亚洲相互协作与信任措施会议、中国（新疆）与中亚国家的各类合作委员会等平台和机制的作用，协调推动农业合作的实施，签署农业合作备忘录等方式，对于加强中国与中亚国家的农业政策沟通具有非常重要的作用。再者，加强部委、地方协商机制，对农业合作的具体问题进行政策沟通，及时掌握中亚国家在农业生产、农产品贸易、农业投资、农产品加工等方面的政策变化，推动地方层面和企业层面的农业合作。最后，可以通过智库、媒体等进行政策沟通。智库可以通过举办论坛和研讨会，传递政策信息，释疑解惑。大众媒体也是政策沟通的重要传播者，发挥其优势。通过各种形式的政策沟通，实现中国（新疆）与中亚五国的农业互联互通的合作共赢。

二、基础设施联通

基础设施互联互通是"五通"建设的优先领域。农产品贸易具有很强的时效性，尤其是部分生鲜农产品的保质期较短，对运输物流体系的要求较高，必须确保运输通道和贸易通道的畅通。农业基础设施的互联互通，即要求"一带一路"沿线国家要重点建设交通基础设施的关键通道和重要节点，畅通瓶颈路段，优先打通缺失路段，满足农产品贸易的较强时效性，并满足农产品由于重量较重和体积庞大而对大宗货物运输需求的增加，完善沿线国家之间的物理联通，完善跨境交通基础设施，配套完善道路安全防护设施，逐步形成畅通便利的交通运输网络，为农产品贸易往来、农业投资和农业从业人员往来提供便利。

为保证农产品的贸易畅通、农业从业人员往来的便利，要抓住交通基础设施的关键通道、关键节点和重点工程。中亚国家处于"中国—中亚—西亚"经济走廊，这一走廊包含中哈的"光明的丝绸之路"，也有尚未建成的中吉乌铁路，还有中吉塔"阿赖—拉什特"道。基础设施联通是中国（新疆）与中亚五国农业合作以及实现经贸合作畅通往来的前提。为确保农产品贸易的时效性和满足对大宗货物运输的需求，农业互联互通合作的优先工作是提高中国与中亚地区的交通互联水平。

首先是实现交通运输合作机制的创新。实现中国与中亚五国的交通运输合作机制创新，可以依托上合组织、中亚区域经济合作机制、"新亚欧大陆桥国际协调机制"等，加强道路联通机制建设，加大道路联通建设合作。为实现道路联通，需要加强国内的交通基础设施建设，中亚国家出台了基础设施建设的发展规划，如哈萨克斯坦制定实施了《2020年哈萨克斯坦发展战略规划》，对公路、铁路、管道运输、水运、电信、电力等基础设施改造和建设等进行了详细规划；吉尔吉斯斯坦拟在"中亚国家经济合作"机制框架下实施修复5条具有国际走廊意义的公路项目，编制了中吉乌铁路可研报告，推动融资计划实施，促其建设；塔吉克斯坦制定了《2025年塔吉克斯坦共和国交通领域发展国家专项规划》，该规划涵盖了公路、铁路、航空等多个领域；乌兹别克斯坦出台了《2015—2019年道路运输基础设施发展纲要》；土库曼斯坦于2018年7月也决定，在全国建设大型工业和社会设施项目约1 600个，总投资约为405亿美元。中亚国家的交通基础设施建设需要大量的资金，中国可以通过亚洲基础设施投资银行、丝路基金等予以资金支持，与中亚国家建立起互信的道路联通机制。

其次是加强与中亚国家的交通基础设施投资合作。在目前道路联通的基础上，中国结合中亚国家的道路发展现状及发展规划，推进与中亚国家道路联通的合作。中国可以根据中亚国家道路建设的资金需求情况，开展对中亚国家交通基础设施的投资合作，目前已有国内投资主体投资中亚国家的交通基础设施。中国可以充分利用在交通基础设施建设领域的先进技术和经验，在基础设施建设的投资、工程承包等方面加强合作。

三、农产品贸易畅通

中国（新疆）与中亚五国的农产品贸易是双方农业合作的重要领域，2015年3月发布的《推动共建丝绸之路经济带和21世纪海上丝绸之路的愿景与行动》中，更是将贸易畅通定位于"一带一路"建设的重要内容。中国（新疆）与中亚五国的进出口贸易规模越来越大，双边进出口的农产品主要是棉花、小麦、植物油、油籽、蔬菜、茶叶、水果汁和蔬菜汁、水果和坚果等。中国也是中亚棉花的第二大出口目的国，从农产品进出口结构来看，农产品贸易具有较强的互补性。但农产品贸易发展仍然存在着一些影响贸易畅通的因素，包括农产品贸易方式不合理，中国（新疆）与中亚五国的贸易以边境小额贸易和一般贸易为主，加工贸易和其他贸易所占的份额较小。中国与中亚五国的农产品贸易也存在区域不平衡，2000—2018年，中国与中亚五国的农产品贸易差额在多数年份处于逆差，分国别来看，中亚国家与中国的农产品进出口贸易，哈萨克斯坦处于明显的逆差，而乌兹别克斯坦、土库曼斯坦处于较为明显的顺差。中亚国家贸易环境欠佳，贸易保护主义较为严重；中国与中亚国家贸易便利化水平差异较大，中亚国家贸易便利化程度较低，外部的不利国际环境和贸易安全问题也制约了农产品贸易的发展；中亚国家交通基础设施落后，难以满足双边的农产品贸易需求；中亚国家的海关基础设施建设滞后，通关效率低下；贸易管理部门的沟通协调监管能力相对不足，也影响了农产品贸易的畅通。

中国与中亚传统的农产品贸易虽然发展迅速，但与"一带一路"倡议构想的发展思路并不符合，在上合组织的框架下，中国与中亚国家开展的经贸合作和农业合作，更多的是双边合作而非多边合作，因此，要实现中国与中亚国家的农产品贸易畅通，一是要推进多边合作机制和平台下的贸易便利化合作，充分利用世界贸易组织、世界海关组织、上合组织、中亚区域经济合作机制、欧亚经济联盟等多边经贸合作平台和机制。中国应在上合组织等框架下积极推进贸易便利化合作，发挥主导作用。二是加强政府间双边合作。只有加强中国与中亚五国政府的双边沟通和合作，才能为贸易畅通奠定制度基础。可由政府推动建立农产品贸易畅通的合作机制，加快推动贸易便利化具体措施的实施。三是完善基础设施的互联。贸易畅通需要政策、设施、资金等领域的支持和配合，才能切实做到畅通。因此基础设施的互联互通是贸易畅通的必要条件，要进一步加强与中亚国家之间的公路、铁路、航空等交通基础设施互联互通，对与中亚国家毗邻的口岸基础设施改造升级，提高口岸通关效率，构建高效的物流体系，推动贸易便利化发展。四是以海关和口岸便利化建设为突破口，助推农产品贸易畅通。加强海关的贸易便利化制度建设，加快重点口岸基础设施建设，协调口岸管理部门实现信息共享，建立跨境电子商务协作平台。五是深化边境监管合作。中国与中亚国家进一步加强海关合作，深化跨境监管的协调，建立多层次的海关和监管部门合作机制，推动贸易便利化，实现农产品贸易畅通。

四、农业合作的资金融通

中国与中亚国家的互联互通合作，在基础设施互联、农产品贸易、农业生产、农业投资等领域，需要资金融通的支持，资金融通起到催化、促进等不可替代的作用。而这里的资金融通，在范围上超出了一国的市场范围，在资金融通的风险防范和监管方面也需要跨国合作。因此，中国与中亚五国农业合作中的资金融通，从资金融通的体系、范围、监管、融资工具、融资方式等都有特定的内涵和任务。建立资金融通的体系，是从推进跨国投融资体系和信用建设着手，建立中国和中亚国家的区域金融合作机制，再建立区域金融市场，将不同国家的金融市场之间建立起跨国的融资渠道和机制。从融资工具来看，进行国家之间的货币互换合作、双边本币结算和区域外汇市场、区域债券市场的发展，是资金融通的工具和载体，而资金来源则可以是多元化的渠道，包括亚洲基础设施投资银行、亚洲开发银行、丝路基金、商业性投资和其他社会资金。从资金融通的合作主体来看，亚洲基础设施投资银行、上合组织银联体、丝路基金等区域性金融机构和合作机制是跨国资金来源的主要载体，而中国通过开放外汇市场、债券市场等，培育区域性金融市场，也可成为区域资金的融资主体。从资金融通的监管合作来看，跨国资金融通的风险防范、合规监管等，需要中国与中亚国家通过金融监管合作来实现。以跨国金融监管合作机制的建立，推进双边的金融监管合作。

农业互联互通合作资金融通的主要任务和目标，一是为双边的农产品贸易畅通服务，为中国与中亚五国之间的农产品贸易结算、农产品国际贸易融资、汇兑风险等提供金融支持。二是为中国与中亚五国之间的基础设施联通提供融资服务。中亚五国的交通基础设施发展相对落后，跨境基础设施建设滞后，不能满足农产品贸易畅通的需要。跨境交通基础设施的完善需要的资金量大、建设周期长，需要资金融通作为支持。三是为中国与中亚五国之间的农业跨国投资提供融资支持。中国与中亚五国在农业资源禀赋、农业生产、农产品贸易、农业技术等领域存在较大的差异性和互补性，这些差异促进了农业投资的发展，而农业投资也必然需要金融支持。

实现中国与中亚五国之间的资金融通的路径和模式，一是为满足农产品贸易畅通、农业投资对资金的需求，推进金融合作的机制化。中亚各国的农业发展、经济发展存在较大的差异，各国农业发展对资金的需求具有不同的特点，实现资金融通，需要完善中国与中亚国家之间的融资机制安排，建立和完善区域性金融机构，并以区域性金融机构如亚洲基础设施投资银行、亚洲开发银行、丝路基金等为平台，建立透明和高效的投融资机制，促进农业资金融通。二是完善区域金融体系，拓展融资工具，推动区域内的资金融通。中国与中亚国家的货币合作和区域金融市场、区域金融体系的建立，是实现资金融通的基本保障。同时，双方发展丰富多样的融资工具，如货币互换、区域汇率形成机制、区域性债券、票据等。三是以人民币国际化的发展为中国与中亚区域的资金融通提供核心货币。提高人民币在区域范围内的使用比重，在贸易结算、跨国投资等领域实现人民币的区域化。中国已与哈萨克斯坦、塔吉克斯坦、乌兹别克斯坦等签署了货币互换协议，但在中亚范围内，人民币的使用比例还不高。在人民币区域化和国际化的进程中，继续提高在中国与中亚国家的农产品贸易结算、农业投资等领域人民币的使用比重，促进人民币在本区域的国际化。四是推动区域内的资金融通机制与平台与区域外的合作机制的对接。在上合组织框架下，中国积极推进与中亚国家的金融合作，包括货币互换、互设金融分支机构、提供国际贸易本币结算服务、金融监管合作等，并通过丝路基金、亚洲基础设施投资银行、上合组织银联体等金融机构，加强与域外区域经济合作机制与平台的金融合作。

五、农业技术互通

中国（新疆）与中亚国家的农业合作中，农业科技合作越来越受到合作各方的支持和认同。农业科技合作在优化国家之间的农业资源配置的同时，可以有助于农业科技较为落后的国家实现农业产业升级和价值链的攀升。中国（新疆）与中亚五国在农业科技领域的交流与合作近年来也取得了较大进展，农业科技合作的规模不断提高，合作领域不断拓宽，合作的方式也更加多样。中亚国家在棉花种植、部分蔬菜种植等方面的技术水平较高，而中国在棉花育种与推广、病虫害的生物防治、节水灌溉、农业机械、农产品加工、小型农机具、灌溉设备等方面具有较为明显的技术优势。中国与中亚五国的农业科技合作也涵盖了作物种植、水产养殖、畜禽养殖、农产品加工和农业机械等诸多领域，农业技术人员的友好往来也不断增多。合作方式也更加多样，除了双方的农业技术人员的技术交流，还包括建立农业合作示范区、农业投资带动技术交流、农业技术人员的培训、农业技术论坛、研讨会等多种形式。

要实现中国与中亚五国农业的高质量合作，有必要补足短板，推进农业技术合作，实现农业产业升级。深化与中亚五国的农业科技合作，有利于实现农业科技的互通有无，并推动中亚五国农业技术进步，进而推动其农业经济发展。中国与中亚五国的农业科技合作可以采用多种模式、多种形式的科技合作，包括可以采取技术转让和技术转移、农业科技人员互访与交流、合作研究、联合培训、区域性学术交流会议、联合建立农业科研机构、农业科技资源共享、农业科技项目合作等。双方可以从多个层次推动农业科技合作，实现农业技术互通。一是政府合作搭建国际科技合作平台。中国政府与中亚五国政府通过签订农业科技合作协议，共同消除法律法规等方面的障碍，以合作各方的农业科技的紧迫需求为导向，通过共同建设联合研究中心、技术转让平台和资源共享平台等方式，组织农业科技专家、高等院校、农业科研院所以及相关涉农企业展开联合农业科技攻关。政府搭建国际科技合作平台的作用在于为科技合作提纲方向指导，并且在政府的推动下，比较容易获得合作主体各方的认可和支持，在实现自身发展的同时也必然推动农业经济的发展。二是通过民间往来促进农业科技合作的发展。中国与中亚五国的农业科技交流与合作中，民营的涉农企业也通过境外的农业投资与合作，形成了实力雄厚民营企业对中亚国家的农业科技合作模式。要加强涉农企业国际科技合作能力建设，适应科技发展国际化的需要。而且在农业科技合作中，也需要民间中介机构的支持与协作，促成合作双方达成合作协议。三是通过建设农业科技园区带动农业科技合作。通过合作建立农业科技园区，吸引高科技农业企业入园，增加涉农科技企业与当地的农业科技交流与合作。中亚五国农业资源富足，但农业科技整体较为落后，而中国的科技园区发展已经取得了较为成功的经验。因此，在中亚国家设立农业科技园区，以达到以农业科技园区带动农业科技合作发展，园区企业有机会参与跨国农业科技合作项目，推动农业科技合作的发展。

第三节　中国（新疆）与中亚国家农业合作的重点领域

在中国（新疆）与中亚国家农业互联互通合作的总体构想框架下，为深化中国（新疆）与中亚五国农业互联互通合作，还需要重点在农产品贸易、农业直接投资和农产品加工、农业科技交流与合作、农机设备、节水灌溉设备、农药及化肥销售等领域，深化合作。未来，中国与中亚五国的农业合作重点应放在农业基础设施建设、农产品加工体系建设、农业生产资料投资、农业科技交流与合作、农业科技示范园区建设、牲畜养殖、农业机械设备合作、农业综合服务等方面。

一、农产品贸易

深入发展中哈经贸合作关系是哈萨克斯坦今后的重要推进方向。中国是哈萨克斯坦的主要贸易伙伴，中国庞大的消费市场、充裕的资金供应，是哈萨克斯坦构建新经济发展模式不可或缺的外部要素①。中国与哈萨克斯坦的农产品互补性较强，可以大力发展农产品贸易来满足两国的需求和发展。当前合作的重点是继续扩大农产品的贸易规模，哈萨克斯坦对中国进口以小额贸易为主，出口品种繁多，大宗出口商品所占比重较低。哈萨克斯坦对中国出口以大宗商品为主，品种少但出口集中。哈萨克斯坦应充分利用与中国（新疆）的地缘优势，将双方的经贸合作从边境小额贸易的层次提升到双方产业层次的合作。从农产品进出口的类别来看，哈萨克斯坦可以从中国进口茶叶、水产品、蔬菜、玉米等相对短缺的农产品，并向中国出口棉花、羊毛和干果等制品。哈萨克斯坦的农业基础设施较差，需要进口大量的农业机械、化肥和农药，因此中国可以加强与哈萨克斯坦在这些农业生产资料方面的贸易合作，以满足其农业生产的需要。

中国和吉尔吉斯斯坦的农产品贸易呈现出互补关系。中国在劳动密集型农产品上具有比较优势，如蔬菜、食品饮料和酒醋、烟草等，而吉尔吉斯斯坦在棉花等产品上具有较强的竞争优势。吉尔吉斯斯坦的畜牧业相对发达，在活畜等畜产品上具有较强的比较优势。在"一带一路"倡议的背景下，中国可积极利用与吉尔吉斯斯坦农产品贸易的便利条件，推进贸易便利化，建设农产品快速通关口岸和出口农产品生产基地，不断改善两国农产品贸易环境，推动两国农产品贸易继续发展。

中国与塔吉克斯坦的农产品贸易合作以一般贸易为主，以边境贸易为辅。两国在农产品贸易的规模逐步扩大，但在农产品加工领域并没有进一步的合作。未来合作应将重点放在农产品加工领域，以农产品加工合作推动两国农产品贸易的进一步发展，塔吉克斯坦的气候以及土壤条件适合优质蔬菜、水果的种植，但塔吉克斯坦国内的加工能力有限，基本上没有规模化的蔬菜和水果加工企业。因此，中国的企业可以在塔吉克斯坦建立农产品加工厂，充分利用当地的优质农产品，从事农产品的加工和销售。而且塔吉克斯坦盛产优质蜂蜜，也可以建立蜂蜜加工厂，从事蜂蜜的加工和销售。

中国与乌兹别克斯坦的农产品贸易的规模逐步扩大，乌兹别克斯坦在棉花、小麦、水果和坚果、蔬菜等方面具有较强的竞争力，而中国在丝绸方面具有极强的竞争力，此外在根茎类蔬菜、茶叶、合成纤维、鱼、甲壳类及软体类动物、果脯、蔬菜、羊毛等产品具有中等的国际竞争力。而乌兹别克斯坦在牛奶和乳制品、奶酪和凝乳、水稻、大麦、糖和蜂蜜、茶叶、动物饲料等产品的竞争力极弱，双方可以进一步扩大农产品进出口合作，发挥各自的比较优势，提升农产品进出口贸易水平。

中国与土库曼斯坦的农业互补性较强，土库曼斯坦的棉花、羊毛、蚕丝和皮革具有一定的比较优势，而中国的农产品众多，可以补充土库曼斯坦国内农产品的需求。未来两国在农产品贸易方面应该积极举办并参加在两国召开的农业国际会议、商贸论坛和展览会，继续推进双方的合作关系，推动两国农产品贸易持续发展，并推动农产品商贸企业积极对接，以贸易带动两国的农业直接投资合作的发展。

---

① 中国驻哈萨克斯坦大使馆经济商务参赞处. 哈"光明之路"新经济政策、"第三次现代化"进展及中哈经贸合作的有关情况［EB/OL］.（2018-02-08）.http://kz.mofcom.gov.cn/article/scdy/201802/20180202710453.shtml.

二、农业直接投资合作

哈萨克斯坦近年来把农业作为吸引外国直接投资的重点领域。哈萨克斯坦政府也希望扩大来自中国对农业领域的直接投资规模。目前中国与哈萨克斯坦虽然在饮料加工业、饲料加工业、种植业和畜牧业方面进行了投资合作，但哈萨克斯坦长期缺乏农业投资，导致农业机械等较为短缺。在农业技术、农业机械、农产品加工、农业基础设施等方面，中国可以扩大对哈萨克斯坦的直接投资，引导企业投向这些具有较大投资机会的领域。哈萨克斯坦有几千万公顷的可耕地尚未开发，而中国在农业水土开发、节水灌溉、机械化作业方面具有领先优势，可与哈萨克斯坦开展规模化、集约化的农业综合开发投资合作。特别是联合开发哈萨克斯坦的农业土地资源，建立农业科技示范园区，推广现代农业技术，形成作物种植、牲畜养殖、农产品加工等一体化的产业链。此外，哈萨克斯坦的粮食储存设施面临较大缺口，尤其是在粮食丰收年份。哈萨克斯坦的粮食存储设施大多还是苏联时期修建的，现在已严重老化。哈萨克斯坦在主要的粮食种植区粮仓库容缺口可能会达到 150 万～200 万吨。基础设施的问题需要加以解决，修建粮库是耗费资金较大的工程。因此，中国可以在粮食储存设施建设方面，与哈萨克斯坦展开进一步合作。

中国与吉尔吉斯斯坦的农业直接投资合作尚处于起步阶段，规模较小。在"一带一路"倡议下，中国可与吉尔吉斯斯坦拓展农业投资合作，在农产品生产加工和农机制造等领域开展合作，并可以通过农业直接投资建立农业产业合作园区，充分发挥中国农业的技术、资本优势，推进吉尔吉斯斯坦的农业基础设施建设，带动吉尔吉斯斯坦农业的发展，提升两国农业投资合作水平。在农业技术设施建设方面，鉴于当前吉尔吉斯斯坦的农业机械化程度较低，土地退化等问题可以通过投资，在吉尔吉斯斯坦引进先进农用机械、改良土壤、推广使用植保技术，从根本上提高农作物的生产效率和单产水平。针对吉尔吉斯斯坦灌溉设施陈旧和灌溉技术落后，可投资引进先进的节水灌溉技术、建设水利灌溉基础设施，提升吉尔吉斯农业基础设施的现代化水平。在农产品加工方面，虽然吉尔吉斯斯坦在林果、畜牧产品方面具有较强的出口优势，但在加工、运输、保鲜、储藏等多个方面的发展滞后。中国可加强与吉尔吉斯斯坦在农产品加工和储运等方面的合作。在吉尔吉斯斯坦当地投资设厂，并健全配套设施，开放当地农业资源，提升当地的农产品加工技术水平，重点可以发展当地特有的林果和畜牧产品，如樱桃、巴旦木、开心果、羊等产品。并通过建立畜产品深加工企业，生产高品质的产品，推动当地畜牧产品在国际市场的占有率。

中国对塔吉克斯坦的直接投资，援助性质的投资居多。塔吉克斯坦吸引的外国直接投资主要集中在交通、电力等基础设施方面，农业吸引的投资很少，而且塔吉克斯坦的耕地占比很少、气候不适合等原因也制约了塔吉克斯坦农业吸引外资的能力。目前塔吉克斯坦对粮食、果蔬、农业机械、肥料的需求多是较好的投资机遇。此外，塔吉克斯坦政府为了扩大吸引外资的规模，出台了若干吸引外资的优惠政策。在农产品加工领域，塔吉克斯坦生产技术落后，农产品加工能力不足，全行业生产设备老化、基础设施较差、生产工艺落后、产品质量下降。中国企业可以在塔吉克斯坦投资建立加工企业，利用塔吉克斯坦当地的农业资源展开合作，其中毛绒制品、水产品、有机果蔬的生产和加工方面的合作空间较大。在农业机械设备的投资合作方面，塔吉克斯坦在农业耕作、收割领域对农业机械设备的需求较大，中国企业应加强对塔吉克斯坦的农机企业方面的投资，在农机的组装、农机的进口与销售、部分农机的生产等方面展开合作。塔吉克斯坦的很多耕地呈丘陵状，没有很大连片的开阔地，因此发展小型拖拉机、装载喷药、播种等各种农业机械比较适合塔吉克斯坦的实际情况。在农业生产资料方面的投资，由于塔吉克斯坦轻工业发展落后，农业生产资料短缺，中国企业可以加大对塔吉克斯坦的种子、化肥、农业等农业物资的投资。在农业综合服务方面，中国的企业可以加大对塔吉克斯坦的农业技术服务站、农机租赁、农机维修、运输服务等方面的投资。

中国对乌兹别克斯坦的直接投资当中，投向农业的投资占比不高。鉴于乌兹别克斯坦市场开放较晚，很多企业缺乏资金和技术，农产品加工技术相对落后，农产品附加值偏低。乌兹别克斯坦农产品加工领域有较大的提升潜力，包括食品生产、包装生产。因此，在直接投资方面，中国企业可加大对乌兹别克斯坦农产品加工领域的投资，充分利用目前乌兹别克斯坦对此领域的鼓励投资的政策。中国还可以与乌兹别克斯坦合作推动农业产业园区建设，鼓励中国有农产品加工实力的企业到乌兹别克斯坦投资，建立农产品加工基地，利用乌兹别克斯坦当地丰富的粮食、蔬菜、水果、畜牧资源，将农产品加工基地做大做强。在棉花加工方面，中国企业可以利用自己的棉花加工的技术优势，到乌兹别克斯坦投资建设棉花加工厂，充分利用乌兹别克斯坦的棉花资源，提升棉花加工能力和技术水平。在农业机械设备的投资合作方面，乌兹别克斯坦的农业机械装备数量不足，维护水平低下。农业机械是乌兹别克斯坦一个重要市场，虽然其国内已经有美国、德国等合资的农业机械企业，然而中国农业机械价廉质优，具有一定的竞争力。中国的农业机械设备厂家可与乌兹别克斯坦在农机的生产、组装、进口和销售方面展开合作，在市场化原则下加大对乌兹别克斯坦农机产业链的投资。

土库曼斯坦的粮食作物尚不能自给自足，每年依靠大量进口小麦来满足需求。土库曼斯坦政府组织了粮食协会交易所，组织国内粮食交易市场。在某些年份，由于小麦的丰收，国内也会出现小麦过剩的情况，但这直接导致了国内没有足够的仓储设施以囤积小麦，缺乏适当的粮食丰收的储藏条件。因此，在粮食仓储设施建设方面，中国可以加大与土库曼斯坦的投资合作，缓解其粮食仓储的瓶颈。

第九章 中国（新疆）与中亚国家农业互联互通合作的制度设计与政策建议

第一节 中国（新疆）与中亚国家农业互联互通合作的制度设计

中国（新疆）与中亚五国的农业合作，已经建立起了多种农业合作模式。为进一步在"一带一路"倡议下推进中国（新疆）与中亚五国的农业合作，有必要在充分利用现有区域经济合作组织的基础上，从顶层设计上规划一系列促进中国（新疆）与中亚五国农业合作的制度框架，充分利用已有模式，创新农业合作新模式，完善农业合作机制建设，协调中国与中亚五国农业互联互通合作的制度、政策和标准，消除双方合作的瓶颈。

一、农业互联互通合作的模式构建

（一）中国（新疆）与中亚国家农业互联互通合作的已有模式

合作模式多体现的是区域合作的方式与特征，即通过什么方式与途径实现区域合作目标。梳理中国（新疆）与中亚五国农业互联互通合作的已有模式，可以总结概括为：多层次、多领域、多子行业、多渠道的合作模式，各类合作模式都有其不同的特点，且不同维度的合作模式也交互呈现。

多层次的合作模式可分为宏观、中观和微观三个层次，这里以多层次为视角，梳理中国（新疆）与中亚五国的农业互联互通合作的已有模式。

1. 宏观层面的合作模式

（1）上合组织模式

上合组织是中国倡导和成立的第一个国际区域性组织。上合组织 2001 年成立至今，已经走过了 20 余年的发展历程。中国、俄罗斯、哈萨克斯坦、吉尔吉斯斯坦、塔吉克斯坦、乌兹别克斯坦六国领导人在上海宣布成立"上海合作组织"。维护地区安全稳定、促进区域经济发展和深化人文交流是上合组织的三大合作领域。经济合作是上合组织的重点领域之一，在上合组织的框架下开展区域合作对实现区域内各国之间的经济优势互补、资源合理配置、扩大区域内的经贸往来和人员往来、促进各国经济发展具有重要意义。各国的经济繁荣发展是实现地区稳定的基础，也是上合组织持续发展的物质基础，各成员国也签署了《上海合作组织成员国多边经贸合作纲要》等一系列文件，成员国之间加深了经济融合，也有力地促进中国与中亚五国的农业互联互通合作。

上合组织模式是一种建立在以上海精神为基础，以政治安全领域的合作带动经贸领域的合作。各成员国在上合组织框架下，通过达成合作协议等形式推动经贸合作与农业合作。

（2）中亚区域经济合作

中亚区域经济合作（CAREC）由亚洲开发银行倡议成立，于2002年正式成立，成员国包括中国、哈萨克斯坦、吉尔吉斯斯坦、塔吉克斯坦、乌兹别克斯坦、蒙古国、阿富汗和阿塞拜疆、土库曼斯坦和巴基斯坦。中亚区域经济合作是通过促进交通、贸易便利化、贸易政策和能源这些重点领域的区域合作，以帮助中亚及其邻国认识到它们在欧亚大陆愈加一体化上的重大潜力的中亚区域经贸合作机制。中亚区域经济合作模式总体上来看是比较松散的，该模式是在亚行主导下成员国进行合作的一个非正式多边合作模式。

CAREC的机制与上合组织等区域经济合作组织具有较大的差异性：首先，CAREC的执行力和影响力较弱，它是通过亚洲开发银行等机构召集会议，磋商的重要事项一般采用协商的方式，而上合组织会议级别为首脑级别，对成员国更具约束力；其次，两者运行机制也有所不同，CAREC是以出资额的大小来行使投票权。亚洲开发银行最大的出资方是美国和日本，因此很多项目的实施实际上反映了这两个国家的意图，而在上合组织，一般由各国元首提出合作意向，相关部门协商后达成协议，不存在外部操控行为。中亚区域经济合作模式的推进，将继续推动中国与中亚五国的农业互联互通合作向前发展。

（3）亚欧博览会模式

中国—亚欧博览会始于2011年，是中国乌鲁木齐对外经济贸易洽谈会的继承和升华。亚欧博览会每年9月在中国（新疆）乌鲁木齐市举办，展会设有国际、国内、新疆、专业四个板块，以及高新技术园区板块和开发区板块。中国—亚欧博览会为促进中国（新疆）与中亚、南亚、西亚、欧洲国家的经济交流与合作提供了平台。亚欧博览会坚持以政府为主导的市场化运行方式，有助于推动中国"陆上开放"和"沿海开放"并进而对外开放新格局。

中国—亚欧博览会是一种展会模式，这种模式通过在某一个固定地点举办商品贸易展示与投资合作洽谈等活动，以展会为平台，商议本区域各领域合作的重大问题。而且，亚欧博览会还举行由各国首脑、工贸部长、旅游部长出席的不同层次峰会，成为经贸合作的重要平台。但亚欧博览会这种合作模式未就经贸合作所涉及的消除关税与非关税壁垒等问题进行解决，合作各方签署的协议对签约方的约束力较为有限，还需要其他农业合作模式予以弥补。总的来说，亚欧博览会是在"一带一路"倡议上架起了合作的新桥梁，开创了与中亚五国合作的新局面。

2. 中观层面的合作模式

（1）边境经济合作区模式

为了加快沿边地区的开放，繁荣边疆经济，中国国务院于 20 世纪 90 年代初先后批准设立了 14 个边境城市作为沿边开放城市，新疆有三个城市和地区被批准为边境经济合作区，分别是伊宁、塔城、博乐。2011 年，新疆的吉木乃被批准设立边境经济合作区。政府的边境经济合作区的发展和建设给予了各类优惠的政策，加大投入合作区的基础设施建设，完善基础设施建设。中国通过中国（新疆）边境经济合作区的建设，并辅以优惠政策，推动了中国（新疆）与周边国家的经贸合作，包括发展边境贸易和出口加工，产生了的外经济合作的带动作用和示范效应，推动了中国（新疆）经济的增长，也促进了中国（新疆）的繁荣和稳定。中国（新疆）借助于边境经济合作区的平台，促进了与中亚五国的农业经贸合作。

（2）中哈霍尔果斯边境合作中心

中哈霍尔果斯国际边境合作中心是中国与其他国家建立的首个国际边境合作中心，国际边境合作中心不属于自由贸易区，但是按照自由贸易区的制度来建立的边境合作区。由于中国与哈萨克斯坦在地理上毗邻，双方在边境线的两侧建立了边境合作中心，其在 2010 年 5 月的中央新疆工作座谈会上被确立为特殊经济开发区。国际边境合作中心分为两个管辖区，中方管辖区域位于新疆伊犁州霍城县，哈方管辖区域位于阿拉木图州潘菲洛夫县。中哈霍尔果斯国际边境合作中心是中国与哈萨克斯坦在上合组织框架下的次区域经贸合作模式的创新与延伸，也是上合组织框架下区域合作的示范区。

中哈霍尔果斯国际边境合作中心的性质既不同于传统意义的自由贸易区，也不同于自由贸易港，而是一种地跨两国的具有类似于自由贸易区功能的边境经济合作综合体。边境合作中心的主要功能是贸易洽谈、商品展示、仓储、运输、金融服务等。在国际边境合作中心的模式之下，中国（新疆）与哈萨克斯坦以及中亚其他国家可以在农业经贸合作等方面进行深层次合作。

（二）中国（新疆）与中亚国家农业互联互通合作创新模式构建

中国（新疆）与中亚五国的农业互联互通合作，应继续在已有模式下推进农业合作，也可以创建如下新模式。

1. 宏观层面

（1）上合组织自由贸易区模式

上合组织成立之后，致力于在地区安全、政治领域、经贸、文化领域加强各成员国之间的合作。经贸合作虽有所加强，但不是上合组织的合作重点领域，未来上合组织要取得持续发展，必然将加强经贸领域的合作。目前仅有中国在上合组织框架下倡导建立上合组织自由贸易区，上合组织成员国之间还未就此倡议达成一致。未来上合组织自由贸易区模式的主要特征是，在上合组织框架下，各成员国签订自由贸易区的商品、服务、资金和技术等关税和非关税壁垒的自由贸易协定，为自由贸易区的正常运行提供保障。

在上合组织的框架下，各成员国之间的经贸合作的保障机制与组织结构已经建立，各类区域合作机制不断完善。因此，协调各成员国的关系，兼顾各方的利益诉求，增强彼此信任与关切，并且在上合组织框架下进一步深化与成员国的经贸合作，签订全面的区域经贸合作协议，发挥各国比较优势，在上合组织的内部建立经贸合作委员会，优化上合组织的组织结构，协调建立自由贸易区的障碍与问题，并于未来在条件成熟时择机建立自由贸易区。

（2）边境自由贸易区模式

边境自由贸易区是在遵守世界贸易组织所规定的便利自由贸易的优惠政策，在边境一定区域内，由毗邻的两国政府签订自由贸易区协议的方式建立的特殊的次区域贸易安排。边境贸易区由中央政府监督、次一级政府具体实施，在区内可以进行包括过境贸易、转口贸易等各类商业活动，区内取消关税，区外实行保护贸易的特殊区域①。

中国与中亚国家建立边境自由贸易区存在较好的条件，可以在互惠互利的基础上，中国与毗邻的中亚国家签订自由贸易协定，以实现在边境自由贸易区的商品、服务和资金等自由流动。考虑到目前中亚国家在经济发展程度、贸易密切度上还存在差异，建立自由贸易区的条件暂不具备，可以考虑先行建立双边边境自由贸易区。

在建立边境自由贸易区方面，中哈霍尔果斯国际合作中心为建立边境自由贸易区提供了基础。随着中哈双方不断完善贸易政策，建立有效的沟通机制，实现双边自由贸易区的建立。在此基础上不断总结成功经验，在条件成熟时推动建立中吉、中塔双边边境自由贸易区。

2. 中观层面

（1）农业合作示范区模式

这种模式是将农业合作与农产品贸易、投资、农业科技综合起来的一种创新模式。农业合作示范区模式，在中国与东盟的农业合作中，已经产生了良好的示范效应，促进了当地农业结构的调整优化，推动了农业资源的开发，发挥了不同合作主体的农业资源优势和技术优势，对于促进双方的农业合作发挥了重要作用。通过政府搭台，在中方或者中亚国家一侧建立一批农业合作示范区，目前选择在中亚国家建立示范区较为适宜，通过中国的农业龙头企业将先进的农业技术、农业机械带往示范区，充分利用中亚国家的土地资源，也让中亚国家共享农业科技成果，通过发挥双方的资源优势建立合作示范区，提升双边的农业互联互通合作水平。

中国（新疆）与中亚五国在农业生产方面都有着各具特色的农业资源，可以在某个国家境内选取一片农业生产条件较好的区域，通过引进农业资金、技术、人才和管理等资源建成农业合作示范区，或者农产品加工基地，或者农产品贸易市场协作区。例如，可以在霍尔果斯口岸、巴克图口岸等地区建立中国（新疆）—哈萨克斯坦农业合作示范区，通过专门的优惠政策，吸引国内的资金和农业技术人才，构建高效的合作平台，充分利用新疆的地缘优势，构建双边资源优势互补的农业合作示范区，推动中国（新疆）

---

① 高志刚，等. 中国（新疆）与中亚国家的能源与贸易互联互通建设战略研究［M］. 北京：经济管理出版社，2019.

农业结构升级，促进双方的农业发展和农业合作。

（2）自由贸易试验区模式

世界各国普遍重视建设自由贸易区，作为扩大对外开放的重要举措。党的十八大提出实施自由贸易区战略，自由贸易试验区的建设步伐逐步加快，截至2020年9月，我国自贸试验区已经达到21个。新疆地处中国西部边陲，要充分利用这一契机，实施中国（新疆）自由贸易试验区战略，进一步深化中国与中亚国家的互联互通建设，加强与中亚国家的农业合作。

建设自由贸易试验区可以发挥中国（新疆）的比较优势，对于中国（新疆）加强与中亚五国的农业经贸合作，进一步深化农业互联互通合作，有着重要的现实意义。根据国内自由贸易区的建设经验，聚焦自由贸易试验区的发展重点是其发展的前提，目标定位明确。中国（新疆）自由贸易试验区的定位是打造"丝绸之路经济带"沿线自由贸易试验区，以中亚国家为重点，辐射"丝绸之路经济带"沿线其他国家，促进经贸合作和投资贸易便利化。自由贸易试验区通过给予关税优惠和贸易配额等措施，达到扩大自由贸易试验区的商品出口贸易往来和商品转口经济往来，繁荣经济发展来发展中国与中亚国家的经贸合作和农业合作。中国（新疆）自由贸易试验区可以采取一区四园模式①，可以成立自由贸易试验区管理机构，同时乌鲁木齐、喀什、霍尔果斯、阿拉山口等各个片区成立相应管理机构，最大限度地下放管理权限，高度重视自贸试验区内的制度创新，加强优化整合，打造一批对外开放合作的载体，对标国际高标准，优化营商环境。

（3）境外经济贸易合作区模式

境外经济贸易合作区，是指一国在境外某一合作国家开展互惠互利合作，以促进双方的共同发展。一国的企业在友好合作国家，根据东道国的引资政策和投资环境，通过境外投资设立经贸合作区，以商业可持续运营为原则，根据东道国的行业发展、市场情况等，通过投资建厂，在东道国设立境外经济贸易合作区，既可增加了东道国的就业和税收，也可提升技术水平，促进双方经济发展，因此，境外经贸合作区这种合作模式突破了地域限制，是促进双边经贸合作的有效途径。

根据中亚国家在农业生产、农产品加工、农产品贸易的引资政策，中国涉农企业通过在中亚五国的某个国家投资建设农业经济贸易合作区，带动国内更多的设备和技术出口，也将带动更多的企业到中亚国家投资，提高中亚国家的农业生产、农产品加工技术水平，从而提高双方农业互联互通合作的水平。

3. 微观层面——企业跨境合作模式选择

作为中国（新疆）与中亚五国农业合作的微观主体，选择合适的跨境合作模式是企业进行境外投资、拓展国外市场的重要前提。企业的跨境合作可以采取以下主要模式：

---

① 高志刚，等. 中国（新疆）与中亚国家的能源与贸易互联互通建设战略研究 [M]. 北京：经济管理出版社，2019.

（1）农业跨国公司模式

中国与中亚国家的农业互联互通合作，专业的农产品外贸公司作为现有农产品贸易的经营主体，将逐步被跨国公司所取代，不同国家之间将组建农产品的采购、加工、贸易、流通为一体的跨国公司，充分发挥跨国公司在农业合作各环节的优势，打造企业品牌，以优质的品牌产品开拓中国与中亚五国的农产品市场。

（2）联合开发农业资源模式

联合开发模式是指通过进一步开放农业资源，对中亚区域内的农业资源进行联合开发，通过土地合作经营，吸引和承接国内外技术、产业、技术、管理和人才。中亚地区土地资源丰富，农业劳动力相对短缺，中国的特点恰好相反。而且中国（新疆）与中亚五国在农作物育种、栽培技术、土地改良技术、农产品种植、节水灌溉等方面已有深度合作。因此，灵活选择中国（新疆）与中亚地区的企业联合开发农业资源模式，不仅可以充分开发中亚的土地资源，还可以提升中国与中亚五国农业合作的实力。

（3）合资共建型农业合作模式

合资共建型农业合作模式是指，通过制定优惠政策，吸引区域内各方主体共同投资，分别拥有部分股权，并依照各方出资比例共担风险、共负盈亏的原则，合资共同创建中国和中亚五国需要的各种农业企业，共同打造和经营与农业相关的服务项目，合资共建型农业企业可以涵盖到农业合作的多个领域。

（4）合作经营模式

合作经营模式是指通过双方的合作经营合同约定各自的权利和义务，按合同共同经营。中国与中亚五国可以在资金、技术、管理方面具有优势的企业或出资人之间，通过合作经营合作组建企业，共同合作经营农产品生产、农产品加工或者农产品贸易，并为其提供优惠政策，激发双边的生产与消费，推动双边农业合作深入发展。

（5）农业技术创新联盟合作模式

这种模式是由两个或两个以上的企业，通过磋商结成较为松散型的经济合作组织。通过联盟合作达到共同占有市场、合作研究开发资源以及增强竞争力的目的。这种模式以企业、科研机构和中介服务机构为主体，可以促进科研与市场的有效结合，有助于开发市场。中国与中亚国家的农业技术创新战略联盟，可以采用技术研发合作联盟、产业链合作联盟、技术标准合作联盟等多种形式。

从宏观、中观和微观的各种农业互联互通的合作模式特点可以看出，各种合作模式之间并不是独立存在的，各种模式的选择也不是绝对的。在农业合作实践当中，各种合作的模式还存在不同维度的交叉，至于选择何种合作模式，则需要根据中国与中亚国家农业合作的层次、合作主体、合作的具体项目来确定。

二、农业互联互通合作的机制构建

农业合作机制是农业合作正常运行和协调发展的动力和保障。中国（新疆）与中亚五国的农业合作得到了较快的发展，已经形成了一定的合作机制。例如在上合组织框架内已经建立了成员国的农业工作组形成的国家层面合作机制；在中国和中亚国家已经建立了"展会经济"合作机制；在农产品贸易领域，已经形成了政府主导、企业参与的农产品贸易合作机制；在农业技术交流领域，形成了农业科技人员的交流和互访机制；等等。

然而，现有的合作机制也暴露出了缺点和不足。在农产品贸易方面，尚未建立起完善的贸易通关机制，导致农产品贸易的便利化程度还不高。在农业投资领域，由于目前尚缺乏风险防范机制，农业投资合作尚处于初步发展阶段，进展不尽如人意。在农业科技交流与合作方面，尚未建立起全面的合作机制，中国与中亚国家的农业科技交流未在机制化的框架下展开，合作成效有限。在农业产业合作方面，也缺少针对农业某一领域、某一部门的专业合作机制。因此，目前已经建立的合作机制大多层次较低、影响了中国（新疆）与中亚五国农业合作的效率。因此，有必要完善农业互联互通的合作机制，推动农业合作向更高层次发展。

（一）功能性合作机制

1. 农业合作的对话与协商机制

对话与协商机制的主要功能就是搭建中国（新疆）与中亚国家农业合作交流的平台，对话协商的目的是达成共识，推动达成共识。中国（新疆）与中亚五国的农业互联互通合作，可以利用双边或多边途径，建立起多层次、常态化的对话交流与协商机制。在对边交流机制的构建和完善方面，双方应充分依托上合组织和中亚区域经济合作机制，在上合组织框架下，应注重目前已经达成的上合组织成员国政府间的农业合作协定，促进农产品贸易投资便利化和农业投资便利化，加强农业科技交流与合作。此外，还应充分发挥CAREC在推进农业合作中的作用。为此，应在上合组织和CAREC的框架下定期举办领导人会议、高官会议等区域经济合作会议，并使会议制度化、常态化。双方还可以建立联席会议制度，解决在农业合作中遇到的重大问题，签订合作协议。双方可通过完善农业合作的对话与协商机制，解决农业互联互通合作中的问题，消除战略层面的障碍。

2. 农业合作的组织协调机制

农业合作的组织与协调机制是中国（新疆）与中亚五国开展农业互联互通合作的基础，建议组建具有实体功能的"中国—中亚农业互联互通合作工作组"，协调各相关领域部门的战略规划与行动实践，联合工作组可以完善定期联席会议机制。此外，双方还可以设立专门的协调机构，专设机构和人员，人员可以由各国的商务部门和农业部门、发改委等成员组成。联合工作组或专设协调机构负责对农业合作中的合作事宜进行协调，并积极制定农业合作的章程，制定中国（新疆）与中亚五国的农业中长期互联互通合作规划，确定农业合作的具体领域、合作方式、合作项目等，达成合作协议的基础上，加强各国政府与企业之间的沟通与协调。对于双方的农业互联互通合作，协调机构定期评估合作协议的实施情况和成效，确保签署的各项农业合作协议落到实处。

3. 农业合作的信息交互与咨询机制

信息交互机制的主要功能就是为中国（新疆）与中亚国家农业合作中的重大战略、政策、调控、决策、信息咨询等提供相关的服务。对于农业互联互通合作中的重大经济战略、经济调控政策和出台的相关规章、制度、实施细则、重大决策等信息，通过政府部门及时公开发布，双方及时沟通出台的政策，形成良好的信息互动，建立一定的信息共享平台，为中国（新疆）与中亚国家的农业合作主体提供关于双方的农业发展政策、规划、引资政策、引资项目、市场供求、农业科技交流以及其他相关的法规和政策信息，使农业合作主体加强对中亚国家的农业资源禀赋、农业劳动力状况、农业政策等方面的了解，为开展农业合作提供信息和技术支持，并对合作项目开展必要的风险评估。

4. 农业贸易和投资仲裁协调机制

中国（新疆）与中亚五国的农业合作中，由于合作各方的意愿和利益诉求的差异，决定了在农业合作过程中，当相关利益不能妥善解决时，就会出现各种摩擦和矛盾，因此必须要建立一种区域合作冲突的协调仲裁或争端解决机制，专门负责农业合作中的矛盾和冲突的协商或裁定。构建争端解决机制：一是可以通过合作双方的政府部门官员组成联席会议的方式，对农业合作中出现的争端进行协调磋商；二是成立临时专门的负责区域农业合作协调的仲裁机构。可以吸收、借鉴先进的国际仲裁制度，优化仲裁机制，完善仲裁裁决的程序，制定高水平的仲裁规则，确保仲裁裁决的执行和监督，对侵犯合作方的知识产权行为予以制止。合作双方因农业贸易和投资问题产生的争端，可通过仲裁机构的调解和裁定等方式，得到圆满解决。

5. 双赢的利益共享机制

农业互联互通合作，需要在互惠互利的原则下建立对合作各方的利益共享机制。双赢的利益共享机制是要考虑中国（新疆）与中亚五国农业合作是否实现了双方的比较优势从而是否增进了中国和中亚五国的农业发展，是否增进了合作双方的经济利益，是否实现了合作双方的农业的良性发展。在农业贸易领域，中国与中亚国家的农产品贸易利益共享机制主要在于农产品的互补上，中国与中亚国家建立农产品贸易网络，发挥各自比较优势。在农业对外直接投资领域，中国与中亚国家的利益共享机制主要是农业产能合作。在境外农业合作示范区领域，利益共享机制主要体现在互补利益共享，具体体现在"农业资源+资金+技术""市场+政策"等形式。利益共享机制的建立，必须在双方政府的有效协调之下，调整不同利益群体之间的利益冲突。

6. 农业合作的风险防范机制

构建农业合作的风险防范机制，就是要在农产品贸易和农业直接合作中，规避合作中遇到的各种风险，尽可能地减少合作各方的不必要的损失，保障合作各方的利益。中国（新疆）与中亚五国开展农业合作也面临着各类风险的影响。构建农业合作风险防范机制：一是中国（新疆）气象部门加强与中亚国家气象部门的联络。为了减少气象灾害对农业的影响，合作各方的气象部门应共享信息，并建立自然灾害预警机制。二是在农产品贸易中，针对质量风险、物流风险、市场准入风险、携带疫病风险等，健全完善相关的产品申报制度，建立检验检疫的过程监管模式，构建信息化的监管溯源体系，建立外部风险预警机制。三是在农业直接投资合作中，针对投资面临的宏观环境风险、中亚国家的政策风险、企业运营风险等，优化投资组合与布局，健全财政金融支持机制，建立高效的企业内部运营风险管理机制。

（二）领域性合作机制

1. 贸易合作机制

中国（新疆）与中亚五国的农业生产资料和农产品贸易，在政府的主导下，构筑起了相对稳定的贸易运作机制。在货物贸易方面，一是加强中国与中亚国家农产品贸易政策落实的协同性，加强已有文件和政策的落实，为双方贸易往来提供基础保障。二是建立农产品的产销对接机制。合作各方共同构建鲜活农产品绿色通道，研究制定出口农产品的生产、保鲜、包装等技术标准，加强质量安全管理。建立快速通关机制，提高信息化应用水平。合作各方建立国际物流中心，形成辐射周边国家的国际物流网络。三是加强双边贸易合作机制的约束力。通过加强彼此的信息共享，并逐步建立贸易政策协调机制，增强合作机制约束力。

2. 农业合作的投融资机制

当前中国（新疆）与中亚国家农业互联互通合作存在投资保护力度不足、融资渠道不畅的困扰，因此要建立有效的农业投融资合作机制。一是制定较完善的投资合作制度。其不仅应包括投资门槛、资金的使用、损失的补偿，还应包括投资利润的汇回、争端解决等一整套投资保护制度。二是制定统一的投资保护标准。为避免各国在投资核心条款问题上认知存在差异性，对投资者保护水平参差不齐，中国应分别与中亚各国缔结双边投资协议。

在融资方面要拓宽融资渠道，为合作双方在农产品贸易、农业投资、农业科技交流等领域提供资金支持。拓宽农业互联互通合作的融资来源：一是要积极争取丝路基金、亚洲基础设施投资银行、亚洲开发银行等金融机构的资金支持；二是要发挥政府财政投入的基础和导向作用；三是要充分发挥金融机构的投融资主渠道的作用；四是要通过直接融资拓宽农业合作的资金来源。

3. 基础设施合作机制

中国（新疆）作为"丝绸之路经济带"核心区的交通枢纽中心，与中亚国家的交通基础设施合作包括公路、铁路、航空等硬件设施的建设，更重要的是要配套相应的制度方面的建设。中国（新疆）与中亚国家基础设施互联互通的机制建设：一是要加强制度环境等基础性框架合作，在各方政府的推动下，加强基础设施建设领域的合作模式、合作渠道的探索；二是在互联互通的优先合作领域，以国际标准为指导，制定统一的合作框架和标准体系；三是在基础设施建设合作中，构筑多渠道的资金保障体系。中国（新疆）要建立多元化的国际交通合作投入体系，加强与各国的金融机构合作，并借助于丝路基金、亚洲基础设施投资银行等资金，保障基础设施互联互通建设的顺利进行。

4. 交通运输合作机制

中国与中亚国家以陆路交通运输为主，从国家层面来看，要建立交通运输合作创新机制：一是促进上合组织与中亚区域经济合作在交通运输领域的合作，探索和构建上合组织和 CAREC 的信息共享机制，促成上合组织和 CAREC 的对接，在交通运输领域对这两个机制的协调；二是推动"丝绸之路经济带"与欧亚经济联盟的对接，通过多边合作解决运输协调问题；三是依托"新亚欧大陆桥国际协调机制"、上合组织等，加快落实已经签订的《上海合作组织成员国政府间国际道路运输便利化协议》，依托已有的机制加强道路联通建设方面的沟通合作；四是建立中国与中亚五国交通合作委员会负责互联互通跨境基础设施建设的可行性研究，推动建设国际运输走廊。

5. 农业科技交流与人员互访机制

中国（新疆）与中亚五国在农业合作过程中，在农业科技领域已开展了广泛的合作，取得了良好效果。然而截至目前，真正大的科技合作项目还不多，为了完善农业科技交流与人员互访机制，应先完善农业科技交流与合作的组织机构建设，建议在中国（新疆）—中亚国家农业区域合作协调中心下建立农业科技合作办公室，并作为合作各方农业科技交流的主管机构。在完善农业科技交流与人员互访机制方面，建议：一是中国（新疆）与中亚国家共建农业科技联合研究中心，建立农业科技示范基地；二是建立以农业科研院所为主的农业科技交流长效机制，定期开展农业科技交流，重点可以在节水灌溉技术、土壤改良技术、种质资源与品种交流、养殖技术推广等方面展开交流与合作；三是设立农业科技论坛、农业科技培训班等形式，加强农业科技人员的互访与交流。

6. 农业产业对接机制

中国（新疆）与中亚国家的农业合作具有较强的互补性，随着各方合作的不断推进，有必要建立健全农业产业对接机制：一是以合作双方的沟通和协商为基础，建立定期会晤机制，对双方农业产业链的各个环节，确定合作项目；二是加强合作各方在农业产业链上、中、下游各领域的合作，产业链的上游领域包括农业生产资料，如农业机械、化肥、种子、农业等，产业链的中游包括农产品种植、畜牧业、林业等，产业链的下游包括农产品加工、仓储、物流等。各领域的合作，通过签署合作协议确定具体的合作项目。中亚国家在农业土地资源等方面具有优势，但在农业机械、农业技术和资金方面处于劣势，而中国（新疆）在劳动密集型和资本技术密集型的农产品生产加工方面具有优势，因此可以通过农业产业对接机制的建立，推动双方广泛的农业产业对接。

7. 展会经济合作机制

展会经济合作机制的功能在于为农业合作各方在合作中提供农产品贸易、农业投资、农业信息交流的平台。中国（新疆）与中亚国家也建立了展会经济合作机制，例如亚欧博览会、哈萨克斯坦亚洲商品展览会、新疆农业国际博览会、新疆特色林果产品展览会等，在中国与中亚国家的农业合作中发挥了重要的作用。为进一步完善展会经济合作机制：一是通过政府层面的沟通与协商，每年定期举办各种形式的农产品博览会、展览会、展示会等；二是进一步完善展会经济的地域空间，在中亚国家的大中型城市、商品集散地以及条件较好的口岸，进一步拓展展会经济的范围，举办新型的博览会、展览会，加强对特色优势农产品的展览，以及农业新型机械、新技术的展示，构建新的平台，加快中国（新疆）与中亚国家的农业互联互通合作进程。

三、农业互联互通合作的平台构建

目前推进中国（新疆）与中亚国家的农业互联互通合作，除了要优化合作模式、健全合作机制之外，还需要创新思维，构建农业互联互通合作的平台。

（一）持续重视上合组织和中亚区域经济合作机制（CAREC）的平台作用

上合组织框架内促进区域经济合作在三个层面发挥了作用：一是战略层面，在上合组织框架内，通过达成战略性、原则性的合作；二是地区多边层面；三是基本层面，即两个成员国在上合组织框架内达成合作。CAREC 也在促进区域经济合作中发挥了重要作用。中国（新疆）应继续重视这两大主要平台的作用，谋求在这两大平台下进一步推进中国（新疆）与中亚国家的农业互联互通合作。虽然上合组织侧重于履行反恐等安全合作职能，但其履行经济合作的职能正在加强。充分利用这两个组织的互补性，通过主动参与、不断完善合作机制来进一步推动农业互联互通合作，必将有利于农业互联互通合作目标的实现。

（二）中国（新疆）与中亚国家农业互联互通合作的平台设计

在宏观层面，构建中国（新疆）与中亚国家农业互联互通合作的平台，可在上合组织框架内，建立中国与中亚五国的首脑会晤机制和专业性沟通平台。首脑会晤机制作为合作各国的中央政府间官方机构，应每年召开一次首脑会议，主要协商区域经济合作和农业合作的重大方针和政策。在首脑定期会晤平台之下，应设立常设机构及联络处，负责拟定合作的方针、政策和措施，监督和检查合作项目的执行。同时，由中国牵头成立协调小组，厘清合作机制中的各种标准，推动各领域标准的统一与施行范围的拓展。

在中观层面，建立中亚次区域经贸合作的平台和权威性机构。要从发展战略和规划的高度重视中国（新疆）参与中亚次区域经济合作，将国家的整体参与和中国（新疆）的直接参与相结合。在平等互利的基础上签订合作协议。建议由中国发改委、商务部、财政部、新疆政府和中亚五国相关部门共同合作，搭建中亚次区域经济合作协调委员会。其主要职能：一是根据各中央政府的授权和各中央政府间达成的原则框架，制定出具体的、具有可操作性的合作方案和相关政策；二是发现合作开发中出现的问题，及时协商解决出现的问题。此外，地方政府还可以在上述合作平台之下，设立中亚次区域经济合作与发展论坛、中亚次区域城市经济合作市长论坛等平台，每年举办一次会议和论坛，形成中亚次区域合作开发的支撑平台。

在微观层面，搭建农业互联互通合作平台，一是建立已进入中亚的涉农企业联谊会。由商务部牵头，联系已进入中亚的有较好业绩的涉农企业，并吸收计划进入中亚市场的企业，建立企业联谊会，由效益较好的企业介绍进入中亚市场的经验教训，逐步形成中亚次区域的企业家联谊网。二是建立中亚次区域合作的中介服务机构。鉴于目前涉农企业进入中亚过程中，中介服务机构尚未发挥其应有作用，亟须建立中介机构的服务组织网络，为进入中亚的涉农企业提供市场信息、企业信用、项目评估等全方位参与中亚农业合作的中介服务。三是建立开拓中亚市场的中国涉农企业战略联盟。选择实力相当、业务互补的涉农企业组成战略联盟，拓展中亚市场，实现多方优势互补，合作共赢。

第二节　中国（新疆）与中亚国家农业互联互通合作的政策建议

中国（新疆）与中亚国家的农业互联互通合作有广阔的前景，但在当前的合作进程中，仍然存在着一些制约因素。因此，为了加强中国（新疆）与中亚国家的农业互联互通合作，应该从国家层面、地方政府层面和企业层面采取对策。

一、国家层面的政策建议

（一）加强政策沟通，促进农业互联互通合作有序推进

加强政策沟通是"一带一路"建设的重要保障，是中国（新疆）与中亚国家农业互联互通合作的重要先导。中国与有关国家和国际组织充分沟通，形成了政策沟通的一系列成果。共建"一带一路"倡议已经载入了国际组织的重要文件，2015 年 7 月，上合组织发表了《上海合作组织成员国元首乌法宣言》，支持关于建设"丝绸之路经济带"的倡议。但截至目前，中国（新疆）与中亚国家农业互联互通合作仍需要加强政策沟通，对双方农业合作涉及的政策和法规进行有效的沟通和协调。

加强政策沟通，首先要做好中国与中亚国家之间的四个层面的对接。首先是经济社会发展战略、农业发展战略的对接。发展战略是一个国家的顶层设计，要共同维护以多边为主的自由贸易体系，减少农产品贸易和农业投资活动中的障碍。其次是发展规划的对接。这需要在达成共识的基础上，将农业发展战略明确为具体的时间表和路线图。与中亚国家的农业发展规划对接，寻找最大公约数，发挥各国的比较优势，切实推动合作，实现各自的发展目标。再次是机制与平台的对接。做好机制与平台的对接，将执行战略与规划的机构衔接起来，在农业互联互通合作中发挥机制和平台的交流、沟通和磋商功能，及时解决农业合作中遇到的困难和问题。最后是农业合作具体对接的项目。对接的项目，包括农业合作示范区建设、境外经贸合作区建设、农业资源开发、农业投资、农业技术合作等，既要发挥政府的作用，也要以合作的微观主体积极推动。

政策沟通的内容方面，应在农业发展规划、农业生产、农业生产补贴、农业科技发展补贴、农业金融补贴、农业科技研究与创新、农产品加工、农业保险、环境保护等方面加强沟通，也应在农业合作示范区、境外经贸合作区、农产品贸易、农业跨国投资、农业技术交流与合作等方面加强沟通。

（二）推进中国与欧亚经济联盟自由贸易区的研究，加强自由贸易区建设

中国与欧亚经济联盟建设自由贸易区的有利条件体现在战略对接、地缘区位和贸易互补等方面。目前双方在资源禀赋和产业结构方面互补性较强，应启动并实质性推进构建自由贸易区的研究。要按照党的十九大提出的"促进自由贸易区建设，推动建设开放型世界经济"的要求，加快推进"一带一路"自由贸易区建设，启动与欧亚经济联盟建立自由贸易区的联合可行性研究，全面履行已有的经贸合作协议，在此基础上推进自由贸易协定谈判谅解备忘录的签署，最终达成自由贸易协定，共商共建自由贸易区，发

自由贸易区对贸易投资的促进作用，更好地帮助中国企业开拓中亚市场，推动共建"一带一路"走深做实。

双方可将上合组织作为"丝绸之路经济带"和欧亚经济联盟对接合作的重要平台，在上合组织的框架下，设立农业工作协调小组，建立协调机制，完善中国与中亚国家农业合作的各项政策，在上合组织的框架内尽快达成区域内的关税优惠协定，与欧亚经济联盟国家协商，以消除关税壁垒。双方确定好对接合作模式、优先领域、制度安排等，推动"丝绸之路经济带"倡议与欧亚经济联盟的对接。按照国务院 2015 年 12 月 6 日发布的《关于加快实施自由贸易区战略的若干意见》的部署，充分借鉴中国—东盟自由贸易区建设的经验，积极同欧亚经济联盟商建自由贸易区，使我国与欧亚经济联盟国家合作更加紧密、往来更加便利、利益更加融合。

（三）建设中哈双边自由贸易区，打造中吉边境自由贸易区

党的十八届三中全会提出，要以周边为基础加快实施自由贸易区战略。目前新疆应充分借鉴广东、天津、福建、海南自由贸易试验区的成功经验，系统梳理自由贸易区的建设经验。截至 2019 年年末，中国已和 25 个国家和地区达成了 17 个自由贸易协定，正在开展 13 个自由贸易协定谈判或升级谈判。新疆须组织力量加快研究，分步骤、分阶段地推进自由贸易区建设的政策和制度体系，落实关于支持自由贸易试验区深化改革创新的若干措施。

中国（新疆）可以考虑以哈萨克斯坦为突破口，加快哈萨克斯坦的"光明之路"新经济政策与"丝绸之路经济带"倡议的对接合作。应积极协商，降低贸易壁垒，鉴于中哈自由贸易区整体推进难度较大，可首先立足于中哈霍尔果斯边境合作中心，建立中哈农业合作与农产品贸易协会，形成双方互信的沟通渠道，推进中哈霍尔果斯自由贸易区试点，然后将自由贸易区的范围逐步扩展，最终形成中哈自由贸易区。

中哈霍尔果斯"边境自由贸易区"的早期建设经验可为建立中吉边境自由贸易区提供经验借鉴。建议在中国（新疆）和吉尔吉斯斯坦的奥什州设立"中国新疆与吉尔吉斯奥什经贸合作委员会"，适时启动建立中吉边境自由贸易区的谈判，以互利共赢为目标，协商确定中吉边境自由贸易区的实施范围、保障机制以及相关政策等基本框架，达成自由贸易协定，并视情况进一步推进自由贸易协定升级谈判，升级与中亚国家的经贸合作，进而推动与欧亚经济联盟的对接。中国与中亚国家自由贸易区的建立，将加大中国与中亚的经贸合作，扩大双方的农产品贸易以及农业合作。

（四）建立中亚地区的境外经贸合作区，实现互利共赢

境外经贸合作区是指在政府的指导和支持下，通过与东道国政府达成协议，支持有实力的国内企业在有关国家限定的区域内投资建设基础设施完善、产业链完整、主导产业明确的产业园区。2013—2018 年，中国在"一带一路"沿线国家建立了 82 个境外经贸合作区。2015 年商务部、财政部发布的《境外经济贸易合作区考核办法》明确了重点支持的 5 类合作区，其中包括农业产业型园区。中国要积极与中亚等国政府沟通协商，争取建立中亚区域的境外经贸合作区，建立农业产业型园区。在中亚建立经贸合作区已有成功的先例。2014 年 12 月，中泰新丝路塔吉克斯坦农业纺织产业园建立，首期

15 万亩棉花于 2015 年播种，纺纱项目于 2016 年全面建成投产。目前中国（新疆）应将国内有实力、有意愿并符合中亚农业需求的企业引入经贸合作园区，有利于促进中国（新疆）与中亚国家的农业互联互通合作，实现互利共赢。

建立中亚地区的经贸合作区，首先要健全政府之间的双边磋商机制，联合中亚地区的东道国政府形成合力，共同建立互利共赢的农业经贸合作区，提升东道国的农业发展动力。其次是完善境外合作区的农业产业链布局。结合东道国的农业发展情况，突出其农业特色，建立东道国具有比较优势的粮食作物和经济作物等的开发、加工、收购、仓储等农业产业园区，形成产业集群，因地制宜地制定园区发展规划，突出园区的功能定位。最后是推进农业经贸合作区的基础设施建设，提供良好的公共服务职能，安排中介服务机构和商会入驻园区，对接企业和当地需求，创造较好的境外营商环境。

（五）加大对新疆基础设施建设的支持力度，给予新疆政策性的倾斜和扶持

新疆应加快交通综合发展，尽快建成核心区的国际性交通枢纽中心，加快与周边国家交通基础设施的互联互通。随着综合交通网络不断完善，新疆已初步建成了以乌鲁木齐市全国性综合交通枢纽为中心，新亚欧大陆桥为主轴，环塔里木盆地和环准噶尔盆地为两翼的综合交通网络，但仍然还存在诸多困难与问题。这些问题包括综合运输通道布局不合理，国际运输通道结构单一，在与新疆相邻的 8 个国家，仅与哈萨克斯坦有铁路相连，进出新疆运输通道少，综合交通网络规模不足，覆盖深度偏低。交通枢纽城市的国际地位不高，相关基础设施设备仍然落后。交通枢纽中心的建设需抓住交通基础设施的关键通道、关键节点和重点工程，配套完善交通管理设施，推进口岸基础设施建设，加快提升航空基础设施水平。

交通枢纽中心的建设，需要明确国家在"丝绸之路经济带"核心区战略性交通基础设施项目建设中的投资主体责任，对于在基础设施建设规划内的重大项目，国家有关部门应加快审批速度，提高服务效能。对新疆的重大交通项目，在立项审批、财税、土地、金融等方面给予特殊鼓励和扶持。此外，还需要政策和机制体制创新赋予倾斜和扶持，强化中央金融的支持，加大国家开发银行、中国进出口银行等政策性金融机构对新疆国际运输通道和地方交通设施的支持力度。

（六）构建和完善中国与中亚国家农业互联互通合作的投融资保障体系

首先要利用好国际性的多边开发金融机构，包括世界银行、亚洲开发银行、亚洲基础设施投资银行、金砖国家新开发银行等金融机构，通过它们在资金、协调等方面的优势，满足中国与中亚互联互通合作的资金需求。积极在上合组织银联体框架下密切合作，以银行贷款、银团授信等方式展开合作。中国发起组建的亚洲基础设施投资银行，旨在推动亚洲国家基础设施建设，中亚国家除了土库曼斯坦未加入亚投行之外，其余国家均已加入。由于中亚国家的基础设施普遍较为落后，可通过亚投行的资金支持，改善中国与中亚国家基础设施的互联互通，向中亚国家基础设施建设提供长期贷款，解决中亚国家基础设施建设的融资需要，鼓励私营资本参与投资基础设施，激发社会资本活力，促进中国与中亚国家共同繁荣和发展。

其次是发挥好丝路基金的作用。丝路基金是国家为推进"一带一路"建设而设立的

投资基金，通过以股权投资为主的多种投融资方式支持沿线国家的产业和金融合作。在丝路基金的 400 亿美元规模的资金中，2015 年已经成立了中哈产能合作专项基金。建议提取一定的资金设立中亚次区域经济开发与合作专属基金，通过较小比例的股权资本投资，积极推动中亚各国政策与银行等机构广泛参与合作融资，撬动更多资金投入，投资于基础设施、农业合作项目等。

最后是发挥好亚洲金融合作协会的作用。2015 年成立的亚洲金融合作协会，可推动中国与中亚国家的金融合作，增强中亚国家对人民币作为结算货币和交易货币的接受度，有利于人民币的国际化。随着中国与中亚国家金融合作的推进，可考虑通过亚洲金融合作协会这个平台，在中国与中亚国家的跨境贸易融资、基础设施建设融资、银团贷款、农业项目融资等领域加强合作，满足互联互通建设的需要。

（七）优化人民币跨境结算政策和货币合作，助力更高水平贸易投资便利化

随着人民币国际化的推进，人民币跨境使用政策不断优化，先后推出了一系列的贸易投资便利化试点。2019 年 9 月，中国人民银行发布了《关于开展更高水平贸易投资便利化试点业务的通知》，将上海等 18 省市的自由贸易试验区作为开展更高水平的贸易投资便利化业务的试点地区。中国（新疆）在争取建立自由贸易试验区基础上，力争作为试点地区，简化和中亚国家农业互联互通合作企业的人民币结算流程、降低结算成本、规避汇率风险，加快资金周转，便利企业资金管理。

从促进边境贸易便利化的角度出发，早在 2003 年中国人民银行与吉尔吉斯斯坦中央银行签署双边了本币结算协议，允许中国和吉尔吉斯斯坦的边境贸易结算中使用双方的本币进行结算。但截至目前，与中亚国家已经签署的双边本币结算协议仅包括哈萨克斯坦，中国尚未与其他中亚国家签署本币结算合作协议，应积极推动与中亚其他国家的双边本币结算适用于一般贸易的协议签署，将双边本币结算的范围扩大至双方全境。从货币互换来看，中国尚未与中亚的吉尔吉斯斯坦、土库曼斯坦等国家签署双边本币互换协议，应适时启动与上述国家的双边本币互换协议的签订，深化与中亚国家的货币合作关系，推动人民币的跨境使用。商业银行应该对从事中国与中亚国家农产品贸易的企业和个人，发展多样化的结算工具和结算服务，在双边经贸往来中积极拓展信用证、托收、保函等结算方式，为经贸往来提供安全便捷的结算服务，通过优化人民币跨境结算政策和货币合作，进一步提高中国与中亚国家贸易投资便利化水平。

（八）实行高水平的贸易投资便利化政策，解决通关不畅等问题

促进与中亚国家的贸易和投资往来，完善贸易投资促进政策和便利化措施，是互联互通的内在要求。目前，中亚国家对进出境的限制较多，办理签证、劳务许可等手续繁杂且耗时较长，哈萨克斯坦、乌兹别克斯坦和土库曼斯坦等国家的签证办理困难，严重影响了中国（新疆）与中亚国家人员往来的便利性。中国（新疆）与中亚国家的农产品贸易也存在着通关制度不协调、检验检疫部门协作不力等问题。

提高与中亚国家的贸易投资便利化水平，目前应由国家出面协调解决影响中资企业赴中亚国家投资经营活动的签证难问题，或者缩短当地办理有效签证的时间。积极落实世贸组织《贸易便利化协定》，建立地方贸易便利化联席机制，扩大中亚国家农产品的

进口准入。完善基础设施建设，加快铁路、公路、口岸建设，在交通枢纽地带建立先进的农产品仓储系统，形成以物流园区为中心枢纽，以配送中心和仓储网点为基础的物流网络，改善农产品配送网络。加快发展"丝路电商"，力争在新疆设立跨境电商综合试验区，充分利用大数据、云计算、人工智能等现代信息技术，培育与中亚国家农产品贸易的新业态、新模式。改善与中亚国家边境口岸的通关设施条件，加快边境口岸的"单一窗口"建设，实现报关、报检、税务的一系列对接，实现协同工作模式的最优化，减少重复作业，降低通关成本，提高通关效率。推进跨境监管程序协调，推动农产品检验检疫证书的国际互联网核查，降低非关税壁垒。

（九）积极应对新冠病毒感染疫情影响，高质量推进"一带一路"建设

2020年年初暴发的新冠病毒感染疫情在中亚国家有着不同程度的流行。截至2021年1月6日，哈萨克斯坦确诊人数达15.9万人，乌兹别克斯坦7.73万人，吉尔吉斯斯坦8.17万人。尽管中亚国家采取了措施积极应对疫情，但疫情还是造成了较为严重的影响。中亚国家在几大主要发展领域都出现了危机，普遍出现经济下滑，宏观经济指标全面恶化，经济增长乏力的现象。新冠病毒感染疫情的高峰反复出现，哈萨克斯坦成为全球首个因疫情严峻而二度采取隔离措施的国家。

新冠病毒感染疫情对"一带一路"高质量建设提出了挑战。中亚国家在病毒感染疫情防控期间中断了与中国的联系，客观上产生的不利局面也使得中亚各国更加理性对待与中国的合作，各国均表达了期望深化与中国的合作，提升互联互通水平，至此合作共识不断深化，命运共同体意识不断增强。2018年8月提出的高质量建设"一带一路"，指出了建设的新方向。新冠病毒感染疫情虽然暂时阻碍了"一带一路"建设，但也带来了新机遇。通过共同合作抗击疫情，在联合国、世界卫生组织、上合组织等多边框架下深化抗疫合作，开展抗病毒物资合作与援助，发展远程医疗，将疫苗惠及中亚国家。通过对中亚国家的医疗援助，缓解其检测设备和材料的短缺，增加中亚国家对中国抗疫的认同，优化双边贸易环境。加大对中亚国家农业发展的支持力度，缓解其农用机械和农耕材料由于疫情禁运造成的短缺。通过合作建设"一带一路"，提高中亚国家的发展能力和韧性，使得中亚国家在不利因素影响下保持本国基础体系的稳定，增强抗风险能力，让"一带一路"建设在中亚国家不断走深、走实。

（十）关注新疆周边国家形势，坚决维护新疆的安全稳定

新疆地处祖国西北边陲、欧亚大陆腹心地带，周边与哈萨克斯坦等8个国家接壤，是中国对外开放的重要门户。党的十八大以来，以习近平同志为核心的党中央对新疆工作高度重视，党中央召开的第二次中央新疆工作座谈会确定了社会稳定和长治久安这一新疆工作的总目标，第三次中央新疆工作座谈会再次为新疆工作谋篇布局，为新时代新疆工作指明了前进方向。当前新疆社会大局实现持续稳定，坚持把维护稳定作为压倒一切的政治任务，各类安全事件大幅下降，呈现出一派安定祥和、蓬勃发展的大好局面。

近年来，中国（新疆）周边国家的安全形势出现了新变化，恐怖主义和宗教极端主义在某些国家较为猖獗，周边国家的不稳定因素增加，对此必须要有清醒的认识。中国（新疆）周边国家尤其是阿富汗、巴基斯坦、吉尔吉斯斯坦、乌兹别克斯坦等国家，稳

定的基础依然较为脆弱，周边国家的形势给边境管控带来较大压力。由于油气资源丰富，中亚地区已经成为美国、欧盟、俄罗斯、日本等相互竞争的地区。中国的"一带一路"倡议与美国、日本等国的"亚洲再平衡"战略相冲突，这在很大程度上制约着中国（新疆）与中亚国家的农业互联互通合作。中国与周边国家应巩固战略协作伙伴关系，加强与周边国家的友好合作，限制民族分裂主义思想，消除影响中国（新疆）稳定的不利因素。充分发挥上合组织的作用，加强政治互信，在相互尊重主权和领土完整的基础上，不断加强反恐斗争的国际合作。支持兵团改革发展，更好地发挥兵团稳定器、大熔炉、示范区的特殊作用。健全完善反恐维稳的长效机制，只有确保中国（新疆）与周边国家的稳定与安全，才能为中国（新疆）与中亚的农业互联互通合作提供基本前提条件。

二、地方政府层面的政策建议

中国（新疆）政府层面要在国家制定的有关"一带一路"的规划引领下，制定与中亚国家农业互联互通合作的专项规划和相关支持政策，加强互联互通合作和机制与平台建设，优化商贸物流基础设施，加强组织和领导工作。

（一）制定"丝绸之路经济带"核心区与中亚国家农业互联互通合作的政策规划

新疆维吾尔自治区党委和政府坚持规划引领，核心区政策规划不断完善，先后制定出台了双边、多边规划，并先后出台了关于推进核心区建设的实施意见，丝路核心区的建设政策支撑不断加强。自治区人民政府先后发布实施了各个专项规划，包括 2017 年 1 月 28 日发布的《丝绸之路经济带核心区商贸物流中心建设规划（2016—2030 年）》、2017 年 7 月 17 日发布的《丝绸之路经济带核心区交通枢纽中心建设规划（2016—2030 年）》、2017 年 12 月 4 日发布的《丝绸之路经济带核心区区域金融中心建设规划（2016—2030 年）》，以及文化科教中心、医疗服务中心的专项规划，并制定了十大进出口产业集聚区等专项规划。

目前自治区尚未发布关于"丝绸之路经济带"核心区与中亚国家农业互联互通合作的专项规划。中国农业部、商务部和外交部于 2017 年 5 月联合发布了《共同推进"一带一路"建设农业合作的愿景与行动》，应在此框架下，并根据国家发布的中哈、中塔合作规划和中巴、中蒙俄经济走廊建设规划，制定新疆与中亚国家农业互联互通合作的专项规划，加强农业发展战略和规划的对接。在规划中应就中国（新疆）与中亚国家农业合作的框架思路、合作重点、合作机制等做出纲领性安排，在合作规划的引领下，加强与中亚国家的农业合作，重点推进中国（新疆）的优势农业走出去的合作项目。

在编制对中亚国家农业互联互通合作规划的同时，还要制定具体的实施方案和鼓励措施，调动企业投资的积极性，需要自治区发改委、农业农村厅、商务厅、经信委、财政厅等部门密切配合，也需要金融部门的融资支持，必须要把各部门协调好，建立好协调机制，共同研究制定实施农业合作的具体支持鼓励措施，把中国（新疆）与中亚国家的农业合作规划的实施落到实处。

（二）深入实施农业"走出去"战略

中国（新疆）与中亚国家的农业具有较强的互补性，农业互联互通合作有较大的发展潜力，深入推动实施农业走出去战略，与中亚国家在种植业、养殖业等领域进行深入合作。

制定实施中国（新疆）农业走出去战略的专项规划，使之成为中国（新疆）农业走出去战略的重要组成部分。中国（新疆）加强与中亚国家在具有优势的农业机械、节水灌溉技术、农副产品加工等方面的交流与合作。推动中国（新疆）的农业机械、农药、化肥、种子及滴灌设备等产品的出口，发挥中国（新疆）在农业种植、滴灌、农业机械等方面的农业技术优势，在中亚国家建立农机示范推广中心，带动中国（新疆）农业机械出口，推动中亚国家农业机械化的推广应用。发挥中国（新疆）在棉花、玉米等种子产业的优势，推动中国（新疆）育繁一体化种子企业与中亚国家农业种子认证部门、种子企业合作，满足中亚国家农业生产主产区对良种繁育的需求。支持走出去的企业在中亚国家进行农产品的就地加工。加强中国（新疆）农产品冷链物流工程建设，形成农产品储藏、加工、配送、运输全过程冷链物流。

以中国（新疆）在中亚国家的农业开发项目为突破口，加大与哈萨克斯坦、吉尔吉斯斯坦、塔吉克斯坦等中亚国家的农业技术合作与农业机械设备销售体系建设，加大农业合作项目的开发力度。鼓励中国（新疆）的农业龙头企业到中亚国家以合资合作、承包、租赁等方式实施农产品种植、牲畜养殖、农产品深加工等农业综合开发合作项目，推进中亚地区农业合作示范区建设。派遣农业专家提供咨询和技术服务，帮助中亚国家提高农业生产能力。

稳步扩大对中亚国家的农业援助。依托中国（新疆）在农业生产、农业机械、农业技术等领域的优势，积极争取国家援外项目，重点争取对塔吉克斯坦、吉尔吉斯斯坦等中亚国家的农业援助项目，将援外与农业直接投资、对外承包工程等结合起来，带动技术和设备出口，促进中亚国家的农业资源开发和农业合作。

（三）完善中国（新疆）与中亚国家农业互联互通合作的机制建设

为了促进中国（新疆）与中亚国家的农业互联互通合作，需要充分利用上合组织和中亚区域经济合作机制两个平台，积极利用现有双多边机制，搭建多层次的交流合作机制，完善对话机制、协商与决策机制建设。

利用好上合组织等区域次区域合作机制，发挥上合组织（SCO）、亚欧会议（ASEM）、亚信会议（CICA）、亚洲合作对话（ACD）、中亚区域经济合作（CAREC）等多边合作机制作用，中国（新疆）政府积极参与多边合作机制下商务部的工作机制，参与商务部与上合组织框架下与中亚国家间的经贸混委会工作机制，发挥国家之间合作机制的作用，构建完善多层次的交流合作机制。

一是加强中国（新疆）地方政府之间与中亚国家同级地方政府之间的磋商与交

流①。加强与中亚国家的规划对接。加强中国（新疆）与中亚国家各职能部门之间的对话与交流，开展多层次、多渠道的沟通磋商。推动签署合作备忘录或合作规划，建设一批双边合作示范区。充分发挥现有联委会、混委会、指导委员会等双边机制作用，协调经贸政策，推进贸易投资便利化。二是建立中国（新疆）主要口岸与中亚国家对应口岸之间的对话机制。推进中国（新疆）主要的陆路口岸，如阿拉山口口岸、霍尔果斯口岸等与中亚国家对应的口岸之间的交流与磋商，提高通关效率。三是加快推进中国（新疆）的重要城市与中亚国家开展城市交流与合作，互结友好城市，不断拓展在中亚的经济合作伙伴城市布局，建立友好城市之间的交流对话合作机制。四是完善与中国驻中亚国家大使馆经商参处的联系机制，为中国（新疆）的涉农企业开展对中亚国家的农业经贸合作与交流提供协调服务。

在协商机制建设方面，构建中国（新疆）与哈萨克斯坦、吉尔吉斯斯坦、塔吉克斯坦等中亚国家的经贸合作工作组会议机制、边境地区合作机制，利用地区之间的协调机制。充分发挥商协会、驻外机构和海外侨团及各类专业协会的作用，积极推动中国（新疆）与中亚等国家贸促机构间合作。

（四）加强基础设施建设合作

1. 加强交通基础设施建设合作

中国（新疆）作为"丝绸之路经济带"核心区，推进向西开放的重要门户，重要的能源基地，内陆沿边地区口岸和国际大通道汇聚地，面向中亚、西亚、南亚等区域国际运输需求将大幅增加，国内运输的过境、中转等各类客货运输需求规模将持续扩大。因此，发挥中国（新疆）独特的区位优势和向西开放的窗口作用，打造核心区交通枢纽中心，更好地支撑核心区与中亚的农业互联互通合作。

目前应统筹国家战略和市场需求，加快推进国际运输通道建设。其一是积极推进中塔、中阿国际通道建设。加快推进经卡拉苏、瓦罕走廊等连接塔吉克斯坦、阿富汗国际运输通道的建设，做好中塔、中阿铁路和公路建设。其二是完善中哈国际通道。完善经霍尔果斯口岸的中哈铁路、公路建设，做好以阿拉木图为中心的哈南地区的中哈通道建设，拓展经阿拉山口连接以阿斯塔纳为中心的哈西北地区的中哈通道建设。研究经巴克图、吉木乃口岸的中哈铁路建设。其三是推进中吉乌国际通道建设。对经过伊尔克什坦口岸连接吉尔吉斯坦的通道建设做好前期准备工作，稳步推进中吉铁路、公路建设，适时推进中吉铁路向乌兹别克斯坦延伸，形成中吉乌通道。其四包括重点推进中巴运输通道建设等。

中国（新疆）与周边国家的互联互通基础设施建设项目，除了由国家加大资金支持之外，还应积极拓宽融资渠道。充分发挥财政资金的杠杆作用，积极吸引外商直接投资或合资建设交通，并积极争取亚投行等国际金融组织的融资支持。积极吸引社会资本，创新拓展融资渠道。

---

① 高志刚，等. 中国（新疆）与中亚国家的能源与贸易互联互通建设战略研究［M］. 北京：经济管理出版社，2019.

2. 加强口岸基础设施建设合作

新疆拥有国家批准的对外开放口岸18个，均为一类口岸，其中航空口岸3个，陆地边境口岸15个。目前应围绕国际通道畅通、运输便利安全的需要，进一步完善沿边口岸布局和功能，着力改善霍尔果斯、阿拉山口等口岸交通功能，扩建红其拉甫、巴克图、吉木乃、都拉塔、伊尔克什坦、卡拉苏等公路口岸，研究建设巴克图、吉木乃、伊尔克什坦、吉克普林等对哈萨克斯坦、吉尔吉斯斯坦、俄罗斯等铁路口岸。研究伊宁、吐鲁番等航空口岸建设。提升口岸基础设施水平，完善口岸货物仓储物流服务功能，改善口岸通关能力。编制新疆口岸经济带专项规划，推进口岸综合物流园区建设，构建先进的口岸物流体系，促进境内和境外市场相互衔接。依托口岸优势发展经济，打造口岸经济增长极。

加强与周边国家合作，推进"丝绸之路经济带"海关区域通关一体化改革，推进"大通关"区域合作机制，实现进出口货物在各口岸海关的"一次申报，一次查验，一次放行"，强化和完善电子口岸建设。对中国（新疆）向中亚国家的农产品进出口，可采取优先办理、非侵入式查验、集中保管等方式，推动农产品快速通关，缩短农产品在口岸的滞留时间，减少农产品损耗，促进农业增效和农民增收。与中亚国家的口岸管理部门实现信息互换、监管互认、执法互助，实现口岸合作的新模式。

（五）加快新疆商贸物流基础设施建设，构建"丝绸之路经济带"沿线国际物流大通道

新疆作为"丝绸之路经济带"核心区的商贸物流中心，已经建成了以乌鲁木齐市为核心节点，以喀什等市县为二级节点，以重点城镇为三级节点的物流节点城市布局，构建了以东西向三条出疆国际通道为主和南北向三条疆内联系通道为辅的物流通道体系，六条物流通道体系基本成型，到目前基本建成了联通国际、布局合理的现代物流体系。

要抓好商贸物流基础设施建设，提高流通现代化水平。应围绕建设国际商务物流中心的进一步规划，依托乌鲁木齐市、重要节点城市和边境口岸，建设完善国际商贸集散地，在乌鲁木齐、霍尔果斯、喀什、阿克苏、库尔勒等地建设大型综合性商品物流集散基地，完善物流园区建设，加快商品流通体系建设，要依托城镇重点培育几家区域性农产品批发市场，重点加强和完善冷链及物流配送系统、质量安全可追溯系统、交易与仓储设施等基础设施建设。

加强乌鲁木齐国际陆港区建设，使其逐步成为核心区商贸物流中心的重要引擎。研究开通至中亚国家主要城市的直达定点运输线路。与哈铁、俄铁、德铁以及其他中亚国家的铁路部门达成战略合作协议，加强建设乌鲁木齐铁路货运口岸、乌鲁木齐多式联运海关监管中心、新疆中欧（中亚）班列集结中心，以此为依托建设新疆国际陆港。

打造班列集结中心，构建"东联西出"物流大通道。推进港铁联运和西行班列及陆路运输项目实施，完善中欧（中亚）班列集拼集运智能场站平台系统在国际陆港区的有序运行，实现中欧班列运行体系跨国家、跨关区、跨场站、跨公司的无缝联通和智能高效运行。加强国际合作，获取中欧、中亚班列全口径数据，共同打造国际联运平台系统。深化国际联运合作，实现电子货运单填报、车皮申请、报关、报检等一站式申报。

加快特色物流园区建设。依托流通节点城市，合理布局建设一批有重要影响的物流园区，结合主要物流节点城市区位特点，依托铁路、公路、航空等交通基础设施，加快建设一批功能集成的综合物流园区。加快口岸仓储物流设施建设，及时对建成的仓储物流设施进行海关监管库申报认定。依托正在申报的中国亚欧经贸合作试验区和乌鲁木齐跨境电子商务综合试验区，建设自由贸易园区和跨境电子商务园区。

还可以利用中国（新疆）在中亚国家和地区建立的投资贸易中心和商品分拨中心，选定政局稳定、投资条件较好的中亚国家，建立新疆境外营销网络平台，通过合作方式在中亚等地建设农产品展示展销窗口、仓储冷链等设施和营销网络体系，逐步解决持续供应和进入中亚市场问题，提高新疆农产品市场占有率和竞争力。

（六）规范和加强海关合作，建立农产品快速通关"绿色通道"

中国（新疆）与哈萨克斯坦、吉尔吉斯斯坦等中亚国家相邻，运输距离较近，而且哈萨克斯坦等国家的农作物质量较好，贸易往来潜力巨大。安排国际货运班列，并应设立班列专用"绿色通道"，降低货物运输成本。对于国际货运班列，在海关关封完整无损、商业标封完好、核对信息无误的情况下，做到票到即放，缩短班列口岸通关时间，将中国新疆口岸打造为中国和亚欧市场最便捷的口岸。

中国（新疆）与中亚国家口岸和海关合作面临前所未有的机遇，双方应在双边合作委员会下设的口岸和海关合作分委会的机制框架下，进一步提升合作水平。可将中国（新疆）与中亚国家接壤的口岸全部开通农产品快速通关"绿色通道"。开通农产品绿色通道，口岸实行24小时预约通关、查验，设置专用报关窗口，提高通关效率。在法律法规允许的范围内，海关与口岸联检单位协商，简化农产品通关环节和手续。与中亚国家海关建立边境海关联络员机制，对于农副产品通关遇到的问题，包括在非海关监管场所装运的农产品，查验环节前移至果蔬等装运现场，及时协调沟通，保障农副产品顺畅快速通关。

实现海关通关作业无纸化覆盖所有进出口信用等级企业，企业经与直属海关、第三方认证机构（中国电子口岸数据中心）签约后，即可在全国海关实现"通关作业无纸化"方式，缩短通关时间，降低通关成本。推动国内企业与中亚国家企业的 AEO 认证的互认①，享受通关便利。与中亚国家海关合作，推进海关联网监管平台信息共享项目落地实施，落实信息共享局域网络建设等具体细节。加强与中亚及欧洲国家沟通协调，对国际货运班列实行365天24小时通关服务，通关手续随到随办，货物随到随验，建立从存放、装卸、运输到出境环节的"快捷通道"。

（七）推进海关特殊监管区建设，为互联互通合作增添新动力

目前新疆已有喀什综合保税区、阿拉山口综合保税区、中哈霍尔果斯国际边境合作中心、乌鲁木齐出口加工区和奎屯保税物流中心（B型）五个海关特殊监管区。构建海

---

① AEO 即"经认证的经营者"，是世界海关组织（WCO）倡导的一项制度。海关对信用状况、守法程度和安全管理良好的企业进行认证认可，对通过认证的企业给予通关优惠便利。AEO 企业的货物在互认国家和地区通关可享受便利化待遇，能有效降低企业港口、保险、物流等贸易成本，提升国际竞争力。

关特殊监管区集群，可以依托新疆的地缘优势，改变原先的货物中转枢纽的"通道经济"模式，吸引更多的产业落地海关特殊监管区，为中国（新疆）与中亚国家的农业互联互通合作增添新动力。

新疆正在形成辐射型综合保税区群，应进一步增强其辐射带动作用，引导更多的企业进入保税区开展经营活动，积极吸引行业龙头企业入区发展，带动配套企业跟进，推动整体产业链的发展。对现有的保税区，加快完善保税区的功能和通关运营，推行"批次进出、集中申报""简化无纸通关随附单证""简化统一进出境备案清单"等创新制度在综合保税区落地实施。新疆将保税区打造成具备国际中转、国际配送、国际采购、国际转口贸易和出口加工等功能的特殊区域。新疆规划推进更多的保税物流中心的申报和建设，争取国家海关对"丝绸之路经济带"核心区设立海关特殊监管区域给予政策倾斜，最终形成新疆的综合保税区集群。

加快推进跨境经济合作区建设。跨境经济合作区是在两国边境划定的特殊区域，对该区域给予特殊的政策支持，包括税收及其他贸易投资等政策。中哈霍尔果斯国际边境合作中心是我国与其他国家建立的首个跨境边境合作区、世界上唯一的跨境自由贸易区。要支持跨境经济合作区建设，在有条件情况下探索实行"一线放宽，二线管住、区内自由、封闭运行"的管理模式。利用各项优惠政策，努力使生产要素在合作中心聚集，把开发区建设成跨境经贸合作的示范窗口。

（八）加强展会平台建设，发挥展会"两个平台"的作用

强化展会对对外贸易的推动作用，帮助企业拓展国际市场。新疆近年来积极进行了亚欧博览会的办会工作，有力提升了新疆的影响力。与商务部共同举办了哈萨克斯坦中国商品展览会，进一步扩大了中国（新疆）在中亚及俄罗斯地区的影响力。中国（新疆）积极参与中国国际进口博览会、广交会、服务贸易交易会、东盟博览会、中国上海国际跨国采购大会、新疆农产品北京交易会、法国食品展、沙伽中国商品展、中国国际中小企业博览会、阿斯塔纳世博会等国内外重要展会，为中国（新疆）涉农企业开拓中亚市场、参与国际竞争搭建了平台。

新疆积极主办、参与各类展洽会，可以充分利用展洽会"两个平台"的作用：以投资和贸易两大内容为重点，搭建内地企业与新疆企业合作交流、新疆企业与以周边国家为主体的国外企业交流的两个平台的作用。利用展览效益，使一批企业带项目、带贸易通过周边国家"走出去"，利用展洽会的机遇，可以加大中国（新疆）与哈萨克斯坦及中亚地方政府层面互访交流，逐步建立交流机制，还可以增强新疆企业间的交流协作，整合各方优势，为更多的新疆企业走向中亚提供支持。

加强展会平台建设，要积极邀请中亚国家参与中国（新疆）会展，扩大宣传推介，加强中国（新疆）与中亚国家间的交流合作。根据农产品类别和企业需求，创新在中亚国家的组展办展方式，要加强与国家有关部门的合作，在中亚国家组织专场农产品展会，提高对中亚市场开拓的针对性和有效性。以中国亚欧博览会、绿洲产业博览会、哈萨克斯坦中国商品展览会为龙头，有效开展各类农产品专项展会。积极支持中国（新疆）涉农企业参加喀什—中亚南亚交易会、塔吉克斯坦商品展、乌兹别克斯坦机械展等

重点展会，深化扩大合作交流。

（九）加快农业出口基地建设，增强农业"走出去"的能力

新疆的农业发展已经形成了粮食、棉花、畜牧、林果、设施、特色、休闲观光七大优势产业，现代农业建设取得较快发展。为加强与中亚国家农业的互联互通合作，新疆应以"丝绸之路经济带"整体布局为出发点，加快建设立足新疆、面向欧亚的农业产业基地。

一是要培育农产品加工出口基地。针对新疆的特色农产品，加快果蔬、乳制品、肉制品、粮油及饲料、生物制品等特色农产品及精深加工产业的发展。培育壮大一批国家级的鲜食果蔬出口基地和粮油食品加工出口基地，继续发展具有特色的番茄、辣椒等果蔬制品加工出口基地。建设出口设施大棚，完善配套设施，形成农产品生产、冷链、加工、销售为一体的设施农业出口基地。

二是培育现代农业示范区建设。突出新疆的节水灌溉和农业机械化优势，打造国家级现代农业示范区建设，以国家农业科技示范园区和天山北坡现代农业示范带建设为突破口，加大农业示范区的建设力度，重点建设具有现代农业科技优势的农业，示范建设优质粮、优质棉、葡萄、蔬菜、酱用番茄、特色林果等种植基地，以及生猪、肉羊、肉牛、奶牛、肉鸡等养殖基地，强化用现代农业技术组织生产经营，成为现代农业生产的样板区、农业科技成果的展示区，打造现代农业示范基地。

三是培育农业装备出口基地。发挥新疆的农业技术优势，以农业示范推广为基础，在产业转移的背景下积极承接内地省份的农用机械制造业，推动新疆的农用机械企业的发展，形成农产品收获加工、节水灌溉、耕种以及牧草加工四大农牧机械装备产业，重点发展节水灌溉设备、农业建设机械、耕种机械、采棉机等，大力发展农业专用车辆、棉花加工机械制造，打造面向欧亚市场和中亚国家的农用装备制造基地。

四是培育出口农产品质量安全示范基地。按照推行国际标准，推动有条件的地区建立农产品质量安全基地。在质量安全基地内，对于种植养殖、生产加工等领域，引进发达国家食品农产品质量安全标准，加强出口农产品的质量安全。搭建出口农产品检验检测、可追溯的公共服务平台。通过农产品出口基地的建设，为引领农业走出去，以及加强与中亚国家的农业互联互通合作创造了良好的基础。

（十）提升金融对中国（新疆）与中亚国家农业互联互通合作的支撑作用

根据农业互联互通合作的部署和规划，为加强金融服务能力，要构建有特色的金融组织支持体系，完善多层次的金融市场创新体系，打造多元化的金融产品服务体系，拓宽融资渠道，促进金融资源高效配置，尽快形成结构合理、支持有力、效益明显的金融支持体系。

一是构建有特色的金融组织支持体系。完善新疆的银行业金融机构布局，加快国有大型商业银行和股份制商业银行在新疆城市（镇）设立分支机构的步伐；加快省级地方法人机构建设，通过增资扩股或新建设立等方式建立新疆的地方法人银行，加快设立霍尔果斯银行、南疆民营银行，推动农村信用合作联社完成农村商业银行改制；推动股权投资基金机构创新发展，引导社会资本积极参与农业产业投资基金等股权投资基金的发

展，重点投资于新疆"走出去"企业、农业龙头企业等，推进民间资本转化为产业资本；加快培育和发展保险业，支持农业保险进一步发展。

二是完善多层次的金融市场创新体系。推进新疆的信贷市场、资本市场、保险市场的发展，提高市场配置资源的功能；加快货币信贷市场的发展，加大对"三农"的支持力度；加快发展外汇交易市场，发展人民币对哈萨克斯坦坚戈等中亚国家货币的银行间市场区域交易；积极发展资本市场，支持新疆涉农企业在资本市场上市；积极发展保险市场，推动政策性农业保险的进一步发展，支持林果业、畜牧业等特色农业保险险种的创新；积极发展出口信用保险，为新疆的农产品出口提供保险支持。

三是加大对新疆"走出去"涉农企业的金融服务创新力度。大力推动金融产品创新。金融机构要自主开发适合新疆实施"走出去"战略、对涉农企业与中亚五国农业合作所需要的新产品，完善应收账款质押贷款、仓单质押贷款、出口退税质押贷款等融资模式。在传统贷款模式中引入风险投资公司等第四方机构，创新风险担保模式。鼓励金融机构开发推广适合"走出去"涉农企业需求的支付结算产品。大力推动口岸金融发展。主动参与多区域合作，为边境地区提供更优质的金融服务，如快捷的货币兑换，边境贸易结算等，为企业开展对外合作提供便利。

（十一）抓好电子商务进农村工作，加快推进跨境电子商务发展

随着商务部等有关部门推出《国务院办公厅关于深入实施"互联网+流通"行动计划的意见》，新疆的流通产业加快了信息技术应用，形成了线上线下互动融合发展的共识。为大幅降低农产品流动成本，提升流通效能，推进与中亚国家农产品贸易的深入发展，有必要提高新疆农业的现代化电商水平，加快推进跨境电子商务发展。

抓好电商进农村工作，提高农业现代化电商水平。促进农产品电子商务发展，引导更多农户和涉农企业参与农产品电子商务，以新疆获批的国家级、自治区级电子商务进农村综合示范县为引领，抓好电子商务进农村综合示范县、乡、村建设工作。打造农产品电子商务产业链，开辟农产品流动新渠道；推进特色农产品网货化，优选特色农产品，建立农产品数据库，促进农产品网上销售；培育农产品品牌发展，扩大品牌影响力；鼓励电商企业进农村，完善电商配送服务网络建设；争取更多涉农企业入选商务部电子商务示范企业名单，带动新疆更多的优质农产品进行网上交易，提升新疆农产品的品牌知名度。

加快推进跨境电子商务发展。2015年5月7日，国务院发布了《关于大力发展电子商务 加快培育经济新动力的意见》，提出了要加快电子商务的国际合作，提升跨境电子商务通关效率，扩大跨境电子商务综合试点。自2015年3月12日杭州获批中国首个跨境电子商务综合试验区后，已有多地获批。新疆作为"丝绸之路经济带"核心区，具有面向中亚国家发展跨境电子商务的地缘、人文、政策等诸多优势。要继续支持乌鲁木齐、喀什、霍尔果斯国家跨境电子商务综合试验区申报工作，引导知名跨境电商企业到新疆发展，到中亚国家开展交易平台运营和网络推广，助推新疆的涉农外贸企业借助电商拓展业务；支持跨境电商企业建立边境仓、海外仓，引导传统货代、物流快递企业拓展跨境电商服务业务，鼓励引导新疆的涉农外贸企业开展跨境电子商务，发展新型商业模式。

（十二）强化对农业互联互通合作的科技和人才支撑

中国（新疆）与中亚国家的农业互联互通合作，需要大量的专业人才，要积极推进多层次、多领域的人文交流，在农业科技、教育等领域与中亚国家开展交流合作，民心相通不断深入。推动新疆科技资源整合，在科技研发的基础上，做好农业科技推广工作，建立农业科技推广体系，充分发挥新疆地方高校和科研院所的作用，对新疆与中亚国家开展农业互联互通合作提供科技支持。

加快建设一支高素质、专业化、创新型的人才队伍，是深入实施农业互联互通合作的迫切要求，新疆必须加强专业人才的引进和培养力度，对于对外经贸合作人才的培养、引进，能力提升，基地建设等重点人才工程，继续发挥其应有的效力。新疆要培育以农业专家技术型、管理创新型、实用型为基本内容的人才队伍。力争建设涉农类国家级重点学科、省部共建国家重点实验室培育基地、国家地方联合研究中心等，依托区内重点高校、科研院所，建设自治区级重点学科，鼓励政校企合作、产学研结合。

在引进和培养人才方面，一是要充分发挥"走出去"的各类业务综合培训班的作用，积极参与，使相关人员进一步理解、掌握对外农业合作的主要政策和业务内容；二是要积极争取商务部的资金和智力支持，不断拓宽培训渠道。在外经贸法律法规政策、进出口贸易业务知识、商务外语、中高级管理人才等方面，加强对企业经营管理者和业务人员的综合培训，研究制定可行的培养和培训计划，分步着手实施。要研究制定灵活政策，切实用足用好新疆地方高校和科研院所的人才资源，坚持依托重大项目和重大工程，积极推动创新团队建设，培养高级人才。充分利用援疆省市的农业科技教育和培训、人才优势为新疆培养农业合作人才，健全和完善援疆干部人才管理服务政策，发挥援疆干部人才的传帮带作用，发挥援疆省市优势资源促进人才培养。通过人才的引进和培养，为农业互联互通合作提供各类人才群体。

三、企业层面的政策建议

（一）熟悉中亚国家的农业政策和经贸环境

中国（新疆）的涉农企业开展对中亚国家的农业互联互通合作时，农业生产企业、农产品商贸物流企业、农产品加工企业、跨境经济合作区企业、境外经贸合作区企业等，开展农业合作应熟悉东道国的农业政策、经贸环境，并充分考虑各种风险，做好合作项目的可行性评估。

涉农企业对中亚国家开展合作，首先要了解中亚国家的农业政策，包括中亚国家的农业生产规划、农业生产政策、农业生产补贴、农产品贸易政策、农产品加工、土地政策、农业引资的法律法规及政策等，了解、分析中亚国家各类农产品市场的发展和市场供求情况，以及相关的农产品贸易与税收、关税等政策，切实做好农业合作的风险识别和风险衡量。

中亚部分国家的农业政策和其他法律法规并不稳定，处于变化之中。因此，企业在对中亚国家开展农业合作时，要切实做好投资的风险管理，完善风险管理体系。对中亚国家的农业政策、贸易政策、投资环境进行深入了解，并关注中亚国家政权的稳定与变动情况，做好风险管理预案。企业需要仔细研究拟投资当地相关农业政策，充分考虑各种风险，事先制定好有效的规避措施。选择农业投资合作项目时，要对投资项目可行性做充分论证，并对合作方的实力和资信进行评价，选择资信较高、实力较强的涉农企业展开合作。对于合作项目在东道国的发展前景、成本等进行充分评估，以提高合作项目成功的可能性。

企业开展农业合作，还需适应中亚国家当地的商务习惯。在市场调查过程中，要详细了解东道国有关的农业政策、税收、费用情况，如合作项目是否能够享受税收优惠、进口原材料的关税和运费情况、当地实行的产品标准等，以及除关税、所得税、财产税、土地税外，是否征收其他费用等。

（二）以市场为导向选择与中亚国家农业互联互通合作的产品、合作伙伴

企业应选取中国（新疆）有生产和技术优势而对方的技术相对薄弱、但具有资源禀赋优势的种植业和养殖业的领域开展合作，或对方比较欢迎合作的农业产业展开合作。另外，中亚国家的基础设施需要的投资量较大，农业也是中亚国家的重点引资领域，对于这些中亚国家引资政策支持的领域，企业进入相对容易，而且也乐于在这些方面展开合作。

中国（新疆）企业与中亚展开农业合作，在农业投资领域，近几年中亚国家对于收购方式的引资政策已经开始放宽，也是企业所选择的投资方式之一。对于农产品加工行业，目前采用合资的方式较受中亚国家的欢迎，或者采用收购当地企业的部分股权。如果采用合资方式，必须要事先做好项目的可行性论证，并要选好合资方，充分了解对方的实力和信用，否则容易造成投资损失。如果采用部分股权收购的方式，则要选择好目标企业，与目标企业的管理层充分沟通和合作，不至于使收购行动影响到公司业务的平稳经营，选择部分股权收购比较容易得到东道国的认可，往往能够获得一个双赢的结果。

（三）大力开发和培养跨国经营人才

企业对外开展农业互联互通合作，需要通晓农业技术、金融、法律、财务、营销等高素质的复合型人才，并要具备现代涉农企业经营管理的技能。中亚国家的国情与中国不同，其法律、法规、政策、财会体系与中国有很大的差别。由于中国（新疆）涉农企业与中亚开展农业合作尚处于初步发展阶段，人才的短缺已经制约了企业与中亚国家开展农业合作。

首先要拥有高素质的跨国经营人才，除了企业自身培养人才，还可以通过人才引进的方式：一是加大人才开发的投资力度。中国（新疆）本土的涉农跨国公司与国外的公司相比，对人才的投资力度不足，企业培养自己的跨国经营人才，是稳定自己人才队伍的重要途径。二是外派企业的各级人才去学习国外跨国公司的先进管理经验，为我所用。三是建立有效的激励和约束机制，对亟须引进的高层管理人员、高级专业技术人员、高级技术工人在户籍、住房等方面给予政策倾斜，有重大贡献的专业技术人员，在职称评定、享受自治区特殊津贴等方面考虑破格，形成"事业留人、待遇留人、感情留人、文化氛围留人"的企业大环境，实现人才的优势互补和优胜劣汰。

（四）培育"走出去"的企业家队伍

当前中国（新疆）与中亚国家农业互联互通合作的企业急需做的是培养"企业家队伍"。企业的成长和发展过程中，企业家是最重要和最核心的资源。部分企业管理者缺乏管理经验和水平，在激烈的市场竞争中，在中亚市场的拓展、正确制定企业发展战略、优化企业管理水平方面，暴露了很多缺陷。

要培育按照市场机制遴选企业家的机制，并为企业家市场的形成创造制度方面的条件。对国有资产的监管进行机制上的完善，实现政企分离，推进企业家的去行政化，切断其与行政官员之间的级别联系，国企由政府相关部门对经营管理者进行选聘。积极推进国有企业的产权多元化，完善企业的治理结构。对于国有企业的管理者要设置科学的绩效评价指标体系，确保企业的绩效得到科学评价，并要为企业家建立科学的激励机制，采用多种激励手段以促使企业经营目标的实现。

（五）加强风险管理，防范农业互联互通合作的风险

企业在开展农业互联互通合作的过程中，面临诸多风险如政策风险、政治风险、经济风险、社会风险、自然风险等。提高中国（新疆）企业开展农业合作的风险防范，建立风险管控体系，是维护企业利益，实施"走出去"战略的需要。

首先要建立风险管控组织体系。大企业在董事会下应设立风险管理委员会，切实履行企业的风险管理的决策职能，并领导企业风险管理部门的工作。风险管理部门要对企业面临的各种风险做好风险的识别和评估，采用科学的风险管理方法和措施。而且企业的风险管理部门直接对风险管理委员会负责，独立于企业的其他职能部门，确保风险管理主体的独立性。对于规模不大的中小企业，暂时没有条件成立专门的风险管理部门，可以在企业内部指定某些职能部门兼任风险管理职责，对企业面临的风险进行风险信息的采集，风险衡量和估测，采取应对风险的具体措施。

其次是企业要做到风险管理始终贯穿整个农业合作的全过程。准确搜集中亚国家农业政策、贸易政策、投资环境、引资政策等方面的资料，进行准确评估其发生的概率和可能的损失程度，做好风险管理对策，力求以最小的成本达到企业的风险管理目标。另外，国家风险也是直接投资面临的主要风险之一，切实对中亚国家政策的连续性和稳定性，政局的稳定性进行评估，切实规避投资中的重大风险。

最后，企业开展与中亚国家的农业合作，要制定紧急情况下的应急预案，并投入必要的人员和经费，还要对预案进行论证其科学性和合理性，以期在紧急情况发生时预案能及时实施并起到实效。

（六）建立已进入中亚市场的企业联谊会，完善中介服务机构建设

建议由国家商务部牵头，新疆商务厅具体负责，与已在中亚国家有较好业绩的企业进行联系，建立企业联谊会，并广泛吸收欲打入中亚市场的企业，逐步形成联合参加与中亚国家农业合作的企业家联谊网。由业绩较好的企业交流介绍进入中亚市场的经验、农业政策、投资环境、政策法规等，逐步扩大市场份额。

农业互联互通合作的中介机构主要是指：在各驻在国（地区）依法注册设立的招商机构、投资促进机构、行业或企业商（协）会、咨询公司、律师事务所、会计师事务

所、投资银行等；经中国政府批准或备案登记设立的境外投资促进机构、中资企业商（协）会；在境外注册的有实力、经验和服务意向的中资企业或中资企业办事机构等。目前，中国（新疆）与中亚国家开展农业互联互通合作，相对缺乏较为专业的中介机构。面对"丝绸之路经济带"农业互联互通合作的提速，要鼓励和支持相关中介机构的发展，为中国（新疆）实施农业互联互通合作提供政策信息、人才信息、法律咨询、翻译、报关、专利申报、展会、培训等综合服务。

（七）与东道国建立和谐关系

首先是处理好与东道国政府的关系。企业在开展农业互联互通合作中，需要处理好与东道国政府和议会之间的关系，了解东道国政府和议会各职能部门的关系及管辖范围，了解东道国政府各部门的机构设置、职能和工作流程等情况，有针的性开展工作。关心政府换届和议会选举，适时了解政治、经济政策、农业政策走向；与相关部门建立必要的联络关系；不定期邀请政府官员到企业参观和讲解；认真倾听政府的意见。掌握与政府沟通的技巧，与当地政府建立人脉关系，才能顺利开展商业活动。

其次是妥善处理与工会的关系。中亚各国工会组织的设立规定有所不同，有些国家的企业工会组织的设立不是必需的，而有些国家的企业必须要设立工会组织。企业要全面了解当地有关劳动、工会的法律法规，熟悉工会组织的规章制度、运行模式等，参加当地的行业工会大会，了解最新政策动向。

最后是依法保护生态环境。企业要了解当地环境保护法的内容，农业生产和经营要做到依法办事，农业企业开工生产要经过当地环保部门的批准，排放、处理污染品按照规定实施，未经处理不得排放污染环境的废物，应严格依法开展生产经营活动，共同维护当地生态环境。

参考文献

陈建, 1999. APEC 的两大支柱: 贸易投资自由化与经济技术合作 [J]. 教学与研究 (1): 61-67.

张红宇, 王锋, 1999. APEC 领域农业经济技术合作与中国的行动 (上) [J]. 世界农业 (11): 22-25.

张红宇, 王锋, 1999. APEC 领域农业经济技术合作与中国的行动 (下) [J]. 世界农业 (12): 19-20.

徐永志, 高波, 2001. APEC 争端解决机制模式探讨 [J]. 金融教学与研究 (4): 25-29.

吴静, 2003. APEC 运作方式的机制化和非机制化分析 [J]. 福州党校学报 (2): 60-62.

周文贵, 2004. 北美自由贸易区: 特点、运行机制、借鉴与启示 [J]. 国际经贸探索 (1): 16-21.

韦丽红, 2004. 欧盟、北美自由贸易区的发展及其对中国—东盟自由贸易区的启示 [J]. 东南亚纵横 (1): 14-17.

李宁, 刘标, 2006. 参加 APEC 农业生物技术高级政策对话第五次会议报告 [J]. 世界农业 (11): 62-63.

林卿, 2006. 两岸农业合作模式: 资源流动与整合: 以闽台农业合作为例 [J]. 福建师范大学学报 (哲学社会科学版) (6): 37-41.

田金城, 2006. 欧盟区域政策及其协调机制 [J]. 求是 (15): 62-63.

范晓, 2006. 闽台农业合作机制创新研究 [D]. 福州: 福州大学.

高志刚, 2007. 中国企业参与中亚次区域合作的模式与思路 [J]. 开放导报 (1): 77-79.

崔同宜, 2008. 欧盟、北美自由贸易区的发展对中国: 东盟自由贸易区的启示 [J]. 经济问题探索 (7): 47-49.

尹贻红, 2008. FTA 背景下中国和中亚五国农业经贸合作研究 [D]. 乌鲁木齐: 新疆农业大学.

张天桂, 2008. 欧盟、北美 FTA 和中国–东盟 FTA 运行机制比较 [J]. 亚太经济 (2): 109-120.

新疆维吾尔自治区政府赴中亚农产品市场考察团, 2008. 哈萨克斯坦、吉尔吉斯斯坦农产品市场考察报告 [J]. 农业经济问题 (4): 99-103.

孙林, 2008. 中国与东盟区域经济合作: 贸易关系、潜力及合作模式选择: 农产品视角

［M］．北京：中国农业出版社．

唐盛尧，2008．中国—东盟农业比较优势与合作战略研究［D］．北京：中国农业科学院．

秦路，高春玲，2008．中国境外农业试验示范合作的现状、问题及政策建议［J］．世界农业（5）：10-12．

中国驻哈萨克斯坦大使馆经济商务参赞处（2008-07-04）．新疆伊犁州与哈客商签定农产品贸易合作协议书［EB／OL］．http://kz.mofcom.gov.cn/．

中国驻哈萨克斯坦大使馆经济商务参赞处（2009-05-21）．哈萨克斯坦拟引资开发350万公顷农业用地［EB/OL］．http://kz.mofcom.gov.cn/．

中国驻哈萨克斯坦大使馆经济商务参赞处，（2009-12-29）．哈萨克斯坦积极支持中哈合作种植大豆项目［EB／OL］．http://kz.mofcom.gov.cn/．

施永，2009．北美自由贸易区通关制度的经验及启示［J］．商业经济研究（6）：30-31．

施勇杰，2009．中非农业合作模式创新研究［D］．石河子：石河子大学．

汤一溉，2008．再论中国通向中亚的石油天然气能源战略通道［J］．干旱区地理（4）：615-623．

王春婕，2009．北美自由贸易区模式的创新价值探析［J］．山东社会科学（2）：83-85．

王广深，2009．欧盟农业生态补贴政策的经验及启示［J］．经济纵横（5）：109-111．

王希财，2008．潍（坊）台（湾）农业合作机制的研究［D］．北京：中国农业科学院研究生院．

温斌，2009．闽台农业合作机制、模式及对策研究［D］．北京：中国农业科学院研究生院．

段秀芳，2009．中国对中亚国家直接投资现状及问题剖析［J］．新疆财经（6）：50-55．

毕燕茹，2010．中国与中亚国家产业合作研究［D］．乌鲁木齐：新疆大学．

高志刚，2010．基于三类模式的中国新疆与中亚次区域经济合作平台的构建［J］．俄罗斯中亚东欧市场（10）：21-27．

余振，沈铭辉，2010．APEC机制改革与发展趋势：以经济技术合作为例［J］．国际经济合作（11）：39-43．

李豫新，朱新鑫，2010．农业"走出去"背景下中国与中亚五国农业合作前景分析［J］．农业经济问题（9）：42-48．

刘英杰，2010．中亚国家与中国新疆农业合作模式及途径探讨［J］．世界农业（4）：9-12．

秦放鸣，2010．中国与中亚国家区域经济合作研究［M］．北京：科学出版社．

陶海东，2010．我国地方省份与俄罗斯农业合作机制研究：以河南为例［J］．经济问题（4）：88-91．

陶群山，2010．欧盟共同农业政策的演变及启示［J］．重庆社会科学（4）：26-30．

吴凤娇，李非，2010．一体化架构下两岸农业合作的省思与机制创新［J］．福建师范大学学报（哲学社会科学版）（5）：3-7．

卢凌霄，周应恒，2010．新格局下两岸现代农业合作机制探讨［J］．农村经济（3）：96-

100.

胡颖, 2011. 新疆与中亚国家贸易便利化的发展探讨 [J]. 对外经贸实务 (9): 30-32.

吕立才, 庄丽娟, 2011. 中国农业国际合作的成就、问题及对策 [J]. 科技管理研究 (9): 37-40.

雷琳, 陈彤, 2012. 国际视野下的中亚研究 [M]. 北京: 企业管理出版社.

杨易, 张倩, 王先忠, 范丽萍, 2012. 中国农业国际合作机制的发展现状、问题及政策建议 [J]. 世界农业 (8): 41-44.

李芳芳, 李豫新, 李婷, 2011. 中国新疆与中亚国家农业区域合作存在的问题及制约因素分析 [J]. 世界农业 (11): 10-14.

李豫新, 朱新鑫, 2011. 中国新疆与中亚五国农业区域合作机制探析 [J]. 对外经贸实务 (10): 35-38.

李豫新, 朱新鑫, 2011. 中国与中亚五国农产品贸易竞争性和互补性分析 [J]. 国际贸易 (3): 17-22.

彭文进, 2011. 中国与中亚国家农产品贸易的潜力分析和对策研究 [J]. 西华大学学报 (哲学社会科学版) (10): 107-112.

吴宏伟, 2011. 中亚地区发展与国际合作机制 [M]. 北京: 社会科学文献出版社.

夏咏, 2010. 中国与哈萨克斯坦农业经贸合作研究 [D]. 乌鲁木齐: 新疆农业大学.

曹守峰, 张姣, 马惠兰, 2011. 中国农产品出口哈萨克斯坦的增长效应分析 [J]. 新疆农垦经济 (2): 36-39.

李婷, 李豫新, 2011. 中国与中亚 5 国农产品贸易的互补性分析 [J]. 国际贸易问题 (1): 53-62.

李文韬, 2011. APEC 贸易投资便利化合作进展评估与中国的策略选择 [J]. 亚太经济 (4): 13-17.

朱新鑫, 2011. 中国新疆与中亚国家农业区域合作机制研究 [D]. 石河子: 石河子大学.

姜振军, 2012. 中俄加强农业产业化合作共同保障粮食安全研究 [J]. 俄罗斯中亚东欧研究 (6): 44-49.

李红, 张庆平, 尤立杰, 2012. 面向中亚国家的中国新疆农产品物流模式探讨 [J]. 俄罗斯中亚东欧市场 (2): 48-53.

宋耀辉, 马惠兰, 2012. 中国新疆与中亚五国农业经济合作研究 [J]. 农业经济 (9): 3-6.

王云凤, 孟硕, 2012. 基于引力模型对中国开拓中亚农产品市场潜力的分析: 以哈萨克斯坦、吉尔吉斯斯坦为例 [J]. 世界农业 (4): 66-69.

朱怡洁, 2012. 新疆和中亚区域农业合作的现状、模式与对策 [D]. 乌鲁木齐: 新疆财经大学.

路亚洲, 2012. 中美农业科技合作模式分析 [J]. 世界农业 (8): 62-65.

陈俭, 2012. 中国与中亚五国农业经贸合作模式研究 [D]. 乌鲁木齐: 新疆农业大学.

夏咏, 张庆红, 马慧兰, 2012. 哈萨克斯坦对中国农产品通关便利化: 现状、问题与建

议 [J]. 俄罗斯中亚东欧市场 (5)：33-36.

夏咏，张庆红，马慧兰，2012. 哈萨克斯坦对中国农产品通关便利化：现状、问题与建议 [J]. 俄罗斯中亚东欧市场 (5)：33-36.

布娲鹣·阿布拉，陈俭，肖霞，等，2012. 中国与中亚国家的农业机械产品贸易研究 [J]. 新疆农业科学 (2)：384-389.

卡比努尔·库拉西，2013. 新疆与中亚五国农业经济合作研究 [D]. 乌鲁木齐：新疆农业大学.

张弛，2013. 中国东北地区与俄罗斯东部地区经济合作模式研究 [M]. 北京：经济科学出版社.

肖霞，2013. 中国与乌兹别克斯坦的农业经贸合作研究 [D]. 乌鲁木齐：新疆农业大学.

李红，2013. 面向中亚国家的新疆农产品物流模式研究 [M]. 北京：中国农业科学技术出版社.

李豫新，郭颖慧，2013. 边境贸易便利化水平对中国新疆维吾尔自治区边境贸易流量的影响：基于贸易引力模型的实证分析 [J]. 国际贸易问题 (10)：120-128.

蓝建学，2013. 中国与南亚互联互通的现状与未来 [J]. 南亚研究 (3)：61-71.

尼合迈提·霍嘉，2013. 新疆与哈萨克斯坦农业合作发展战略研究 [M]. 杭州：浙江大学出版社.

王诚志，2013. 中国—东盟互联互通的经济效应研究 [D]. 北京：外交学院.

夏咏，马惠兰，2013. 中国农产品出口中亚国家的增长成因：基于 CMS 模型的实证分析 [J]. 世界农业 (7)：57-62.

张莎，2013. 中国东盟农业合作现状、问题及对策 [D]. 上海：上海师范大学.

付岩岩，2013. 欧盟共同农业政策的演变及启示 [J]. 世界农业 (9)：54-57.

张玉华，向欣，周捷，等，2013. 中国—塔吉克斯坦农业合作现状及前景展望 [J]. 世界农业 (6)：111-113.

中国驻乌兹别克斯坦大使馆经济商务参赞处，(2013-03-06). 乌兹别克斯坦独立以来农业发展取得丰硕成果[EB/OL]. http://uz.mofcom.gov.cn/article/about/.

张晓倩，龚新蜀，2014. 中国与哈萨克斯坦农产品贸易结构变化趋势、比较优势及互补性分析 [J]. 世界农业 (10)：128-135.

骆芳芳，李智军，曾祥山，等，2014. 广州—珠三角与东盟农业国际合作模式研究 [J]. 广东农业科学 (2)：181-185.

吴凤娇，2014. 海峡两岸农业制度性合作模式探讨 [J]，台湾研究集刊 (5)：28-37.

加林·巴班，努尔兰别克·哈巴斯，2014. 新疆农产品面向中亚市场"走出去"的动因、制约因素及其对策建议 [J]. 首都经贸大学学报 (5)：92-98.

彭羽，陈争辉，2014. 中国（上海）自由贸易试验区投资贸易便利化评价指标体系研究 [J]. 国际经贸探索 (10)：63-75.

王淑漪，梁丹辉，李志强，等，2014. 中国与中亚农产品贸易影响因素分析 [J]. 农业展望 (12)：65-69.

龚新蜀，张晓倩，张瑞华，2014. 基于 CMS 模型的中国对哈萨克斯坦农产品出口波动因素研究 [J]. 广东农业科学（20）：201-206.

陈俭，2014. 中国与中亚五国农业经贸合作模式研究 [D]. 乌鲁木齐：新疆农业大学.

李豫新，朱新鑫，2010. 农业"走出去"背景下中国与中亚五国农业合作前景分析 [J]. 农业经济问题（9）：42-48.

刘英杰，2010. 中亚国家与中国新疆农业合作模式及途径探讨 [J]. 世界农业（4）：9-12.

马惠兰，贾改凤，曹守峰，2010. 中国新疆与中亚国家主要农产品贸易研究 [J]. 俄罗斯中亚东欧市场（11）：26-31.

王海燕，2010. 中国与中亚国家参与周边区域经济合作机制比较研究 [J]. 新疆师范大学学报（2）：54-62.

卢凌霄，周应恒，2010. 新格局下两岸现代农业合作机制探讨 [J]. 农村经济（3）：96-100.

彭文进，2011. 中国与中亚国家农产品贸易的潜力分析和对策研究 [J]. 西华大学学报（哲学社会科学版）（10）：107-112.

秦放鸣，2010. 中国与中亚国家区域经济合作研究 [M]. 北京：科学出版社.

陶海东，2010. 我国地方省份与俄罗斯农业合作机制研究：以河南为例 [J]. 经济问题（4）：88-91.

吴宏伟，2011. 中亚地区发展与国际合作机制 [M]. 北京：社会科学文献出版社.

吴凤娇，李非，2010. 一体化架构下两岸农业合作的省思与机制创新 [J]. 福建师范大学学报（哲学社会科学版）（5）：3-7.

李文韬，2014. 中国参与 APEC 互联互通合作应对战略研究 [J]. 南开学报（哲学社会科学版）（6）：105-115.

李文韬，樊莹，冯兴艳，2014. APEC 互联互通问题研究 [J]. 亚太经济（2）：60-66.

李豫新，郭颖慧，2014. 中国新疆与周边国家边境贸易便利化水平研究 [J]. 国际商务研究（1）：24-33.

高志刚，2014. "丝绸之路经济带"框架下中国（新疆）与周边国家能源与贸易互联互通研究构想 [J]. 开发研究（1）：46-50.

郭宏宇，竺彩华，2014. 中国—东盟基础设施互联互通建设面临的问题与对策 [J]. 国际经济合作（8）：26-31.

中国驻土库曼斯坦大使馆经济商务参赞处，（2014-08-31）. 土方总结中土合作委员会第3次会议 [EB /OL]. http://tm.mofcom.gov.cn/index.shtml.

吴奇峰，战勇，王吉亮，2015. 吉尔吉斯斯坦农业考察报告 [J]. 新疆农垦科技（7）：77-80.

柴利，赵萍，程云洁，等，2015. 俄罗斯及中亚国家的经济与政策 [M]. 北京：经济科学出版社.

师维军，2015. 中（新疆）塔农业科技合作的机遇与挑战研究 [J]. 新疆农业科学

（7）：1368-1372.

苏子煜，2015. 中国—东盟互联互通的经济效应研究［D］. 南宁：广西大学.

侯丽芳，布娲鹣·阿布拉，2015. 中国与中亚五国农产品贸易成本测度及其影响因素分析［J］. 广东农业科学（7）：161-167.

冯宗宪，李刚，2015.“一带一路”建设与周边区域经济合作推进路径［J］. 西安交通大学学报（社会科学版）（11）：1-9.

姜晔，2015.“一带一路”建设农业现状与前景［J］. 世界农业（10）：1-4.

孔庆峰，董虹蔚，2015.“一带一路”国家的贸易便利化水平测算与贸易潜力研究［J］. 国际贸易问题（12）：158-168.

刘文博，2015. 欧盟共同农业政策新一轮改革特点解析［J］. 世界农业（5）：1-5.

严海玲，2015. 中国新疆同中亚5国开展农业合作的前景展望与提升策略研究［J］. 世界农业（8）：69-72.

阳军，2015. 中国对中亚五国农产品出口潜力的数理解析［J］. 欧亚经济（1）：88-103.

尹丽英，赵捧未，魏明，2015.“丝绸之路经济带”互联互通的区域合作模式与路径：以陕西省为例［J］. 中国流通经济（8）：75-80.

张慧琴，2015. 欧盟农业支持状况演变及其政策改革分析［J］. 世界农业（5）：65-71.

曾向红，2015. 中国的中亚外交与丝绸之路经济带的构建［J］. 上海交通大学学报（哲学社会科学版）（3）：5-14.

赵树梅，2015. 丝绸之路经济带互联互通战略研究［J］. 中国流通经济（4）：62-69.

刘晓亮，殷向辉，2015. 欧盟农业补贴政策的演进及其对我国的启示［J］. 对外经贸实务（3）：25-28.

罗超烈，2015. 欧盟共同农业政策的演变与经验分析［J］. 世界农业（4）：69-76.

齐晓辉，刘亿，2015. 中国与中亚五国农产品产业内贸易研究［J］. 世界农业（7）：29-34.

任佳等，2015. 孟中印缅毗邻地区的互联互通研究［M］. 北京：中国社会科学出版社.

王彦芳，2015. 中国对哈萨克斯坦农产品出口贸易影响因素分析［J］. 新疆农垦经济（5）：36-41.

王玉主，2015. 区域一体化视野中的互联互通经济学［J］. 人民论坛（3）：17-29.

徐志远，布娲鹣·阿布拉，丁世豪，2015. 新丝绸之路背景下中国对哈萨克斯坦出口农产品结构优化研究［J］. 中国农业资源与区划（11）：36-41.

于浩森，2015. 中国与APEC主要经济体农业合作情况研究［J］. 世界农业（4）：9-12.

朱月季，高贵现，周德翼，2015. 中非农业合作模式研究［J］. 经济纵横（1）：114-118.

林欣，2015. 北美自由贸易区二十年发展的回顾与展望［J］. 理论月刊（9）：182-188.

国家发展改革委，外交部，商务部，（2015-03-28）［2023-03-12］. 推进共建丝绸之路经济带和21世纪海上丝绸之路的愿景和行动［EB/OL］. http://www.scio.gov.cn/31773/35507/35519/Document/1535279/1535279.htm.

中国驻吉尔吉斯斯坦大使馆经济商务参赞处，（2015-10-23）. 受吉尔吉斯加入欧亚经济联盟影响，吉中贸易份额 8 年来首次下落[EB /OL]. http://kz.mofcom.gov.cn/.

谭晶荣，王丝丝，陈生杰，2016. "一带一路"背景下中国与中亚五国主要农产品贸易潜力研究 [J]. 商业经济与管理（1）：90-96.

周亚军，2016. 中亚五国外债问题研究 [M]. 北京：经济科学出版社.

杨祥章，等，2016. 中国—东盟互联互通研究 [M]. 北京：社会科学文献出版社.

胡颖，2016. 利用 CAREC 机制促进"一带一路"贸易便利化建设 [J]. 国际经济合作（4）：39-43.

贾儒楠，韦娜，2016. 金融支持"一带一路"建设的现状、问题与建议 [J]. 国际贸易（5）：43-47.

孔庆楠，2016. 中亚五国：新丝路的重要支点 [M]. 北京：北京联合出版公司.

李海莲，2016. "丝路"国家贸易安全与便利化合作的路径选择：基于中国—中西亚国家合作的视角 [J]. 东北亚论坛（6）：69-81.

崔日明，黄英婉，2016. "一带一路"沿线国家贸易投资便利化评价指标体系研究 [J]. 国际贸易问题（9）：153-164.

丁巨涛，郝新军，2016. 中国与中亚贸易便利化的 SWOT 分析及对策研究 [J]. 西安财经学院学报（10）：14-19.

丁晓星，2016. 打造"丝绸之路经济带"中亚"示范区" [J]. 中亚市场（6）：75-77.

杜晓英，2016. 推进丝绸之路经济带国家贸易便利化合作的措施研究 [J]. 青海社会科学（3）：49-53.

范祚军，何欢，2016. "一带一路"国家基础设施互联互通"切入"策略 [J]. 世界经济与政治论坛（11）：129-142.

高贵现，2016. 中非农业合作研究 [M]. 郑州：河南人民出版社.

齐晓辉，刘亿，2016. 中国与中亚五国农产品产业内贸易及影响因素：基于 2004—2013 年面板数据分析 [J]. 国际商务：对外经济贸易大学学报（1）：50-59.

乔鹤鸣，2016. 论"一带一路"的经济重心及其金融支撑机制 [J]. 中州学刊（4）：38-42.

全世文，于晓华，2016. 中国农业政策体系及其国际竞争力 [J]. 改革（11）：130-138.

孙致陆，李先德，2016. "一带一路"沿线国家与中国农产品贸易现状及农业经贸合作前景 [J]. 国际贸易（11）：38-42.

王海燕，2016. "一带一路"标准一致化研究：以中国与中亚国家出入境检验检疫领域合作为例 [J]. 新疆师范大学学报（哲学社会科学版）（7）：116-124.

王召宝，2016. "一带一路"背景下中国对中亚 5 国农产品出口增长分析 [J]. 世界农业（12）：147-153.

孙力，2016. "一带一路"愿景下政策沟通的着力点 [J]. 新疆师范大学学报（哲学社会科学版）（5）：33-39.

李自国，2016. "一带一路"愿景下民心相通的交融点 [J].《新疆师范大学学报》（哲学社会科学版）（5）：67-74.

徐海燕，2016. 绿色丝绸之路经济带建设在中亚的实践与政策探析 [J]. 华东师范大学学报（哲学社会科学版）(5)：119-125.

闫琰，王秀东，2016. "一带一路"背景下我国与中亚五国农业区域合作的重点领域 [J]. 经济纵横 (12)：67-72.

袁佳，2016. "一带一路"基础设施资金需求与投融资模式探究 [J]. 国际贸易 (5)：52-56.

袁丽君，高志刚，2016. 丝绸之路经济带下中国与中亚互联互通的制度探析 [J]. 宏观经济管理 (4)：76-80.

张亚斌，2016. "一带一路"投资便利化与中国对外直接投资选择：基于跨国面板数据及投资引力模型的实证研究 [J]. 国际贸易问题 (9)：165-176.

林惠虾，2016. 福建自贸区背景下漳台农业合作机制研究 [J]. 台湾农业探索 (4)：6-9.

孙景兵，杜梅，2016. 中国新疆与哈萨克斯坦贸易便利化发展研究 [J]. 新疆大学学报（哲学·人文社会科学版）(1)：74-79.

鲍超，方创琳，2016. 丝绸之路经济带中国—哈萨克斯坦国际合作示范区跨境互联互通战略通道建设重点 [J]. 干旱区地理 (9)：935-943.

欧建峰，2016. 广西参与"一带一路"建设的重点方向及策略 [J]. 广西社会科学 (4)：29-32.

潘志平，2016. "一带一路"愿景下设施联通的连接点：以"中国—中亚—西亚"经济走廊为例 [J]. 新疆师范大学学报（哲学社会科学版）(5)：40-46.

王志远，2016. "一带一路"愿景下贸易畅通的新视点 [J]. 新疆师范大学学报（哲学社会科学版）(5)：47-54.

郭静利，粟若杨，2016. 中国与土库曼斯坦农业合作前景分析 [J]. 世界农业 (11)：183-187.

刘志颐，王琦，马志刚，等，2016. 中国企业在"一带一路"区域农业投资的特征分析 [J]. 世界农业 (5)：194-197.

马文秀，乔敏健，2016. "一带一路"国家投资便利化水平测度与评价 [J]. 河北大学学报（哲学社会科学版）(9)：85-94.

徐坡岭，刘来会，2016. "一带一路"愿景下资金融通的突破点 [J]. 新疆师范大学学报（哲学社会科学版）(5)：55-66.

海关总署，(2016-08-28) [2023-03-12]. 海关总署关于支持新疆丝绸之路经济带核心区建设的 19 条举措 [EB/OL]. http://xjdrc. xinjiang. gov. cn/xjfgw/c108320/201608/6cd7958e013240e0bc2da817aa8717d2. shtml.

于潇，孙悦，2017. 逆全球化对亚太经济一体化的冲击与中国方案 [J]. 南开学报（哲学社会科学版）(6)：88-97.

李兴，2017. 论"一带一路"框架下互联互通与实现亚欧发展共同体的建设 [J]. 东北亚论坛 (4)：42-52.

吴淼，张小云，郝韵，等，2017. 深化面向中亚农业合作的对策研究 [J]. 世界农业
（11）：27-33.

刘乃郗，韩一军，2017. "一带一路"农业合作发展的意义与前景 [J]. 学术前沿
（12）：82-85.

王仲辉，吴亚琴，2017. 加强与"一带一路"沿线国家、地区农业贸易合作的研究 [J].
中国发展（8）：38-44.

张彤璞，韩洋，2017. 中国与丝绸之路经济带国家农产品贸易影响因素及潜力研究 [J].
商业研究（4）：169-177.

张燕生，王海峰，杨坤峰，2017. "一带一路"建设面临的挑战与对策 [J]. 宏观经济
研究（11）：3-10.

魏澄荣，2017. "一带一路"国际科技合作模式和路径研究 [J]. 亚太经济（6）：24-
27.

车探来，2017. 丝绸之路经济带铁路互联互通：推进路径与前景展望 [J]. 国际经济合
作（3）：40-43.

崔日明，黄英婉，2017. "一带一路"沿线国家贸易投资便利化水平及其对中国出口的
影响：基于面板数据的实证分析 [J]. 广东社会科学（3）：5-13.

韩璐，2017. 丝绸之路经济带在中亚的推进：成就与前景 [J]. 国际问题研究（3）：108
-124.

丁晓星，2017. 中亚地区形势与"一带一路"合作 [J]. 现代国际关系（12）：31-33.

韩一军，姜楠，韩亭辉，2017. "一带一路"区域中国农产品加工业"走出去" [J]. 农
业展望（8）：100-106.

王慧敏，翟雪玲，2017. 中国与中亚五国农业合作的潜力研究 [J]. 经济研究参考
（31）：43-51.

吴肇光，2017. 深化我国与"一带一路"沿线区域互联互通研究 [J]. 亚太经济（4）：
13-17.

新疆维吾尔自治区人民政府，（2017-07-27）[2023-03-12]. 丝绸之路经济带核心区交
通枢纽中心建设规划（2016—2030 年）[EB/OL]. http://www.xinjiang.gov.cn/xinjiang/
gfxwj/201708/20b3bd7485704e518ee39a0b69bd4e8a.shtml.

新疆维吾尔自治区人民政府，（2017-02-07）[2023-03-12]. 丝绸之路经济带核心区商
贸物流中心建设规划（2016—2030 年）[EB/OL]. http://www.xinjiang.gov.cn/xinjiang/
gfxwj/201703/c62cc0b1e56940d080b22a0f0ab2ed0e.shtml.

新疆维吾尔自治区人民政府，（2017-12-06）[2023-03-12]. 丝绸之路经济带核心区区
域金融中心建设规划（2016—2030 年）[EB/OL]. http://xjdrc.xinjiang.gov.cn/xjfgw/
czjr/201712/496100f45bae489b922e6771b7de656b.shtml.

新疆维吾尔自治区人民政府新闻办公室，（2017-06-20）[2023-03-12]. 丝绸之路经济
带核心区建设进展情况新闻发布会 [EB/OL]. http://xjdrc.xinjiang.gov.cn/xjfgw/
c108297/201906/5f79c984da94418b98a1e26c9d5795fb.shtml.

国家农业部, 国家发展改革委, 商务部, 外交部, (2017-05-12)［2023-03-12］. 共同推进"一带一路"建设农业合作的愿景与行动［EB/OL］. http://www.moa.gov.cn/xw/zwdt/201705/t20170512_5604724.htm.

新疆维吾尔自治区商务厅, (2017-06-07)［2023-03-12］. 新疆维吾尔自治区商务发展"十三五"规划［EB/OL］. http://swbi2.xjftec.gov.cn/root26/auto702/201712/t20171218_135344.html.

陈继勇, 刘燚爽, 2018. "一带一路"沿线国家贸易便利化对中国贸易潜力的影响［J］. 世界经济研究 (9): 41-54.

魏蕾, 2018. "一带一路"背景下中国与中亚 5 国农产品产业内贸易研究［J］. 世界农业 (1): 126-133.

高志刚, 宋亚东, 2018. 中巴自贸区贸易便利化水平研究［J］. 新疆大学学报 (哲学·人文社会科学版) (7): 52-60.

蒋宇宁, 王雅莉, 2018. "一带一路"倡议下中国与中亚地区贸易合作的竞争性与互补性研究［J］. 内蒙古社会科学 (9): 128-135.

陈健, 龚晓莺, 2018. 新时代区域协调发展战略下"一带一路"沿线互联互通研究［J］. 西南民族大学学报 (人文社会科学版) (1): 114-118.

韩振国, 徐秀丽, 贾子钰, 2018. "一带一路"倡议下我国对外农业合作空间格局的探索［J］. 经济问题探索 (7): 98-104.

郝韵, 吴淼, 张小云, 等, 2018. 中国与哈萨克斯坦农业合作重点领域分析［J］. 世界农业 (4): 36-44.

刘宏曼, 王梦醒, 2018. 贸易便利化对农产品贸易成本的影响: 基于中国与"一带一路"沿线国家的经验证据［J］. 经济问题探索 (7): 105-112.

刘鸣等, 2018. "丝绸之路经济带"与相关区域合作机制研究［M］. 上海: 上海社会科学院出版社.

周亚军, 2018. 新疆对中亚五国直接投资问题研究［M］. 北京: 经济科学出版社.

周跃雪, 2018. "一带一路"农产品贸易便利化及其制度建设对策［J］. 农村经济 (7): 95-101.

聂凤英, 张莉, 2018. "一带一路"国家农业发展与合作: 中亚五国［M］. 北京: 中国农业科学技术出版社.

石岚, 王富忠, 2018. "一带一路"视域下中国新疆与中亚国家农业合作［J］. 新疆社会科学 (1): 59-64.

李思奇, 2018. "一带一路"背景下中国与中亚五国贸易便利化的经贸效应研究［J］. 东北亚论坛 (4): 112-128.

刘凡, 洪联英, 2018. 中国农业"走出去"对接"一带一路"倡议的策略选择: 以湖南省为例［J］. 世界农业 (1): 195-200.

刘乃郗, 韩一军, 刘邦凡, 2018. 逆全球化背景下中国农业海外投资风险与对策［J］. 哈尔滨工业大学学报 (社会科学版) (1): 127-132.

王健栋，2018. "一带一路"沿线国家农业支持政策比较研究 [J]. 世界农业 (11)：71
　　-76.

吴宏伟，2018. "一带一路"视域下中国与中亚国家的经贸合作 [J]. 新疆师范大学学
　　报（哲学社会科学版）(5)：94-101.

朱晶，毕颖，2018. 贸易便利化对中国农产品出口深度和广度的影：以"丝绸之路经济
　　带"沿线国家为例 [J]. 国际贸易问题 (4)：60-71.

才凌惠，朱延福，2019. 国家规模对贸易投资便利化的影响：基于"一带一路"沿线国
　　家数据的实证分析 [J]. 贵州财经大学学报 (2)：1-10.

初阔林，李洁，2018. "一带一路"视阈下中国与中亚交通互联的意涵、困境与策略
　　[J]. 理论月刊 (11)：132-139.

薛继亮，2018. "一带一路"背景下贸易便利化对民族地区贸易开放水平的影响分析
　　[J]. 民族研究 (5)：30-42.

于海龙，张振，2018. "一带一路"背景下我国农业对外合作的潜力、风险与对策研究
　　[J]. 经济问题 (2)：108-112，122.

于敏，柏娜，茹蕾，2018. 哈萨克斯坦农业发展及中哈农业合作前景分析 [J]. 世界农
　　业 (1)：60-64，99.

张晓东，2018. 中国与哈萨克斯坦互联互通铁路通道研究 [J]. 铁道运输与经济 (9)：
　　36-40.

赵敏娟，2018. 中亚五国农业发展：资源、区划与合作 [M]. 北京：中国农业出版社.

高志刚，宋亚东，2018. "一带一路"背景下贸易便利化水平对中国出口贸易的空间效
　　应 [J]. 贵州社会科学 (7)：100-108.

谷合强，2018. "一带一路"与中国—东盟经贸关系的发展 [J]. 东南亚研究 (1)：115
　　-133，154.

新疆生产建设兵团发展改革委，商务局，(2018-07-10) [2023-03-12]. 兵团参与丝绸
　　之路经济带建设 构建对外开放新格局发展规划（2016-2020 年）[EB/OL]. http://
　　www.xjbt.gov.cn/c/2018-08-13/7125615. shtml? COLLCC=3894381323&.

樊胜根，张玉梅，陈志钢，2019. 逆全球化和全球粮食安全思考 [J]. 农业经济问题
　　(3)：4-10.

高志刚，等，2019. 中国（新疆）与中亚国家的能源与贸易互联互通建设战略研究
　　[M]. 北京：经济管理出版社.

李建民，2019. 上海合作组织基础设施互联互通及法律保障研究 [M]. 北京：社会科学
　　文献出版社.

陈庭翰，王浩，2019. 美国"逆全球化战略"的缘起与中国"一带一路"的应对 [J].
　　新疆社会科学 (6)：69-79.

左思明，朱明侠，2019. "一带一路"沿线国家投资便利化测评与中国对外直接投资
　　[J]. 财经理论与实践 (3)：54-60.

田原，张滔，2019. "一带一路"倡议下中国与中亚国家经贸合作现状及展望 [J]. 国

际贸易（8）：72-78.

孙兴杰，鲁宸，2019. "一带一路"，互联互通与国际秩序的演进 [J]. 科学决策（4）：74-88.

洪秋妹，2019. "一带一路"背景下农产品贸易实证研究：以中国与中亚五国为例 [J]. 技术经济与管理研究（7）：108-113.

田政杰，董麓，2019. "逆全球化"背景下的中国对外贸易格局：问题与应对策略 [J]. 河南社会科学（8）：65-71.

原帼力，麦迪娜·依布拉音，2019. 新疆与哈萨克斯坦农业合作模式的对策及思考 [J]. 对外经贸实务（7）：74-78.

乔敏健，2019. 投资便利化水平提升是否会促进中国对外直接投资?：基于"一带一路"沿线国家的面板数据分析 [J]. 经济问题探索（1）：139-148.

中国商务部，中国驻哈萨克斯坦大使馆经济商务参赞处，2019. 对外投资合作国别（地区）指南：哈萨克斯坦 [R]. 北京：中国商务部：1-133.

中国商务部，中国驻吉尔吉斯斯坦大使馆经济商务参赞处，2019. 对外投资合作国别（地区）指南：吉尔吉斯斯坦 [R]. 北京：中国商务部：1-84.

中国商务部，中国驻塔吉克斯坦大使馆经济商务参赞处，2019. 对外投资合作国别（地区）指南：塔吉克斯坦 [R]. 北京：中国商务部：1-91.

中国商务部，中国驻土库曼斯坦大使馆经济商务参赞处，2019. 对外投资合作国别（地区）指南：土库曼斯坦 [R]. 北京：中国商务部：1-93.

中国商务部，中国驻乌兹别克斯坦斯坦大使馆经济商务参赞处，2019. 对外投资合作国别（地区）指南：乌兹别克斯坦 [R]. 北京：中国商务部：1-102.

高庆咏，任鹏，赵玲，2020. "一带一路"背景下中国和乌兹别克斯坦农业合作模式研究 [J]. 乡村科技（8）：14-16.

荆磊，祝滨滨，2020. "逆全球化"背景下东北亚区域经济合作的前景与对策 [J]. 东疆学刊（4）：74-79.

郝瑞锋，2020. "一带一路"背景下我国与中亚五国农产品贸易潜力探析 [J]. 商业经济研究（24）：151-154.

朱鹏，2020. 中国与"一带一路"国家农业合作的战略选择及实现路径 [J]. 江淮论坛（3）：39-43.

石岚，刘磊，2020. 中国新疆与中亚国家农业合作现状与问题研究 [J]. 新疆社会科学（4）：41-48.

罗建兵，杨丽华，2020. "逆全球化"风险下的"一带一路"倡议发展展望与合作范式 [J]. 河南社会科学（8）：43-52.

吴雪，2020. 逆全球化背景下国际经贸治理体系改革及我国的应对策略 [J]. 宏观经济管理（6）：78-83.

曹冲，2021. "一带一路"倡议下中国与中亚五国基础设施的贸易效应研究 [J]. 大连理工大学学报（社会科学版）（5）：36-45.

刘慧灵，姚海凤，付江月，2021. 丝路经济带背景下中国与中亚五国经贸合作机制优化研究 [J]. 商业经济研究 (12)：138-142.

汪瑾，黄燕，2021. "一带一路" 倡议下的新疆对中亚直接投资 [J]. 中南民族大学学报 (人文社会科学版) (6)：81-87.

刘晨阳，曹以伦，景国文，2021. APEC 机制互联互通合作进展评估及前景展望 [J]. 亚太经济 (3)：10-16.

新疆维吾尔自治区发展改革委，商务厅，(2021-06-23) [2023-03-12]. 关于进一步推动丝绸之路经济带核心区商贸物流中心高质量建设指导意见 [EB/OL]. http://xjdrc.xinjiang.gov.cn/xjfgw/c108297/202106/23323111422341f2b3491da862f2aac7. shtml.

PASTOR G, ROODEN R V, 2004. Turkmenistan：the burden of current agricultural policies [R]. Washington D. C.：IMF.

LERMAN Z, 2006. Tajikistan：an overview of land and farm structure reforms [R]. Jerusalem：The Hebrew University of Jerusalem.

CHRISTENSEN A, POMFRET R, 2007. Distortions to agricultural incentives in the Kyrgyz Republic [R]. Brussels：Agricultural Distortions.

ANDERSON K, SWINNEN J, 2008. Distortions to agricultural incentives in Europe's transition economies [R]. Washington D. C.：The World Bank.

GUADAGNI M, FILECCIA T, 2009. The Kyrgyz Republic farm mechanization and agricultural productivity [R]. Rome：FAO.

SWINNEN J F M. VRANKEN L, 2010. Reforms and agricultural productivity in Central and Eastern Europe and the Former Soviet Republics：1989—2005 [J]. Journal of Productivity Analysis, 33 (3)：258.

CHURCH J M, 2012. International cooperation of Turkmenistan in the water sector [D]. Reims：University of Reims, International Research Center on Sustainability.

HIS GLOBAL INSIGHT, 2012. Country intelligence report：Tajikistan [R]. Englewood：IHS Global Insight.

MACDONALD S, 2012. Economic policy and cotton in Uzbekistan [R]. Washington D. C.：United States Department of Agriculture.

Musaevich B A, 2013. Agricultural research for development investing in Uzbekistan's future [J]. Agricultural Sciences, 4 (2)：1-4.

KHADKA C, JALILOVA G, 2013. Policy review on forest tenure and participatory forest management system in Afghanistan, Kyrgyzstan and Tajikistan [R]. Manila：ADB.

SHEPHERD B, 2016. Infrastructure, trade facilitation, and network connectivity in Sub-Saharan Africa [J]. Journal of African Trade (3)：1-22.

SIGAREV M J, KIZATOVA M Z, ESAIDAR U S, et al., 2013. Grain production Economy in Kazakhstan [J]. World Applied Sciences Journal (3)：322-327.

MURODOVA D, SANAEV G, KIM K R, 2014. Rural finance in Uzbekistan challenges and opportunities [J]. Journal of Agricultural, Life and Environmental Sciences, 3 (12): 1-2.

KULMATOV R, 2014. Problems of sustainable use and management of water and land resources in Uzbekistan [J]. Journal of Water Resource and Protection (6): 35-42.

TAZHIBAEVA S, MUSABEKOVB K, YESBOLOVA A, et al., 2014. Issues in the development of the livestock sector in Kazakhstan [J]. Procedia-Social and Behavioral Sciences (143): 610-614.

KAPLAN S, BLUMBERG D G, Mamedov E, et al., 2014. Land-use change and land degradation in Turkmenistan in the post-Soviet era [J]. Journal of Arid Environments (3): 96-106.

ZHUNUSOVA E, HERRMANN R, 2014. Agricultural incentives in the Kyrgyz Republic under the influence of changing macroeconomic conditionsa [M] // PAWLOWSKI I. Natural resources and human welfare in Central Asia. Göttingen: Cuvillier Verlag: 151-181.

IHS GLOBAL INSIGHT, 2014. Country intelligence report: Turkmenistan [R]. This information was last updated on 07 JAN.

IBRAGIMOV G, YAKUBOV U, 2015. Agricultural development in Uzbekistan [D]. Tashkent: Tashkent Financial Institute.

DENISE YOUNGBLOOD COLEMAN, 2015. 2015 Country review: Turkmenistan, country watch [R]. Houston: Country Watch.

SYZDYKOV R, AITMAMBET K, DAUTOV A, 2015. Country report Kazakhstan [R]. Astana : Analytical Centre of Economic Policy in Agricultural Sector.

BROKA S, GIERTZ A, CHRISTENSEN G, et al., 2016. Kazakhstan agricultural sector risk assessment [R]. Washington D. C. : The World Bank.

TILEKEYEV K, MOGILEVSKII R, BOLOTBEKOVA A, et al., 2016. sheep meat production value chains in the Kyrgyz Republic and export capacity to the EAEU member states [D]. Bishkek: University of Central Asia's Institute of Public Policy and Administration.

BEYSENBAEV ZH T, ZHANATKYZY S, CHAO L, 2016. Agro-industrial complex of the Republic of Kazakhstan, a general description of the economic situationin the field of livestock [D]. Almaty: AI-Farabi Kazakh National University.

CHENG L K, 2016. Three questions on China's "Belt and Road Initiative" [J]. China Economic Review (40): 309-313.

MOGILEVSKII, ROMAN, et al., 2016. The outcomes of 25 years of agricultural reforms in Kyrgyzstan [R]. Halle: Leibniz Institute of Agricultural Development in Transition Economies.

AHMAD M, 2016. Variations in productivity levels of cereal crops in Turkmenistan [R]. Srinagar: Centre of Central Asian Studies (Geography), University of Kashmir.

MARTIN P; RICHARD P, 2016. Agricultural policies in Kazakhstan [R]. Halle: Leibniz Institute of Agricultural Development in Transition Economies.

HIS MARKIT, 2017. Country reports：Tajikistan［R］. London：HIS Markit.

JAPAROV A J, 2017. Contemporary livestock husbandry in Kyrgyzstan 2017［J］. Anthropology & Archeology of Eurasia, 56（1-2）：52-78.

KABILOV F, 2017. Local water management in Tajikistan legal framework［J］. Central Asian Journal of Water Research（2）：73-88.

KULMAGANBETOVA1 A S, ABUYOV K K, AKHMETOVA N Z, 2018. Development of the land market in the republic of Kazakhstan［J］. European Research Studies Journal, XXI（4）：545-556.

ABDULLAEVA N, KONGRATBAY, SHARIPOV, 2018. Excerpts on the history of development of agricultural machinery in Uzbekistan［J］. Global Journal of Human-Social Science（4）：1-5.

HIS MARKIT, 2018. Country reports：Kyrgyzstan［R］. London：HIS Markit.

IHS MARKIT, 2018. Country reports：Turkmenistan［R］. London：HIS Markit.

IHS MARKIT, 2018. Country reports：Uzbekistan［R］. London：HIS Markit.

CHI A, GAO J, WANG D, et al., 2020. Agricultural production at the oblast level in post-Soviet Kyrgyzstan, 1990—2014：Implications of demographic and climate change［J］. Research in Globalization（2）：1-12.

CHENA J, LIUB Y, LIUB W, 2020. Investment facilitation and China's outward foreign direct investment along the belt and road［J］. China Economic Review（61）：1-16.

HENDY R, ZAKI C, 2021. Trade facilitation and firms exports：evidence from customs data［J］. International Review of Economics and Finance（75）：197-209.

JEFFREY B, LU J, 2021. China's outward foreign direct investment in the Belt and Road Initiative：What are the motives for Chinese firms to invest?［J］. China Economic Review（68）：1-26.

LIU Y, ZHUOA L, VARISB O, et al., 2021. Enhancing water and land efficiency in agricultural production and trade between Central Asia and China［J］. Science of the Total Environment（780）：1-10.